Marcelo Duarte

BRASIL

2ª impressão

© Marcelo Duarte

| | | |
|---|---|---|
| Diretor editorial<br>Marcelo Duarte | Projeto gráfico<br>Mariana Bernd | Revisão de texto<br>Alessandra Miranda de Sá<br>Cristiane Goulart |
| Diretora comercial<br>Patty Pachas | Diagramação<br>Camila Sampaio | Telma Baeza G. Dias<br>Alexandra Fonseca<br>Ronald Polito |
| Diretora de projetos especiais<br>Tatiana Fulas | Ilustração do título<br>Arthur Carvalho | Colaboração<br>Alexandre Aragão |
| Coordenadora editorial<br>Vanessa Sayuri Sawada | Ilustração da capa<br>Camila Sampaio | Karina Trevizan<br>Tory Oliveira |
| Assistente editorial<br>José Eduardo Marques<br>Juliana Silva<br>Mayara dos Santos Freitas | Ilustradores<br>Galvão<br>Stefan<br>Visca<br>Camila Sampaio | Consultoria<br>Tiago José Berg<br>Impressão<br>Orgrafic |
| Assistentes de arte<br>Carolina Ferreira<br>Mario Kanegae | | |

CIP – BRASIL. CATALOGAÇÃO NA FONTE
SINDICATO NACIONAL DOS EDITORES DE LIVROS, RJ

D873g

Duarte, Marcelo, 1964-
O guia dos curiosos : Brasil/ Marcelo Duarte. – São Paulo: Panda Books, 2011. 584 pp.
il. (Guia dos curiosos)

Inclui bibliografia
ISBN: 978-85-7888-055-2

1. Curiosidades e maravilhas – Brasil. 2. Brasil – Miscelânea. I. Título. II. Título:
Brasil. III. Série.

10-2910
CDD: 036.902
CDU: 030

2015
Todos os direitos reservados à Panda Books.
Um selo da Editora Original Ltda.
Rua Henrique Schaumann, 286, cj. 41
05413-010 – São Paulo – SP
Tel./Fax: (11) 3088-8444
edoriginal@pandabooks.com.br
www.pandabooks.com.br
twitter.com/pandabooks
Visite também nossa página no Facebook.

Nenhuma parte desta publicação poderá ser reproduzida por qualquer meio ou forma
sem a prévia autorização da Editora Original Ltda. A violação dos direitos autorais é
crime estabelecido na Lei nº 9.610/98 e punido pelo artigo 184 do Código Penal.

Para meus irmãos,
Maurício e Murilo.

# SUMÁRIO

1. ... 🚢 ..... Descobrimento........................ 11
2. ... 👑 ..... Império ............................. 53
3. ... ★ ..... República ........................... 75
4. ... 🇧🇷 ..... Símbolos ............................155
5. ... 🇧🇷 ..... Geografia .......................... 237
6. ... 🐬 ..... Ecologia............................ 265
7. ... 🧭 ..... De Norte a Sul ..................... 305
8. ... 🍎 ..... Comida ............................. 383
9. ... 🐄 ..... Folclore ............................409
10. ... ✝ ..... Religião............................ 469
11. ... 🪖 ..... Guerras ............................ 509
12. ... 🥫 ..... Listas.............................. 555

       Referências bibliográficas ............ 578

       Créditos das ilustrações.............. 582

**A curiosidade é a cura para o tédio.
Mas não há cura para a curiosidade.**

DOROTHY PARKER
(1893-1967), escritora, poetisa e humorista
norte-americana

# 1

Quem foi que inventou o Brasil?
Foi seu Cabral, foi seu Cabral
No dia 22 de abril
Dois meses depois do Carnaval

LAMARTINE BABO
(1904-1963), marchinha *História do Brasil*, 1934

## Descobrimento

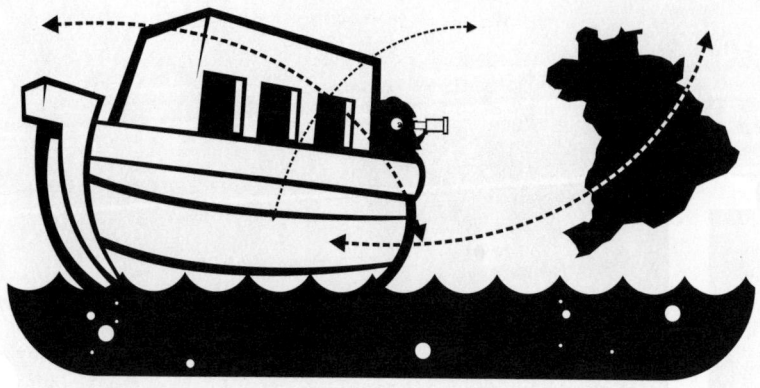

**OS NOMES DA TERRA DO PAU-BRASIL**

| | |
|---|---|
| 1500 | Terra de Vera Cruz |
| 1501 | Terra de Santa Cruz |
| 1503 | Brasil |
| 1824 | Império do Brasil |
| 1891 | Estados Unidos do Brasil |
| 1969 | República Federativa do Brasil |

**Afinal, quem descobriu o Brasil?**

✻ No século XVI, baseando-se na mitologia do povo celta, o cartógrafo genovês Angel Dalorto desenhou uma ilha em um de seus mapas. A porção de terra cercada de água estava a oeste do Sul da costa da Irlanda. Para o cartógrafo, era ali o lugar que são Brandão, um monge irlandês que se aventurou em alto-mar no ano de 565, descrevera como a Terra Abençoada, onde havia abundância, clima ameno e igualdade entre os habitantes. Curiosamente, no mapa de Dalorto, essa ilha se chamava ilha do Brasil.

✻ Portugal ameaçou enviar uma frota às terras descobertas por Colombo, e a Espanha lhe propôs discutir um acordo sobre as terras a descobrir. Essa foi a origem do Tratado de Tordesilhas (7 de junho de 1494). Duarte Pacheco Pereira, nomeado cavaleiro da Casa Real, participou da discussão como negociador português. Especialista em geografia e cosmografia, reivindicou para Portugal as terras que fossem descobertas a até 370 léguas a oeste de Cabo Verde. Historiadores sustentam a hipótese de Duarte Pacheco ter sido o verdadeiro "descobridor do Brasil", em 1498, viajando em segredo. O único registro desse feito é um trecho meio obscuro do livro *Sobre os mares do mundo*, escrito pelo próprio Pacheco entre 1505 e 1508. Nesse relato, ele conta que, em 1498, explorou a "parte ocidental" do oceano Atlântico, encontrando "uma grande terra firme, com muitas ilhas adjacentes" e coberta de "muito e fino brasil". Isso reforça a tese de que a viagem de Pedro Álvares Cabral foi uma operação secreta arquitetada pela Coroa portuguesa dois anos após a verdadeira descoberta do Brasil, para formalizar a posse da terra.

✳ Em 26 de janeiro de 1500, o navegador espanhol Vicente Pinzón teria chegado a um novo território no além-mar, desconhecido pelos reinos de Portugal e Espanha. Ele partiu em novembro de 1499 do porto de Palos e, em sua jornada pelo Atlântico, passou pelas ilhas Canárias e por Cabo Verde. Veterano explorador que comandou a caravela *Niña* na descoberta da América, em 1492, Pinzón disse que, ao chegar à costa, identificou "um ponto escuro e depois um dorso de pedra, um promontório". Ele seguiu viagem em direção ao Norte, ao largo de um litoral com poucas baías seguras para ancoragem e desembarque. Quando, enfim, conseguiu chegar à terra, o espanhol e seus homens enfrentaram a fúria dos índios potiguares. "Mataram oito dos nossos soldados e mal houve um que não tivesse sido ferido", contou. O local seria o cabo de Santo Agostinho, no litoral pernambucano. Pinzón costeou o litoral até a foz do rio Amazonas, descoberta por ele. Ali, encontrou-se com outro espanhol, Diego de Lepe, e juntos avançaram até o rio Oiapoque.

## A viagem de Pedro Álvares Cabral

✳ Pedro Álvares Cabral saiu da praia do Restelo, em Lisboa, ao meio-dia de 9 de março de 1500, uma segunda-feira. Vieram em dez naus, duas caravelas e uma naveta de mantimentos, trazendo um total de 1.500 pessoas. A viagem levou 44 dias. No dia 22 de abril de 1500, Cabral ancorou em frente ao monte Pascoal (536 metros de altura).

✳ Uma das naus desapareceu no dia 23 de março de 1500. Era a embarcação comandada por Vasco de Ataíde e levava 150 homens. Os outros barcos fizeram dois dias de buscas, mas nada encontraram. Então, seguiram viagem, a uma média de 13 quilômetros por hora.

✳ Cabral, que tinha 32 ou 33 anos, era casado com uma das mulheres mais nobres e ricas de Portugal, Isabela de Castro, neta dos reis d. Fernando de Portugal e d. Henrique de Castela. Ele foi nomeado capitão-mor da esquadra em 15 de fevereiro de 1500.

✳ A nau *Capitânia*, comandada por Cabral, tinha capacidade para 250 tonéis. Ao todo, havia 190 homens a bordo. Conheça as outras 12 embarcações da frota e seus comandantes:

| | |
|---|---|
| **Anunciada** | Nuno Leitão da Cunha |
| **Caravela redonda** | Bartolomeu Dias |
| **El-Rei** | Sancho de Tovar |
| **Espera*** | Nicolau Coelho |
| **Espírito Santo*** | Simão de Miranda de Azevedo |
| **Flor de la Mar*** | Simão de Pina |
| **Nau d'el-Rei** | Diogo Dias |
| **Nau mercante** | Luis Pires |
| **Naveta de mantimentos** | Gaspar de Lemos |
| **Santa Cruz*** | Aires Gomes da Silva |
| **São Pedro** | Pero de Ataíde |
| **Vitória*** | Vasco de Ataíde |

* Esses nomes foram descobertos pelo historiador Francisco Adolfo de Varnhagen, mas acabaram não sendo confirmados.

✳ As embarcações ancoraram a 36 quilômetros do litoral. No dia seguinte, chegaram mais perto da costa. Foi aí que avistaram sete ou oito homens andando pela praia. Nicolau Coelho, Gaspar da Gama, um grumete e um escravo africanos foram os primeiros a se aproximar num pequeno barco. O grupo na praia já aumentara para vinte homens, todos nus.

✳ Os nativos chegaram perto do barco de reconhecimento apontando seus arcos e flechas. Nicolau Coelho fez sinal para que largassem as armas; eles obedeceram. Quando ainda estava no barco, ele atirou um gorro vermelho, um sombreiro preto e a carapuça de linho que usava. Em troca, os índios lhe deram um cocar e um colar de pedras brancas.

✳ Esses primeiros índios encontrados pelos portugueses eram da tribo tupiniquim.

✳ Em 2 de maio, a expedição deixou o país e seguiu para as Índias. A missão de Cabral era instalar um entreposto em Calicute, principal centro de especiarias.

✱ Cabral era considerado uma espécie de "chefe militar" da esquadra. Por isso, a frota incluía tantos comandantes experientes, como Bartolomeu Dias, o primeiro a contornar o Sul do continente africano, transformando o cabo das Tormentas em cabo da Boa Esperança; ou Nicolau Coelho, que havia participado da primeira viagem marítima às Índias, chefiada por Vasco da Gama.

✱ Gaspar de Lemos foi enviado de volta a Portugal para anunciar ao rei Manuel I a descoberta do Brasil.

✱ Havia um total de oito frades na frota de Cabral, liderados por frei Henrique de Coimbra. Cabral levava uma imagem de Nossa Senhora da Boa Esperança, numa capela especialmente construída no convés de sua embarcação.

✱ Pedro Álvares Cabral recebeu 10 mil cruzados pela viagem. Cada cruzado valia 3,5 gramas de ouro. Ele poderia ainda comprar 30 toneladas de pimenta com recursos próprios, e transportá-las gratuitamente no navio. A Coroa se comprometia a adquirir o produto pelo preço de mercado em Lisboa (sete vezes mais alto que nas Índias).

✱ Cada marinheiro poderia comprar 600 quilos de pimenta e revendê-los da mesma maneira que Cabral. Entretanto, poucos voltaram. Além da nau que desapareceu e da que voltou a Portugal com a notícia do descobrimento, outras 6 afundaram. Das 13, portanto, apenas 6 conseguiram retornar.

✱ Nenhum desenho da frota cabralina sobreviveu. Foram destruídos no terremoto seguido de incêndio que consumiu Lisboa em 1755.

### PEDRO ÁLVARES CABRAL OU PEDRO ÁLVARES GOUVEIA?
Segundo dos sete filhos de Fernão Cabral e Isabel de Gouveia, Pedro Álvares não podia usar o sobrenome do pai. Isso era privilégio do filho mais velho. Quando veio ao Brasil, em 1500, ele usava o sobrenome da mãe. Era Pedro Álvares Gouveia. Ele só ganhou o sobrenome paterno depois da morte do irmão mais velho. A revelação é de Basílio de Magalhães, autor do livro *Manual de História do Brasil*.

**Por dentro dos barcos**

✻ Os porões dos navios viviam infestados de ratos e baratas. A maioria dos tripulantes fazia suas necessidades ali mesmo. Por isso, uma série de doenças matava muita gente a bordo. A principal delas era o escorbuto, causada pela falta de vitamina C no organismo.

✻ O alimento básico consistia em 400 gramas de um biscoito duro e salgado, distribuído diariamente. O tal biscoito era descrito como "fedorento" e "podre das baratas".

✻ Todos os tripulantes recebiam também, a cada mês: 15 quilos de carne salgada, cebola, vinagre e azeite. Os capitães eram autorizados a transportar galinhas e ovelhas para completar sua alimentação.

✻ O vinagre era utilizado na limpeza do porão.

✻ Cada tripulante recebia 1,4 litro de vinho e 1,4 litro de água todos os dias. Armazenada em condições precárias, a água chegava a provocar diarreia em muitos deles.

✻ Alguns marujos gostavam de jogar cartas, o que era proibido. Se fossem apanhados em flagrante por algum frei, seus baralhos eram confiscados e atirados ao mar.

✻ A principal diversão eram apresentações de teatro, sempre com temas religiosos.

## O marco no açougue

Como o objetivo de sua viagem não era o descobrimento do Brasil, a esquadra de Cabral não trazia nenhum marco para a posse das novas terras. Ele só foi trazido para o país em 1503, por Gonçalo Coelho. Durante muito tempo, o marco esculpido em pedra lioz ficou desaparecido. Só foi encontrado em 1980, num açougue de Porto Seguro, onde era usado como base para cortar carne.

> **A PRIMEIRA MISSA**
> Em 26 de abril de 1500, mais precisamente num lugar conhecido por Coroa Vermelha, foi rezada por frei Henrique de Coimbra a primeira missa em terras brasileiras. Era Pascoela, o primeiro domingo após a Páscoa.

## PAU-BRASIL

Em 1500, o pau-brasil era abundante na Mata Atlântica, indo do litoral do Rio Grande do Norte até o do Rio de Janeiro. Os índios a chamavam de ibirapitanga ("árvore vermelha", em tupi). De seu tronco, de fato, eles extraíam tinta vermelha para pintar o corpo. O nome dado pelos portugueses vem de *bersil*, que significava "brasa" no português da época. O pau-brasil, árvore que tem 20 metros de altura, foi um de nossos primeiros produtos de exportação. Com seus machados de ferro, os portugueses não levavam mais que 15 minutos para derrubar uma dessas árvores. De 1500 a 1600, calcula-se que 2 milhões delas vieram abaixo. Atualmente, o pau-brasil está quase extinto. Sobrevive em hortos e reservas. Hoje serve apenas para fabricar instrumentos de corda.

**Comemora-se o Dia Nacional do Pau-Brasil em 3 de maio.**

**A REDE**

Embora não tenha visitado a tribo dos tupiniquins, Pero Vaz de Caminha tomou conhecimento da existência da rede de dormir pelos relatos de seus companheiros. Ele a citou em sua carta ao rei Manuel I. Os portugueses se encantaram com aquela "cama", fácil de transportar e guardar. Os índios faziam suas redes com fibras vegetais. Já os portugueses começaram a usar a técnica do tear.

## A carta de Pero Vaz de Caminha

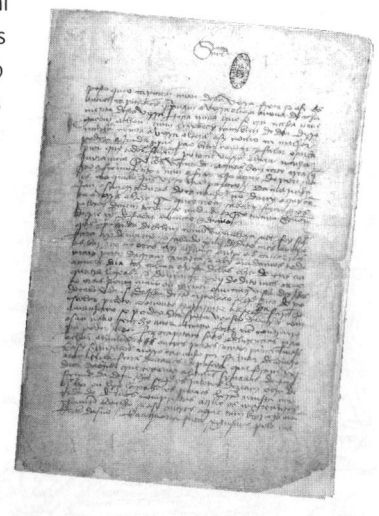

O escrivão oficial da esquadra de Cabral chamava-se Gonçalo Gil Barbosa. Mas a carta mais detalhada foi a de Pero Vaz de Caminha, que tinha sete folhas e foi assinada na sexta-feira, 1º de maio de 1500. João Faras, o mestre João, médico e cosmógrafo que fazia parte da tripulação de Cabral, também escreveu nessa data uma carta a d. Manuel I, rei de Portugal. Não conseguiu a mesma notoriedade.

Caminha estava viajando para trabalhar como contador da feitoria de Calicute. Resolveu escrever uma carta para agradar o rei Manuel I. É que seu genro, Jorge Osouro, fora condenado ao degredo na ilha de São Tomé por ter roubado uma igreja e ferido o padre quatro anos antes. Caminha pedia o perdão para o genro – e foi atendido em 1501, quando o rei soube que o cronista havia sido morto pelos árabes no ataque à feitoria da Índia.

Na manhã de 2 de maio, Gaspar de Lemos voltou a Portugal levando as cartas do capitão-mor Pedro Álvares Cabral, de outros capitães, de mestre João e de Pero Vaz de Caminha, além de amostras da vegetação local, toras de pau-brasil, arcos e flechas, enfeites indígenas e papagaios de cores berrantes. Nesse mesmo dia, o restante da esquadra retomou o caminho das Índias.

A carta de Pero Vaz foi redescoberta apenas em 1713 por José Seabra da Silva, guarda-mor do arquivo da torre do Tombo, em Portugal. Mesmo assim, ela demorou a ser publicada. Isso aconteceu em 1817, no livro *Corografia brasílica*, do padre Manuel Aires de Casal.

> **CABRAL VOLTA PARA CASA**
> As cinco embarcações que restaram da esquadra de Cabral chegaram a Calicute no dia 13 de setembro de 1500. A feitoria sofreu um ataque em 16 de dezembro, quando morreram seis freis, Pero Vaz de Caminha e Aires Correa. Em contra-ataque, os navios atiraram contra Calicute durante dois dias. Eles iniciaram a viagem de volta em 16 de janeiro de 1501. O primeiro navio, *Anunciada*, chegou a Lisboa em 23 de junho de 1501. Cabral só chegaria em 21 de julho, ou seja, 561 dias depois de sua partida.

### A baía de Todos os Santos

A baía de Todos os Santos entrou nos mapas de navegação em 1501, quando o navegador italiano Américo Vespúcio – aquele que deu seu nome ao continente americano – descia lentamente pela costa do Brasil no comando de uma esquadra portuguesa. Ele vinha margeando a terra já fazia algumas semanas, numa expedição de reconhecimento bancada pela Coroa portuguesa. No dia 1º de novembro, Dia de Todos os Santos, sua armada penetrou quase por acaso nessa fenda de mil quilômetros quadrados que praticamente divide em dois o litoral brasileiro. A abertura era tão vasta que Vespúcio demorou a perceber que se encontrava numa baía. Extasiado com a beleza do que via, batizou-a de baía de Todos os Santos.

> **A esquadra de Cabral deixou dois degredados portugueses em território brasileiro.**

# ÍNDIOS

## OS PRIMEIROS HABITANTES

Quando o Brasil foi descoberto, em 1500, os historiadores calculam que existiam aqui entre 1 milhão e 3 milhões de índios, divididos em 1.400 tribos.

Havia três grandes áreas de concentração: litoral, bacia do Paraguai e bacia Amazônica. O processo de extinção dos indígenas foi iniciado no litoral, quando os primeiros núcleos europeus ali se estabeleceram, com matanças, escravização ou transmissão de doenças. Os indígenas não resistiam a doenças como sarampo, varíola e gripe. Entre 1562 e 1563, cerca de 60 mil índios morreram por causa de duas epidemias de varíola, chamadas de peste de bexiga.

Atualmente, existem em torno de 280 mil índios no Brasil, divididos em 206 grupos (etnias) identificados. Cerca de 90 mil deles vivem na região amazônica.

> **Erro de português**
> Oswald de Andrade
>
> Quando o português chegou
> Debaixo de uma bruta chuva
> Vestiu o índio.
> Que pena!
> Fosse uma manhã de sol
> O índio teria despido
> O português.

### De onde vieram os índios?

Os antepassados dos índios das Américas vieram da Ásia para o continente americano há 40 mil anos. Eles atravessaram o estreito de Bering (que liga a Sibéria ao Alasca) no período das glaciações.

## OS HÁBITOS

✳ Ótimos caçadores, os índios usam o fogo para tirar o animal da toca, constroem esconderijos no alto das árvores para esperar a caça ou usam cães. O contato com a civilização, porém, alterou a forma de os índios caçar. Hoje alguns usam espingardas.

✶ Algumas tribos gostam mais de pescar que de caçar. Primeiro usam vegetais (tingui ou timbó) para atrair e atordoar o peixe. Depois, agarram-no com as mãos. Outro método que costumam empregar é o de atingir o peixe com flechas de ponta de osso. A civilização também já ensinou algumas tribos a utilizar varas de pescar e anzóis industrializados.

> Os índios brasileiros adoram carne de macaco, que consideram um prato muito especial. Quanto mais novo for o macaco, mais tenra é sua carne. Os miolos são retirados e misturados a um molho ou comidos com pão. O cérebro do macaco é rico em gordura e proteína.

✶ Algumas espécies de larvas de besouro, como as que vivem em troncos de coqueiro, são consumidas por índios brasileiros.

✶ O arco e flecha é o tipo mais conhecido de arma indígena. Existem também o tacape, a borduna (porrete), o chuço (pau com uma ponta afiada feita de ferro) e a zarabatana (canudo comprido usado para disparar setas com a força de um soprão).

✶ As ocas são compartilhadas por famílias de até quarenta pessoas. Filhos, genros, noras e netos moram juntos na maloca do patriarca.

✶ Os índios jamais batem nos filhos.

✶ Os casamentos ainda são arranjados. Ao entrar na puberdade, a garota fica reclusa durante um ano e depois é apresentada aos pretendentes numa festa. Em casa, ouve lições das mulheres mais velhas, aprimora técnicas de artesanato e ajuda a cuidar dos bebês da família.

✶ Algumas tribos aceitam a poligamia. Outras só permitem que o chefe tenha várias mulheres. Um fato curioso é que se o chefe da tribo tem várias mulheres, ele tem a obrigação de tratá-las de forma igual, com a mesma distribuição de alimentos, carinhos e presente, sem privilégios a mais para nenhuma delas.

✶ Uma das modalidades esportivas mais apreciadas pelos índios é a corrida com toras de buriti. Nessa prova, dez índios se revezam carregando toras de madeira que pesam mais de 100 quilos.

✱ Os índios só identificavam os números 1, 2, 3, 4 e "muitos". Para dizer que havia dez jacarés no rio, falavam "minhas mãos"; se os jacarés eram vinte, "minhas mãos e meus pés".

> **VIDE BULA**
> No início da colonização brasileira, muitos índios foram capturados e escravizados. Os colonos diziam que os índios não eram gente, mas animais. Quando os jesuítas chegaram ao Brasil, começaram a modificar esse quadro. Em 1537, a bula *Veritas ipsa*, editada pelo papa Paulo III, declarou que os índios eram "verdadeiros seres humanos". Por isso, deveriam ter total liberdade, mesmo os que ainda não tivessem se convertido ao cristianismo. Apesar da proibição, os índios continuaram sendo perseguidos por muito tempo.

## OS COMEDORES DE GENTE

Os tupis do litoral brasileiro, no século XVI, comiam os inimigos em impressionantes cerimônias coletivas. Homens, mulheres e crianças bebiam cauim (bebida preparada com mandioca, milho, caju e outros vegetais fermentados) e devoravam, animadamente, o inimigo moqueado, ou seja, assado em grelha de varas. Até 2 mil índios celebravam o ritual, comendo pequenos pedaços do corpo do prisioneiro. Se não houvesse comida para todos, as índias preparavam um caldo com os pés, as mãos e as tripas dele.

Aos que iriam ser devorados, os tamoios tinham por costume oferecer a mais bela jovem da tribo. O preso podia vingar sua morte antes da execução. Ele recebia pedras para atirar nos convidados, que vinham de longe para as festas. O carrasco vestia um manto de penas e matava a vítima com um golpe de borduna na nuca. Eles acreditavam que comendo determinadas partes do corpo do inimigo poderiam absorver as forças e habilidades do bravo guerreiro. A catequese dos brancos acabou com esse canibalismo guerreiro.

Hoje, um ianomâmi come as cinzas de um amigo morto em sinal de respeito e afeto.

**Por que o Dia do Índio é comemorado em 19 de abril?**

Foi nesse dia que os índios se reuniram para discutir seus problemas no I Congresso Indigenista Interamericano, em 1940, no México.

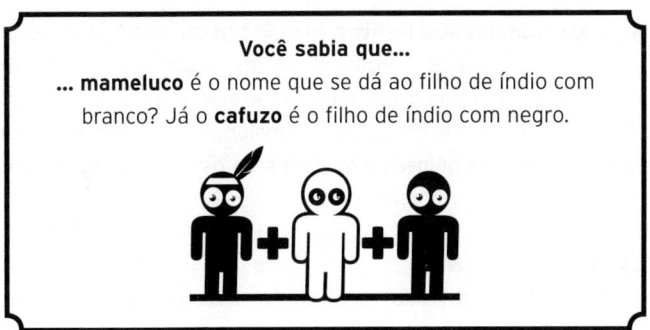

**Você sabia que...**
... **mameluco** é o nome que se dá ao filho de índio com branco? Já o **cafuzo** é o filho de índio com negro.

## QUARUP

O quarup é a cerimônia mais importante do calendário indígena do Brasil. Trata-se de uma celebração aos mortos, como o Dia de Finados. Acontece todo ano em agosto ou setembro. Na festa, as aldeias do Xingu se reúnem para uma série de atividades que atravessam a noite, só terminando no dia seguinte. Cada ano uma tribo é escolhida para ser a anfitriã e é ela que cuida de todos os detalhes da festa.

Os índios erguem troncos de madeira decorados para o ritual. Quarup é o nome da árvore cujo tronco é usado na cerimônia. Cada tronco representa um morto.

A festa começa quando os caciques saúdam os visitantes, que entram em fila indiana para homenagear os mortos. Todos exibem tangas e cocares coloridos, e têm o corpo pintado. Os anfitriões tocam flauta e trazem oferendas, como mingau de mandioca e peixe, simbolizando abundância e cordialidade. Durante a festa, chegam a ser comidos 9 mil peixes. Depois, juntos, os índios dançam ao redor dos troncos, batendo os pés no chão.

Em seguida, acontece o ritual mágico dos pajés. Eles ficam em frente aos troncos fumando e cantando. É a reza em homenagem às almas dos mortos. Elas descem de uma aldeia do céu, à noite, e entram nos quarups. Os homens da aldeia anfitriã não dormem nessa noite. Dançam ou cantam até a madrugada. Ao amanhecer, as almas já celebradas estão finalmente livres para voltar para sua aldeia no céu.

Terminada a parte mística do quarup, começa a luta intertribal. A luta chama-se huka-huka e é uma espécie de sumô. Ganha quem conseguir derrubar ou levantar o adversário. Ser reconhecido como campeão proporciona grande prestígio a esses homens do Xingu.

Para pintar o corpo nos dias festivos, os índios usam uma frutinha chamada pequi, que fornece um óleo ao qual misturam fuligem ou carvão. Também são usados o urucum e o jenipapo. Para pintar, eles usam a haste da folha de palmeira ou buriti e os desenhos, na sua maioria usando formas geométricas, são diferentes para homens e mulheres. Se os rituais e festas demoram vários dias, a pintura é reforçada.

## AS RESERVAS INDÍGENAS

✱ Eles já foram donos de tudo. Hoje, as 559 áreas indígenas existentes no Brasil ocupam 9,89% da área total do país.

✱ Na Amazônia Legal, situam-se 98,61% das terras indígenas do país em 422 áreas. Ao todo são 108.177.545 hectares, representando 20,67% da área total da Amazônia. Cerca de 20 mil ianomâmis ocupam duas grandes reservas na fronteira do Brasil com a Venezuela, demarcadas em 1993, depois que 16 deles foram mortos num conflito com garimpeiros. Em outra reserva, que fica do lado brasileiro e é do tamanho de Portugal, vivem mais 10 mil ianomâmi.

✱ Os 2 mil caiapós, divididos em cinco aldeias e espalhados por cerca de 32 mil quilômetros quadrados, são considerados os índios mais ricos do país. As aldeias dos gorotirés, no sul da reserva, e dos quicretuns, no norte, têm no garimpo de ouro sua maior fonte de renda.

✽ O Parque Nacional do Xingu tem 26 mil quilômetros quadrados (quase o tamanho do estado de Alagoas) e fica na fronteira do Mato Grosso com o Pará. Criado em 1961 para garantir melhores condições de vida e a posse da terra à população indígena local, o Parque Nacional do Xingu abriga hoje 4 mil índios de 15 grupos diferentes.

✽ Pelo Código Civil, o índio não tem direito à propriedade da terra das reservas. Ele tem a posse e o direito de usar o que nela existir (água, flora, fauna e minérios).

**Por que os índios também são chamados de silvícolas?**
a. Porque são fãs incondicionais de Silvio Santos.
b. Porque não perdem nenhuma novela de Sílvio de Abreu.
c. Porque nascem e vivem nas selvas.

Resposta: c.

## FUNAI

✽ Em 1910, o marechal Cândido Rondon criou o Serviço de Proteção ao Índio (SPI). Os indígenas passaram a ter direito à posse da terra, e seus costumes, a ser respeitados. A entidade foi substituída pela Fundação Nacional do Índio (Funai). O órgão federal que hoje cuida das nações indígenas brasileiras foi criado em 5 de dezembro de 1967.

✽ A Funai calcula que, além das 270 tribos já conhecidas, há ainda em torno de 55 grupos totalmente isolados, todos em áreas remotas da Amazônia. Em junho de 1998, na divisa do Brasil com o Peru, uma equipe da Funai vislumbrou entre as copas das árvores 12 construções alongadas, com cerca de 15 metros de comprimento cada. Eram as malocas de uma tribo indígena até então completamente desconhecida. Estima-se que ali viva um grupo de duzentas pessoas, mas ninguém sabe que nome dão à tribo, que língua falam, a que etnia pertencem e quais são seus hábitos e costumes.

✽ A Amazônia é a última região do planeta onde ainda existem grupos humanos de todo desconhecidos. Vivem em estágio bastante primitivo, caçando, pescando e, em alguns casos, cuidando de pequenas roças. Essas tribos recebem da Funai a vaga denominação de "índios isolados".

A região em que esses índios vivem fica perto do rio Envira, próximo da divisa com o Peru, a 480 quilômetros de Rio Branco, capital do Acre. A estrada mais próxima encontra-se a 127 quilômetros. De barco, é preciso enfrentar uma viagem de semanas por rios pouco navegados até hoje.

**O ÍNDIO SEM MEDO**
Depois que o cineasta Zelito Viana filmou *Terra dos índios*, quatro xavantes apareceram na casa dele. Seu filho, o ator Marcos Palmeira, fez amizade com eles e resolveu passar dois meses na aldeia xavante, em Mato Grosso. Cortou o cabelo igual aos índios, encheu-se de pulseiras e colares, caçou, pescou e foi batizado com o nome indígena Tsiwari, que significa "sem medo". Entusiasmado com a causa indígena, Palmeira trabalhou durante um ano no Museu do Índio e visitou a aldeia dos araras, no Pará. Nessa expedição, ficou revoltado com o descaso da Funai por aquela aldeia. Voltando ao Rio de Janeiro, deu entrevistas denunciando a Funai, sua empregadora.

> A marcha carnavalesca *Índio quer apito*, de Haroldo Lobo e Milton de Oliveira, foi gravada em 1961. E Baby Consuelo estourou nas paradas com *Todo dia era dia de índio*, em 1981.

**A HISTÓRIA DOS ÍNDIOS GIGANTES**
Os panarás eram conhecidos como "índios gigantes". Viviam na floresta que fica no norte do Mato Grosso desde 1920. Duzentos anos antes, tinham sido empurrados para fora de Goiás, que iniciava uma corrida do ouro. Eram misteriosos, e sua ferocidade virou lenda entre as outras tribos. Segundo relatos, mediam mais de 2 metros. Alguns chegariam a 2,10 metros. Em 1967 e 1968, duas expedições tentaram encontrá-los, em vão. Até que, em 1970, o governo mandou construir a rodovia Cuiabá-Santarém na bacia do rio Peixoto de Azevedo, onde eles viviam. Uma expedição dos irmãos Villas-Bôas partiu para localizá-los. Em 1972, um trabalhador da rodovia foi flechado por um panará.

O contato só seria feito em fevereiro de 1973. Alguns índios já estavam doentes, pois haviam sido contaminados por vírus levados pelo homem branco. O que mais impressionou foi que a maioria tinha baixa estatura (por volta de 1,68 metro). Poucos eram altos.

Quando a estrada foi aberta, em 1974, as doenças se tornaram mais implacáveis com esses índios. Dos quatrocentos panarás, distribuídos em nove aldeias, apenas 79 sobreviveram. A Funai imediatamente tomou providências. Em janeiro de 1975, levou todos, em duas viagens, para o Parque do Xingu. Até 1989, eles se mudaram sete vezes dentro do parque. Chegaram até a morar com os txucarramães, seus antigos inimigos. Em 1994, no entanto, retornaram ao Mato Grosso, numa área próxima ao rio Iriri. Ali construíram a aldeia de Nacypotire, reconhecida pela Funai como área indígena.

> **O OLHO DO GUARANÁ**
> O grão de guaraná lembra muito a figura de um olho humano. Dessa semelhança surgiu a lenda espalhada pelos índios saterés-maués. A índia Unai teve um filho concebido por uma serpente e morto pelas flechadas de um macaco. No local em que ele foi enterrado, nasceram as primeiras plantas de guaraná. Todo final de novembro, os índios celebram esse acontecimento com a Festa do Guaraná, na cidade de Maués, a 270 quilômetros de Manaus.

## OS ÍNDIOS DE SÃO PAULO

O bairro de Parelheiros, a 50 quilômetros do centro de São Paulo, é habitado por uma tribo guarani da aldeia Morro da Saudade. Há também a comunidade guarani Mbya Tekoa Pyau, localizada nas proximidades do Pico do Jaraguá, na Zona Oeste.

## AMULETO

O pavãozinho-do-pará é uma das aves-símbolo da Amazônia. Na mão dos índios, ele se transforma num amuleto, o mocó. Os pajés matam o pavãozinho à meia-noite de sexta-feira e o enterram numa encruzilhada.
Um ano depois, no mesmo dia e horário, eles retiram os ossos e os jogam na água. Todos afundam, menos um. É o que irá se tornar amuleto em rituais sagrados.

## ÍNDIOS QUE FIZERAM HISTÓRIA

**AIMBERÊ**
Líder tupinambá que enfrentou os portugueses na Confederação dos Tamoios, no século XVI.

**AJURICABA**
O índio Ajuricaba é o símbolo de Manaus. Chefe dos manaós e maiapenas, liderou o ataque contra os portugueses, que enviaram "expedições de resgate" para colonizar a região e aprisionar índios entre 1723 e 1727. Os portugueses diziam que ele tinha se aliado aos holandeses. Preso, a caminho de Belém, preferiu se matar a se tornar escravo. Jogou-se nas águas do rio Pará e morreu afogado.

**ARARIBOIA**
Índio morubixaba da região do Espírito Santo. Ao lado de Mem de Sá e Estácio de Sá, lutou contra os franceses e os tamoios que tinham invadido o Rio de Janeiro (1560-1567). Como recompensa, ganhou uma sesmaria onde hoje é Niterói (RJ). Seu nome significa "cobra feroz".

**BARTIRA**
Foi a índia que conquistou o coração do colonizador João Ramalho, náufrago que ela encontrou na costa brasileira no século XVI. A paixão entre os dois foi tão grande que ele se esqueceu da mulher que havia deixado em Portugal para casar com Bartira numa cerimônia indígena. Eles já tinham oito filhos quando o padre Manuel da Nóbrega os casou na Igreja. Bartira foi batizada com o nome Isabel Dias.

## CARAMURU

A caminho das Índias, o português Diogo Álvares Correia (1475-1557) naufragou na baía de Todos os Santos em meados de 1509. Foi encontrado pelos índios tupinambás, desacordado e envolto em algas marinhas. Recebeu o apelido de Caramuru, nome que os índios dão a um peixe chamado moreia. Eles pensaram em devorá-lo, mas Caramuru foi salvo por Paraguaçu, filha do morubixaba (chefe) da tribo, que se casou com ele. Nos destroços do barco afundado, ele achou um arcabuz e muita pólvora. Diante dos índios, disparou um tiro e acertou um pássaro. Passou a ser respeitado, então, como o "homem do fogo". Uma vez que conhecia a língua e os costumes dos tupinambás, ajudou Tomé de Sousa e os jesuítas a catequizá-los. A filha de Caramuru, Madalena, foi a primeira mulher brasileira a aprender a ler e escrever.

## CUNHAMBEBE

Apoiado por todos os chefes tamoios, de Cabo Frio (RJ) a Bertioga (SP), Cunhambebe foi uma barreira de resistência à dominação portuguesa. Conseguia reunir até 5 mil homens para as batalhas. Sua aldeia, que ficava perto de Angra dos Reis (RJ), tinha seis canhões roubados das caravelas que ele saqueava. Participou das negociações para o armistício de Iperoig. Foi convertido e batizado pelo jesuíta José de Anchieta. Como aliado dos franceses que invadiram o Rio de Janeiro em 1555, teve um fim trágico: morreu de peste bubônica, trazida pelos invasores.

## POTI

Índio da tribo potiguar, nascido em 1600. Quando foi batizado, em 1614, adotou o nome Antônio Filipe Camarão. O Filipe foi uma homenagem ao rei da Espanha, e Camarão é a tradução de Poti, seu nome indígena. Ele foi o herói na vitória sobre os invasores holandeses na Bahia (1624) e em Pernambuco (1630), comandando um grande grupo de índios. Morreu numa batalha em Guararapes (PE), em 1648. Em reconhecimento ao seu esforço, o governo português lhe concedeu o título honorífico de "dom", e o transformou em governador e capitão-mor de todos os índios da costa do Brasil, desde o rio São Francisco até o estado do Maranhão.

## SEPÉ TIARAJU

O Monumento ao Índio Guarani, erguido em Santo Ângelo (RS), é uma homenagem a Sepé Tiaraju, que defendeu a região contra os espanhóis no século XVIII.

## TIBIRIÇÁ

Cacique da tribo dos guaianás, foi catequizado pelo padre José de Anchieta. Adotou o nome de Martim Afonso. Deu apoio aos colonos da vila de São Vicente durante o governo de Duarte da Costa. Depois, em 1562, ajudou a defender a vila de São Paulo contra um ataque dos índios guaianás. Era pai da índia Bartira.

# ÍNDIOS QUE FORAM NOTÍCIA

## MÁRIO JURUNA

Esse cacique xavante apareceu em Brasília por volta de 1977. Era apenas um líder de comunidade que ia pedir agasalhos, cobertores e sapatos para o governo. A única diferença é que andava sempre com um gravador, em que registrava todas as promessas que lhe faziam. Quando um funcionário ou político tentava desmentir que houvesse lhe prometido alguma coisa, Juruna reunia a imprensa e mostrava a gravação da conversa.

Juruna viveu na selva, sem contato com a civilização, até os 17 anos. Em 1982, já famoso, se candidatou a deputado federal pelo Partido Democrata Trabalhista (PDT) e foi eleito com cerca de 32 mil votos no Rio de Janeiro. Desgastado perante as lideranças do partido por causa de suas declarações explosivas e sem a mesma popularidade do início da década, Juruna não conseguiu a reeleição em 1986.

## PAULO PAIAKAN

O cacique caiapá Paulo Paiakan poderia ser lembrado pela medalha de honra que recebeu na IV Reunião Anual da Better World Society (Sociedade para um Mundo Melhor) das mãos do ex-presidente Jimmy Carter. Trata-se de uma honraria que nenhum ecologista brasileiro recebera até então. Mas na verdade Paiakan é lembrado por um incidente ocorrido em maio de 1992.

Ele foi condenado, em dezembro de 1998, a seis anos de prisão em regime fechado, acusado de torturar e estuprar a estudante Silvia Letícia da Luz Ferreira, à época com 18 anos. A mulher do cacique, Irekran, que participou dos atos de violência, foi condenada a quatro anos de prisão. No mês seguinte, eles conseguiram uma liminar que impediu a prisão até o julgamento do recurso que tentava anular o processo. O casal estava embriagado quando o crime aconteceu. Os índios, por não serem emancipados, não são alcançados pela lei dos brancos. Mas a 2ª Câmara Criminal do Tribunal de Justiça do Pará, que condenou Paiakan por unanimidade, considerou que o cacique era aculturado e que, portanto, tinha discernimento de que praticava um crime. Paiakan e Irekran já haviam sido julgados e inocentados em 1994.

## RAONI

O líder da tribo txucarramãe nasceu no Mato Grosso em 1930. Raoni, com seu beiço gigantesco, ganhou fama internacional ao estrelar um documentário sobre a vida de sua tribo, que habita o norte do Parque Nacional do Xingu. O filme foi mostrado no Festival de Cannes de 1977. A partir daí, ele passou a ser convidado para vários eventos no exterior, atraindo a simpatia da opinião pública internacional para a causa indígena. Em 1986, o cacique Raoni tentou salvar a vida do naturalista Augusto Ruschi, envenenado por um sapo. Fez uma pajelança. Não adiantou. Ruschi morreu.

No mês de abril de 1989, ele viajou pela Europa em companhia do cantor inglês Sting com o fim de arrecadar fundos para a Fundação Mata Virgem. Foi recebido pelo papa e por chefes de Estado, como o presidente François Mitterrand, da França, e os primeiros-ministros Felipe González, da Espanha, e Margaret Thatcher, da Inglaterra.

## GALDINO JESUS

O índio pataxó Galdino Jesus dos Santos resolveu dormir numa parada de ônibus da avenida W/3 Sul, em Brasília. Galdino foi da Bahia até a capital para participar das festividades do Dia do Índio e defender a demarcação da reserva pataxó. Voltou tarde para a pensão em que estava hospedado e não conseguiu entrar. Por volta das 5 horas da madrugada de 20 de abril de 1997, cinco adolescentes da classe média alta de Brasília jogaram álcool e atearam fogo no índio. Algumas pessoas tentaram socorrer Galdino, levando-o para um hospital. Uma testemunha anotou a placa do monza preto usado pelos rapazes. "Queríamos assustar um mendigo, não sabíamos que era um índio", disse Antônio Novély Cardoso Villanova, um dos assassinos. Queimado da cabeça aos pés, o índio morreu 22 horas depois.

## O QUE É...

**... botoque?**
Rodela grande que alguns índios colocam no beiço inferior. Os homens das tribos que fazem isso são chamados de botocudos.

**... pajelança?**
Ritual em que o pajé, depois de beber uma aguardente (tafiá), invoca a mãe do rio, a boiuna, e outros animais, pedindo orientação para a cura do paciente. Muitas vezes o bicho que o pajé incorpora não tem a solução e por isso lhe sugere outro bicho, mais sabido. Durante a pajelança, o pajé dança com frequência, construindo uma interessante mímica do animal que incorporou.

**... piroga?**
Embarcação indígena feita de um tronco de árvore escavado a fogo.

**... tacape?**
Arma utilizada pelos índios. Lembra uma machadinha.

## DANÇA DA CHUVA

Você acredita na dança da chuva? Em 1998, o estado de Roraima teve quase $1/4$ de seu território queimado por causa de uma seca que já durava três meses. Depois de frustradas tentativas de apagar o fogo, o governo decidiu recorrer à crendice popular. Dois índios caiapós, Kucrit e Mantii, foram levados do Mato Grosso até Boa Vista para executar a dança da chuva. As passagens e o hotel foram pagos pela Funai. Os pajés dançaram durante 40 minutos, às margens do rio Curupira, pedindo chuva ao espírito de um antepassado. Para surpresa geral, a chuva veio e apagou a maior parte dos focos de incêndio.

## A LÍNGUA TUPI

Qual é a língua falada pelos índios? Ao contrário do que se imagina, o tupi não é falado por todos eles, não. A língua tupi era uma das 1.200 línguas indígenas conhecidas no ano de 1500. Até meados do século XVIII, foi o idioma mais falado no território brasileiro, também conhecido como "língua geral" ou "nheengatu".

O tupi legou cerca de 20 mil palavras ao nosso vocabulário, como amendoim, caipira, moqueca, taturana e pipoca. Quando Cabral chegou ao Brasil, a língua era falada numa faixa de 4 mil quilômetros, do norte do Ceará ao sul de São Paulo. O que predominava era o dialeto tupinambá, um dos cinco grandes grupos tupis. Os outros eram: tupiniquim, caeté, potiguar e tamoio.

Hoje restam 177 línguas. O antigo tupi foi uma das que desapareceram completamente. Em 1758, o marquês de Pombal, interessado em acabar com o poder da Companhia de Jesus no Brasil e em aumentar o domínio da metrópole sobre a colônia, proibiu o ensino e o uso do tupi. Em 1955, o presidente Café Filho obrigou todas as faculdades de letras a incluir um curso de tupi no currículo.

> **Você sabia que...**
> ... era em tupi que os bandeirantes se comunicavam? É por isso que tantos estados, municípios e rios têm nomes de origem indígena. Veja alguns exemplos: Paraná é "rio igual ao mar"; Pará é "mar"; Piauí é "rio de piaus", um tipo de peixe; Sergipe é "no rio do siri"; Paraíba é "rio ruim (de se navegar)"; Tocantins é "bico de tucano"; Curitiba é "lugar de muito pinhão"; Pernambuco é "mar com fendas".

## OS AMIGOS DA CAUSA INDÍGENA

### OS IRMÃOS VILLAS-BÔAS
A primeira expedição ao alto Xingu foi feita pelo alemão Karl von Steinen, em 1884, mas só a partir de 1944, durante o governo Getúlio Vargas, o homem branco começou a desbravar a região. A Expedição Roncador-Xingu foi organizada pelo governo para abrir estradas e construir campos de pouso numa região praticamente inexplorada. Em 1946, os irmãos Leonardo, Cláudio e Orlando Villas-Bôas passaram a integrar as expedições e a se dedicar à pacificação e proteção dos índios. O empenho deles provocou a criação do Parque Nacional do Xingu.

### DARCY RIBEIRO
O antropólogo Darcy Ribeiro (1922-1997) foi um dos primeiros brasileiros a chamar a atenção para o estado de abandono em que os índios se encontravam. Escreveu os livros *Diários índios: os urubus-kaapor* e *Os índios e a civilização*. Foi um dos fundadores do Museu do Índio, em 1953. Ex-ministro da Educação, organizou a Universidade de Brasília, da qual foi o primeiro reitor entre 1962 e 1964. Foi chefe de gabinete do presidente João Goulart e acabou exilado após a Revolução de 1964. Morou no Chile e no Peru. Voltou ao país depois de 14 anos, elegendo-se vice-governador de Leonel Brizola no Rio de Janeiro, e mais tarde senador.

### MARECHAL RONDON
Cândido Mariano da Silva nasceu em 5 de maio de 1865, em Mimoso (hoje Santo Antônio do Leverger), nas imediações de Cuiabá. Começou sua carreira em 1883. Suas missões com os índios, a demarcação de fronteiras e a construção de 5.500 quilômetros de linhas telegráficas o levaram aos luga-

res mais afastados do Brasil. Em 1910, criou o Serviço de Proteção ao Índio e, a partir daí, conseguiu pacificar tribos, como a dos botocudos e caingangues. Foi dele também, em 1952, a proposta de criação do Parque Nacional Indígena do Xingu. Autor do livro *Índios do Brasil*, Rondon concorreu ao prêmio Nobel da Paz de 1957. Um dos territórios mais isolados do país, Guaporé, ganhou um novo nome em 17 de fevereiro de 1956: Rondônia, em sua homenagem. Já cego, ele faleceu em 19 de janeiro de 1958.

✼ Rondon começava sempre o dia com um banho de rio às 4 da manhã. Ele adorava ler. Mesmo quando estava no meio do sertão, costumava ler em cima do cavalo. Quando terminava uma folha, arrancava-a e jogava fora. Era uma maneira de ir diminuindo a carga.

✼ Theodore Roosevelt, Prêmio Nobel da Paz em 1906 e ex-presidente dos Estados Unidos, resolveu percorrer o interior brasileiro entre 1913 e 1914. As autoridades pediram que Rondon traçasse o roteiro da expedição.

✼ Em suas expedições, Rondon colocou 12 rios no mapa brasileiro e corrigiu o traçado de vários outros. Ganhou o título de Civilizador dos Sertões.

> **COMO CÂNDIDO MARIANO DA SILVA SE TRANSFORMOU EM MARECHAL RONDON?**
> O garoto ficou órfão de pai e mãe muito cedo. Por isso, foi criado por um tio chamado Manuel. Em 1890, quando se formou na Escola Militar, ele conseguiu uma autorização do Ministério da Guerra para adotar o sobrenome Rondon, em homenagem ao tio que o adotara. O engraçado é que o tio Manuel também não tinha o Rondon em seu nome original. Ele só resolvera acrescentar o sobrenome materno para diferenciar-se de um rival homônimo. A patente de marechal lhe foi conferida pelo Congresso Nacional em 1955.

# OS BANDEIRANTES

As bandeiras foram um movimento basicamente paulista, iniciado no século XVII. Os retratos costumam mostrar os bandeirantes como senhores nobres, bem-vestidos, com ar elegante. Não se engane. Em sua maioria, eles eram mestiços, pobres e quase maltrapilhos. O movimento dos bandeirantes pode ser dividido em três etapas:

1ª No começo, os bandeirantes capturaram índios para escravizá-los e vendê-los aos fazendeiros de cana-de-açúcar. Invadiam tribos e levavam os indígenas, acorrentados, até os locais de leilão.

2ª Quando o aprisionamento dos índios foi proibido, os bandeirantes mudaram de ramo. Passaram a procurar metais, desbravando o interior do país. O primeiro lugar onde se encontrou ouro em quantidade foi Cuiabá. Entre 1693 e 1705, os paulistas descobriram as principais jazidas de Minas Gerais.

3ª Os bandeirantes eram contratados para sufocar rebeliões de negros ou de índios. Perseguiam também escravos fugitivos. O Quilombo dos Palmares, por exemplo, foi destruído por um grupo de bandeirantes.

No percurso pelo interior, quando os mantimentos começavam a diminuir, os bandeirantes paravam e montavam acampamento. Ali plantavam para repor as provisões. Esses acampamentos davam origem a pequenos arraiais, que depois viravam municípios. Foi assim que os bandeirantes ajudaram a desbravar o país.

**AMADOR BUENO (1610-1683)**
Prendeu índios e encontrou ouro. Em 1638, Amador Bueno Ribeira era considerado um dos homens mais ricos de São Paulo. Exerceu os cargos de ouvidor da capitania, provedor, contador da Fazenda Real e juiz de órfãos.

## ANTÔNIO RAPOSO TAVARES (1598-1658)

Nasceu em Portugal e chegou ao Brasil em 1618. Aprisionou 10 mil índios para trabalhar em sua fazenda ou vendê-los como escravos aos fazendeiros de açúcar do Nordeste. Suas expedições cobriram grande parte da América do Sul. Percorreu 12 mil quilômetros, enfrentando chuvas, pântanos e doenças. Partindo de São Paulo, foi até onde hoje ficam Mato Grosso do Sul, Mato Grosso, Rondônia e Pará. Atravessou pela primeira vez a floresta amazônica.

## ANTÔNIO RODRIGUES DE ARZÃO (SÉCULO XVII)

Bandeirante paulista que foi apontado como responsável pela descoberta de ouro em Minas Gerais. Em 1693, liderou uma bandeira que seguia a trilha de Fernão Dias. Encontrou ouro em um ribeirão de Minas Gerais, mas foi atacado por índios e fugiu. De volta a São Paulo, contou a notícia a Bartolomeu Bueno da Silva, que seguiu para o local.

## BARTOLOMEU BUENO DA SILVA (SÉCULO XVII)

Em 1682, ele foi o pioneiro na exploração dos sertões de Goiás. Estava acompanhado de seu filho, Bartolomeu Bueno, de apenas 12 anos. Voltaram carregados de ouro e de índios para as lavouras paulistas. Iniciou também a primeira fase de exploração de ouro em Minas Gerais, a chamada mineração aluvial.

---

**Por que ele recebeu o apelido de Anhanguera?**

Bartolomeu percebeu que um grupo de índias usava enfeites de ouro em seus colares. Apanhou uma garrafa de aguardente, despejou-a numa vasilha e ateou fogo. Disse aos índios que aquilo era água e que ele tinha o poder de incendiar os rios caso não fosse levado às minas de ouro. Apavorados, os índios o apelidaram de Anhanguera, ou "diabo velho".

---

## BARTOLOMEU BUENO DA SILVA, "O MOÇO" (1672-1740)

Filho de Anhanguera, estabeleceu-se em Sabará (MG) em 1701, onde foi considerado um dos líderes da Guerra dos Emboabas. Em 1722, se propôs a colonizar a região que havia feito a fama de seu pai. Com sua bandeira de 152 homens reduzida a 70, encontrou ouro no rio Vermelho e no ribeirão das Cabrinhas. Voltou a São Paulo para buscar ajuda. No ano de 1726, estabeleceu ali uma povoação, que seria durante muitos anos a capital do estado de Goiás. Pelo descobrimento das minas, ganhou sesmarias, que depois lhe foram retiradas. Morreu quase na miséria.

## DOMINGOS JORGE VELHO (1614-1703)

Bandeirante paulista que partiu de Taubaté e chegou ao interior do Piauí. Na sua caçada aos índios do Nordeste, perseguiu e destruiu uma série de aldeias. No Rio Grande do Norte, lutou na Guerra dos Bárbaros (1687). Seu principal feito, no entanto, foi a destruição do Quilombo dos Palmares, em 1694. A morte do líder Zumbi foi atribuída a André Furtado de Mendonça, da tropa de Velho. Era considerado por todos um homem muito rude, que falava mal o português. Comunicava-se sempre em tupi-guarani.

## FERNÃO DIAS PAIS (1608-1681)

Em uma de suas primeiras incursões pelo país, aprisionou 5 mil índios na região Sul para trabalhar nas lavouras de São Paulo. Em 1672, o bandeirante ganhou do governador-geral do Brasil, Afonso Furtado de Mendonça, uma carta que lhe dava o direito de chefiar uma expedição para descobrir esmeraldas e minas de ouro em Minas Gerais. A bandeira saiu dois anos depois. Fernão Dias ficou conhecido como o Caçador de Esmeraldas, embora não tenha achado nenhuma. Durante o percurso, sufocou uma revolta liderada pelo seu próprio filho, José Dias Pais. Fernão enforcou o filho. Depois de sete anos de viagem, contraiu uma doença e morreu longe de casa. Hoje, seus restos mortais estão guardados no Mosteiro de São Bento, em São Paulo.

Fernão Dias foi casado com Maria Garcia Betim, descendente de Tibiriçá pelo lado materno e de um irmão de Pedro Álvares Cabral pelo lado paterno.

## MANUEL BORBA GATO (1628-1718)

Genro de Fernão Dias, Borba Gato fez parte de sua bandeira entre 1674 e 1681. Depois de ter sido acusado de assassinato, fugiu para a região do rio Doce, em Sabará (MG). Ali descobriu ouro em Sabarabuçu e no rio das Velhas. Participou da Guerra dos Emboabas.

As descobertas de ouro e pedras preciosas no Brasil tornaram-se as mais importantes do Novo Mundo colonial. Calcula-se que, ao longo de cem anos, garimparam-se 2 milhões de quilos de ouro no país, e cerca de 2,4 milhões de quilates de diamante foram extraídos das rochas. Faltava gente para plantar e colher nas fazendas. Pelo menos 615 toneladas de ouro chegaram a Portugal até 1822. Não foi no Brasil ou em Portugal que toda essa fortuna foi reinvestida: ela passou para a Inglaterra, que vinha colhendo os frutos de sua Revolução Industrial.

# ESCRAVOS

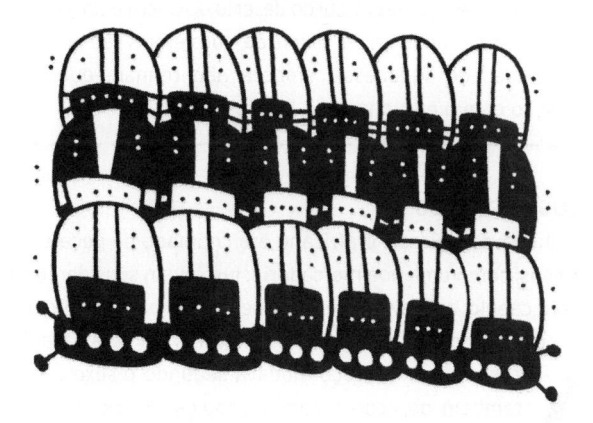

Os portugueses iniciaram a escravização de negros no século XV, quando conquistaram a costa africana. Trocavam armas, pólvora, tecidos, espelhos, aguardente e fumo com os chefes tribais por escravos. Graças ao bom trabalho dos africanos na produção de açúcar em São Tomé e Príncipe, na ilha da Madeira, e no arquipélago de Cabo Verde, outras colônias portuguesas, os senhores de engenho do Brasil exigiram a vinda de escravos negros para as suas fazendas.

Não existem números confiáveis sobre a quantidade de negros que entraram no Brasil como escravos. Os primeiros navios negreiros foram trazidos pelo português Martim Afonso de Sousa, em 1532. A contabilidade oficial estima que, entre essa data e 1850, cerca de 5 milhões de escravos negros entraram no Brasil, mas alguns historiadores calculam que pode ter sido o dobro. Milhares de escravos morreram nos navios negreiros, apelidados de "tumbeiros" por causa disso.

Eles vieram para executar todas as tarefas possíveis: dos trabalhos domésticos aos agrícolas, dos serviços leves aos mais pesados.

Hoje, graças a alguns poucos registros históricos e à herança cultural deixada aos seus descendentes, é possível dividir os negros brasileiros como originários de três grandes grupos: os da região do atual Sudão, em que os iorubas, também chamados nagôs, predominam; os que vieram das tribos do norte da Nigéria, a maioria muçulmanos de hábitos refinados, chamados malês no Brasil, e, por fim, o grupo dos bantos, capturados nas colônias portuguesas de Angola e Moçambique.

> **Você sabia que...**
> ... na África as regiões ao sul do deserto do Saara eram conhecidas como "Sudão" e, por extensão, suas etnias são também chamadas de sudaneses, embora não tenham qualquer ligação com o país chamado Sudão?

## A VIDA DOS ESCRAVOS

✳ Quando chegava ao Brasil, o africano era chamado de peça e vendido em leilões públicos, como uma boa mercadoria: lustravam seus dentes, raspavam seu cabelo, aplicavam óleos em seu corpo para esconder doenças e dar brilho à pele, além de os engordarem para garantir um bom preço. Afinal, o preço mudava segundo o sexo e a idade, mas também de acordo com a condição física. As vendas ainda podiam ser feitas direto ao fazendeiro, por encomenda e com o preço previamente combinado.

✳ Os escravos valiam mais quando eram homens e adultos. Um escravo era considerado adulto quando tinha entre 12 e 30 anos. Eles trabalhavam em média das 6h às 22h, quase sem descanso, e amadureciam muito rápido. Com 35 anos, já tinham cabelos brancos e a boca desdentada.

✳ Os cativos recebiam, uma vez por dia, apenas um caldo ralo de feijão. Para enriquecer um pouco esse caldo, eles aproveitavam as partes do porco que os senhores desprezavam: língua, rabo, pés e orelhas. Foi assim que surgiu a feijoada.

✳ Os escravos eram marcados nas coxas, braços, peito e face com as iniciais de seu senhor; para isso, usava-se ferro em brasa. O instrumento de castigo mais conhecido foi o pelourinho. Símbolo do poder, cada fazenda e cada cidade possuía uma coluna dessas. O escravo era amarrado pelas mãos e pelos pés e castigado publicamente para servir de exemplo.

✳ Os escravos popularizaram o leite de coco, o azeite de dendê, a pimenta-malagueta, o feijão-preto e o quiabo. Por volta de 1750, escravas foram para as ruas do Rio de Janeiro e de Salvador vender comidas em tabuleiros.

✱ Frequentemente, senhores de escravos e donos de minas se apaixonavam pelas escravas mais belas. Então, eles faziam questão de vesti-las com roupas caras e de presenteá-las com muitas joias. Em 20 de fevereiro de 1696, o governo de Portugal proibiu que as escravas usassem vestidos de seda, veludo ou cambraia. Também não poderiam portar peças de ouro. A ordem não foi muito respeitada.

> **Você sabia que...**
> ... cada senhor de engenho tinha autorização para importar 120 escravos por ano da África? E que havia uma lei que dizia que o número máximo de chibatadas que um escravo podia levar era cinquenta por dia?

### O QUE ERA ESCRAVO DE GANHO?
Era o escravo que tinha permissão de vender ou prestar serviços na rua. Em troca, ele deveria dar uma porcentagem dos ganhos a seu dono.

### O PELOURINHO
O Pelourinho, que hoje atrai tantos pela beleza arquitetônica e pela música, foi por muito tempo local de castigos cruéis e humilhações públicas.

No século XVI, a praça Municipal da cidade de Salvador recebeu o primeiro pelourinho brasileiro. De lá ele foi transferido para o Terreiro de Jesus e, logo depois, para o Mosteiro de São Bento, por causa dos protestos dos jesuítas. Segundo eles, os gritos dos açoitados perturbavam as missas e cerimônias religiosas do templo. Em 1807, foi finalmente instalado no largo do Pelourinho, onde permaneceu até que esse tipo de punição foi extinto, trinta anos depois. Os pelourinhos brasileiros não eram destinados apenas aos escravos, mas a qualquer infrator da lei. Construídos de madeira ou pedra, eram considerados símbolos de autoridade e justiça. Sua importância pode ser medida por um exemplo: quando se dizia que uma povoação tinha "levantado pelourinho", significava que havia subido à categoria de vila.

**O FIM DO TRÁFICO**
Como o número de mortes entre os escravos era maior que o de nascimentos, havia necessidade da entrada constante de escravos no país. Além das péssimas condições de vida às quais estavam submetidos, a importação de homens era muito maior que a de mulheres.
Acontece que, depois de abolir o tráfico de escravos para suas colônias (1806-1807) bem como a escravidão nelas (1833), a Inglaterra passou a combater o tráfico negreiro em outras partes do mundo, até porque sua produção, que utilizava mão de obra remunerada, não conseguiria competir, em preço, com a produção de países onde a mão de obra era escrava. As pressões inglesas sobre o Brasil, grande importador de escravos, se fizeram sentir desde antes de nossa independência. No entanto, o governo brasileiro, controlado pelos ricos proprietários escravocratas, não queria levá-las a sério. Então, os ingleses tornaram-se cada vez mais ativos no ataque aos navios negreiros.
O Brasil, apesar de humilhado, não tinha condições de enfrentar a maior potência econômico-militar do mundo, e após anos em que as relações com a Inglaterra beiraram o conflito aberto, acabou por ceder.

## O caminho da liberdade

**1850**
**LEI EUSÉBIO DE QUEIRÓS**
Abolia o tráfico de escravos para o Brasil, mas eles continuaram a ser trazidos clandestinamente.

**1871**
**LEI DO VENTRE LIVRE**
Prometia libertar os filhos de mulheres escravas nascidos a partir de 28 de setembro. Na verdade, as crianças ficavam sob o poder dos senhores até completarem oito anos. Depois, eles decidiam se as manteriam escravas até os 21 anos ou se receberiam uma indenização do Estado por libertá-las.

## 1885
## LEI DOS SEXAGENÁRIOS

Também conhecida como Lei Saraiva-Cotegipe, ela libertava os escravos com mais de sessenta anos, idade que raramente alcançavam. Mesmo assim, a lei ainda determinava que os escravos deveriam trabalhar gratuitamente por mais três anos para o seu proprietário.

Os principais nomes da campanha abolicionista foram Castro Alves (poeta), Tobias Barreto (intelectual), José do Patrocínio (jornalista) e Joaquim Nabuco (político).

## A LEI ÁUREA

Em 1887, um ano antes da Lei Áurea, o Brasil tinha 723.419 escravos. Quando a Princesa Isabel – filha de d. Pedro II – acabou com o cativeiro, os próprios escravos já tinham se libertado por si mesmos. Sem esperar a abolição ser oficializada, eles fugiam em massa.

O Brasil foi um dos últimos países do mundo a abolir a escravidão e, entre a segunda metade do século XVI e 1850, ano em que o comércio de escravos teve fim, mais de 3,6 milhões de africanos foram capturados e trazidos para o Brasil. Era tanta gente que, até o século XVIII, 80% da população brasileira era negra e trabalho era sinônimo de escravidão.

A Lei Áurea foi assinada pela Princesa Isabel, a Redentora (1841-1921), no dia 13 de maio de 1888, depois de aprovada no Senado, com apenas um voto contra. Na Câmara, apresentado em 7 de maio de 1888, o projeto de abolição obteve, de 92 votos, 83 a favor. É a lei mais concisa que o país já teve: "Art. 1º: É declarada extinta a escravidão no Brasil. Art. 2º: Revogam-se as disposições em contrário".

Um ano depois do fim da escravidão, Rui Barbosa disse que "queria acabar com o nosso passado negro" e queimou todos os documentos sobre escravidão que encontrou.

> **PRÓS E CONTRAS**
>
> Em 1823, d. Pedro I escreveu uma carta defendendo o fim da escravidão no Brasil, o qual só ocorreria 65 anos depois, com a Lei Áurea. "Ninguém ignora que o cancro que rói o Brasil é a escravatura e é mister extingui-la", escreveu. Foram publicados textos do imperador na imprensa da época, sempre assinados com pseudônimos, como Piolho Viajante.
>
> Em uma carta de 22 de fevereiro de 1888, três meses antes da abolição, a condessa de Barral, tratando a princesa Isabel de "querida queridíssima", ensina-lhe que "é tolice gastar dinheiro para a libertação dos escravos". Baiana culta, a condessa Luísa Margarida Portugal de Barros era dama de honra da imperatriz Teresa Cristina, preceptora das princesas imperiais e amante de d. Pedro II.

## ESCRAVOS QUE SE TORNARAM LENDA

### ZUMBI DOS PALMARES

Líder dos escravos fugitivos, Zumbi nasceu em Pernambuco por volta de 1655. Ainda criança, foi capturado e doado ao padre Antônio de Melo, que lhe ensinou latim, astronomia, matemática e estudos religiosos. Fugiu para o Quilombo dos Palmares, na fronteira de Pernambuco e Alagoas, quando tinha cerca de 15 anos. Na época, o chefe dos escravos de Palmares era Ganga Zumba, tio de Zumbi.

Além de negros fugitivos, o Quilombo dos Palmares também era formado por indígenas e brancos pobres. Estima-se que a população total chegou a 20 mil pessoas – uma quantidade significativa para a época. Os moradores criavam gado e cultivavam a terra. Tudo era dividido por igual, e o que sobrava era trocado por sal, pólvora e armas.

Em 1678, Ganga Zumba articulou um acordo com o governo pernambucano. Todos os filhos de escravos fugidios seriam considerados livres, e terras próximas a Curcaú seriam doadas para que o quilombo fosse desfeito. Apesar de Ganga ter aceitado os termos do acordo, Zumbi não se deu por satisfeito e resolveu resistir.

Os ataques que destruiriam o Quilombo dos Palmares começaram em 1693, comandados pelas mãos do bandeirante paulista Domingos Jorge Velho. Ele havia assinado um acordo com João da Cunha Souto Maior, governador de Pernambuco, seis anos antes. A resistência dos negros sucumbiu em fevereiro de 1694. Zumbi só seria capturado no ano seguinte. Ele foi morto, esquartejado, e sua cabeça exposta em público, na cidade de Olinda (PE).

### Universidade Zumbi dos Palmares (Unipalmares)

A Universidade Zumbi dos Palmares, de São Paulo, surgiu por uma iniciativa da ONG Sociedade Afro-Brasileira de Desenvolvimento Sociocultural (Afrobras), em conjunto com a Universidade Metodista de Piracicaba e com o Núcleo de Políticas e Estratégias da Universidade de São Paulo (USP). A formulação da ideia começou em 2000, mas as primeiras aulas foram dadas em fevereiro de 2004.

Cerca de 90% dos alunos da Unipalmares se consideram negros. Esse dado vai ao encontro do principal objetivo da instituição: "a inclusão e manutenção do negro no ensino superior do país". Além de políticos, diversos intelectuais, artistas, ONGs e empresas privadas apoiam a instituição.

Na formatura da primeira turma da Unipalmares, em 13 de março de 2008, estiveram presentes políticos de todos os níveis de poder: o presidente Lula, o governador de São Paulo José Serra, e o prefeito paulistano Gilberto Kassab – além de Orlando Silva, ministro dos Esportes, que é negro.

### Fundação Cultural Palmares

Criada para promover a participação dos negros no desenvolvimento do país, a Fundação Cultural Palmares é uma entidade governamental ligada ao Ministério da Cultura. Ela surgiu em 22 de agosto de 1988, por meio da Lei Federal 7.668. Mais especificamente, essa lei determina que a organização deve "promover a preservação dos valores culturais, sociais e econômicos decorrentes da influência negra na formação da sociedade brasileira". Uma das atribuições da Fundação é reconhecer os moradores reminiscentes dos antigos quilombos de escravos fugidos. Até hoje, foram cadastradas 659 comunidades.

### Dia da Consciência Negra

O Dia da Consciência Negra é comemorado em 20 de novembro, dia em que Zumbi dos Palmares morreu, em 1695. Apesar de ser celebrada desde a década de 1960, a data ainda não é considerada feriado nacional. Por enquanto, apenas alguns estados e municípios instituíram o dia 20 de novembro como feriado. Nas cidades em que isso acontece, ONGs ligadas às causas raciais e o governo costumam promover eventos de cultura afro-brasileira.

## CHICO REI

Galanga, monarca guerreiro e sumo sacerdote do deus pagão Zambi-Apungo, foi capturado no Congo por mercadores portugueses. Durante a viagem, sua mulher, a rainha Djalô, e sua filha, a princesa Itulo, foram jogadas no mar pelos marujos para aplacar a fúria dos deuses da tempestade, que quase afundou o navio negreiro *Madalena*. Vendido como escravo, ao lado do filho Muzinga, Galanga desembarcou no Rio de Janeiro. Foi levado para Ouro Preto em 1740 e recebeu o nome de Chico Rei (1709-1781). Depois de servir por cinco anos ao major Augusto de Andrade, comprou a sua carta de alforria. Libertou o filho e ainda adquiriu a mina Encardideira, supostamente esgotada. Acontece que Chico Rei encontrou ouro nela. Com o dinheiro, comprou a liberdade de quatrocentos escravos que integravam sua corte na África e se transformou num homem rico e respeitado. Mandou construir a igreja de Santa Ifigênia para ser frequentada pelos africanos.

A mina foi redescoberta em 1947, nos fundos de uma casa da periferia de Ouro Preto, e hoje está aberta a visitação.

**O que é o ouro dos tolos?**
É o nome popular que se dá à pirita, um mineral de cor amarela que os leigos pensam ser ouro.

## CHICA DA SILVA

Logo que chegou ao arraial do Tijuco (atual Diamantina, MG), em 1753, o contratador de diamantes João Fernandes, um dos homens mais ricos e influentes da época, comprou a mulata Chica da Silva de um médico português por 800 réis, o triplo do que valia um bom escravo na época. Poucos meses depois, João Fernandes e Chica viraram amantes. Ele lhe concedeu alforria, pôs propriedades em seu nome, deu-lhe escravos e incentivou sua alfabetização. Fernandes realizava todos os desejos dela. Chegou a construir um lago para que ela passeasse de barco. Sempre cheia de joias, Chica andava em liteira, carregada por quatro escravos e acompanhada de 12 mucamas (escravas moças, escolhidas para os serviços caseiros ou para acompanhar pessoas da família). Preocupada com o poder e a influência de João Fernandes, a Coroa portuguesa chamou-o e não deixou que retornasse ao Brasil. Ele pagou uma multa gigantesca, mas sua fortuna pouco se alterou por causa disso. Chica da Silva permaneceu por aqui, também numa situação confortável.

## ANASTÁCIA

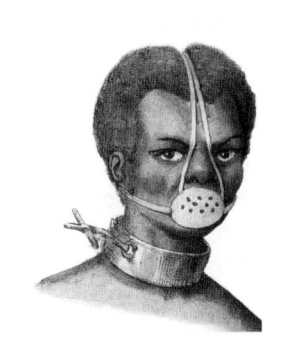

Ninguém sabe se ela existiu ou se foi apenas um mito. Mas o fato é que a imagem da escrava Anastácia é cultuada por uma legião de fiéis. No século XIX, o explorador francês Étienne Victor Arago desenhou uma ex-princesa de origem banta com uma espécie de mordaça de folha de flandres e uma corrente de ferro no pescoço. Dizia-se que Anastácia fora torturada por ter lutado pela liberdade. Tendo se recusado a cumprir ordens, havia sido brutalmente ferida. Tantos castigos a teriam purificado.

## TERMOS QUE FICARAM

**Ama-seca**
O termo *ama-seca* surgiu na época da escravidão e correspondia à escrava que não amamentava. A escrava que dava de mamar era chamada de ama de leite.

**Boçal**
A palavra *boçal* queria dizer "escravo recém-chegado e que não falava português".

**Nas coxas**
A expressão "feito nas coxas", muito usada para designar algo malfeito, remonta à época da escravidão. As telhas dos telhados dos casarões eram moldadas, em barro, nas coxas dos escravos. Como cada escravo tinha coxas de tamanhos diferentes, surgiu a expressão.

**Xilindró**
Hoje significa "prisão". A origem é da língua banta. Era como os escravos brasileiros chamavam seu esconderijo no mato.

**Por que Porto de Galinhas, em Pernambuco, tem esse nome?**
O tráfico de escravos estava proibido, mas contrabandistas continuavam trazendo negros da África, escondidos em engradados de galinhas-d'angola, para os engenhos. "Tem galinha nova no porto" era a senha usada para avisar a chegada de novo carregamento. O código acabou dando nome à vila de pescadores, que fica a 58 quilômetros de Recife.

**A PADROEIRA DOS ESCRAVOS**
A Festa de Nossa Senhora do Rosário, a padroeira dos escravos do Brasil colonial, foi realizada pela primeira vez em Olinda (PE) no ano de 1645. A santa já era cultuada na África, para onde fora levada pelos portugueses, como uma de suas tentativas de cristianizar os negros. Eles eram batizados quando saíam da África ou quando chegavam ao Brasil. Foram criadas aqui Ordens do Rosário dos Pretos, confrarias religiosas fundadas por escravos evangelizados. Na cidade de Serro (MG), desde 1720 acontece a maior de todas as festas na primeira semana de julho. A comemoração é aberta com o som triste da "caixa de assovios", uma banda formada por dois tambores e duas flautas, recordando o sofrimento dos escravos. Grupos se fantasiam para lembrar a lenda de Nossa Senhora do Rosário: ela saiu do mar e, ao ser chamada por índios, não se mexeu. Também não respondeu aos marinheiros brancos. A santa só atendeu aos escravos, que tocaram bem forte seus tambores. Foi assim que ela veio para a terra.

## CAPOEIRA

A origem do esporte é polêmica. Segundo alguns historiadores, ele nasceu de um ritual angolano chamado *an'golo* (dança da zebra), uma competição entre os rapazes das aldeias para ver quem ficaria com a moça que atingisse idade para casar. Com o tempo, a prática se transformou em exibição de habilidade e destreza. Ela se espalhou pelo mundo por intermédio dos escravos.

**UM ESPORTE FORA DA LEI**
Até a abolição da escravatura, a lei punia os praticantes de capoeira com penas de até trezentos açoites e o calabouço. De 1890 a 1937, a capoeira era crime previsto pelo Código Penal. Uma simples demonstração na rua dava seis meses de cadeia. Gangues formadas por capoeiristas assustavam as cidades. Tanto que, em 1890, ficou instituída a deportação dos capoeiristas do Rio de Janeiro para a ilha de Fernando de Noronha.

Desse modo, as escolas de capoeira eram clandestinas. Até que o baiano Manuel dos Reis Machado (1900-1974), o Mestre Bimba, fundou o Centro de Cultura Física e Luta Regional na cidade de Salvador, em 1932. Ele deu uma cara nova ao esporte. Mudou alguns movimentos, estabeleceu o uniforme branco e criou um código de comportamento. É por isso que hoje a capoeira no Brasil se divide em duas vertentes: à moda de Angola e o estilo regional. O principal representante dos angoleiros foi Vicente Ferreira Pastinha (1889-1981), o Mestre Pastinha, que deu suas primeiras aulas em 1910. Os praticantes usavam uniforme amarelo e preto, cores do Ypiranga da Bahia, seu time do coração.

Em 1937, o presidente Getúlio Vargas foi ver uma exibição no Rio de Janeiro. Gostou e acabou com a proibição.

---

**Quais as diferenças entre os dois estilos?**

**Angola** – Os capoeiristas ficam agachados na roda. Os movimentos são mais lentos e rentes ao chão. Conta mais a astúcia que a força. A música vem de três berimbaus, dois pandeiros, um atabaque, um reco-reco e um agogô.

**Regional** – Em pé, os praticantes acompanham a música com palmas, enquanto aguardam sua vez. Os golpes são mais velozes, e é maior também o número de saltos. Um berimbau e dois pandeiros são suficientes como fundo musical.

---

## BERIMBAU

✱ O berimbau é um instrumento de percussão trazido da África (*mbirimbau*). Ele só entrou na história da capoeira no século XX. Antes, o instrumento era usado pelos vendedores ambulantes para atrair os fregueses. O arco vem do caule de um arbusto chamado biribá, comum no Nordeste, que é fácil de envergar. A cabaça, feita com o fruto da árvore cabaceiro, funciona como caixa de ressonância. Usa-se uma baqueta (vara de madeira de 40 centímetros) e o dobrão (peça de cobre, parecendo uma moeda, com 5 centímetros de diâmetro).

✱ O caxixi é uma espécie de chocalho, feito de palha e com fundo de couro. Dentro dele se põem sementes, pedrinhas e búzios.

✱ A palavra *capoeira* não é de origem africana. Ela vem do tupi (*kapu'era*) e tem dois significados. Pode ser mato ralo ou uma espécie de cesto para carregar animais e mantimentos.

> **Você sabia que...**
> ... o primeiro livro de história do Brasil foi escrito em 1627 por frei Vicente do Salvador? O franciscano pagou um preço alto por fazer críticas à metrópole portuguesa. Seu livro só foi publicado em 1889.

## Quantos somos

O primeiro censo dos brasileiros foi feito cinquenta anos depois do descobrimento e revelou que éramos 15 mil, fora a população indígena. É um número bastante contestado, pois ainda nem se sabia direito o tamanho do país. Na proclamação da Independência, em 1822, um novo censo mostrou uma população de 4 milhões de brasileiros. O primeiro Recenseamento Geral Oficial é de 1872.

| | |
|---|---|
| 1º de agosto de 1872 | 9.930.478 |
| 21 de dezembro de 1890 | 14.333.915 |
| 31 de dezembro de 1900 | 17.438.434 |
| 1º de setembro de 1920 | 30.635.605 |
| 1º de setembro de 1940 | 41.236.315 |
| 1º de julho de 1950 | 51.944.397 |
| 1º de setembro de 1960 | 70.191.370 |
| 1º de setembro de 1970 | 93.139.037 |
| 1º de setembro de 1980 | 119.002.706 |
| 1º de setembro de 1991 | 146.825.475 |
| 19 de dezembro de 2001 | 169.799.170 |
| 1º de julho de 2009 | 191.480.630* |

* Dado da contagem anual realizada pelo IBGE (Instituto Brasileiro de Geografia e Estatística).

# OS IMIGRANTES QUE FIZERAM O BRASIL

Entre 1819 e 1947, quase 5 milhões de imigrantes brancos entraram no Brasil. Os estrangeiros começaram a chegar aqui antes da abolição da escravatura (1888). Mas foi só depois da promulgação da Lei Áurea que passaram a ser empregados na lavoura, suprindo a carência de mão de obra. Com passagens subsidiadas pelo governo brasileiro, vinham com a família para trabalhar nas fazendas dos barões do café. Tinham resolvido tentar a vida numa terra desconhecida, fugindo da pobreza em seus países, vítimas de conflitos internos e mais tarde dos grandes conflitos mundiais, como a Primeira Guerra.

| | | |
|---|---|---|
| **Portugueses**<br>Total: 1.726.732<br>1830-1979<br>Espalharam-se por todo o país | **Judeus da Europa**<br>Total: 360.000<br>1929-1945<br>São Paulo e Rio de Janeiro | **Ucranianos**<br>Total: 200.000<br>1895-1947<br>Paraná e Rio Grande do Sul |
| **Franceses**<br>Total: 50.341<br>1842-1968<br>Sudeste, Pará e Maranhão | **Alemães**<br>Total: 295.140<br>1818-1959<br>Sul, São Paulo e Espírito Santo | **Dinamarqueses**<br>Total: 4.029<br>1886-1968<br>Joinville (SC) |
| **Italianos**<br>Total: 1.595.474<br>1836-1959<br>São Paulo, Paraná e Rio Grande do Sul | **Libaneses**<br>Total: 27.118<br>1926-1968<br>Sudeste, Minas e Bahia | **Poloneses**<br>Total: 54.078<br>1862-1968<br>Paraná e Rio Grande do Sul |
| **Coreanos**<br>Total: 50.000<br>1963-1998<br>São Paulo | **Japoneses**<br>Total: 243.441<br>1908-1968<br>Norte, São Paulo e Paraná | **Americanos**<br>Total: 3.000<br>1895-1960<br>Interior de São Paulo |
| **Espanhóis**<br>Total: 719.555<br>1841-1968<br>São Paulo | **Sírios**<br>Total: 24.394<br>1892-1968<br>Sudeste e Sul | **Suíços**<br>Total: 2.000<br>1819-1829<br>Serras do Rio de Janeiro |

Fonte: Revista *Veja*

# 2

Viva a Independência e a separação do Brasil. Pelo meu sangue, pela minha honra, pelo meu Deus, juro promover a liberdade do Brasil.

D. PEDRO I
(1798-1834), ao proclamar a Independência do Brasil, em 7 de setembro de 1822.

Império

## A FAMÍLIA REAL

O Brasil foi o único país da América do Sul que teve monarquia. No final de 1807, o general francês Napoleão Bonaparte ameaçava invadir Portugal. Foi aí que a família real, chefiada por d. João VI, resolveu partir para o Brasil, uma de suas colônias.

Eles vieram sob a proteção de navios ingleses. A nobreza portuguesa fugiu em massa. Foram 15 mil pessoas da mais alta linhagem, e trouxeram boa parte do tesouro português: 80 milhões de cruzados, que correspondiam à metade de todo o dinheiro circulante no Reino. D. João VI fugiu à noite – dizem que vestido de mulher.

A família aportou no início de 1808 na Bahia e, em 8 de março, chegava ao Rio de Janeiro, para a curiosidade da pequena corte local. Na época, a cidade tinha pouco mais de 60 mil pessoas. A comitiva de d. João VI ocupou vários prédios particulares, sem efetuar qualquer tipo de pagamento. Mandavam colocar na porta apenas a inscrição PR, que significava Príncipe Regente. O povo, irritado com essa apropriação, preferiu traduzir a sigla como Prédio Roubado.

## D. JOÃO VI (1767-1826)

✤ Quando d. João VI chegou ao Brasil em 1808, a população brasileira se compunha de 5 milhões de pessoas, dos quais 2 milhões eram brancos. Outros 2 milhões eram negros e mulatos, enquanto se contava 1 milhão de índios.

✤ D. João VI tinha mania de dizer a toda hora: "Hem! Hem!". Ele também era louco por coxas de galinha. A tradição passou para seu neto, d. Pedro II. O segundo imperador brasileiro era um apreciador insaciável de canja. Até no teatro ele degustava a sopa, entre um ato e outro.

✤ Poucos meses depois de sua chegada, o príncipe regente aboliu um alvará de 1785 que proibia a instalação de indústrias no Brasil. D. João VI publicou ainda um decreto autorizando estrangeiros a possuir terras no Brasil.

✤ Apesar do apelido "A Louca", a rainha Maria, mãe de d. João VI, não tinha nada de biruta, maluca ou tantã.

✤ D. João VI mandou exterminar algumas tribos de índios que considerava hostis, para garantir a utilização de alguns caminhos terrestres no litoral brasileiro.

✤ Depois de expulsar as tropas de Napoleão, os políticos portugueses exigiram a volta do rei à sua pátria. Indeciso, d. João VI acabou cedendo às pressões e retornou para Portugal, mas deixou aqui seu filho, d. Pedro I.

✤ Enquanto esteve no Brasil, d. João VI distribuiu 2.630 títulos de cavaleiro, 1.422 da Ordem de São Bento de Avis e 590 da Ordem de Santiago.

**O BANCO DO BRASIL**

O Banco do Brasil foi fundado em 12 de outubro de 1808 por d. João VI. Foi o quarto banco emissor do mundo. Antes dele, apenas Suécia, Inglaterra e França haviam emitido. Instalado num prédio da antiga rua Direita, esquina com a rua São Pedro, no Rio de Janeiro, o banco iniciou suas atividades em 11 de dezembro de 1809. Em 25 de abril de 1821, d. João VI e a corte voltaram a Portugal, para onde levaram os recursos que haviam depositado no banco. Foi a primeira crise da instituição. Para formar o capital do Banco do Brasil, d. João VI se fartou de vender títulos de nobreza a comerciantes, usineiros, fazendeiros e a quem tivesse dinheiro. Em pouco mais de um ano, o Brasil já tinha mais condes, duques, barões e marqueses que a corte portuguesa. Havia também títulos mais baratinhos, como o de comendador, de cavaleiro ou de oficial.

## CARLOTA JOAQUINA (1775-1830)

✤ Carlota Joaquina de Bourbon, filha de Carlos IV e Maria Luísa de Parma, nasceu em Aranjuez, na Espanha. Foi obrigada a se casar com o príncipe de Portugal, d. João VI, em 1785, quando tinha apenas dez anos. Assim, tornou-se rainha de Portugal e do Brasil. O casamento de d. João VI com Carlota Joaquina era só aparência. Na verdade, eles viviam separados. Em 1805, quando enfrentava sérios problemas relativos à política internacional, d. João VI ficou sabendo que Carlota estava tramando um plano para tomar o seu lugar. Foi aí que os dois se separaram de fato. A rainha passou a morar em Queluz, e o rei, em Mafra. Os dois viajaram juntos para o Brasil. Mas, ao chegar ao Rio de Janeiro, voltaram a se separar. Carlota detestava o país.

✤ Carlota tinha momentos de depressão por causa de seus ataques epiléticos.

✤ Por onde passasse, Carlota Joaquina exigia que as pessoas ficassem de joelhos, como forma de reverenciá-la. Todos eram obrigados a se ajoelhar quando a carruagem real se aproximava.

✣ A princesa Leopoldina mantinha-se estrategicamente afastada de sua sogra geniosa, desbocada e de hábitos rudes. Leopoldina achava tão imundos os coches dos sogros que não se sujeitava a pôr os pés ali dentro. Por isso tinha o costume, raro para uma mulher de sua condição, de só andar a cavalo.

✣ Carlota Joaquina foi acusada de mandar matar a mulher de um dos seus amantes.

### D. PEDRO I (1798-1834)

✣ D. Pedro I nasceu às 6h30 de 12 de outubro de 1798. Morreu, aos 36 anos, em 24 de setembro de 1834, no mesmo quarto onde nasceu, no Palácio de Queluz, em Portugal. O quarto se chamava Dom Quixote.

✣ O nome completo de d. Pedro I parece chamada de uma classe inteira. É o seguinte:

> **Pedro de Alcântara Francisco Antônio João Carlos Xavier de Paula Miguel Rafael Joaquim José Gonzaga Pascoal Cipriano Serafim de Bragança e Bourbon.**

✣ Francisco Gomes da Silva, o "Chalaça", era o secretário particular de d. Pedro I. Esteve presente em importantes acontecimentos, como a proclamação da Independência; além disso, escreveu a primeira Constituição e dissolveu a primeira Assembleia Constituinte. Também servia de intermediário nos casos extraconjugais do imperador.

✣ D. Pedro I tinha o rosto coberto de espinhas.

✣ O imperador comia com as mãos; por isso, Leopoldina, temendo ser considerada esnobe, abandonou os talheres que usava na Europa.

✤ D. Pedro I foi aclamado imperador em 12 de outubro de 1822, numa cerimônia no Campo de Santana (atual praça da República), no Rio de Janeiro. Numa missa realizada em 1º de dezembro do mesmo ano, recebeu a coroa imperial, benzida com óleo santo, numa cerimônia que havia sido abolida pelos portugueses. Ele foi influenciado pela sagração e coroação de Napoleão Bonaparte em 1804. Pela Constituição de 1824, o cargo passou a se chamar Imperador Constitucional e Defensor Perpétuo do Brasil.

✤ D. Pedro I foi um grande cantor de modinhas, o primeiro gênero da canção popular brasileira, acompanhando-se ao pianoforte e à guitarra. Tocava clarineta na orquestra Real Câmara. Também gostava de flauta, fagote, trombone, cravo, rabeca e violoncelo.

✤ Ele compôs o *Hino Constitucional*, cantado pela primeira vez em 13 de maio de 1821, no Real Teatro São João, em homenagem ao aniversário de d. João VI. Até a Revolução Portuguesa de 1910, esse foi o hino nacional de Portugal, com o título de *Hino da Carta* ou *Hino da Constituição*. São de sua autoria também o *Hino da Maçonaria* e o *Hino da Independência*.

✤ D. Pedro I voltou para Portugal numa fragata chamada *Volage*.

✤ Nos festejos do sesquicentenário da Independência, em 1972, os ossos de d. Pedro I voltaram ao Brasil. Estão no Museu do Ipiranga, em São Paulo.

**Primeiro casamento de d. Pedro I**
Maria Leopoldina Josefa Carolina de Habsburgo

**Sete filhos**
Maria da Glória (1819-1853)
Miguel (nascido e falecido em 1820)
João Carlos (1821-1822)
Januária (1822-1897)
Paula (1823-1833)
Francisca (1824-1898)
Pedro de Alcântara, d. Pedro II (1825-1891)

> **Segundo casamento de d. Pedro I**
> Amélia Augusta Eugênia Napoleão de Leuchtenberg
> **Uma filha**
> Maria Amélia (1831-1853)

✤ Em seus romances extraconjugais, d. Pedro I teve outros filhos:

> **Com Domitila de Castro Canto e Melo,**
> **a marquesa de Santos**
> Pedro de Alcântara
> Isabel Maria
> Maria Isabel (falecida ainda bebê)
> e novamente Maria Isabel
>
> **Com Clemência Saisset**
> Pedro de Alcântara
>
> **Com a baronesa de Sorocaba**
> Rodrigo de Alcântara

✤ Alguns historiadores sustentam que d. Pedro I teria tido ainda mais 4 filhos ilegítimos, perfazendo um total de 18.

### IMPERATRIZ LEOPOLDINA (1797-1826)

✤ Nascida em Viena, em 22 de janeiro de 1797, o nome de batismo da primeira imperatriz brasileira era tão grande quanto o poder da Casa Imperial dos Habsburgo, à qual pertencia: Leopoldina Josefa Carolina Francisca Fernanda Beatriz de Habsburgo-Lorena. Ela ainda acrescentou por conta própria o prenome Maria, numa provável homenagem à Casa de Bragança, família de d. Pedro I.

✤ O casamento entre as casas reais era uma espécie de tratado de relações exteriores. O que interessava era que a união fosse vantajosa do ponto de vista dinástico, político e econômico para os dois países. Foi pensando em firmar uma boa aliança política que d. João VI resolveu casar seu herdeiro com uma arquiduquesa austríaca da Casa dos Habsburgo, uma das famílias imperiais mais tradicionais, ricas e poderosas da Europa naquela época. Com isso, ele ligaria a Casa de Bragança a uma das mais fortes monarquias europeias; passaria a integrar, por tabela, a Santa Aliança, e ainda se livraria da pressão da Inglaterra, que submetia Portugal a um humilhante monopólio econômico. Por seu lado, o imperador Francisco I, pai de Leopoldina, vislumbrava no casamento a possibilidade de pôr um pé no Novo Mundo, representado pelo Brasil e suas imensas e tentadoras riquezas.

✤ O marquês de Marialva foi enviado para Viena. Sua missão era negociar o casamento e trazer Leopoldina, então com vinte anos, para o Brasil. Depois de uma longa negociação, o casamento foi enfim realizado por procuração, sem a presença do noivo. Ela recebeu um medalhão com a imagem de d. Pedro I, preso a um colar de diamantes de primeira água. Ela achou o noivo lindo. Em carta à irmã Maria Luísa, chegou mesmo a compará-lo a Adônis, confessando que já tinha olhado para a imagem mais de mil vezes.

✤ A Inglaterra tentou, por intermédio de seu diplomata em Viena, denegrir a imagem do príncipe herdeiro português. Falou-se de suas crises de epilepsia e da vida libertina que levava no Brasil, a qual incluía um suposto caso amoroso com Noémi Thierry, uma dançarina francesa.

✤ Quando d. Pedro I assumiu o romance com a marquesa de Santos, a imperatriz tentou entrar para um convento. Mas Leopoldina ainda sofreria uma série de humilhações. Uma delas foi a nomeação de Domitila para sua primeira dama de honra, obrigando-a a conviver com sua rival sob o mesmo teto, no Palácio de São Cristóvão. Deprimida e angustiada, Leopoldina acabou abortando sua nona gravidez. Alguns historiadores sustentam que o incidente teria ocorrido em razão de um pontapé na barriga, dado por d. Pedro I, após uma violenta discussão provocada pela recusa da esposa em comparecer a uma cerimônia. Ela morreu aos 29 anos, em 11 de dezembro de 1826, no Rio de Janeiro.

## MARQUESA DE SANTOS (1797-1867)

✤ Domitila de Castro Canto e Melo tinha 25 anos quando conquistou o coração de d. Pedro I. Ela era chamada de "Titília" pelo imperador, na intimidade. Quando d. Pedro I a conheceu, em 1822, ela já estava separada do alferes Felício Pinto Coelho de Mendonça, com quem teve três filhos. Felício a acusara de adultério com um tenente-coronel e tentara matá-la com duas facadas. Embora o Código Criminal do Império considerasse crime a manutenção de concubinas, d. Pedro I nunca teve problemas com seus romances.

✤ Domitila de Castro foi agraciada com o título de "Marquesa de Santos", numa provocação a José Bonifácio, que pertencia a uma família santista. Bonifácio se tornara inimigo político do imperador e o mais ferrenho adversário de Domitila.

✤ Foram sete anos de uma paixão que incendiou a corte no Brasil – dois deles passados no Palácio de São Cristóvão, no centro do Rio de Janeiro. O casarão, dado de presente à marquesa pelo imperador em 1827, ficava próximo da antiga casa de d. Pedro I, hoje o Museu Nacional, na Quinta da Boa Vista. De seus aposentos, d. Pedro I podia ver a casa. Ciumento, o imperador tentava controlar a vida de sua amada. Numa carta, ele reclamou que não estava gostando de ver luz acesa no quarto dela até tarde da noite.

✤ D. Pedro I assinava suas cartas de amor para a marquesa como Demônão, Fogo, Foguinho, ou simplesmente Imperador.

✤ Quando Leopoldina morreu, d. Pedro I tentou provar que a marquesa tinha sangue azul, para poder casar com ela. Não conseguiu. As estripulias de d. Pedro I com a marquesa tiveram repercussão internacional. Tanto que as negociações de um novo casamento para d. Pedro I foram difíceis. Uma das condições impostas para sua união com a princesa Amélia de Leuchtenberg, princesa da Baviera, em 1829, foi despachar Domitila da corte, o que de fato aconteceu. A bela Amélia tinha 16 anos.

✤ De volta a São Paulo, a marquesa de Santos casou novamente em 1842, desta vez com o brigadeiro Rafael Tobias de Aguiar, um dos homens mais ricos de São Paulo. Mas, antes disso, viveu com ele em concubinato por vários anos, dando-lhe seis filhos.

## A PROCLAMAÇÃO DA INDEPENDÊNCIA

Leopoldina ocupava a Regência do Brasil quando d. Pedro I fez sua famosa viagem à província de São Paulo, em 1822, que culminou com a proclamação da Independência no dia 7 de setembro. Ela estava no comando do Reino desde o dia 13 do mês anterior, oficialmente nomeada por decreto assinado pelo príncipe. Leopoldina convocou em sessão extraordinária o Conselho de Estado no dia 2 de setembro, no Paço da Boa Vista, no Rio de Janeiro, e determinou, com os ministros, a separação definitiva entre Brasil e Portugal. Ela tomou essa decisão depois de se indignar com as últimas deliberações do governo português, que, entre outras medidas, exigia a ida imediata do casal real para Lisboa e ameaçava dissolver o Reino brasileiro com a instalação de juntas governamentais – portuguesas, claro – em todas as suas províncias.

Leopoldina e José Bonifácio mandaram o mensageiro Paulo Bregaro a São Paulo, levando tanto as notícias de Portugal como a decisão tomada pelo Conselho no Rio de Janeiro.

**Carta de Leopoldina a Pedro**

*Pedro, o Brasil está como um vulcão.*

*Até no Paço há revolucionários.*

*Até portugueses são revolucionários.*

*Até oficiais das tropas são revolucionários.*

*As cortes portuguesas ordenam a vossa partida imediatamente, ameaçam-vos e humilham-vos.*

*O Conselho do Estado aconselha-vos para ficar. Meu coração de mulher e esposa prevê desgraças, se partirmos agora para Lisboa. Sabemos bem o que têm sofrido nossos pais.*

*O rei e a rainha de Portugal não são mais reis, não governam mais, são governados pelo despotismo das cortes que perseguem e humilham os soberanos a quem devem respeito. Chamberlain vos contará tudo o que sucede em Lisboa.*

*O Brasil será em vossas mãos um grande país. O Brasil vos quer para seu monarca. Com o vosso apoio ou sem o vosso apoio ele fará a sua separação. O pomo está maduro, colhei-o já, senão apodrece.*

*Ainda é tempo de ouvirdes o conselho de um sábio que conheceu todas as cortes da Europa, que além de vosso ministro fiel, é o maior de vossos amigos. Ouvi o conselho de vosso ministro, se não quiserdes ouvir o de vossa amiga. Pedro, o momento é o mais importante de vossa vida. Já dissestes aqui o que ireis fazer em São Paulo. Fazei, pois. Tereis o apoio do Brasil inteiro e, contra a vontade do povo brasileiro, os soldados portugueses que aqui estão nada podem fazer.*

Ao receber a correspondência, d. Pedro I percebeu que Portugal o rebaixava a mero delegado das cortes, limitando sua ação às províncias onde já exercesse autoridade efetiva. As demais ficariam subordinadas diretamente ao Congresso português. Em sua carta, José Bonifácio comunicava-lhe outros dados revoltantes: além dos seiscentos soldados lusos já desembarcados na Bahia, mais 7 mil estavam em treinamento para consolidar o domínio português no Norte do Brasil. Um ataque contra o governo da Regência completaria os planos portugueses.

O "Independência ou morte" foi proclamado às 16h30.

D. Pedro I contou as novidades aos que o acompanhavam e disse: "Eles o querem, terão a sua conta. As cortes me perseguem, chamam-me com desprezo de rapazinho ou de brasileiro. Pois verão quanto vale o rapazinho. De hoje em diante estão quebradas as nossas relações. Nada mais quero do governo português e proclamo o Brasil para sempre separado de Portugal!". O tenente Canto e Melo pediu aos homens da guarda do imperador que se aproximassem. Deu vivas ao Brasil independente, a d. Pedro I e à liberdade.

O imperador desembainhou a espada: "Pelo meu sangue, pela minha honra, pelo meu Deus, juro fazer a liberdade do Brasil". Então embainhou novamente a espada, gesto repetido pela guarda. À frente da comitiva, disse a célebre frase: "É tempo. Brasileiros, a nossa divisa hoje em dia será 'Independência ou morte!' Estamos separados de Portugal!".

Seguindo o exemplo do príncipe, os membros da comitiva jogaram fora suas braçadeiras azuis e brancas – símbolo de fidelidade a Portugal –, e o grupo inteiro se dirigiu às pressas para o centro de São Paulo, onde a notícia do que acontecera se espalhou rapidamente. No Palácio do Governo, d. Pedro I rabiscou um molde da frase "Independência ou morte" e mandou providenciar um ourives para cunhá-la. Confiou o governo de São Paulo a uma junta e partiu para o Rio de Janeiro no dia 9. Cobriu em apenas cinco dias a distância de 96 léguas (576 quilômetros). Na noite seguinte, quando entrou no Teatro São João em companhia de Leopoldina, a faixa verde com a divisa "Independência ou morte" em dourado destacava-se na manga do seu traje. Era o símbolo da emancipação.

D. Pedro I e Leopoldina trataram de consolidar a independência lutando pelo reconhecimento dos dirigentes de outras nações, inclusive o pai dela, Francisco I, o poderoso imperador da Áustria e nada menos que líder da Santa Aliança, coligação criada pelos principais monarcas europeus com o objetivo declarado de combater os ideais liberais, sobretudo os propagados pela Revolução Francesa.

O Brasil pagou 2 milhões de libras a Portugal pela Independência. D. Pedro I não pediu nenhuma possessão portuguesa – caso de Angola, na África, cuja elite quis fazer parte do Império do Brasil para facilitar o tráfico de escravos. D. Pedro I disse não.

## A VIDA COMO ELA É

✣ O quadro *Independência ou morte*, de Pedro Américo (1843-1905), entrou para a história como o retrato do momento da proclamação da Independência. Mas ele foi pintado apenas em 1888, em Florença (Itália), sob encomenda da Corte. O pintor Pedro Américo, que nem era nascido em 1822, cometeu alguns exageros.

✣ D. Pedro I tinha acabado de se encontrar com sua amante, Domitila de Castro. Viajava secretamente. É por isso que não podia estar com uma grande comitiva nem usando traje oficial.

✣ D. Pedro I não estava viajando a cavalo. Para viagens longas, só se usava o bom e velho burro.

✣ O grito não aconteceu às margens do riacho do Ipiranga, como sugere a letra do *Hino Nacional*. O príncipe bradou seu célebre grito no alto da colina próxima ao riacho, onde sua tropa esperava que ele se aliviasse de um súbito mal-estar intestinal.

✣ O quadro *Independência ou morte* mede 7,6 X 4,15 metros. Mas o maior quadro de Pedro Américo, também o maior do Brasil, é *Batalha do Avaí*, de 1874. A tela tem 66 metros quadrados e está em exibição no Museu Nacional de Belas-Artes do Rio de Janeiro. Ele levou 26 meses para concluir o trabalho.

### A CASA DO GRITO

É uma das atrações do Parque da Independência, em São Paulo. A casa, feita em taipa, seria a mesma que aparece no quadro de Pedro Américo quando d. Pedro proclamava a Independência. Há controvérsias sobre isso. De 1911 a 1936, ela foi habitada pela família Tavares de Oliveira, e acabou sendo desapropriada pela Secretaria Municipal de Educação e Cultura. A Casa do Grito passou por diversas reformas para ficar semelhante à do quadro. Ela é considerada um exemplar típico da moradia do século passado.

## JOSÉ BONIFÁCIO (1763-1838)

✤ Entrou para a história como o Patriarca da Independência.

✤ Com a proclamação da Independência, José Bonifácio de Andrada e Silva foi nomeado primeiro-ministro. Seus dois irmãos também conseguiram altos cargos. Antônio Carlos se elegeu deputado, e Martim Francisco foi ministro da Fazenda.

✤ Foi o primeiro a propor que a capital fosse construída no interior do país, sugerindo para ela os nomes de Petrópolis (em homenagem a d. Pedro I) ou Brasília (Brasil em latim), durante a sessão da Assembleia Constituinte do Império, em 20 de outubro de 1823.

✤ Em 12 de novembro de 1823, d. Pedro I dissolveu a Assembleia Constituinte e mandou prender José Bonifácio, que foi deportado com os irmãos, os aliados políticos e os deputados para a França. Ele só pôde voltar em 1829. Mas ao abdicar, em 1831, o imperador nomeou José Bonifácio tutor de d. Pedro II. Ele foi destituído do cargo dois anos depois.

✤ José Bonifácio é considerado um dos primeiros ecologistas brasileiros. Em 1789, ele entrou para a Academia de Ciências de Lisboa, onde defendeu o trabalho *Memória sobre a pesca de baleias e extração de seu azeite*.

## D. PEDRO II (1825-1891)

✤ Foi o primeiro monarca que nasceu no Brasil. Ele veio ao mundo às 2h30 da madrugada de 2 de dezembro de 1825, no Rio de Janeiro. Media 58 centímetros. Ficou órfão de mãe com apenas 1 ano, órfão de pai aos 10 e virou imperador aos 14.

✤ Ganhou um nome um pouquinho menor que o de seu pai: Pedro de Alcântara João Carlos Leopoldo Salvador Bibiano Francisco Xavier de Paula Miguel Gabriel Rafael Gonzaga.

✤ Após a morte de sua mãe, d. Pedro II passou a receber os cuidados de Mariana Carlota de Verna Magalhães, uma suíça que tinha sido sua ama de leite. O garoto a apelidou de "Dadama".

✤ Ninguém ficou tanto tempo no poder quanto ele: reinou de 1840 a 1889. Quem chegou mais perto foi o presidente Getúlio Vargas, que ficou no poder durante 18 anos.

✤ Quando d. Pedro I abdicou do trono brasileiro, seu filho ainda era criança e o Brasil foi governado pela chamada Regência Trina, formada por Bráulio Muniz, Costa Carvalho e Francisco de Lima e Silva (pai do duque de Caxias). Em 1835, a Regência passou a ser ocupada por apenas uma pessoa.

✤ A maioridade do príncipe d. Pedro II gerou uma grave questão política. Em maio de 1840, quando ele tinha apenas 14 anos, o Senado rejeitou por 18 a 16 votos a antecipação de sua maioridade, afinal decretada em julho do mesmo ano.

✤ As pedras preciosas da coroa de d. Pedro I foram usadas na de seu filho. A coroa de d. Pedro II pesava 1,7 quilo. De ouro cinzelado, era enfeitada com 639 brilhantes de Minas Gerais e 77 pérolas.

✤ Chegou o momento em que o jovem imperador precisava se casar. De preferência, com uma princesa europeia. Depois de muita procura, foi encontrada uma princesa disponível em Nápoles. D. Pedro II ficou radiante com o retrato que lhe enviaram de uma jovem chamada Teresa Cristina. Ele teve de esperar mais de um ano até a sua chegada, que aconteceu no dia 3 de setembro de 1843. Aos 17 anos, d. Pedro II estava louco para conhecer a mulher com quem já se casara por procuração. Às 6 da tarde, o navio que trazia a princesa aportou na baía de Guanabara. Segundo o protocolo, ela só desembarcaria no dia seguinte. O imperador mandou o protocolo às favas. Resolveu subir naquela mesma noite. Teresa Cristina fora avisada às pressas da visita e já estava no convés quando ele chegou. Foi a maior decepção para d. Pedro II. Ela era baixa (quase uma anã), gorda e mancava. O imperador deu-lhe as boas-vindas, disse um até amanhã e voltou para o palácio.

✤ Em 1876, o imperador fez uma viagem para o Oriente Médio que durou um ano e meio. Os jornalistas da época diziam que o imperador tinha a "doença da mala".

> **D. Pedro II foi casado com**
> Teresa Cristina Maria de Bourbon
>
> **Quatro filhos**
> Afonso (1845-1847)
> Isabel (1846-1921)
> Leopoldina (1847-1871)
> Pedro (1848-1850)

✤ O nome da Princesa Isabel, filha de d. Pedro II, era mais curtinho: Isabel Cristina Leopoldina Augusta Micaela Gabriela Rafaela Gonzaga de Bragança.

# Curiosidades do Segundo Reinado

✣ O primeiro telefone do país foi instalado em 1876, na residência imperial.

✣ A seca arrasou o Ceará. Para substituir cavalos e jegues, d. Pedro II ordenou que fossem trazidos da Argélia animais mais resistentes à estiagem: dromedários. Os 14 dromedários viajaram 38 dias e chegaram ao interior do estado em 1856. Eles logo se adaptaram, e até nasceram seis filhotes. Quando os tratadores foram embora, porém, os animais ficaram sem os cuidados necessários e morreram.

✣ O governo de d. Pedro I tinha 10 ministérios, enquanto o de d. Pedro II contava com 36.

✣ Cerca de 5 mil operários morreram vítimas de acidentes ou de doenças tropicais.

✣ O último imperador foi o primeiro fotógrafo brasileiro. Com seu apetite genérico pelas invenções revolucionárias do século XIX, não esperou que a máquina fotográfica estivesse à venda na rua do Ouvidor, nº 90. Em março de 1840, comprou uma por 250 mil réis.

> D. Pedro II mandou construir a estrada da Graciosa, uma formidável estrada de ferro, para unir de vez o planalto paranaense ao litoral – da capital, Curitiba, aos portos das históricas cidades de Antonina e Paranaguá. Finalizada depois de apenas cinco anos de obras, em 1885, a estrada tem 110 quilômetros de trilhos que cortam 13 túneis escavados a picareta na rocha. São ainda 30 pontes metálicas vencendo os desníveis da serra, entre elas a famosa ponte São João, construída sobre um vão de 55 metros.

**COMO SE TORNAR UM IMPERADOR**

Regulamento baixado pelo marquês de Itanhaém para estabelecer as tarefas diárias de d. Pedro II e das princesas:

✤ Sua Majestade Imperial deve se levantar impreterivelmente às 7 horas da manhã, depois do que deve fazer a sua toalete, e dar graças a Deus, rezando. Às 8 horas deve comer o pequeno almoço em presença do médico, que deverá examinar se a sua comida é boa e com suficiente proteína, e evitar que Sua Majestade Imperial coma demais. Deve descansar até às 9 horas, quando deve começar a estudar, até às 11 ou 12 horas.

✤ Depois da lição, poderá Sua Majestade Imperial divertir-se em qualquer jogo, e passear pelo paço até à 1h30, tempo em que deve retirar-se a fazer sua toalete para o almoço. Às 2 horas em ponto, deve começar o almoço em presença do médico e do camarista, e bom será que da Excelentíssima Dama que serve de camareira-mor, devendo estes entreter a conversação, tendo cuidado de que ela verse sempre sobre objetos científicos ou de beneficência.

✤ Fica proibido a todo criado de particular para baixo, inclusive, começar conversa com o Imperador; mas não de responder-lhe todas as vezes que lhe dirigir a palavra. Fica proibido demorar-se negro algum nos quartos de Sua Majestade Imperial, devendo cada um entrar e sair, somente nas ocasiões indispensáveis.

✤ Depois do jantar, deve-se fazer todo o esforço para que o Imperador não salte, nem durma, nem se aplique. Sua Majestade Imperial deve passear todos os dias no jardim, exceto quando chover ou estiver muito úmido. O passeio começará às 4h30 ou às 5 horas, conforme a estação, e deve se recolher ao entrar do sol, de sorte que o dia ainda exista.

✤ Quer Sua Majestade Imperial vá a cavalo, quer a pé, deve fazer exercícios moderados. Isto não impede que corra alguma vez, mas não a fatigar. Depois do passeio (se estiver suado), deve mudar o fato, lavar-se e ler, por ora pequenos contos, e à medida que for ganhando em forças físicas e intelectuais, objetos mais profundos. Às 8 horas, fará oração. Às 9 horas, ceiará, e às 9h30, e melhor será, às 10h, se deitará.

✤ Fica a cargo de seu criado efetivo Richer proporcionar o vestiário do Imperador à temperatura. O médico regulará os banhos, suas horas e a temperatura da água.

✤ Sua Majestade Imperial só poderá ir aos quartos das princesas depois que elas tiverem almoçado e que aqueles estejam arranjados.

## ELEIÇÕES

A primeira eleição realizada no Brasil escolheu os deputados que representariam o país nas cortes de Lisboa, em 1821 (o país só se tornou independente em 1822). Votavam apenas pessoas que tinham muito dinheiro. A única exigência para comparecer às urnas, na época, era ter uma renda anual líquida equivalente a 100 mil réis – quantia suficiente para pagar um ano de mensalidade nos melhores colégios do Rio de Janeiro.

### VIVA! VIVA! VIVA!

A utilização dessa expressão festiva entre nós começou no tempo do Império. Segundo o protocolo da época, os vivas deviam ser repetidos três vezes: uma em homenagem à Igreja católica; outra para a Constituição do Império, e a terceira para o imperador.

## COMO ELES SE CHAMAVAM

**Almirante Barroso**
Francisco Manuel Barroso da Silva (1804-1882)

**Almirante Tamandaré**
Joaquim Marques Lisboa (1807-1897)

**Barão de Cotegipe**
João Maurício Wanderley (1815-1889)

**Barão de Lucena**
Henrique Pereira de Lucena (1835-1913)

**Barão do Rio Branco**
José Maria da Silva Paranhos Júnior (1845-1912)

**Conde d'Eu**
Luís Filipe Maria Fernando Gastão d'Orleans (1842-1922)

**Duque de Caxias**
Luís Alves de Lima e Silva (1803-1880)

**Marquês de Barbacena**
Felisberto Caldeira Brant Pontes Oliveira e Horta (1772-1842)

**Marquês de Pombal**
Sebastião José de Carvalho e Melo (1699-1782)

**Visconde de Cairu**
José da Silva Lisboa (1756-1835)

**Visconde de Mauá**
Irineu Evangelista de Sousa (1813-1889)

**Visconde de Ouro Preto**
Afonso Celso de Assis Figueiredo (1836-1912)

**Visconde do Rio Branco**
José Maria da Silva Paranhos (1819-1880)

# A CONVENÇÃO DE ITU

A primeira convenção republicana foi batizada de Convenção de Itu. Num sobrado de taipa cedido pelos irmãos Carlos e José Vasconcelos de Almeida Prado, no dia 18 de abril de 1873, aconteceu a reunião. Foram 133 participantes, representando 19 cidades da região, a maioria deles fazendeiros com ideias comuns, necessárias para a mudança de regime. O objetivo principal era acabar com as dificuldades colocadas pela política administrativa imperial nos negócios do café. A crise internacional do açúcar levou os fazendeiros paulistas a mudar para o café. A mudança coincidiu com a proibição do tráfico de escravos em 1850. Os negócios do café e a opção de trazer imigrantes europeus esbarravam nas leis do Império.

Depois desse encontro, ocorreram outros, até que foi criado o Partido Republicano Paulista (PRP), que passou a competir ativamente com os outros partidos imperiais na disputa por vagas na Assembleia Legislativa e na Câmara dos Deputados.

Entre 1836 e 1854, Itu já era considerada a vila mais rica da província de São Paulo, tendo sido elevada à condição de cidade em 1857. Houve uma disputa entre São Paulo e Campinas para sediar o evento. Itu foi escolhida por estar mais ou menos a meio caminho entre elas.

> **LARANJAS ASSASSINAS**
> No final do Segundo Reinado, a situação de d. Pedro II não era nada confortável. Monarquistas e republicanos travavam conflitos violentos. Para prevenir, no dia em que o imperador faria um discurso em praça pública, a polícia proibiu a venda de laranjas no Rio de Janeiro.

## A ÚLTIMA COMILANÇA DA MONARQUIA

A maior comilança de que se tem notícia foi o histórico baile da ilha Fiscal, a última festa do Império. Teve como pretexto uma homenagem do visconde de Ouro Preto, presidente do Conselho de Ministros, aos trezentos tripulantes do cruzador chileno *Almirante Cochrane*, atracado no Rio de Janeiro. No dia 9 de novembro de 1889, uma fila de caleches, tipoias e carruagens formou-se ao longo do cais Pharoux, às margens da baía de Guanabara. Nobres e amigos da família real acotovelavam-se no ancoradouro, aguardando a hora do embarque. Os 4.500 convidados se esbaldaram com o suntuoso jantar, preparado por 90 cozinheiros e servido por 150 garçons: 18 pavões, 500 perus, 64 faisões, 800 quilos de camarão, 300 peças de presunto, 1.300 frangos, 1.200 latas de aspargos, 800 de trufas, 12 mil sorvetes e 500 pratos de doces variados. Durante a refeição, foram consumidos 10 mil litros de cerveja e 258 caixas de champanhe e vinho.

A ilha de 7 mil metros quadrados era conhecida, no século XVI, pelo nome de ilha dos Ratos. Até 1877, tinha 4,4 mil metros quadrados e formato de cone, mas foi aplainada para transformar-se no Departamento de Fiscalização Alfandegária da Baía de Guanabara. Numa visita ao local, d. Pedro II ficou fascinado com a vista que se tinha dos principais pontos da cidade. Determinou ao engenheiro de obras da corte, Adolpho José del Vecchio, que erguesse um palácio. A construção, em estilo gótico-provençal, durou sete anos. O prédio foi inaugurado em 27 de abril de 1889. No topo, a 53 metros, está instalado o maior relógio do Império.

A festa foi mesmo bastante animada. Basta conferir a lista de objetos encontrados no salão na manhã seguinte: 13 lenços de seda, 9 de linho e 15 de cambraia, 16 chapéus e 17 ligas, entre outros. Naquele dia, d. Pedro II, um pouco adoentado, levou um tropeção e quase caiu. Com bom humor, ainda disse: "A Monarquia tropeça mas não cai". A Monarquia terminaria dali a seis dias.

# 3

O velho já não regula bem.

MARECHAL DEODORO DA FONSECA
(1827-1892), sobre o imperador d. Pedro II,
pouco antes de proclamar a República, em
15 de novembro de 1889.

## República

## O FIM DA MONARQUIA

❖ Na monarquia, quem tem a palavra final é sempre o rei; no caso da república, cada cidadão participa com o seu voto. É o que se chama de democracia. É uma espécie de acordo, entre governantes e governados, no sentido de garantir que os interesses de cada um sejam sempre respeitados.

❖ A realeza parecia firme e forte. Nossa economia, baseada na plantação de café, ia muito bem, e d. Pedro II, que era um rei preocupado com a cultura do país, ao que tudo indicava, estava cada vez mais popular. No entanto, essa calmaria não iria durar muito. Toda a política era feita pelos representantes cariocas, mas quem tinha dinheiro para financiar o país eram os cafeicultores paulistas, que quase não contavam com deputados. Foi por isso mesmo que nessa época foi fundado um partido republicano formado pelos paulistas.

❖ O Exército brasileiro, que lutara na Guerra do Paraguai, voltou do combate com uma nova mentalidade. Os militares se negavam a perseguir os escravos fugidos, que haviam lutado com eles na guerra e exigiam novas posições na sociedade.

❖ A Igreja se desentendeu com d. Pedro II por causa da maçonaria. Maçonaria é uma sociedade secreta – à qual nosso rei se orgulhava de pertencer. O caso é que a Igreja católica se opunha a essa organização, e os bispos de Olinda (PE) e Belém (PA), obedientes às ordens do papa, afastaram todos os membros maçons. Por seu lado, d. Pedro II, que não deixava ninguém mandar nele, anulou os afastamentos. Resultado: rompimento de relações.

❖ Enquanto d. Pedro II se encontrava na Europa, recuperando-se de uma doença nos pulmões, a pressão para a abolição da escravatura crescia cada vez mais. A Princesa Isabel, que ocupava temporariamente o posto de d. Pedro II, acabou tendo de assinar a Lei Áurea, ato que agradou a muitos e desagradou, justamente, aos proprietários de terras do Rio de Janeiro. Sem seus escravos, os antigos políticos, que apoiavam o rei, foram engrossar as fileiras do partido republicano.

❖ Estourou no Rio de Janeiro o boato de que dois marechais do Exército — Sólon e Deodoro — se encontravam presos. Nada disso estava acontecendo, mas a mentira funcionou.

## A PROCLAMAÇÃO DA REPÚBLICA

Ao proclamar a República, no dia 15 de novembro de 1889, o marechal Deodoro da Fonseca, de 62 anos, estava com um ataque de dispneia. Foi tirado da cama no meio da noite, por amigos, para comandar o cerco ao Ministério. Foi sem espada, porque seu ventre estava muito dolorido. Montou o cavalo baio número 6, que lhe fora emprestado pelo alferes Barbosa Junior. Como homenagem, o animal não seria mais montado até a sua morte, em 1906.

Deodoro havia decidido apoiar os republicanos quatro dias antes. "Eu queria acompanhar o caixão do imperador, que está idoso e a quem respeito muito. Mas o velho já não regula bem. Portanto, já que não há outro remédio, leve a breca à Monarquia. Nada mais temos a esperar dela. Que venha, pois, a República", disse.

Quando passou pelo portão do Ministério da Guerra, no Campo de Santana, Deodoro acenou com o quepe e ordenou às tropas formadas: "Apresentar armas. Toquem o hino". As tropas se perfilaram e ouviram-se os acordes do *Hino Nacional*. Estava proclamada a República.

Não houve derramamento de sangue durante a proclamação da República. O único que se feriu foi o ministro da Marinha, José da Costa Azevedo, que reagiu à voz de prisão.

D. Pedro II ficou sabendo da movimentação de tropas no Rio de Janeiro quando estava numa casa de banhos em Petrópolis, a poucas quadras do Palácio.

Mesmo depois de proclamada a República, ninguém se dispôs a levar o telegrama com a notícia para d. Pedro II, que se achava no Palácio, em Petrópolis. No meio da noite, o major Sólon Ribeiro foi ao encontro do imperador, que precisou ser acordado. Na verdade, com medo de manifestações a favor da monarquia, os líderes do movimento pediam que d. Pedro II e sua família partissem naquela mesma madrugada. Dizem os relatos que a imperatriz Teresa Cristina chorou, que Isabel ficou muda e que o imperador apenas soltou um desabafo: "Estão todos loucos!".

Antes de viajar, no dia 17 de novembro, d. Pedro II escreveu uma mensagem para o povo brasileiro: "Cedendo ao império das circunstâncias, resolvi partir com toda a minha família para a Europa amanhã, deixando esta pátria de nós estremecida, à qual me esforcei por dar constantes testemunhos de entranhado amor e dedicação durante quase meio século, em que desempenhei o cargo de chefe de Estado. Ausentando-me, eu com todas as pessoas de minha família, conservarei do Brasil a mais saudosa lembrança, fazendo votos por sua grandeza e prosperidade".

No momento de embarcar, o imperador recebeu um convite de seu sobrinho, d. Carlos, rei de Portugal, o qual colocava à disposição do imperador deposto um dos seus palácios em Lisboa. D. Pedro II agradeceu, mas não aceitou a oferta, que fora transmitida pelo embaixador português sediado no Rio de Janeiro.

No dia 5 de dezembro de 1889, o navio *Alagoas* chegou a Lisboa. A viagem de d. Pedro II e sua família durou 18 dias. Apesar de ter sido recebido com honras, ele preferiu se hospedar com a imperatriz Teresa Cristina num hotel na cidade do Porto. Depois de 23 dias, Teresa Cristina faleceu no quarto do hotel.

D. Pedro II morreu em Paris, em 5 de dezembro de 1891, deitado num travesseiro que ele enchera com terra brasileira.

## As famílias dos presidentes

### MANUEL DEODORO DA FONSECA

★ **Data e local de nascimento:** 5/8/1827 – Alagoas, atual Marechal Deodoro (AL)
† **Data e local de morte:** 23/8/1892 – Rio de Janeiro (RJ)
**Profissão:** militar de carreira
**Idade na posse:** 62 anos
**Cargo público:** presidente do Clube Militar
**Filiação:** Manuel Mendes da Fonseca e Rosa Maria Paulina de Barros Cavalcanti
**Profissão do pai:** militar de carreira
**Esposa:** Mariana Cecília de Sousa Meireles
**Filhos:** não teve

### FLORIANO VIEIRA PEIXOTO

★ **Data e local de nascimento:** 30/4/1839 – Vila de Ipioca (AL)
† **Data e local de morte:** 29/6/1895 – Barra Mansa (RJ)
**Profissão:** militar de carreira
**Idade na posse:** 51 anos
**Cargos públicos:** presidente da província de Mato Grosso, ministro da Guerra e vice-presidente da República
**Filiação:** Manuel Vieira de Albuquerque Peixoto e Ana Joaquina de Albuquerque Peixoto
**Profissão do pai:** agricultor
**Esposa:** Josina Vieira Peixoto
**8 filhos:** Ana, José, Floriano, Maria Teresa, José Floriano, Maria Amália, Maria Josina e Maria Anunciada

## PRUDENTE JOSÉ DE MORAIS E BARROS

★ **Data e local de nascimento:** 4/10/1841 – Itu (SP)
† **Data e local de morte:** 3/12/1902 – Piracicaba (SP)
**Profissão:** advogado
**Idade na posse:** 53 anos
**Cargos públicos:** deputado por SP, presidente do estado de SP e senador por SP
**Filiação:** José Marcelino de Barros e Catarina Maria de Moraes
**Profissão do pai:** agricultor
**Esposa:** Adelaide Benvinda da Silva Gordo
**8 filhos:** Maria Amélia, Gustavo, Júlia, Prudente, Carlota, Antônio Prudente, Maria Teresa e Paula

## MANUEL FERRAZ DE CAMPOS SALES

★ **Data e local de nascimento:** 15/2/1841 – Campinas (SP)
† **Data e local de morte:** 28/6/1913 – Santos (SP)
**Profissão:** advogado
**Idade na posse:** 57 anos
**Cargos públicos:** deputado por SP, ministro da Justiça, senador por SP (duas vezes) e presidente do estado de SP
**Filiação:** Francisco de Paula Sales e Ana Cândida Ferraz Sales
**Profissão do pai:** fazendeiro
**Esposa:** Ana Gabriela de Campos Sales
**10 filhos:** Adélia, Vítor, José Maria, Maria Luísa, Helena, Manuel, Sofia (morreu com dez meses), Leonor, Sofia e Paulo

## FRANCISCO DE PAULA RODRIGUES ALVES

★ **Data e local de nascimento:** 7/7/1848 – Guaratinguetá (SP)
† **Data e local de morte:** 16/1/1919 – Rio de Janeiro (RJ)
**Profissão:** advogado
**Idade na posse:** 54 anos
**Cargos públicos:** deputado por SP (três vezes), presidente da província de SP, ministro da Fazenda (duas vezes), senador por SP (duas vezes) e presidente do estado de SP (duas vezes)
**Filiação:** Domingos Rodrigues Alves e Isabel Perpétua de Martins Alves
**Profissão do pai:** comerciante
**Esposa:** Ana Guilhermina de Oliveira Borges
**11 filhos:** Maria (morreu com um ano), Guilhermina (morreu com dois anos), Francisco, Ana, Maria, Oscar, José, Celina, Zaíra, Guilhermina e Isabel

## AFONSO AUGUSTO MOREIRA PENA

★ **Data e local de nascimento:** 30/11/1847 – Santa Bárbara (MG)
† **Data e local de morte:** 14/6/1909 – Rio de Janeiro (RJ)
**Profissão:** advogado
**Idade na posse:** 58 anos
**Cargos públicos:** deputado por MG (três vezes), ministro da Guerra, ministro da Agricultura, senador por MG (duas vezes), presidente do estado de MG, presidente do Banco do Brasil e vice-presidente da República
**Filiação:** Domingos José Teixeira Pena e Ana Moreira dos Santos Pena
**Profissões do pai:** fazendeiro e comerciante
**Esposa:** Maria Guilhermina de Oliveira Pena
**12 filhos:** Maria da Conceição, Albertina (morreu com um dia), Maria Guilhermina (morreu com três dias), Afonso, Álvaro, Salvador, Alexandre, Manuel (morreu com três dias), Otávio, Regina, Dora e Olga

## NILO PROCÓPIO PEÇANHA

★ **Data e local de nascimento:** 2/10/1867 – Campos (RJ)
† **Data e local de morte:** 31/3/1924 – Rio de Janeiro (RJ)
**Profissão:** advogado
**Idade na posse:** 42 anos
**Cargos públicos:** deputado pelo RJ, presidente do estado do RJ (duas vezes), vice-presidente da República, ministro das Relações Exteriores e senador pelo RJ
**Filiação:** Sebastião de Sousa Peçanha e Joaquina Anália de Sá Freire
**Profissão do pai:** agricultor
**Esposa:** Anita Belisário Peçanha
**Filhos:** suas três filhas nasceram mortas

## HERMES RODRIGUES DA FONSECA

★ **Data e local de nascimento:** 12/5/1855 – São Gabriel (RS)
† **Data e local de morte:** 9/9/1923 – Petrópolis (RJ)
**Profissão:** militar de carreira
**Idade na posse:** 55 anos
**Cargo público:** ministro da Guerra
**Filiação:** Hermes Ernesto da Fonseca e Rita Rodrigues Barbosa da Fonseca
**Profissão do pai:** militar de carreira
**Esposas:** Orsina Francioni da Fonseca. Ficou viúvo em 1912. Casou-se pela segunda vez com Nair de Tefé von Hoonholtz em 1913 e não teve mais filhos.
**6 filhos:** Mário, Leônidas, Euclides, Maria, Manuel e Hermes

## VENCESLAU BRÁS PEREIRA GOMES

★ **Data e local de nascimento:** 26/2/1868 – São Caetano da Vargem Grande, atual Brasópolis (MG)
† **Data e local de morte:** 15/5/1966 – Itajubá (MG)
**Profissão:** promotor público
**Idade na posse:** 48 anos
**Cargos públicos:** deputado por MG, presidente do estado de MG e vice-presidente da República
**Filiação:** Francisco Brás Pereira Gomes e Isabel Pereira dos Santos
**Profissões do pai:** fazendeiro e político
**Esposa:** Maria Carneiro Pereira Gomes
**7 filhos:** José Brás, Odete, Francisco, João Brás, Mário, Maria Isabel e Maria de Lourdes

## DELFIM MOREIRA

★ **Data e local de nascimento:** 7/11/1868 – Cristina (MG)
† **Data e local de morte:** 1º/7/1920 – Santa Rita do Sapucaí (MG)
**Profissão:** advogado
**Idade na posse:** 50 anos
**Cargos públicos:** deputado por MG, presidente do estado de MG e vice-presidente da República
**Filiação:** Antônio Moreira da Costa e Maria Cândida Ribeiro
**Profissão do pai:** não há registro
**Esposa:** Francisca Ribeiro de Abreu
**6 filhos:** Antônio, Antonieta, Delfim, Alzira, Aída e Maria Anunciada

## EPITÁCIO DA SILVA PESSOA

★ **Data e local de nascimento:** 23/5/1865 – Umbuzeiro (PB)
† **Data e local de morte:** 13/2/1942 – Petrópolis (RJ)
**Profissão:** promotor público
**Idade na posse:** 54 anos
**Cargos públicos:** deputado pela PB (duas vezes), ministro da Justiça, ministro do STF e senador pela PB (duas vezes)
**Filiação:** José da Silva Pessoa e Henriqueta de Lucena
**Profissão do pai:** fazendeiro
**Esposa:** Francisca Justiniana das Chagas. Ficou viúvo em 1896. Casou-se pela segunda vez com Maria da Conceição (Mary) Manso Sayão em 1898.
**3 filhas:** Laura, Angelina e Helena

## ARTUR DA SILVA BERNARDES

★ **Data e local de nascimento:** 8/8/1875 – Viçosa (MG)
† **Data e local de morte:** 23/3/1955 – Rio de Janeiro (RJ)
**Profissão:** advogado
**Idade na posse:** 47 anos
**Cargos públicos:** deputado por MG (quatro vezes), presidente do estado de MG e senador por MG
**Filiação:** Antônio da Silva Bernardes e Maria Aniceta Pinto Bernardes
**Profissão do pai:** advogado
**Esposa:** Clélia Vaz de Melo
**8 filhos:** Clélia, Artur, Maria da Conceição, Dália (morreu ainda criança), Rita, Sílvia (morreu com um ano), Geraldo e Maria de Pompeia

## WASHINGTON LUÍS PEREIRA DE SOUSA

★ **Data e local de nascimento:** 26/10/1869 – Macaé (RJ)
† **Data e local de morte:** 4/8/1957 – São Paulo (SP)
**Profissão:** promotor público
**Idade na posse:** 57 anos
**Cargos públicos:** presidente do estado de SP e senador por SP
**Filiação:** Joaquim Luís Pereira de Sousa e Florinda Sá Pinto Pereira de Sousa
**Profissões do pai:** militar e fazendeiro
**Esposa:** Sofia de Oliveira Barros
**4 filhos:** Florinda, Rafael, Caio e Vítor Luís

## GETÚLIO DORNELLES VARGAS

★ **Data e local de nascimento:** 19/4/1882 – São Borja (RS)
† **Data e local de morte:** 24/8/1954 – Rio de Janeiro (RJ)
**Profissões:** advogado e fazendeiro
**Idade na posse:** 47 anos; 67 anos
**Cargos públicos:** deputado pelo RS, ministro da Fazenda, presidente do estado do RS e senador pelo RS
**Filiação:** Manuel do Nascimento Vargas e Cândida Dornelles Vargas
**Profissões do pai:** militar e fazendeiro
**Esposa:** Darcy Sarmanho
**5 filhos:** Lutero, Jandira, Alzira, Manuel Antônio e Getúlio

## JOSÉ LINHARES

★ **Data e local de nascimento:** 28/1/1886 – Baturité (CE)
† **Data e local de morte:** 26/1/1957 – Caxambu (MG)
**Profissão:** juiz de direito
**Idade na posse:** 59 anos
**Cargo público:** ministro do STF
**Filiação:** Francisco Alves Linhares e Josefa Caracas Linhares
**Profissão do pai:** militar de carreira
**Esposa:** Luzia Cavalcanti
**3 filhos:** Léa, Amaro e José Carlos

## EURICO GASPAR DUTRA

★ **Data e local de nascimento:** 18/6/1883 – Cuiabá (MT)
† **Data e local de morte:** 11/6/1974 – Rio de Janeiro (RJ)
**Profissão:** militar de carreira
**Idade na posse:** 60 anos
**Cargos públicos:** presidente do Clube Militar e ministro da Guerra
**Filiação:** José Florêncio Dutra e Maria Justina Dutra
**Profissão do pai:** agricultor
**Esposa:** Carmela Leite Dutra
**2 filhos:** Emília e Antônio João

## JOÃO CAFÉ FILHO

★ **Data e local de nascimento:** 3/2/1899 – Natal (RN)
† **Data e local de morte:** 20/2/1970 – Rio de Janeiro (RJ)
**Profissões:** advogado e jornalista
**Idade na posse:** 55 anos
**Cargos públicos:** deputado pelo RN (duas vezes), vice-presidente da República e ministro do Tribunal de Contas
**Filiação:** João Fernandes Campos Café e Florência Amélia Campos Café
**Profissão do pai:** funcionário público
**Esposa:** Jandira Carvalho de Oliveira Café
**1 filho:** Eduardo Antônio

## CARLOS COIMBRA DA LUZ

★ **Data e local de nascimento:** 4/8/1894 – Três Corações (MG)
† **Data e local de morte:** 9/2/1961 – Rio de Janeiro (RJ)
**Profissão:** advogado
**Idade na posse:** 61 anos
**Cargos públicos:** deputado por MG (duas vezes) e ministro da Justiça
**Filiação:** Alberto Gomes Ribeiro da Luz e Augusta Coimbra da Luz
**Profissões do pai:** juiz de direito e desembargador
**Esposas:** Maria José Dantas Luz. Ficou viúvo em 1924. Casou-se pela segunda vez com Graciema Junqueira Luz em 1927.
**4 filhos:** Rui e Augusta (1º casamento), Fernando e Beatriz (2º casamento)

## NEREU DE OLIVEIRA RAMOS

★ **Data e local de nascimento:** 3/9/1888 – Lages (SC)
† **Data e local de morte:** 16/6/1958 – Curitiba (PR)
**Profissões:** advogado e professor
**Idade na posse:** 67 anos
**Cargos públicos:** deputado por SC (três vezes), governador de SC, senador e vice-presidente da República
**Filiação:** Vidal José de Oliveira Ramos e Teresa Fiúza Ramos
**Profissões do pai:** político e fazendeiro
**Esposa:** Beatriz Pederneiras Ramos
**4 filhos:** Olga, Nereu, Murilo e Rubens

## JUSCELINO KUBITSCHEK DE OLIVEIRA

★ **Data e local de nascimento:** 12/9/1902 – Diamantina (MG)
† **Data e local de morte:** 22/8/1976 – Resende (RJ)
**Profissão:** médico
**Idade na posse:** 53 anos
**Cargos públicos:** prefeito de Belo Horizonte, governador de MG e senador por GO
**Filiação:** João César de Oliveira e Júlia Kubitschek
**Profissões do pai:** garimpeiro, delegado de polícia, fiscal de rendas e caixeiro-viajante
**Esposa:** Sarah Gomes de Lemos
**2 filhas:** Márcia e Maria Estela (adotiva)

## JÂNIO DA SILVA QUADROS

★ **Data e local de nascimento:** 25/1/1917 – Campo Grande (MS)
† **Data e local de morte:** 16/2/1992 – São Paulo (SP)
**Profissões:** advogado e professor
**Idade na posse:** 44 anos
**Cargos públicos:** prefeito de São Paulo, governador de SP e deputado pelo PR
**Filiação:** Gabriel Quadros e Leonor da Silva Quadros
**Profissão do pai:** médico
**Esposa:** Eloá do Vale Quadros
**1 filha:** Dirce Maria

## JOÃO BELCHIOR MARQUES GOULART

★ **Data e local de nascimento:** 1º/3/1918 – São Borja (RS)
† **Data e local de morte:** 6/12/1976 – Mercedes (Argentina)
**Profissões:** advogado e fazendeiro
**Idade na posse:** 43 anos
**Cargos públicos:** deputado pelo RS, ministro do Trabalho e vice-presidente da República
**Filiação:** Vicente Rodrigues Goulart e Vicentina Marques Goulart
**Profissões do pai:** fazendeiro e negociante no comércio e na indústria
**Esposa:** Maria Teresa Fontela
**2 filhos:** João Vicente e Denise

## PASCHOAL RANIERI MAZZILLI

★ **Data e local de nascimento:** 27/4/1910 – Caconde (SP)
† **Data e local de morte:** 21/4/1975 – São Paulo (SP)
**Profissão:** advogado
**Idade na posse:** 54 anos
**Cargo público:** deputado federal
**Filiação:** Domingos Mazzilli e Ângela Luizzi Mazzilli
**Profissões do pai:** comerciante e fazendeiro
**Esposa:** Sylvia Serra Pitaguary Mazzilli
**3 filhos:** Maria Lúcia, Luiz Guilherme e Luiz Henrique

## HUMBERTO DE ALENCAR CASTELO BRANCO

★ **Data e local de nascimento:** 20/9/1897 – Messejana (CE)
† **Data e local de morte:** 18/7/1967 – Mondubim (CE)
**Profissão:** militar de carreira
**Idade na posse:** 63 anos
**Cargo público:** chefe do Estado-Maior do Exército
**Filiação:** Cândido Borges Castelo Branco e Antonieta de Alencar Castelo Branco
**Profissão do pai:** militar de carreira
**Esposa:** Argentina Vianna
**2 filhos:** Antonieta e Paulo

## ARTUR DA COSTA E SILVA

★ **Data e local de nascimento:** 3/10/1902 – Taquari (RS)
† **Data e local de morte:** 17/12/1969 – Rio de Janeiro (RJ)
**Profissão:** militar de carreira
**Idade na posse:** 64 anos
**Cargo público:** ministro da Guerra
**Filiação:** Aleixo Rocha e Silva e Almerinda Mesquita da Costa e Silva
**Profissão do pai:** comerciante
**Esposa:** Yolanda Ramos Barbosa
**1 filho:** Álcio

## EMÍLIO GARRASTAZU MÉDICI

★ **Data e local de nascimento:** 4/12/1905 – Bagé (RS)
† **Data e local de morte:** 9/10/1985 – Rio de Janeiro (RJ)
**Profissão:** militar de carreira
**Idade na posse:** 63 anos
**Cargo público:** ministro-chefe do SNI
**Filiação:** Emílio Médici e Júlia Garrastazu Médici
**Profissões do pai:** comerciante e fazendeiro
**Esposa:** Scila Gaffreé Nogueira Médici
**2 filhos:** Sérgio e Roberto

## ERNESTO GEISEL

★ **Data e local de nascimento:** 3/8/1907 – Bento Gonçalves (RS)
† **Data e local de morte:** 12/9/1996 – Rio de Janeiro (RJ)
**Profissão:** militar de carreira
**Idade na posse:** 68 anos
**Cargos públicos:** chefe do Gabinete Militar, ministro do STM e presidente da Petrobras
**Filiação:** Augusto Guilherme Geisel e Lídia Beckmann Geisel
**Profissões do pai:** metalúrgico de fundição, professor de escola luterana e juiz de paz
**Esposa:** Lucy Markus
**2 filhos:** Amália Lucy e Orlando

## JOÃO BAPTISTA FIGUEIREDO

★ **Data e local de nascimento:** 15/1/1918 – Rio de Janeiro (RJ)
† **Data e local de morte:** 24/12/1999 – Rio de Janeiro (RJ)
**Profissão:** militar de carreira
**Idade na posse:** 61 anos
**Cargos públicos:** chefe do Gabinete Militar e chefe do SNI
**Filiação:** Euclides de Oliveira Figueiredo e Valentina Silva Oliveira Figueiredo
**Profissão do pai:** militar de carreira
**Esposa:** Dulce Maria de Guimarães Castro
**2 filhos:** Johnny e Paulo Renato

## TANCREDO DE ALMEIDA NEVES

★ **Data e local de nascimento:** 4/3/1910 – São João del-Rei (MG)
† **Data e local de morte:** 21/4/1985 – São Paulo (RJ)
**Profissão:** advogado
**Idade na posse:** 75 anos
**Cargos públicos:** deputado federal por MG (seis vezes), senador, primeiro-ministro e governador de MG
**Filiação:** Francisco de Paula Neves e Antonina de Almeida Neves
**Profissão do pai:** comerciante
**Esposa:** Risoleta Guimarães Tolentino
**3 filhos:** Tancredo Augusto, Inês Maria e Maria do Carmo

## JOSÉ RIBAMAR FERREIRA DE ARAÚJO COSTA

★ **Data e local de nascimento:** 24/4/1930 – Pinheiro (MA)
**Profissão:** advogado
**Idade na posse:** 54 anos
**Cargos públicos:** deputado pelo MA (duas vezes), governador do MA e senador (três vezes)
**Filiação:** Sarney de Araújo Costa e Kiola Ferreira de Araújo Costa
**Profissão do pai:** desembargador
**Esposa:** Marly Macieira Sarney
**3 filhos:** Roseana, Fernando e José

Seu nome de batismo é José Ribamar Ferreira de Araújo Costa. Filho de Sarney de Araújo Costa, José Ribamar era conhecido como Zé do Sarney (José, filho de Sarney). Para fins eleitorais, adota em 1958 o nome José Sarney. Até que, em 1965, passa a se chamar legalmente José Sarney da Costa.

## FERNANDO AFFONSO COLLOR DE MELLO

★ **Data e local de nascimento:** 12/8/1949 – Rio de Janeiro (RJ)
**Profissões:** jornalista e economista
**Idade na posse:** 40 anos
**Cargos públicos:** prefeito de Maceió, deputado por AL e governador de AL
**Filiação:** Arnon Affonso de Farias Mello e Leda Collor de Mello
**Profissões do pai:** jornalista e empresário
**Esposas:** Lilibeth Monteiro de Carvalho (entre 1975 e 1981). Casou-se pela segunda vez com Rosane Malta, em 1984, e não teve mais filhos.
**2 filhos:** Arnon Affonso e Joaquim Pedro

## ITAMAR AUGUSTO CAUTIERO FRANCO

★ **Data e local de nascimento:** 28/6/1930 – Navio no litoral da BA, durante uma viagem entre Salvador e Rio de Janeiro
**Profissão:** engenheiro
**Idade na posse:** 62 anos
**Cargos públicos:** senador por MG e governador de MG
**Filiação:** Augusto César Stiebler Franco e Itália Cautiero Franco
**Profissão do pai:** engenheiro
**Esposa:** Anna Elisa Surerus (entre 1968 e 1978)
**2 filhas:** Georgiana e Fabiana

## FERNANDO HENRIQUE CARDOSO

★ **Data e local de nascimento:** 18/6/1931 – Rio de Janeiro (RJ)
**Profissão:** sociólogo
**Idade na posse:** 63 anos
**Cargos públicos:** professor da Universidade de São Paulo (USP), senador por SP (duas vezes), ministro das Relações Exteriores e ministro da Fazenda
**Filiação:** Leônidas Cardoso e Nayde Silva Cardoso
**Profissão do pai:** militar de carreira
**Esposa:** Ruth Vilaça Correa Leite (falecida em 2009)
**3 filhos:** Paulo Henrique, Luciana e Beatriz

## LUIZ INÁCIO "LULA" DA SILVA

★ **Data e local de nascimento:** 27/10/1945 – Garanhuns (PE)
**Profissão:** metalúrgico
**Idade na posse:** 58 anos
**Cargos públicos:** deputado federal por SP
**Filiação:** Aristides Inácio da Silva e Eurídice Ferreira de Mello
**Profissões do pai:** agricultor e trabalhador braçal no Porto de Santos (SP)
**Esposas:** Maria de Lourdes da Silva. Ficou viúvo em 1970, sem filhos. Casou-se pela segunda vez com Marisa Letícia, em 1974.
**5 filhos:** Marcos Cláudio (filho de Marisa); Fábio Luiz, Sandro Luiz, Luiz Cláudio (com Marisa); Lurian (com a enfermeira Miriam Cordeiro).

## DILMA VANA ROUSSEFF

★ **Data e local de nascimento:** 14/12/1947 – Belo Horizonte (MG)
**Profissão:** economista
**Idade na posse:** 63 anos
**Cargos públicos:** ministra de Minas e Energia e ministra-chefe da Casa Civil
**Filiação:** Pedro Rousseff (búlgaro naturalizado brasileiro) e Dilma Jane Coimbra Silva
**Profissões do pai:** advogado e empreendedor
**Maridos:** foi casada com Cláudio Galeno de Magalhães Linhares entre 1967 e 1969; e com Carlos Franklin Paixão de Araújo de 1969 a 2000.
**1 filha:** Paula

## QUANDO ELES ESTIVERAM NO PODER

**Deodoro da Fonseca**
Governo provisório
De 15/11/1889 a 25/2/1891
Os deputados da Assembleia Constituinte elegeram Deodoro da Fonseca o primeiro presidente da República do Brasil (129 votos a 97).
De 25/2/1891 a 23/11/1891

**Floriano Peixoto**
De 23/11/1891 a 15/11/1894
Era vice de Deodoro da Fonseca e assumiu após a renúncia deste.

**Prudente de Morais**
De 15/11/1894 a 15/11/1898
Eleito com 276.583 votos

**Campos Sales**
De 15/11/1898 a 15/11/1902
Eleito com 420.286 votos

**Rodrigues Alves**
De 15/11/1902 a 15/11/1906
Eleito com 316.248 votos

**Afonso Pena**
De 15/11/1906 a 14/6/1909
Eleito com 288.285 votos

**Nilo Peçanha**
De 14/6/1909 a 15/11/1910
Era vice de Afonso Pena e assumiu após a morte deste.

**Hermes da Fonseca**
De 15/11/1910 a 15/11/1914
Eleito com 403.867 votos

**Venceslau Brás**
De 15/11/1914 a 15/8/1918
Eleito com 532.107 votos

**Rodrigues Alves**
Não tomou posse por motivos de saúde e morreu em 16/1/1919.
Eleito com 592.039 votos

**Delfim Moreira**
De 15/11/1918 a 28/7/1919
Era vice de Rodrigues Alves.

**Epitácio Pessoa**
De 28/7/1919 a 15/11/1922
Eleito com 249.324 votos

**Artur Bernardes**
De 15/11/1922 a 15/11/1926
Eleito com 1.575.735 votos

**Washington Luís**
De 15/11/1926 a 24/10/1930
Eleito com 688.529 votos
Com a Revolução de 1930, foi obrigado a renunciar e exilou-se na Europa. Assumiu o poder uma junta militar formada por Augusto Tasso Fragoso, João de Deus Mena Barreto e José Isaías de Noronha.

**Getúlio Vargas**
De 3/11/1930 a 29/10/1945
Perdeu a eleição para Júlio Prestes, que não chegou a assumir. Getúlio foi conduzido ao poder pela Revolução de 1930. Acabou deposto pelos militares em 1945.

**José Linhares**
De 29/10/1945 a 31/1/1946
Getúlio Vargas foi deposto pelas Forças Armadas, e o presidente do Supremo Tribunal Federal assumiu interinamente.

**Eurico Gaspar Dutra**
De 31/1/1946 a 31/1/1951
Eleito com 3.251.507 votos

**Getúlio Vargas**
De 31/1/1951 a 24/8/1954
Eleito com 3.849.040 votos

**Café Filho**
De 24/8/1954 a 8/11/1955
Assumiu a Presidência após o suicídio de Getúlio Vargas. O Congresso declarou seu impedimento. Carlos Luz e, depois, Nereu Ramos ocuparam sua vaga até a posse de Juscelino Kubitschek.

**Juscelino Kubitschek de Oliveira**
De 31/1/1956 a 31/1/1961
Eleito com 3.077.411 votos

**Jânio Quadros**
De 31/1/1961 a 25/8/1961
Eleito com 5.636.623 votos

**João Goulart**
De 8/9/1961 a 1º/4/1964
Era vice de Jânio Quadros e assumiu após a renúncia deste. Um movimento militar derrubou Goulart. Paschoal Ranieri Mazzilli, presidente da Câmara Federal, assumiu interinamente a Presidência até a posse do marechal Castelo Branco.

**Castelo Branco**
De 15/4/1964 a 15/3/1967
Iniciou a ditadura militar.

**Costa e Silva**
De 15/3/1967 a 31/8/1969
O Congresso lhe deu 295 votos. Foi obrigado a se afastar da Presidência, depois de sofrer uma trombose. Foi substituído por uma junta militar formada por Augusto Rademaker, Aurélio de Lira Tavares e Márcio de Sousa e Melo.

**Emílio Garrastazu Médici**
De 30/10/1969 a 15/3/1974
O Congresso lhe deu 239 votos (todos da Arena, partido do governo). O general Médici foi indicado pelos comandos militares de todo o país. Os 76 parlamentares do MDB se abstiveram.

**Ernesto Geisel**
De 15/3/1974 a 15/3/1979
Eleito pelo Colégio Eleitoral por 400 votos, contra 76 de Ulysses Guimarães.

**João Baptista Figueiredo**
De 15/3/1979 a 15/3/1985
Mais uma eleição indireta no Congresso Nacional. Teve 355 votos, todos da Arena, contra 226 do também general Euler Bentes Monteiro, candidato do MDB.
A emenda Dante de Oliveira, que restabelecia as eleições diretas, foi derrotada na Câmara dos Deputados em 25 de abril de 1984. Foram 298 votos a favor, 65 contra e 113 abstenções. Faltaram 22 votos para atingir os $^2/_3$ previstos na lei.

**Tancredo Neves**
Não chegou a tomar posse por problemas de saúde, falecendo em 21/4/1985.
Eleito pelo Colégio Eleitoral por 480 votos, contra 180 de Paulo Maluf.

**José Sarney**
De 15/3/1985 a 15/3/1990
Era vice de Tancredo Neves.

**Fernando Collor**
De 15/3/1990 a 2/10/1992
Eleito com 35.089.998 votos no segundo turno. Acusado de corrupção, teve seu *impeachment* votado pela Câmara dos Deputados – 441 deputados foram a favor de seu julgamento no Senado, 38 contra, 1 se absteve e 23 faltaram. No dia da sessão (29/12/1992), Collor renunciou. Mesmo assim, foi julgado e condenado por 76 votos a 3. Além do cargo, perdeu seus direitos políticos por oito anos. Voltou à vida pública em 2007, eleito senador por Alagoas.

**Itamar Franco**
De 2/10/1992 a 1º/1/1995
Era o vice de Fernando Collor.

**Fernando Henrique Cardoso**
De 1º/1/1995 a 1º/1/2003
Eleito com 34.377.198 votos no primeiro turno. Foi reeleito em 1998 com 35.936.918 votos, também no primeiro turno.

**Luiz Inácio "Lula" da Silva**
De 1º/1/2003 a 1º/1/2011
Eleito com 52.793.364 votos no segundo turno. Foi reeleito em 2006 com 58.295.042 votos, também no segundo turno.

**Dilma Rousseff**
Desde 1º/1/2011
Foi a primeira mulher a ser eleita presidente do Brasil, com 55 milhões de votos.

## OS VICES

| | |
|---:|:---|
| Deodoro da Fonseca | Floriano Peixoto (AL) |
| Floriano Peixoto | _____ |
| Prudente de Morais | Manuel Vitorino Pereira (BA)* |
| Campos Sales | Francisco de Assis Rosa e Silva (PE) |
| Rodrigues Alves | Francisco Silviano de Almeida Brandão (MG)** e Afonso Pena (MG) |
| Afonso Pena | Nilo Peçanha (RJ) |
| Nilo Peçanha | _____ |
| Hermes da Fonseca | Venceslau Brás (MG) |
| Venceslau Brás | Urbano Santos da Costa Araújo (MA)** |
| Delfim Moreira | _____ |
| Epitácio Pessoa | Francisco Álvaro Bueno de Paiva (MG) |
| Artur Bernardes | Estácio de Albuquerque Coimbra (PE) |
| Washington Luís | Fernando de Melo Viana (MG) |
| Getúlio Vargas | _____ |
| Eurico Gaspar Dutra | Nereu Ramos (SC) |
| Getúlio Vargas | João Café Filho (RN) |
| Juscelino Kubitschek | João Goulart (RS) |
| Jânio Quadros | João Goulart (RS) |
| Castelo Branco | José Maria Alkmin (MG) |

*Assumiu o governo entre 10/11/1896 a 4/3/1897 porque Prudente estava com problemas de saúde. Tentou impedir a volta do presidente, mas não conseguiu.
** Morreu antes de tomar posse.

| | |
|---:|:---|
| Costa e Silva | Pedro Aleixo (MG) |
| Emílio Garrastazu Médici | Augusto Rademaker Grünewald (RJ) |
| Ernesto Geisel | Adalberto Pereira dos Santos (RS) |
| João Figueiredo | Aureliano Chaves (MG) |
| Tancredo Neves | José Sarney (MA) |
| José Sarney | _____ |
| Fernando Collor | Itamar Franco (MG) |
| Itamar Franco | _____ |
| Fernando Henrique Cardoso | Marco Maciel (PE) |
| Luiz Inácio "Lula" da Silva | José Alencar (MG) |
| Dilma Rousseff | Michel Miguel Elias Temer Lulia (SP) |

## Estatísticas no palanque

❖ O presidente Fernando Henrique Cardoso foi o segundo candidato presidencial mais votado em termos proporcionais da história política do país. Em 1994, com seus 34.377.198 votos, alcançou a marca de 54,3% dos votos válidos (todos, exceto nulos e em branco); só perde para o general Eurico Gaspar Dutra, que em dezembro de 1945 se elegeu com 55,3% dos votos válidos. Na reeleição, em 1998, FHC teve 53,06% dos votos válidos.

❖ Em 1889, o marechal Deodoro da Fonseca, que acabou com a Monarquia, deu o primeiro dos oito golpes de Estado que fizeram a história do país. Getúlio Vargas deu golpes em 1930 e em 1937, sendo deposto em 1945 – por um golpe. Em 1964 veio o golpe que deixou o país 29 anos sem eleições diretas para a Presidência.

❖ Em 120 anos de República (1889-2009), os brasileiros elegeram 19 presidentes pelo voto direto. O primeiro foi Prudente de Morais, em 1894, que recebeu 276.583 votos, numa época em que perto de 1% da população podia votar. Depois da Segunda Guerra Mundial, somente quatro presidentes eleitos diretamente terminaram seus mandatos: Eurico Gaspar Dutra (1946-1951), Juscelino Kubitschek (1956-1961), FHC (1995-1998) e Lula (2002-2006).

❖ Os presidentes tomaram posse, em média, aos 56 anos de idade. O mais jovem foi Fernando Collor, que assumiu o posto com 40 anos (antes dele, o mais jovem tinha sido Nilo Peçanha, aos 41). Entre os mais velhos há empate:

Nereu Ramos, Getúlio Vargas (no mandato de 1951 a 1954) e Ernesto Geisel chegaram ao poder com 67 anos. Com a reeleição, Fernando Henrique Cardoso, que nasceu em 1931, juntou-se aos três.

❖ A profissão que mais se repete entre os presidentes é a de advogado. Vinte se formaram em direito. Em segundo lugar aparecem os militares, com nove presidentes.

❖ Nenhum outro presidente ficou tanto tempo no poder quanto Getúlio Vargas. Foram 18 anos e 7 meses. Ao longo da história, a Constituição já previu mandatos de seis, cinco e quatro anos (como a que está em vigor no momento). Fernando Henrique Cardoso e Luis Inácio "Lula" da Silva estão em segundo lugar, com seus dois mandatos completos de quatro anos cada. Sem contar os curtos períodos dos interinos, o menor tempo de permanência foi o de Jânio Quadros: sete meses.

❖ Dez presidentes não completaram seus mandatos. O marechal Deodoro da Fonseca e Jânio Quadros renunciaram. Afonso Pena, Getúlio Vargas e Costa e Silva morreram. Quatro outros foram depostos por golpes, e Fernando Collor sofreu *impeachment*. Alguns foram eleitos, mas não assumiram, como Tancredo Neves.

❖ Por sete vezes, os vice-presidentes assumiram o cargo do titular. O primeiro foi Floriano Peixoto, chamado em 1891 para completar o mandato do marechal Deodoro da Fonseca, que renunciou. José Sarney foi o único vice a cumprir integralmente o mandato, de cinco anos, por causa da morte de Tancredo Neves.

❖ Seis presidentes abandonaram o cargo ou nem chegaram a assumi-lo em razão de morte ou problemas de saúde. Rodrigues Alves, eleito em 1918, faleceu antes da posse e foi substituído pelo vice, Delfim Moreira, até a convocação de novas eleições. Já em 1969, depois da morte do general Costa e Silva, uma junta militar impediu a posse do vice, Pedro Aleixo. A junta ficou no poder até a eleição indireta de Emílio Garrastazu Médici.

❖ Minas Gerais foi o estado que mais elegeu presidentes. Foram oito, excluindo Itamar Franco, que nasceu num navio na costa da Bahia. Depois vem o Rio Grande do Sul (seis presidentes) e o Rio de Janeiro (cinco). Minas teve também o maior número de vice-presidentes, totalizando dez.

❖ Durante a vigência da política do café com leite, na República Velha, em que paulistas e mineiros se alternavam no poder, cinco dos dez presidentes eleitos não disputaram com ninguém. Eles eram candidatos únicos. Prudente de Morais (1894-1898), o primeiro civil a chegar à Presidência da República, concorreu sem adversários e obteve mais de 80% dos votos. O recordista de popularidade foi Rodrigues Alves, monarquista convertido a republicano, que obteve 92% dos votos em 1902 e 99% em 1918. Washington Luís e Afonso Pena empataram com a marca de 98% das preferências.

❖ Nos primeiros anos da República, a violência durante as eleições era tão grande que em alguns estados o eleitor recebia duas cédulas: uma com o número do candidato em que deveria votar e outra com o número de seu caixão, se decidisse não votar no nome indicado.

❖ FHC foi o primeiro presidente a ser reeleito em mandatos sucessivos. Antes dele, Rodrigues Alves ganhou uma segunda eleição, em 1918, só que morreu antes de tomar posse. Getúlio Vargas, que chegou à Presidência em 1930 num golpe de Estado, voltou ao posto em 1951. Luiz Inácio "Lula" da Silva foi o segundo presidente a ganhar a reeleição, em 2006.

❖ O interino mais importante do país foi o paulista Ranieri Mazzilli, presidente da Câmara numa época turbulenta. Ele foi presidente duas vezes por 13 dias: assumiu a Presidência quando Jânio Quadros renunciou, em 1961, e após o golpe de 1964, que derrubou João Goulart. Catorze dias depois entregou o cargo ao marechal Castelo Branco.

❖ A eleição de 1989 para a Presidência da República teve 28 candidatos. O mais curioso de todos eles era Júlio Nascimento, do Partido de Renovação Moral: possuía uma banca de jornais no Rio de Janeiro.

❖ A primeira mulher eleita presidente no Brasil foi Dilma Rousseff. A candidata do PT venceu a disputa no segundo turno contra o candidato José Serra, do PSDB, no dia 31 de outubro de 2010, com 55.752.529 votos (56,05% do total de votos válidos).

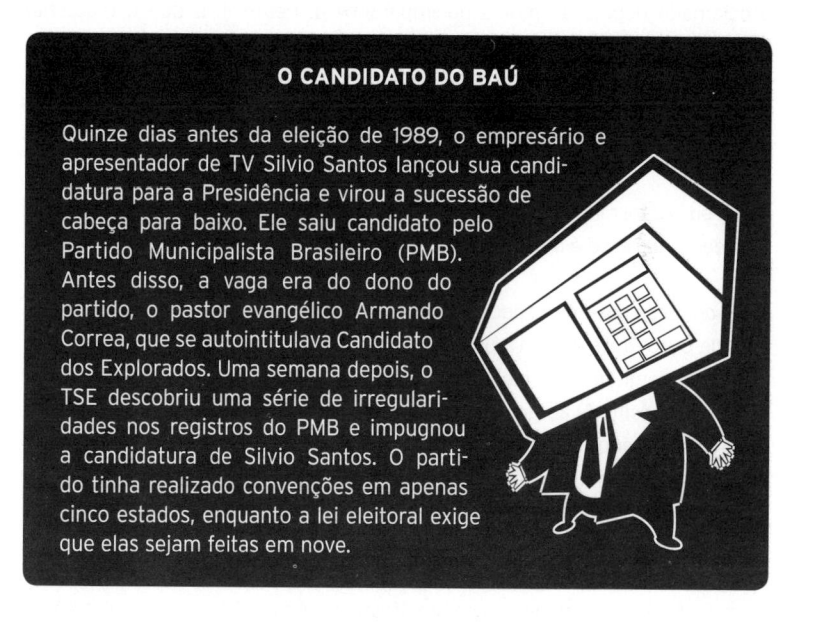

### O CANDIDATO DO BAÚ

Quinze dias antes da eleição de 1989, o empresário e apresentador de TV Silvio Santos lançou sua candidatura para a Presidência e virou a sucessão de cabeça para baixo. Ele saiu candidato pelo Partido Municipalista Brasileiro (PMB). Antes disso, a vaga era do dono do partido, o pastor evangélico Armando Correa, que se autointitulava Candidato dos Explorados. Uma semana depois, o TSE descobriu uma série de irregularidades nos registros do PMB e impugnou a candidatura de Silvio Santos. O partido tinha realizado convenções em apenas cinco estados, enquanto a lei eleitoral exige que elas sejam feitas em nove.

# Curiosidades presidenciais

**DEODORO DA FONSECA**

❖ Manuel Deodoro da Fonseca foi o nono dos dez filhos do tenente-coronel Manuel Mendes da Fonseca e Rosa Maria Paulina de Barros Cavalcanti. Dos oito filhos homens, só um não seguiu a carreira militar. E as duas irmãs – Emília e Amélia Rosa – se casaram com militares.

❖ O marechal tinha o hábito de andar sempre com joias. Usava um anel pesado no dedo mínimo, botões extravagantes nos punhos da farda, um prendedor de gravata feito de pérolas e uma grande corrente para segurar o relógio de bolso. Carregava medalhas e comendas no peito, incluindo a Imperial Ordem da Rosa, que lhe fora conferida pessoalmente por d. Pedro II. Ele nunca saía de casa sem perfumar a barba com fragrância de violeta.

❖ Se dependesse do marechal Deodoro da Fonseca, a República só teria sido proclamada depois da morte do imperador d. Pedro II. É que o marechal tinha verdadeira veneração por ele. Afinal, foi na administração imperial que conseguiu alcançar os postos mais importantes do Exército. Mas diante da possibilidade de o ministro Ouro Preto tomar a iniciativa, Deodoro cedeu aos argumentos de Benjamin Constant.

❖ D. Pedro II foi mandado para o exílio na Europa num navio chamado *Alagoas*. Grande ironia: esse é o estado natal de Deodoro da Fonseca.

❖ No dia 15 de novembro, pouco depois das 8 horas, Deodoro se dirigiu ao gabinete de Ouro Preto e lá travou o áspero diálogo: "Vossa Excelência e seus colegas estão demitidos por haverem perseguido oficiais do Exército e revelarem o firme propósito de abater e, mesmo, dissolver o próprio Exército". E arrematou: "Nos pântanos do Paraguai, muitas vezes atolado, sacrifiquei minha saúde em benefício da pátria...". Contam que Ouro Preto interrompeu Deodoro para dizer: "Maior sacrifício, marechal, faço eu ao ter de ouvi-lo".

❖ Deodoro baixou um decreto naturalizando todos os estrangeiros que residiam no Brasil, menos os que se manifestassem contrários à naturalização.

❖ De 1889 a 1891, Deodoro presidia um governo provisório. Em 25 de fevereiro de 1891, sob pressão dos militares, o Congresso o elegeu presidente da República. Floriano Peixoto, candidato da oposição, ficou como vice. Prometendo convocar novas eleições e fazer uma revisão na Constituição, Deodoro da Fonseca fechou o Congresso em 3 de novembro de 1891. Foi a chance encontrada por Floriano para começar um movimento de renúncia, apoiado pelo Partido Republicano Paulista, pelo Exército e pela Marinha. Deodoro caiu em 23 de novembro.

❖ O cargo de primeira-dama foi ocupado pela primeira vez por Mariana Cecília de Sousa Meireles, esposa de Deodoro. Os dois se conheceram em 1860, quando Deodoro servia como capitão na província de Mato Grosso, e em poucas semanas se casaram. Não tiveram filhos. Quatro anos depois, dona Marianinha passaria pela mais dura prova de sua vida: o marido partiu para a Guerra do Paraguai e só voltou a vê-la seis anos depois.

❖ Três irmãos de Deodoro da Fonseca (Hipólito, Eduardo e Afonso) morreram na Guerra do Paraguai. Em contrapartida, ele e o irmão Hermes Ernesto se destacaram pela bravura demonstrada nos campos de batalha.

❖ À beira da morte, o marechal Deodoro não aceitava receber visitas de ninguém usando farda. Pediu também para ser enterrado em trajes civis.

---

**PERGUNTINHAS SOBRE RUI BARBOSA**

**Você sabe o que foi o Encilhamento?**
Na tentativa de diversificar a economia, restrita até então à agricultura, Rui Barbosa, ministro da Fazenda do governo Deodoro da Fonseca, promoveu uma reforma financeira, com estímulo ao crédito e à emissão de dinheiro, que ficou conhecida como Encilhamento. O efeito foi negativo: ocorreu uma febre de especulação na bolsa e uma onda de falências empresariais.

**Por que Rui Barbosa ficou conhecido como "Águia de Haia"?**
Em 1907, Rui Barbosa representou o Brasil na Conferência de Paz de Haia, nos Países Baixos. Ele se destacou pela defesa da igualdade entre as nações. Daí nasceu o apelido. Rui Barbosa concorreu à Presidência da República duas vezes, em 1910 e em 1919. Perdeu as duas eleições.

**FLORIANO PEIXOTO**
❖ Durante sua permanência na Presidência, recebeu o apelido de "Marechal de Ferro" e, depois, de "Consolidador da República".

❖ Em seu governo, Floriano Peixoto anulou o decreto de dissolução do Congresso e trocou os governadores que apoiavam Deodoro. Tabelou o preço dos alimentos e congelou o dos aluguéis.

❖ Em 1892, o governo de Floriano Peixoto transferiu as festas carnavalescas de fevereiro para junho. Segundo as autoridades, o verão era mais propício à propagação de epidemias, comuns naquela época.

❖ Floriano ordenou o fuzilamento de 185 opositores ao seu regime.

❖ A cidade de Florianópolis é uma homenagem ao presidente-marechal. Antes ela se chamava Nossa Senhora do Desterro.

**PRUDENTE DE MORAIS**
❖ O primeiro presidente civil do Brasil foi o paulista Prudente de Morais. Ao chegar ao Rio de Janeiro para tomar posse, no dia 2 de novembro de 1894, não havia ninguém do governo à sua espera na estação da Central do Brasil. Havia flores na plataforma, mas eram flores já murchas, colocadas ali alguns dias antes para recepcionar uma delegação de generais uruguaios. Um amigo acompanhou Prudente ao Hotel dos Estrangeiros, na praça José de Alencar, onde ele se hospedou.

❖ Do hotel, Prudente de Morais telegrafou ao presidente Floriano Peixoto pedindo uma audiência. Floriano respondeu que no momento estava atulhado de trabalho. A audiência seria marcada oportunamente. O dia da posse, 15 de novembro, chegou, e nada de audiência. Para a posse, Prudente vestiu um fraque impecável e, mais uma vez, esperou que alguém viesse buscá-lo. O tempo passava, e nada. Pediu então ao amigo que o acompanhava, André Cavalcanti, chefe de polícia já nomeado de seu governo, que fosse buscar uma condução no largo do Machado. Cavalcanti voltou com um fiacre caindo aos pedaços, guiado por um cocheiro todo sujo e puxado por dois pangarés.

❖ Foi assim que o novo presidente chegou à cerimônia. O Palácio Itamaraty, então sede do governo federal, sequer fora limpo para receber o novo presidente. E os militares tampouco foram até lá para passar o governo ao sucessor. Preferiram organizar uma grande manifestação – a menos de 200 metros de onde se realizava a solenidade de posse – para comemorar os cinco anos de proclamação da República. Ele só não voltou do mesmo jeito que chegara graças à generosidade do embaixador da Inglaterra, que lhe deu carona em sua esplêndida carruagem.

❖ Prudente de Morais fumava cigarro de palha.

❖ O apelido popular de Prudente era "Biriba". Ele era filho de um tropeiro que vendia muares no interior de São Paulo. Esse tipo de comerciante era chamado de biriba. Seu pai foi assassinado por um escravo. Há uma outra versão: biriba era o nome de um macaco do zoológico do Rio de Janeiro.

**CAMPOS SALES**
Campos Sales demonstrava preocupação excessiva com as roupas e a aparência pessoal. Seus inimigos o chamavam de "Pavão" e "Baiacu" (um peixe que incha quando é tocado).

> Dona Ana Gabriela, mulher de Campos Sales, enviou uma carta a dona Catita, filha mais velha do viúvo Rodrigues Alves, que fazia as vezes de dona de casa para o pai. A sra. Campos Sales começa por descrever o estado da copa e da cozinha. Depois prossegue, segundo a reprodução da carta no livro *Histórias de presidentes*, de Isabel Lustosa:
> "Quanto à lavagem de roupa, penso também que a senhora deve começar lavando a roupa fora, até poder ajuizar por si mesma se convém fazer esse serviço em casa. Se quiser, recomendarei a lavadeira que me serviu durante quatro anos. É muito séria, muito pontual, lava e engoma bem. Mora na ladeira do Ascurra e não em cortiço, o que é uma garantia".

## RODRIGUES ALVES

❖ Desde os tempos de ministro da Fazenda, Rodrigues Alves tinha fama de dorminhoco. Por isso, nas caricaturas, aparecia bocejando, de camisolão.

❖ O serviço doméstico do Catete era custeado pelo próprio presidente. Algumas vezes, Rodrigues Alves pedia almoço para ele e seus assessores na Confeitaria Pascoal e pagava a conta.

❖ Viúvo aos 43 anos, contava com a filha mais velha, Catita, para cuidar dos afazeres domésticos. Quando ela se casou, em 1904, com Cesário Pereira, oficial de gabinete do presidente, foi substituída por Marieta, a segunda filha.

## AFONSO PENA

❖ Afonso Pena foi o primeiro presidente a morrer no Palácio do Catete.

❖ Ao saber que seu ministro da Guerra, Hermes da Fonseca, candidatara-se a sucedê-lo e pedira demissão, Afonso Pena o chamou e o repreendeu. De tão emocionado, o presidente passou mal.

❖ No velório de Afonso Pena, Rui Barbosa ficou preso no elevador do Palácio do Catete durante horas.

❖ Maria Guilhermina, mulher de Afonso Pena, era conhecida como dona Mariquinhas.

## HERMES DA FONSECA

❖ Hermes da Fonseca tinha fama de não ter sorte. Metade dos 2,4 milhões de libras tomados por empréstimo ao Lloyds Bank, entre 1911 e 1912, foi depositada num banco russo. Todo o dinheiro foi confiscado, com o banco, pela Revolução Socialista de 1917.

❖ Hermes perdeu a mulher, Orsina, em 30 de novembro de 1912. Um ano depois, aos 58 anos, ele se casou com Nair de Tefé, então com 28 anos, filha do barão de Tefé, herói da Guerra do Paraguai. Nesse intervalo, a direção dos afazeres domésticos ficou a cargo do mordomo Oscar Pires, que ganhou da imprensa o apelido de "O Sogra".

❖ Nair de Tefé foi a primeira mulher caricaturista da imprensa brasileira. Ela usava o pseudônimo Rian.

❖ No dia 26 de outubro de 1914, durante uma recepção oficial no Palácio do Catete, então sede do governo federal, Nair cantou a música *Corta-jaca*, de Chiquinha Gonzaga. A oposição transformou o fato num escândalo.

## VENCESLAU BRÁS

❖ Nasceu em uma cidade mineira chamada São Caetano da Vargem Grande. Em sua homenagem, o município mudou de nome para Brasópolis.

❖ Venceslau Brás pediu à Câmara e ao Senado um corte de 50% em seu salário. Aprovaram um corte de 20%. O salário dele baixou de 10 para 8 contos de réis.

❖ Foi o presidente brasileiro que morreu com mais idade, aos 97 anos, em 15 de março de 1966.

## EPITÁCIO PESSOA

❖ Epitácio Pessoa comprou uma boa briga com os militares ao escolher dois civis, Pandiá Calógeras e Raul Soares, para as pastas das Forças Armadas. Ainda negou um aumento de soldo para as tropas.

❖ Em 1920, o presidente proibiu a participação de jogadores negros na Seleção Brasileira de futebol.

❖ Foi em sua gestão que a letra do *Hino Nacional* brasileiro foi oficializada em 6 de setembro de 1922.

## WASHINGTON LUÍS

❖ Seu lema na Presidência foi: "Governar é abrir estradas". Em 1906, quando ainda era secretário de Segurança Pública de São Paulo, pôs os detentos para trabalhar na reconstrução da estrada São Paulo-Santos.

❖ O candidato do presidente Washington Luís, Júlio Prestes, saiu vencedor na eleição de março de 1930, mas não chegou a tomar posse. Antes disso, a Aliança Liberal pegou em armas contra Washington.

❖ Os inimigos apelidaram o presidente de "dr. Barbado".

## GETÚLIO VARGAS

❖ Getúlio tinha 1,60 metro e detestava sua altura – por isso os fotógrafos oficiais eram obrigados a usar um truque para tentar mostrá-lo maior do que era.

❖ Antes de chegar à Presidência, foi ministro da Fazenda de Washington Luís, presidente que depôs e mandou para o exílio.

❖ Em 1934, circulava em Belo Horizonte a *Revista de Minas*. Chegou a notícia de que Getúlio havia escolhido Virgílio de Melo Franco para governador. Os editores fizeram a seguinte chamada de capa: "Virgílio, o governador". Na manhã da circulação, veio o desmentido. O indicado, na verdade, tinha sido Benedito Valadares. A *Revista de Minas* não podia mais mudar a capa. Alguém teve um estalo – mandou fazer um carimbo enorme, na medida da manchete, e chancelou embaixo: "do coração dos mineiros".

❖ No ano de 1936, o governo de Getúlio entregou a alemã Olga Benário, mulher do líder comunista Luís Carlos Prestes, ao governo de Hitler. Judia e comunista, Olga morreu na câmara de gás de um campo de concentração em 1942.

❖ O presidente era chamado de "Pai dos Pobres".

❖ O Estado Novo determinou que as repartições públicas pendurassem um retrato do presidente da República na parede. Em 1945, Getúlio Vargas foi deposto, e seus retratos foram retirados. Quando ele foi eleito em 1950, os retratos voltaram. Isso inspirou uma música de muito sucesso em 1951. *Retrato do velho*, de Haroldo Lobo e Marino Pinto, foi interpretada pelo cantor Francisco Alves. Getúlio detestou ser chamado de velho. A letra é a seguinte:

> **Bota o retrato do velho outra vez,**
> **Bota no mesmo lugar.**
> **O sorriso do velhinho**
> **Faz a gente trabalhar, oi!**
>
> **Eu já botei o meu**
> **E tu não vais botar?**
> **Já enfeitei o meu**
> **E tu vais enfeitar?**
>
> **(bis)**
> **O sorriso do velhinho**
> **Faz a gente se animar, oi!**

❖ Em 1953, Getúlio foi convidado para a cerimônia de coroação da rainha Elizabeth II da Inglaterra. Ele a presenteou com um colar e um par de brincos. O colar pesava 300 gramas: tinha 10 águas-marinhas de 120 quilates e 647 brilhantes.

❖ Getúlio sofria de artrite.

❖ Ele gostava de jogar golfe com amigos. Para isso, dispunha de tacos fabricados na Inglaterra, e todas as bolas tinham seu nome impresso em vermelho.

❖ Getúlio se considerava "pouco supersticioso". Ele dizia ter apenas simpatia pelo número 13.

❖ A primeira-dama Darcy Sarmanho fundou a Casa do Pequeno Jornaleiro, a primeira organização brasileira a cuidar de menores abandonados.

❖ No dia 24 de agosto de 1954, realizou-se uma das mais dramáticas reuniões ministeriais da história do Brasil. Ela começou num horário bem extravagante: 3 da manhã. O presidente Getúlio Vargas suicidou-se com um tiro no coração às 8h35 dessa mesma manhã, quando se encontrava em seu aposento, no 3º andar do Palácio do Catete. A primeira pessoa a acudi-lo foi o deputado Lutero Vargas, que encontrou o pai agonizante.

❖ A arma do suicídio foi um revólver calibre 32 com cabo de madrepérola que ele tinha desde 1930. Getúlio deixou a carta-testamento em cima do criado-mudo.

❖ Calcula-se que 1 milhão de pessoas estiveram no Palácio do Catete durante o velório do presidente.

## A carta-testamento de Getúlio

*Mais uma vez as forças e os interesses contra o povo coordenaram-se e novamente se desencadeiam contra mim.*
*Não me acusam, insultam; não me combatem, caluniam e não me dão o direito de defesa. Precisam sufocar a minha voz e impedir a minha ação, para que eu não continue a defender, como sempre defendi, o povo e principalmente os humildes. Sigo o destino que me é imposto. Depois de decênios de domínio e espoliação dos grupos econômicos e financeiros internacionais, fiz-me chefe de uma revolução e venci. Iniciei o trabalho de libertação e instaurei o regime de liberdade social. Tive de renunciar. Voltei ao governo nos braços do povo. A campanha subterrânea dos grupos internacionais aliou-se à dos grupos nacionais revoltados contra o regime de garantia do trabalho. A lei dos lucros extraordinários foi detida no Congresso. Contra a justiça da revisão do salário mínimo se desencadearam os ódios. Quis criar a liberdade nacional na potencialização das nossas riquezas através da Petrobras; mal começa esta a funcionar, a onda de agitação se avoluma. A Eletrobras foi obstaculada até o desespero. Não querem que o trabalhador seja livre. Não querem que o povo seja independente.*
*Assumi o governo dentro da espiral inflacionária que destruía os valores do trabalho. Os lucros das empresas estrangeiras alcançavam até 500% ao ano. Nas declarações de valores do que importávamos existiam fraudes constatadas de mais de 100 milhões de dólares por ano. Veio a crise do café, valorizou-se o nosso principal produto. Tentamos defender seu preço e a resposta foi uma violenta pressão sobre a nossa economia a ponto de sermos obrigados a ceder. Tenho lutado mês a mês, dia a dia, hora a hora, resistindo a uma pressão constante, incessante, tudo suportando em silêncio,*

tudo esquecendo, renunciando a mim mesmo, para defender o povo que agora se queda desamparado. Nada mais vos posso dar a não ser meu sangue. Se as aves de rapina querem o sangue de alguém, querem continuar sugando o povo brasileiro, eu ofereço em holocausto a minha vida. Escolho este meio de estar sempre convosco. Quando vos humilharem, sentireis minha alma sofrendo ao vosso lado. Quando a fome bater à vossa porta, sentireis em vosso peito a energia para a luta por vós e vossos filhos. Quando vos vilipendiarem, sentireis no meu pensamento a força para a reação. Meu sacrifício vos manterá unidos e meu nome será a vossa bandeira de luta. Cada gota do meu sangue será uma chama imortal da vossa consciência e manterá a vibração sagrada para a resistência.

Ao ódio respondo com o perdão. E aos que pensam que me derrotaram respondo com a minha vitória. Era escravo do povo e agora me liberto para a vida eterna. Mas esse povo de quem fui escravo não mais será escravo de ninguém. Meu sacrifício ficará para sempre em sua alma e meu sangue será o preço do seu resgate.

Lutei contra a espoliação do Brasil. Lutei contra a espoliação do povo. Tenho lutado de peito aberto. O ódio, as infâmias, a calúnia não abateram meu ânimo. Eu vos dei a minha vida. Agora ofereço a minha morte. Nada receio. Serenamente dou o primeiro passo no caminho da eternidade, e saio da vida para entrar na História.

❖ Em seu diário, num trecho que foi escrito em 3 de outubro de 1930, Vargas já insinuava que se mataria caso fosse derrotado na Revolução: "Sinto que só o sacrifício da vida resgata o erro de um fracasso". Em 26 de julho de 1936, ele anotou: "Quando terminar o meu mandato, serei um vivo-morto, como tantos outros que andam por aí".

❖ Manuel Antônio Sarmanho Vargas, de 79 anos, foi o último filho do ex-presidente a morrer. Ele foi encontrado, em 15 de janeiro de 1997, com um tiro no coração – suicidou-se como seu pai.

## JOSÉ LINHARES

O cearense José Linhares, que assumiu em substituição a Getúlio Vargas, em 1945, gostava de empregar a família no governo. Em três meses de mandato, nomeou tantos parentes que o povo dizia: "Os Linhares são milhares!".

## GASPAR DUTRA

❖ Dutra conheceu sua mulher, Santinha, na casa do avô de Fernando Henrique Cardoso, de quem foi ajudante de ordens.

❖ Dona Santinha morreu em 1949, no Palácio Guanabara. Eles se conheceram em 1914. Ela já era viúva e tinha uma filha. Muitos atribuem a ela a decisão de proibir o jogo no Brasil. Ela foi também a primeira mulher de presidente a forçar a nomeação de parentes para cargos públicos.

❖ O decreto presidencial de 30 de abril de 1946, que fechou os cassinos, dizia o seguinte: "Considerando que a tradição moral, jurídica e religiosa do povo brasileiro é contrária à exploração dos jogos de azar, fica decretado o fechamento dos cassinos em todo o território nacional".

## CAFÉ FILHO

❖ Café Filho foi goleiro do Alecrim, time do Rio Grande do Norte, em 1918 e 1919. Depois de liderar uma greve no Rio Grande do Norte, em 1929, Café Filho achou melhor passar um tempo escondido na Bahia. Viveu em Campo Formoso, Itabuna e Ilhéus. Usou o falso nome de Senilson Pessoa Cavalcanti.

❖ Em 1923, Café Filho viveu em Bezerros (PE), onde fundou o jornal *Correio de Bezerros*, que só circulou algumas vezes. Em setembro de 1954, o jornal voltou com uma edição especial. Na primeira página, uma nota bem destacada: "Tendo assumido a Presidência da República, afasta-se temporariamente da direção deste jornal o nosso companheiro João Café Filho".

❖ Presidente do país em 1954 e 1955, João Café Filho, quando foi afastado da Presidência, trabalhou como funcionário numa imobiliária carioca. Morreu num apartamento de classe média em Copacabana.

## JUSCELINO KUBITSCHEK

❖ O apelido de infância de Juscelino era "Nonô".

❖ Juscelino tomava um café da manhã pouco convencional: um filé bem passado, leite, café, mel, pão e manteiga. Seu prato preferido era chamado de Chico Angu (frango com quiabo e angu).

❖ Outra de suas manias era tirar os sapatos quando estava sentado, não importava em que reunião se encontrasse.

❖ O *slogan* de seu governo era "50 anos em 5". JK falou pela primeira vez em construir a capital no Planalto Central num discurso na cidade goiana de Jataí, em 4 de abril de 1955, durante sua campanha. As obras foram iniciadas em fevereiro de 1957, num regime de trabalho ininterrupto.

❖ Em 1970, descobriu que tinha câncer na próstata. Como já havia feito com um infarto sofrido quando ocupava a Presidência, escondeu a doença de todos e foi se tratar em Nova York. Ali, passou por uma cirurgia que o deixou impotente. Em 1975, o presidente ficou sabendo que a operação não fora tão bem-sucedida quanto imaginava. O câncer tinha se espalhado por outros órgãos. Juscelino morreu às 18 horas do domingo 22 de agosto de 1976. Ele ia de São Paulo para o Rio de Janeiro pela Via Dutra, em seu Opala verde metálico, dirigido por Geraldo Ribeiro, motorista dele havia 36 anos. Na altura do quilômetro 165, o Opala, que teria sido fechado por um ônibus, atravessou a pista e bateu de frente na lateral da carreta dirigida por Ladislau Borges. Juscelino e Geraldo morreram na hora.

## JÂNIO QUADROS

❖ Quando ainda era governador de São Paulo, em 1957, Jânio Quadros proibiu a execução de músicas de rock and roll em todos os bailes realizados no estado.

❖ Ao assumir a Presidência, quatro anos depois, Jânio foi mais longe: proibiu o uso de maiôs em concursos de beleza, biquínis nas praias, lança-perfumes, corridas de cavalo em dias úteis, brigas de galo e espetáculos de hipnose em locais públicos. Um decreto, assinado em 1962, exigiu também que todos os filmes transmitidos pela TV fossem dublados.

❖ Numa tentativa de se aproximar de Cuba, Jânio Quadros condecorou o ministro da Indústria e Comércio do país. Ernesto "Che" Guevara. Foi em 19 de agosto de 1961, pouco antes de sua renúncia. Che Guevara recebeu a Grã-Cruz da Ordem Nacional do Cruzeiro do Sul.

❖ Antes de embarcar no avião que o levaria para São Paulo, o presidente demissionário Jânio Quadros fez questão de limpar os sapatos. "Não quero levar sequer a poeira de Brasília", declarou.

❖ Uma das explicações para a renúncia de Jânio é que esta teria sido uma tentativa de golpe. Ao deixar o governo, ele imaginava que o povo sairia às ruas para pedir a sua permanência e ele só concordaria em voltar se tivesse poderes totais. Como se sabe, não foi isso que aconteceu.

## JOÃO GOULART
❖ O apelido de João Goulart era Jango.

❖ Ele coordenou a campanha de Getúlio Vargas para a Presidência em 1950. Foi ministro do Trabalho entre 1953 e 1954.

❖ O *jingle* que Jango Goulart usou em sua campanha para a vice-presidência era o seguinte: "Na hora de votar/ O meu Rio Grande vai jangar/ É Jango, é Jango/ É o Jango Goulart/ Pra vice-presidente/ Nossa gente vai jangar/ É Jango, é Jango/ É o Jango Goulart".

❖ Quando Jânio Quadros renunciou, João Goulart estava na China. Ele voltou pelo Uruguai e esperava em Porto Alegre a decisão do Congresso sobre a posse, vetada pelos ministros militares. Exausto e aflito, Jango passou a noite num sofá do Palácio Piratini, aguardando uma decisão. Leonel Brizola, governador do Rio Grande do Sul, organizou uma reação popular que garantiria sua posse.

❖ Jango teve uma isquemia (problema de circulação sanguínea) tão logo assumiu a Presidência da República.

❖ João Goulart e Leonel Brizola eram cunhados.

❖ João Goulart foi o único presidente a morrer no exílio. Ele estava em Mercedes, na Argentina, em 6 de dezembro de 1976, quando sofreu um ataque cardíaco. Seu corpo foi enviado para sua cidade natal, São Borja (RS), onde ele foi enterrado ao lado do também ex-presidente Getúlio Vargas.

**RANIERI MAZZILLI**
No dia 2 de abril de 1964, à meia-noite, já interinamente empossado na Presidência da República, Ranieri Mazzilli desapareceu do Palácio da Alvorada. Estava acompanhado apenas por alguns guardas de sua confiança. Ninguém sabia o destino dele. Meia hora depois, Mazzilli entrou rapidamente num pequeno prédio da Asa Norte, em Brasília, e subiu direto para o apartamento de um velho funcionário da Câmara, seu barbeiro particular. Mazzilli não confiou que poderia dormir tranquilo no Palácio da Alvorada naquela noite.

## CASTELO BRANCO

❖ Castelo Branco mandou Luís Viana Filho, chefe da Casa Civil, escrever um discurso. Luís Viana estava ocupado, encarregou Navarro de Brito, subchefe, de fazê-lo. Quando leu, Castelo não gostou: "Luís, este não é o nosso estilo".

❖ Em maio de 1965, Castelo Branco enviou tropas para apoiar o golpe militar na República Dominicana.

## COSTA E SILVA
Costa e Silva gostava de jogar pôquer, apostar em corridas de cavalo e resolver palavras cruzadas.

## AURÉLIO DE LIRA TAVARES
Na juventude, o general Aurélio de Lira Tavares fez poemas com o pseudônimo Adelita (*A* de Aurélio, *li* de Lira e *ta* de Tavares).

## EMÍLIO GARRASTAZU MÉDICI
❖ Era portador do mal de Parkinson e foi atormentado por crises de labirintite várias vezes durante seu mandato.

❖ O governo Médici promoveu uma série de campanhas ufanistas, com *slogans* como: "Brasil, ame-o ou deixe-o", e canções como: *Eu te amo, meu Brasil*, de Don, gravada pelo conjunto Os Incríveis, que começava assim: "Eu te amo, meu Brasil, eu te amo/ Meu coração é verde, amarelo, branco, azul-anil/ Eu te amo, meu Brasil, eu te amo/ Ninguém segura a juventude do Brasil".

❖ Às vésperas da Copa do Mundo de 1970, o presidente criou uma crise na Seleção Brasileira ao pedir a convocação do centroavante Dario Maravilha. O técnico João Saldanha se irritou: "Eu não escalo o Ministério e ele não escala a Seleção". Saldanha acabaria perdendo o lugar para Zagallo, que convocou Dario.

### ERNESTO GEISEL

❖ No seu governo, 42 adversários do regime foram mortos e 39 desapareceram.

❖ O filho Orlando estava para completar 17 anos. Era muito bom aluno, bastante dedicado. Uma tarde, ele foi assistir a um jogo de futebol no quartel. Foi de bicicleta. Devia atravessar a via férrea. Não havia cancela, nem sirenes ou semáforos. Não se sabe se por imprudência ou distração, ele foi atropelado por um trem em alta velocidade e teve morte instantânea.

❖ Geisel foi o caçula dos cinco filhos de um órfão alemão que veio para o Brasil com 16 anos, trabalhou como operário numa fundição, professor primário, escrivão e terminou dono de cartório. A família do presidente era pobre. Pobre a ponto de Geisel só poder ter continuado os estudos porque seu pai ganhou 100 contos de réis na loteria.

### JOÃO FIGUEIREDO

❖ Ainda candidato à Presidência, em 1978, João Figueiredo surpreendeu o país ao se deixar fotografar fazendo exercícios físicos apenas de sunga.

❖ Apesar do porte atlético que gostava de exibir, Figueiredo foi o que mais sofreu. Teve dores na coluna, problemas na visão e precisou implantar duas pontes de safena.

❖ Mandou construir uma suíte ao lado do gabinete presidencial. O quarto, de 12 metros quadrados, tinha uma cama de casal, dois criados-mudos e uma TV com videocassete. A suíte foi projetada em 1983 para atender o presidente em suas crises de dores na coluna. No banheiro da suíte, o presidente mandou instalar também uma banheira de hidromassagem.

❖ De tênis e agasalho esportivo, Figueiredo recebeu ao pé da lareira da Granja do Torto, onde morava, o repórter Alexandre Garcia, da então TV Manchete, para uma entrevista de despedida. A entrevista correu aos trancos e barrancos. Por fim, o repórter lhe pediu que dirigisse algumas palavras ao "brasileiro médio, do povo, povão". Figueiredo respondeu: "Bom, o povo, o povão que poderá me escutar, será talvez os 70% de brasileiros que estão apoiando o Tancredo. Então desejo que eles tenham razão, que o dr. Tancredo consiga fazer um bom governo para eles. E que me esqueçam".

## TANCREDO NEVES

❖ Em 1985, o jornalista e astrólogo Getúlio Bittencourt previu que uma conjunção de Mercúrio com Netuno, às 15 horas do dia 15 de janeiro, levaria o então candidato a presidente da República Tancredo Neves a uma provável derrota para Paulo Maluf no Colégio Eleitoral. Getúlio passou a informação para o deputado federal Thales Ramalho, aliado de Tancredo Neves. "Você acredita nessas coisas?", perguntou o candidato. *"No creo en brujas*, mas nessas horas, é preciso ter cuidado com tudo", respondeu Ramalho. Ressabiado, Tancredo mandou seu aliado antecipar o horário das eleições para às 10 da manhã.

❖ Tancredo Neves herdou a caneta de Getúlio, uma Parker 51 cravejada de brilhantes e rubis, com seu nome gravado e uma história dramática. Foi com ela que Getúlio assinou sua carta-testamento, antes de suicidar-se com um tiro. Era também com ela que Tancredo pretendia rubricar o documento de sua posse na Presidência da República, no dia 15 de março de 1985. Hoje está guardada no Memorial Tancredo Neves.

❖ Tancredo Neves foi hospitalizado no dia 14 de março de 1985, 12 horas antes da posse, para ser operado de uma diverticulite. Durante os 38 dias de internação, sofreu sete operações. Na época, espalhou-se o boato de que ele teria sido baleado em frente à Catedral de Brasília quando dava uma entrevista para a repórter Glória Maria, da TV Globo.

❖ Embora tenha sido divulgado que Tancredo morreu às 22h23 do dia 21 de abril, a revista *Veja* apurou que o cérebro dele havia parado um dia antes.

❖ Uma multidão de dois milhões de pessoas acompanhou o cortejo entre o Instituto do Coração e o Aeroporto de Congonhas, em São Paulo.

❖ O enterro de Tancredo Neves em São João del-Rei, no dia 24 de abril de 1985, foi transmitido ao vivo pela TV. Durante 23 minutos, as imagens mostraram o vagaroso trabalho do coveiro João Aureliano, cercado de parentes e autoridades. João Aureliano guardou a colher de pedreiro como relíquia.

## JOSÉ SARNEY

❖ Durante sua permanência no Palácio do Planalto, Sarney faltou várias vezes ao trabalho por causa de enxaquecas e dores nas costas. Em momentos de grande ansiedade, sofria de uma espécie de urticária que lhe avermelhava os cantos da boca.

❖ Sarney iniciava seus discursos com o bordão "Brasileiros e brasileiras". Ele apresentava um programa matinal de rádio chamado Conversa ao Pé do Rádio.

❖ A obra literária de Sarney é vasta. Entre seus livros, destacam-se *A canção inicial* (1952), *Norte das águas* (1969), *Marimbondos de fogo* (1979), *Falas de bem-querer* (1983), *Brejal dos Guajás e outras histórias* (1985). Ele é membro da Academia Maranhense de Letras (1952), da Academia Brasiliense de Letras (1973) e da Academia Brasileira de Letras (1980).

❖ O administrador de empresas curitibano Omar Marczynski virou símbolo do Plano Cruzado em 1986 ao fechar, em nome do presidente Sarney, um supermercado cujos preços estavam acima da tabela. Numa estratégia de marketing, Fernando Collor o convidou para ser presidente da Sunab (Superintendência Nacional do Abastecimento) em 1991. Ao disputar as eleições para vereador em Curitiba, no ano seguinte, Omar recebeu apenas 213 votos. Sua pequena fábrica de confecções no centro de Curitiba fechou em 1997.

**FERNANDO COLLOR**

❖ De acordo com sua estratégia de marketing pessoal, ao assumir a Presidência, Fernando Collor andou de *jet ski*, comandou um avião de caça e pilotou uma Ferrari a 200 quilômetros por hora. Também apareceu em público jogando futebol, vôlei, tênis e correndo.

❖ Collor não deveria ser Collor. Seu avô chamava-se Lindolfo Leopoldo, filho do sapateiro e músico amador Johann Boeckel, que morreu em 1893. Sua mulher, Leopoldina Schreiner Boeckel, casou-se com João Antônio Collor, dono de uma frota de barcos. Depois de adulto, Lindolfo adotou o sobrenome do padrasto.

❖ Ao tomar posse, em 15 de março, de 1990, Collor lançou o plano Brasil Novo. A principal medida foi o bloqueio, por 18 meses, de todo o dinheiro de contas, poupanças e investimentos acima de 50 mil cruzeiros.

❖ Collor assumiu a presidência do CSA, time mais popular de Alagoas, em 1976. Foi quando ganhou popularidade, o que funcionou como alavanca para sua carreira política. O pai dele era amigo de João Havelange, presidente da Confederação Brasileira de Desportos (CBD), e conseguiu a inclusão do time no Campeonato Nacional.

❖ Quando tinha 14 anos, durante um período de férias em Araxá, Collor arrumou uma namoradinha e foi consultar a vidente da cidade. Ela contou que os dois não se casariam e que ele seria presidente da República, mas não terminaria o mandato.

❖ Em março de 1987, uma semana antes de assumir o governo de Alagoas, Fernando Collor entrou no Supremo Tribunal com um pedido de suspensão do pagamento dos funcionários públicos que recebiam salários altíssimos. Foi aí que ganhou o apelido de "Caçador de Marajás", que o projetou nacionalmente.

❖ Em 7 de junho de 1989, durante a campanha, Collor foi entrevistado no programa Jô Onze e Meia. Em determinado momento, Jô Soares interrompeu o entrevistado: "Fernando, eu não suporto gente que conversa olhando de lado. Fala mais comigo e menos com a câmera, homem!".

❖ No primeiro debate do segundo turno, Collor estava com dor de dente. Em seu livro *Passando a limpo – A trajetória de um farsante* (Rio de Janeiro: Record, 1993), Pedro Collor contou casos escabrosos sobre o irmão. Leia os dois trechos mais polêmicos:

> "Fernando transava drogas muito mais pesadas, incluindo cocaína e LSD. Tenho certeza absoluta disso porque foi por intermédio dele que cheirei cocaína pela primeira vez."
>
> "Na Casa da Dinda, o altivo presidente submetia-se às ordens de Cecília de Arapiraca, 'mestra' dos rituais. Com humildade, Fernando vestia-se de branco e, descalço, oferecia aos espíritos o sacrifício de animais [...] Rosane foi vista por pelo menos duas pessoas dentro da Casa da Dinda paramentada para um desses rituais: traje cigano de cetim vermelho, os lábios carregados de batom e, no rosto, pesada maquiagem. Segundo os entendidos no assunto, este é o vestuário típico da pombajira."

❖ Quando o escândalo envolvendo o filho veio à tona, Leda Collor, mãe de Fernando, foi internada em estado de coma no Hospital Albert Einstein, em São Paulo. Lá permaneceu de 19 de setembro de 1992 a 25 de fevereiro de 1995, quando morreu.

❖ O presidente Collor deixou o Planalto em 2 de outubro, caminhando de mãos dadas com Rosane, que vestia um *tailleur* rosa, em meio a uma multidão que o vaiou até que eles entrassem, pela última vez, no helicóptero presidencial.

## ITAMAR FRANCO

❖ O pai de Itamar, o engenheiro Augusto César Stiebler Franco, morreu de tifo, aos 31 anos, pouco antes de seu nascimento. Grávida e com dificuldades financeiras, a viúva, Itália, decidiu morar com o irmão em Salvador. Deixou Juiz de Fora (MG) e pegou um navio para a Bahia. Itamar nasceu em alto-mar e foi registrado em Salvador. O nome do navio começava com o prefixo "Ita". Foi daí que veio o nome Itamar.

❖ Com seu 1,76 metro, Itamar foi jogador de basquete, na posição de ala. Jogou até os 23 anos.

❖ Em 1986, disputando com Newton Cardoso o governo de Minas Gerais, Itamar se recusava a subir no palanque se houvesse menos de mil espectadores. Newton venceu.

❖ Antes de convidar Itamar Franco para ser vice em sua chapa, Fernando Collor sondou o ex-governador mineiro Hélio Garcia, a ex-deputada Márcia Kubitschek e o economista César Maia.

❖ Na campanha de 1989, Itamar deixou de comparecer a uma reunião importante porque tinha ido consertar os óculos.

❖ Quando assumiu a Presidência, Itamar estava namorando Lisle Heusi de Lucena, filha do senador Humberto Lucena. Os dois se conheceram num jantar que Humberto ofereceu em 1988 para filiar Itamar ao PMDB (Partido do Movimento Democrático Brasileiro). Na época do namoro, Lisle era dona de um Fusca branco ano 1981, carro que Itamar ressuscitou em seu governo.

❖ Durante uma audiência, Itamar recebeu um beijo na boca da atriz Norma Benguell. Quando a encontrou outra vez, o presidente pediu a ela que não fizesse aquilo de novo.

❖ Supersticioso, Itamar não usava terno marrom; não viajava perto de janela de avião; não usava meias ou sapatos pretos durante os voos, e votava sempre às 16h45 em ponto.

**FERNANDO HENRIQUE CARDOSO**

❖ Num dossiê do arquivo do Ministério da Justiça divulgado em 1998, Fernando Henrique Cardoso era apresentado, em 1975, como um "fiel súdito de Moscou e Cuba".

❖ Na campanha para o Senado, em 1978, Fernando Henrique ganhou um *jingle* composto por Chico Buarque, que dizia: "A gente não quer mais cacique/ A gente não quer mais feitor/ A gente agora tá no pique/ Fernando Henrique pra senador!".

❖ Em 1985, Fernando Henrique acreditou nas pesquisas e, na véspera da eleição, posou para fotografias na cadeira de prefeito de São Paulo. No dia seguinte, acordou derrotado por Jânio Quadros.

❖ Poucas horas antes de assumir a Presidência da República, Fernando Henrique Cardoso sentiu uma dor aguda na região lombar. Foi socorrido às pressas pela acupunturista e fisioterapeuta paulista Edna Nishiya. Vítima de hérnia de disco lombar desde que era senador, FHC sofre de constantes lombalgias.

❖ Em janeiro de 1995, durante o jantar de gala no Itamaraty em que se comemorou a posse de Fernando Henrique, diplomatas, empresários e ministros chegaram a formar fila para pedir um autógrafo a Pelé.

❖ Fernando Henrique esteve na Inglaterra em dezembro de 1997. Recebeu títulos de doutor *honoris causa*. Num desses eventos, ele passou mal e quase desmaiou. O motivo foi o excesso de calor e um chapéu que lhe apertava demais a cabeça.

> Em seu primeiro mandato, Fernando Henrique fez 44 viagens internacionais. A primeira, entre 28 de fevereiro e 4 de março de 1995, foi para Montevidéu e Santiago. Na última, de 17 a 19 de outubro de 1998, ele viajou para Lisboa. No total, o presidente passou 179 dias fora do país e percorreu 508.756 quilômetros.

❖ Na primeira posse de FHC, o governo gastou 3 milhões de reais na festança para mais de 4 mil pessoas. Cerca de trezentos garçons serviram uísque escocês, vinho e refrigerantes. Para comer, havia peixe, camarão, peru e dezenas de outras iguarias dispostas num bufê com 50 metros de comprimento. Na festa da posse do segundo mandato, o jantar custou 60 mil reais. A lista, que originalmente previa 60 pessoas, foi estendida para 114 convidados. Só parentes, eram 20.

❖ Na segunda cerimônia de posse, em 1998, FHC recebeu a faixa do diplomata Walter Pecly, chefe do cerimonial.

❖ Na campanha de 1994, ao visitar a Baixada Fluminense, um dos locais perigosos da campanha, o candidato FHC também inovou no figurino. Uma jaqueta disfarçava o colete à prova de balas que ele usava. Na campanha presidencial de 1989, Fernando Collor usou um colete desses no território brizolista de Campos (RJ).

❖ Também em 1994, Fernando Henrique Cardoso fez de tudo um pouco. Em Delmiro Gouveia (AL), ele pôs chapéu de couro e montou num jegue. Ensaiou passos de forró na feira de Caruaru (PE). Tomou garapa e guaraná Real em Santarém (PA) e "vinho do amor" (um feitiço para amolecer corações) em Poços de Caldas (MG). Jantou arroz de carreteiro, e vestiu poncho e chapéu de peão no Centro de Tradições Gaúchas de Gravataí (RS). Mas o teste de fogo aconteceu mesmo em Petrolina (PE). O presidente lambeu os beiços com o jantar.
– Delícia. O que é?
– Buchada de bode.

### RECEITA DE BUCHADA DE BODE

**Ingredientes:** sangue, fígado, tripa, bucho, sal, pimenta-do-reino, cominho, alfavaca e hortelã.

**Preparo:** Juntar sangue, fígado e as tripas finas (fervidas para ficarem duras) e picar em pedaços bem pequenos. Temperar a gosto, espremendo tudo até formar uma massa uniforme.

Rechear o bucho com essa massa, costurar com linha e colocar numa panela com bastante água e todos os temperos do recheio. Deixar cozinhar por aproximadamente 3 horas.

O caldo restante do cozimento pode ser aproveitado para o preparo do pirão, que deve acompanhar o prato juntamente com arroz branco.

## LUIZ INÁCIO "LULA" DA SILVA

❖ Luiz Inácio "Lula" da Silva nasceu no dia 27 de outubro de 1945, na cidade de Garanhuns, no interior de Pernambuco. Ele só foi registrado um ano depois, em 6 de outubro de 1946.

❖ O prato típico de Garanhuns é carne de bode com fava.

❖ Aristides Inácio da Silva, o pai de Lula, teve 23 filhos – dez deles com a mãe do futuro presidente, Eurídice Ferreira de Melo, a dona Lindu. Lula foi o sétimo filho do primeiro casamento do pai. Ele só conheceu Aristides aos cinco anos. O pai saiu de Garanhuns para trabalhar em Santos 15 dias antes de Lula nascer.

❖ Sua segunda mulher, Valdomira Ferreira de Gois, era prima distante de dona Lindu.

❖ Ao lado da mãe e dos seis irmãos, Lula saiu do Nordeste para São Paulo em 1952. A viagem durou 13 dias e foi feita em um caminhão pau de arara.

❖ Antes de se tornar metalúrgico, Lula trabalhou como entregador de roupas em uma tinturaria, engraxou sapatos e foi *office boy*.

❖ Lula casou-se pela primeira vez em 1969, com Maria de Lourdes. Maria era vizinha de Lula e trabalhava em uma tecelagem. Ela e o filho morreram no parto, em 1972.

❖ Lula entrou para a política em 1980, levado para o movimento sindical pelo seu irmão mais velho, José Ferreira da Silva, o "Frei Chico".

❖ Luiz Inácio da Silva virou oficialmente Luiz Inácio "Lula" da Silva em 1982.

❖ Na reta final da campanha presidencial de 1989, o grande público ficou sabendo que Lula tinha uma filha de 15 anos fora do seu casamento com Marisa. A existência de Lurian Cordeiro da Silva, filha de Lula com uma antiga namorada, a enfermeira Miriam Cordeiro, foi explorada pela campanha do oponente Fernando Collor de Mello. A campanha do político alagoano mostrou imagens de Miriam Cordeiro, em que a enfermeira afirmava que Lula teria oferecido dinheiro para que ela abortasse a filha.

❖ Lula perdeu a eleição de 1989 para Collor no segundo turno. Ele voltou a disputar o cargo em 1994 e 1998, mas perdeu nas duas ocasiões para o candidato do PSDB Fernando Henrique Cardoso.

❖ Lula perdeu o dedo mínimo da mão esquerda em 1964, na metalúrgica Aliança.

❖ A mãe da primeira-dama Marisa Letícia, Regina Rocco, era benzedeira.

❖ Cerca de 150 mil pessoas participaram da cerimônia de posse da primeira eleição de Lula.

❖ O político cultiva o hábito de fumar cigarrilhas.

❖ Em 2004, o correspondente do *The New York Times*, Larry Rohter, causou uma das maiores crises diplomáticas envolvendo um presidente da República e um jornalista estrangeiro. A saia justa foi motivada pela matéria "Hábito de beber de Lula se torna preocupação nacional". O texto usava depoimentos de políticos e jornalistas para falar sobre um suposto consumo excessivo de bebidas alcoólicas por Lula. De acordo com o artigo, o hábito prejudicava o desempenho de Lula como presidente e teria se tornado "uma preocupação nacional".

❖ Em nota oficial, o governo brasileiro classificou o texto como "digno da pior espécie de jornalismo, o marrom". O governo federal chegou a pedir o cancelamento do visto de permanência de Larry Rohter, mas voltou atrás uma semana depois.

## MENSALÃO

O ponto de partida para o Escândalo do Mensalão foi a divulgação de uma fita em que Maurício Marinho (Chefe de Contratação e Administração de Material dos Correios) recebia 3 mil reais em propina para fraudar licitações. Na gravação, ele afirmava agir em nome do deputado Roberto Jefferson (PTB – Partido Trabalhista Brasileiro – RJ).

Vestindo camisa e gravata lilás, o então deputado e presidente do PTB Roberto Jefferson acusou o PT (Partido dos Trabalhadores) de fornecer uma "mesada" para líderes do PL (Partido Liberal) e do PP (Partido Progressista) em troca de apoio político. O dinheiro viria para Brasília em malas. A suposta prática passou a ser denominada de "mensalão". O escândalo agitou o cenário político e causou o afastamento de figuras importantes dentro do PT, como José Genoíno e José Dirceu. Na época ministro chefe da Casa Civil, Zé Dirceu foi acusado de ser um dos principais articuladores do esquema.

Em um de seus depoimentos à Comissão Parlamentar de Inquérito (CPI) no início de junho de 2005, o deputado Roberto Jefferson disse que José Dirceu era responsável por provocar nele "os instintos mais primitivos".

## DILMA VANA ROUSSEFF

❖ A mineira Dilma Vana Rousseff nasceu em Belo Horizonte no dia 14 de dezembro de 1947.

❖ O primeiro contato de Dilma com a política foi em 1965, quando conseguiu entrar na Escola Estadual Central. Lá, deu os primeiros passos no movimento estudantil secundarista.

❖ De 1970 a 1973, no período da ditadura, chegou a ser presa e torturada. Em 1986 foi convidada a assumir seu primeiro cargo executivo, de secretária municipal da Fazenda, em Porto Alegre.

❖ Três anos depois, assumiu a diretoria-geral da Câmara Municipal.

❖ Em 1990, Dilma se tornou presidente da Fundação de Economia e Estatística (FEE), e entre 1993 e 1994, tornou-se secretária de Energia, Minas e Comunicações, voltando ao cargo em 1999.

❖ Em 2001, o físico e engenheiro Luiz Pinguelli Rosa foi chamado pelo PT para comandar a estratégia de Lula na área de energia. Ele, por sua vez, convidou Dilma Rousseff para participar. Foi o primeiro contato de Dilma com Lula.

❖ Como se destacava durante as reuniões, Lula decidiu que ela seria sua ministra caso as eleições fossem ganhas – o que aconteceu.

❖ Após o Escândalo do Mensalão, que provocou a queda do ministro-chefe da Casa Civil José Dirceu, Dilma assumiu a cadeira em junho de 2005.

❖ Com a proximidade das eleições presidenciais de 2010, Lula lançou Dilma como sua candidata.

❖ Doze dias depois do anúncio de Lula, Dilma precisou fazer uma cirurgia para retirar um câncer no sistema linfático. Com a quimioterapia, Dilma preferiu raspar a cabeça e usar peruca até o fim de 2009.

## ESCÂNDALOS SEXUAIS

❖ Quatro anos antes de ser deposto pela Revolução de 1930, o presidente Washington Luís teria levado um tiro de uma amante francesa em pleno Copacabana Palace, no Rio de Janeiro.

❖ A maior vedete do Brasil, Virgínia Lane tinha um fã muito especial: o presidente Getúlio Vargas. Ela contou que viveu um ardente romance com Getúlio. Ela o conheceu em 1935, quando se apresentou em Porto Alegre. Getúlio disse que gostou dela porque os dois eram baixinhos (ele tinha 1,60 metro e ela, 1,50 metro). O romance, porém, só começou alguns anos depois. Foi ele quem lhe deu o título de "A Vedete do Brasil". Entre os presidentes, Getúlio Vargas não foi o único: Virgínia revelou que passou uma noite também com Juscelino Kubitscheck.

❖ Entre abril de 1937 e maio de 1938, Getúlio Vargas viveu uma tórrida paixão fora do casamento. No diário que escreveu entre 3 de outubro de 1930 e 27 de setembro de 1942, o presidente registrou seus encontros, sem revelar o nome da bem-amada. Especula-se que ela seria Aimée Sotto Mayor Sá, que foi casada com o gaúcho Luís Simões Lopes, chefe do Gabinete Civil de Getúlio. No dia 15 de outubro de 1937, por exemplo, Getúlio escreveu: "Após os despachos, fui ao encontro de uma criatura que, de tempos a esta parte, está sendo todo o encanto da minha vida". No próprio diário, o presidente mostrava-se contrário a ministros desquitados ou casados pela segunda vez.

❖ Durante quase 18 anos, o presidente Juscelino Kubitschek teve um romance secreto com Maria Lúcia Pedroso. O caso de amor começou em 1958 e só acabou em 1976, com a morte dele num desastre na via Dutra. A paixão teve início num jantar em Copacabana, quando JK comemorou seus 56 anos. O deputado José Pedroso, líder do Partido Social Democrático (PSD), o partido do presidente, compareceu acompanhado da esposa, Maria Lúcia, uma mulher deslumbrante em seus 23 anos de idade. Charmoso, Juscelino passou quase toda a noite dançando com Lúcia. No último bolero, JK sussurrou-lhe um convite para um chá no Palácio do Catete. O encontro aconteceu 12 dias depois. Nunca mais se separariam.

Quando soube do caso, em 1968, José Pedroso apanhou um revólver e ameaçou matar os dois. Mais tarde, acalmou-se e procurou Sarah Kubitschek, a esposa de Juscelino, a quem contou o que sabia. Depois, Pedroso acabou aceitando. Ele e Maria Lúcia continuaram vivendo sob o mesmo teto, mas dormiam em quartos separados.

Sarah, por sua vez, proibia o marido de ir ao Rio de Janeiro, temendo que ele fosse encontrar a amante. Não adiantou. Para ver Maria Lúcia, em 1976, Juscelino tomou um avião em Brasília, desceu em São Paulo, entrou num carro para ir ao Rio de Janeiro pela via Dutra — e morreu.

❖ Em entrevista à revista *Playboy*, em 1987, a apresentadora Hebe Camargo contou que chegou a sofrer assédio do ex-presidente Jânio Quadros, que lhe fez vários telefonemas durante um longo tempo. De tanta insistência, ela marcou um encontro com ele, mas não apareceu.

❖ Noé, filho de João Goulart, nasceu de um relacionamento com uma empregada da fazenda de seu pai. Goulart não chegou a reconhecer a paternidade. Mesmo assim, Noé arrumou empregos públicos, viajava de graça, hospedava-se em bons hotéis e sempre aparecia no palácio para pedir dinheiro.

❖ À boca pequena, comentava-se que João Goulart namorou a vedete Angelita Martinez.

❖ A ex-funcionária do SNI (Serviço Nacional de Informações), Edine Souza Correa, protocolou uma ação contra Figueiredo com o objetivo de provar que o ex-presidente é pai de um de seus três filhos, o menino David. Conforme sua versão da história, Edine conheceu Figueiredo na escolinha de equitação do Regimento de Cavalaria de Guarda, em 1971, quando ele era chefe da Casa Militar do presidente Médici. Trocaram o primeiro beijo durante uma cavalgada pelos cerrados, nas imediações do regimento, em 1971, e tiveram a primeira relação sexual na própria granja, quando ela tinha 15 anos.

❖ Depois de desfilar pela Viradouro com os 96 centímetros de busto de fora, a modelo Lilian Ramos conseguiu permissão para entrar no camarote em que estava o presidente Itamar Franco. O Carnaval de 1994 terminaria em escândalo. Lilian vestia apenas uma camiseta, uma meia-calça transparente e sapatos de salto alto. Quando levantou os braços para sambar, os fotógrafos perceberam que ela estava sem calcinha — e foi assim que ela apareceu ao lado de Itamar. Os dois chegaram a ficar com os dedos entrelaçados e se abraçaram várias vezes. No dia seguinte, os pombinhos trocaram cinco telefonemas. Na semana seguinte, a revista *Veja* apurou que Lilian ganhava a vida como garota de programa. Depois disso, ela se mudou para a Itália, onde participou de um programa de auditório como dançarina. Desde 1995, está casada com um italiano e mora no centro de Roma.

❖ Itamar Franco telefonou para a repórter Flávia de Leon, da sucursal de Brasília do jornal *Folha de S.Paulo*, e lhe fez uma série de galanteios. O que ele não sabia era que a cantada estava sendo grampeada para ser divulgada depois, o que de fato aconteceu.

❖ Em julho de 1998, o ex-presidente Fernando Collor de Mello anunciou a decisão de assumir a paternidade de um jovem de 18 anos. James Fernando Brás da Silva nasceu em 1980, quando Collor era prefeito de Maceió. Na época, o jovem político estava casado com a *socialite* carioca Lilibeth Monteiro de Carvalho e teve um caso com Jucineide Brás da Silva, uma moça de 22 anos que conheceu numa festa.

## OS MEMORIAIS DOS PRESIDENTES

### Prudente de Moraes
A antiga residência do presidente é atualmente o museu Histórico e Pedagógico Prudente de Moraes, localizado em Piracicaba (SP). O acervo correspondente à Coleção Prudente de Moraes é tombado pelo Instituto do Patrimônio Histórico e Artístico Nacional (Iphan).

## Getúlio Vargas

A gaúcha São Borja abriu um museu para seu filho mais ilustre. O Museu Getúlio Vargas guarda fotos e objetos do ex-presidente. O Palácio do Catete, no Rio de Janeiro, tem vários objetos de Getúlio também em exposição.

## Juscelino Kubitschek

O Memorial JK foi inaugurado em 1981 em Brasília. Além dos restos mortais do presidente, estão guardadas ali as condecorações que ele recebeu, os croquis da construção de Brasília, e até um tampo de carteira da escola onde ele estudou. Também se veem a casaca e a faixa presidencial, a carteira de identidade, o passaporte e o anel de formatura em medicina.

## Castelo Branco

Em Fortaleza, o museu que homenageia o marechal Castelo Branco tem algumas de suas fardas, todas elas desbotadas. O bem mais valioso era um relógio Patek Phillippe usado por Castelo, que foi roubado.

## José Sarney

A Fundação da Memória Republicana, que abrigava o Memorial José Sarney, foi o mais ambicioso e completo de todos os memoriais. Ficava em São Luís e tinha até espaço reservado para o mausoléu do ex-presidente. Contava com uma biblioteca de 40 mil títulos, as agendas diárias de compromissos no Palácio do Planalto durante cinco anos de governo, 70 mil recortes de reportagens de jornais e revistas da época, os seus pronunciamentos televisivos, todos os despachos e todos os presentes recebidos enquanto ele ocupou a Presidência. Devido à denúncia de que a Fundação estava recebendo recursos oriundos da Petrobras, Sarney dediciu fechar o Memorial em 2009.

## Fernando Henrique Cardoso

O Instituto Fernando Henrique Cardoso (IFHC), inaugurado em maio de 2004, reúne os documentos pessoais do ex-presidente, bem como os de sua falecida esposa, a socióloga Ruth Cardoso. Com sede em São Paulo, a instituição não recebe visitações, mas disponibiliza todo o seu acervo no site.

## Tancredo Neves

O Memorial Tancredo Neves, em São João del-Rei (MG), guarda documentos, fotos e objetos do presidente que não tomou posse. Há também a sua coleção de imagens de São Francisco. Na mesma cidade, outro local bastante procurado por turistas é o túmulo de Tancredo, que fica no cemitério da igreja de São Francisco de Assis, construída em 1774.

# NA HORA DO VOTO

Todo brasileiro com idade entre 18 e 70 anos é obrigado a votar. Para analfabetos, pessoas com mais de 70 anos e jovens entre 16 e 18 anos, o voto é facultativo. Acompanhe agora a evolução do número de votantes no Brasil.

| Ano | Eleitores (% da população) |
|---|---|
| 1894 | 340.000 (2%) |

O voto não era secreto. O eleitor preenchia duas cédulas e assinava. Depositava uma na urna e a outra ficava em seu poder.

| | |
|---|---|
| 1898 | 450.000 (3%) |
| 1902 | 625.000 (3%) |
| 1906 | 658.000 (3%) |
| 1910 | 740.000 (3%) |
| 1914 | 623.000 (2%) |
| 1922 | 930.000 (3%) |
| 1930 | 2.100.000 (6%) |
| 1932 | 1.500.000 (4%) |

O direito de voto é estendido a maiores de 18 anos, mulheres e religiosos. Surge o voto secreto.

| | |
|---|---|
| 1946 | 7.400.000 (16%) |
| 1951 | 1.400.000 (22%) |

A cédula única aparece em 1955. Antes dela, o eleitor levava a cédula de casa, com o nome de um candidato já impresso. O modelo único passou a conter os nomes de todos os candidatos à Presidência.

| | |
|---|---|
| 1961 | 15.500.000 (22%) |

Em 1965, os soldados são autorizados a votar. Antes apenas os oficiais podiam fazê-lo.

| | |
|---|---|
| 1974 | 35.800.000 (34%) |
| 1989 | 82.000.000 (56%) |

Analfabetos e maiores de 16 anos entram no pleito. Os únicos brasileiros sem direito a voto são os presidiários.

| | |
|---|---|
| 1994 | 94.000.000 (63%) |
| 1998 | 106.000.000 (66%) |

Primeiras eleições presidenciais com votação em urna eletrônica. Usada por 57% dos eleitores, a novidade diminui as possibilidades de fraude e agiliza a totalização dos votos.

| | |
|---|---|
| 2002 | 115.000.000 (67%) |
| 2006 | 125.000.000 (73%) |
| 2010 | 135.804.433 (70,62%) |

# BOCA DE URNA

❖ As primeiras eleições no Brasil foram marcadas por uma série de irregularidades. Não havia tribunal eleitoral. Ninguém sabia ao certo quantos dos 17 milhões de brasileiros estavam aptos a votar. As mulheres, os analfabetos e os menores de 21 anos não tinham o direito de votar.

❖ A criação da Justiça Eleitoral e do voto secreto só aconteceria com a Revolução de 1930.

❖ O direito à dupla candidatura existiu e foi praticado entre 1945 e 1964. Um exemplo foi a eleição para o Senado do deposto Getúlio Vargas por dois estados (Rio Grande do Sul e São Paulo) nas eleições para a Constituinte em 2 de dezembro de 1945. Vargas optou pela vaga conquistada pelo PSD (Partido Social Democrata) gaúcho.

❖ Na eleição de 1990, o voto foi aberto aos analfabetos, maiores de 16 anos e menores de 18, embora facultativo.

❖ O *jingle* "Varre, varre, vassourinha" de Jânio Quadros fez muito sucesso. Seu adversário, o marechal Henrique Lott, cujo símbolo era uma espada (referência a uma espada de ouro que recebeu do presidente Juscelino Kubitschek por ter sufocado os movimentos militares que tentaram impedir a posse de JK em 1956), contra-atacou: "O povo sabe, sabe, sabe, não se engana/ Essa vassoura é de piaçava americana/ Mas a espada de nosso marechal/ Foi fabricada com aço nacional".

❖ O horário eleitoral foi criado em 1962 por uma lei de autoria do deputado pernambucano Osvaldo Lima Filho. O objetivo era evitar que apenas candidatos ricos e poderosos tivessem acesso à TV e ao rádio, o que seria ruim para a democracia. De início, a medida valia para as emissoras de rádio. Três meses antes das eleições, elas deveriam reservar duas horas para propaganda partidária gratuita. Quanto à televisão, apenas se estabelecia que as emissoras não poderiam cobrar, na publicidade política, tabelas de preços superiores às da publicidade comum. Hoje, o tempo dos partidos na TV corresponde ao tamanho de suas bancadas.

❖ Uma semana antes da eleição presidencial de 1960, o marechal Henrique Lott, candidato governista, foi fazer um comício em São João del-Rei (MG). O palanque desabou e ele fraturou a perna. Pouco antes disso, o bimotor DC-3 que Lott usava na campanha sofreu uma pane e ele foi obrigado a cancelar parte dos comícios na Paraíba.

❖ Para atrair o eleitorado feminino, o brigadeiro Eduardo Gomes, da União Democrática Nacional (UDN), usou na eleição para presidente, em 1945, o *slogan*: "Vote no brigadeiro. É bonito. É solteiro".

❖ Adhemar de Barros sempre marcava seus comícios numa cidade antes de Jânio Quadros. Certa vez, os dois grupos se encontraram em Vacaria (RS). Os janistas foram ver o comício de Adhemar.

— **Entre as várias obras que fiz em São Paulo está o Pinel, hospital de loucos. Infelizmente, não foi possível internar todos. Um desses loucos havia escapado e fará comício nesta mesma praça amanhã.**

Gargalhada geral. No dia seguinte, Jânio Quadros deu o troco.

— **Quando fui governador de São Paulo, construí várias penitenciárias, mas não foi possível trancafiar todos os ladrões. Um escapou e fez um comício aqui mesmo nesta praça ontem.**

❖ Na eleição de 1982, Esperidião Amin elegeu-se governador de Santa Catarina aos 35 anos, ao vencer o senador Jaílson Barreto. Ele passou a ser o mais jovem governador eleito da história do Brasil. A calvície total, no entanto, lhe dá um ar de mais velho. Seus cabelos começaram a cair quando ele tinha 13 anos, após ter contraído sarampo. Perdeu as unhas também. O cabelo reapareceu três anos depois, mas voltou a despencar aos 30 anos. Seu apelido é "Dão".

❖ Esperidião Amin viveu um grande drama familiar em 1966, aos 18 anos: seu pai atirou no próprio irmão, Dahil, seu sócio numa revendora de carros, e o matou.

❖ Num discurso, o brigadeiro Eduardo Gomes, candidato à Presidência, disse que não precisava dos "votos da malta". Os adversários correram ao dicionário e descobriram que um dos significados da palavra era "conjunto de trabalhadores que percorre as ferrovias levando marmitas". Um jornal aproveitou e publicou que Gomes dispensava os votos dos marmiteiros.

❖ As urnas eletrônicas, batizadas de Coletor Eletrônico de Voto pelo TSE (Tribunal Superior Eleitoral), fizeram sua estreia numa eleição nacional em cinco seções eleitorais de Florianópolis em 1994. Desenvolvido em conjunto pelo TRE (Tribunal Regional Eleitoral), pela Universidade Federal de Santa Catarina e pelo Serpro (Serviço Federal de Processamento de Dados) a partir de 1991, o sistema eletrônico de votação tinha sido utilizado antes apenas em cinco pleitos municipais.

❖ Até a chegada do voto eletrônico, os eleitores depositavam suas cédulas numa urna de lona, com tampa móvel fechada a chave. Ela foi lançada em 3 de outubro de 1955, na eleição presidencial vencida por Juscelino Kubitschek. A urna foi criada pelo paulista Abílio Cesarino, dono de uma fábrica de malas de couro e carteiras. Antes desse modelo, as urnas eram caixas de madeira.

❖ Pedro Collor fez as primeiras denúncias que acabaram resultando no *impeachment* de seu irmão, o presidente Fernando Collor. Pedro concorreu a uma cadeira a deputado estadual. Saiu das urnas com 5.373 votos e perdeu a eleição. Já Augusto Farias, irmão de PC (Paulo César Farias), garantiu o retorno à Câmara dos Deputados, em Brasília.

❖ Católico fervoroso, o ex-governador baiano e ex-senador Antônio Carlos Magalhães carregava sempre, por baixo da camisa, 14 medalhas de santos. Em abril de 1998, ele perdeu o filho, o deputado Luís Eduardo Magalhães, vítima de um infarto, aos 43 anos. Faleceu em 20 de julho de 2007.

❖ O cantor e compositor Gilberto Gil queria se candidatar à Prefeitura de Salvador, pelo PMDB, em 1988. Mas o governador Waldir Pires não aprovou a ideia. Gil, então, lançou um funk que se chamava *Pode, Waldir?*. A letra dizia: "Pra prefeito, não/ Pra prefeito, não/ E pra vereador?/ Pode Waldir, pode Waldir, pode Waldir?". No ano seguinte, Gil se elegeu vereador pelo Partido Verde (PV). O autor do sucesso "Expresso 2222" teve 11.111 votos.

❖ Valdécio do Rego, prefeito eleito do município de Encantado (RS) em 1996, não aguentou de emoção. Quando soube que ganhara a eleição, com 1.526 votos, ele morreu de infarto.

❖ Ex-governador do Piauí, Alberto Silva se candidatou à Prefeitura de Teresina em 1996. Uma de suas promessas era "reduzir a temperatura da cidade".

❖ Em Anaurilândia (MS), o candidato a prefeito Napoleão de Lima não pôde fazer campanha em 1996 por estar preso. Motivo: desvio de dinheiro público.

❖ O mandato de deputado federal do escritor Jorge Amado foi cassado em 1948, quando o Partido Comunista (PC) foi declarado ilegal, medida seguida pela invasão de sua casa em Nova Iguaçu, no Rio de Janeiro, por agentes do DOPS (Departamento de Ordem Política e Social). A violência levou-o a partir para a França. Jorge Amado só voltaria ao Brasil quatro anos depois. Ele foi eleito por São Paulo no dia 2 de dezembro de 1945, com 15.315 votos.

❖ Candidata a vereadora em Campo Grande em 1996, Engrácia Coimbra recebeu apenas três votos. Nem ela votou em si mesma. No dia da eleição, Engrácia estava em Miami, participando do Seminário Internacional de... Arranjo de Flores.

❖ Lula não foi o primeiro operário a concorrer à Presidência do Brasil. Em 1930, o operário têxtil Minervino de Oliveira, que tinha sido eleito vereador em 1928 pelo Rio de Janeiro, disputou a Presidência pelo Bloco Operário Camponês, um braço do Partido Comunista. Não há registros do número de votos que recebeu.

❖ Marcado para o dia do aniversário da cidade de São Paulo, 25 de janeiro de 1984, o primeiro comício da campanha Diretas Já reuniu 300 mil pessoas na praça da Sé.

❖ Durante a campanha indireta de 1984, Paulo Maluf, o candidato do governo, usou um avião batizado de *Esperança*, mesmo nome do Douglas que carregava o presidenciável Carlos Lacerda na sua frustrada campanha de 1965.

❖ O ex-governador gaúcho Leonel Brizola voltou ao Brasil em 6 de setembro de 1979. Foram 5.594 dias de exílio, o mais longo sofrido por um político brasileiro. Na infância, Brizola trabalhou como engraxate, lavador de pratos, jornaleiro, carregador de malas em hotel e ascensorista.

❖ Para colaborar no orçamento doméstico, Luís Inácio "Lula" da Silva chegou a vender tapioca, cocada e laranja na fila da balsa do Guarujá (SP).

❖ O paulista Ulysses Guimarães é o recordista de vitórias em eleições para a Câmara Federal. Ele exerceu 11 mandatos, de 1950 a 1992, quando morreu num trágico acidente de helicóptero. Afastou-se apenas uma vez, em 1961, para assumir o cargo de ministro da Indústria e Comércio no regime parlamentarista instituído depois da renúncia de Jânio Quadros. Entre as mulheres, Ivete Vargas, sobrinha-neta de Getúlio, exerceu seis mandatos.

❖ Em 1946, o deputado federal Barreto Pinto, do PTB, foi fotografado em casa pelo francês Jean Manzon, de cueca samba-canção e *blazer*. As fotos foram publicadas na revista *O Cruzeiro*, a mais lida do país na época. O político jurou de pés juntos que não sabia que Manzon o focalizara de corpo inteiro. O fotógrafo, em contrapartida, disse que Barreto Pinto sabia de tudo. Os colegas do deputado não levaram a brincadeira na esportiva, e Barreto Pinto se tornou o primeiro congressista a ser cassado no Brasil, por quebra de decoro parlamentar.

❖ O estilista Clodovil Hernandes se tornou o terceiro deputado mais votado em São Paulo em 2006, quando foi eleito com 493.951 votos pelo Partido Trabalhista Cristão (PTC). Em Brasília, Clô – como também era conhecido – comprou briga com as feministas, ao afirmar, em 19 de abril de 2007, que "as mulheres ficaram muito ordinárias, ficaram vulgares, cheias de silicone, e hoje em dia trabalham deitadas e descansam em pé". Indignada, a deputada Cida Gomes começou a colher assinaturas para fazer uma representação contra Clodovil no Conselho de Ética, por quebra de decoro. Dias depois, Cida subiu no palanque chorando, e disse que o deputado havia se dirigido a ela com palavras de baixo calão. Clodovil rebateu, explicando o que havia dito. "Digamos que uma moça bonita se ofendesse porque ela pode se prostituir. Não é o seu caso, a senhora é muito feia. Eu tenho culpa de ela nascer feia?"

❖ Durante o lançamento do Plano Nacional do Turismo, em plena crise dos aeroportos, a ministra do Turismo e sexóloga Marta Suplicy disse o que os viajantes deveriam fazer para enfrentar os constantes atrasos nos voos. "Relaxa e goza!", explicou Marta, com um sorriso. O comentário, feito em 13 de junho de 2007, rendeu críticas ferrenhas ao governo, e a ministra acabou se desculpando.

❖ Após denunciar um esquema de corrupção envolvendo partidos aliados ao PT – que ficou conhecido como "mensalão" – em maio de 2005, o deputado federal Roberto Jefferson, do PTB, apareceu com o olho roxo na CPI dos Correios. Os assessores do político se apressaram em explicar que o machucado aconteceu no apartamento do deputado, após um armário de madeira ter caído sobre ele. Só não explicaram se o tal armário com mira afiada lutava boxe ou caratê.

❖ O senador Eduardo Suplicy, do PT, desfilou com uma cueca vermelha por cima de seu terno, no Salão Azul do Congresso, em 15 de outubro de 2009. Ele tomou essa atitude após Sabrina Sato, do programa Pânico na TV, ter dito que faltava um super-herói entre os congressistas. Por isso, Suplicy se prontificou a usar a vestimenta típica do Super-homem: cueca vermelha por cima da roupa.

❖ Nas eleições de 2010, Francisco Everardo Oliveira Silva, o palhaço Tiririca, foi o candidato a deputado federal mais votado da História em São Paulo. Com o *slogan* "Vote no Tiririca, pior do que está não fica", ele venceu as eleições com 1.353.820 votos. No mesmo ano, mais famosos foram eleitos: o apresentador Wagner Montes e a atriz Miryan Rios venceram a disputa para deputado estadual pelo Rio de Janeiro. Já o ator Stepan Nercessian e o vencedor da 5ª edição do *reality show* Big Brother Brasil, Jean Wyllis, foram eleitos deputados federais também pelo Rio.

## OS PARTIDOS

O que significam suas siglas e em que ano foram criados ou reorganizados.

**DEM** .......... Democratas (ex-Partido da Frente Liberal, PFL) – 2007
**PCB** .......... Partido Comunista Brasileiro – 1996
**PC do B** ........ Partido Comunista do Brasil – 1988
**PCO** .......... Partido da Causa Operária – 1997
**PDT** .......... Partido Democrático Trabalhista – 1981
**PHS** .......... Partido Humanista da Solidariedade
    (ex-Partido da Solidariedade Nacional, PSN) – 1997
**PMDB** .......... Partido do Movimento Democrático Brasileiro – 1981
    (deu continuidade ao Movimento Democrático Brasileiro,
    MDB, partido institucional de oposição ao regime militar)

**PMN** .......... Partido da Mobilização Nacional – 1990
**PP** ............. Partido Progressista
(ex-Partido Progressista Brasileiro, PPB) – 1995
**PPS** ........... Partido Popular Socialista – 1990
(ex-Partido Comunista Brasileiro, PCB)
**PR** ............. Partido da República – 2006 (ex-Partido Liberal – PL)
**PRB** .......... Partido Republicano Brasileiro – 2005
**Prona** ......... Partido da Reedificação da Ordem Nacional – 1989
**PRP** .......... Partido Republicano Progressista – 1991
**PRTB** ......... Partido Renovador Trabalhista Brasileiro – 1995
**PSB** .......... Partido Socialista Brasileiro – 1988
**PSC** .......... Partido Social Cristão – 1990
**PSDB** ......... Partido da Social Democracia Brasileira – 1989
(formado por uma dissidência do PMDB)
**PSDC** ......... Partido Social Democrata Cristão – 1997
**PSL** ........... Partido Social Liberal – 1998
**Psol** .......... Partido Socialismo e Liberdade – 2005
(formado por uma dissidência do PT)
**PSTU** ......... Partido Socialista dos Trabalhadores Unificado – 1995
(formado por uma dissidência do PT)
**PT** ............. Partido dos Trabalhadores – 1980
**PTB** .......... Partido Trabalhista Brasileiro – 1981
**PT do B** ....... Partido Trabalhista do Brasil – 1994
**PTC** ........... Partido Trabalhista Cristão – 1990
**PTN** .......... Partido Trabalhista Nacional – 1997
**PV** ............. Partido Verde – 1986

## CORPO A CORPO COM O ELEITORADO

❖ "Leve-me para a Câmara." A modelo Núbia de Oliveira disputou uma cadeira de vereadora pelo Partido Liberal (PL) de Uberaba (MG). "O partido queria que eu usasse shortinho e miniblusa na campanha, mas preferi *blazers*", conta ela. Núbia recebeu 166 votos e não se elegeu.

❖ Em 1988, a atriz pornô Makerley Reis, conhecida como Cicciolina do Bexiga, tirou a blusa e mostrou os seios durante uma conferência de Leonel Brizola na sede paulista da Ordem dos Advogados do Brasil (OAB). Foi a forma que ela encontrou para lançar sua candidatura à Câmara dos Vereadores pelo PMDB. Makerley fez o filme *A menina do sexo diabólico*. Não foi eleita.

❖ Célia Artacho, eleita deputada estadual em São Paulo pelo Partido da Reedificação da Ordem Nacional (Prona) em 1994, venceu um concurso chamado Lady Universo, na Itália, dez anos antes. Ela trabalhou como modelo e dançarina de casas noturnas. Recebeu apenas 1.102 votos, mas se elegeu por causa dos votos dados à legenda.

❖ Quando tinha 18 anos, a petista Marta Suplicy ganhou um concurso de tuíste na escola em que estudava.

❖ Dez anos antes de se eleger deputada federal, Rita Camata foi eleita Rainha dos Estudantes Capixabas. A bela loira de 1,65 metro e 51 quilos, olhos verdes para uns e azuis para outros, acabaria recebendo ainda o título de "A Musa da Constituinte".

❖ Vanessa Felippe, então com 22 anos, foi a mais jovem deputada federal eleita no país. Na eleição de 1994, a candidata do PSDB, de 1,63 metro e 55 quilos, recebeu 64.488 votos.

❖ Em 2006, a gaúcha Manuela D'Ávila foi a deputada mais votada do Brasil com 271.939 votos. Conhecida pela expressão descontraída "E aí, beleza?", a militante do PC do B (Partido Comunista do Brasil) foi a única política brasileira mencionada na lista das políticas mais bonitas do mundo feita pelo site espanhol 20 minutos, em 2009.

❖ A cantora e atriz pornô Gretchen se filiou ao Partido Popular Socialista (PPS) em 27 de abril de 2007. O objetivo era concorrer à prefeitura de Itamaracá, cidade no litoral pernambucano, onde mora. A escolha do partido, segundo Gretchen, se deu após ela ver a ex-deputada Denise Frossard, do PPS, na televisão. Apesar das aulas que teve de política e administração pública, a candidata Maria Odete Brito de Miranda – nome verdadeiro de Gretchen – foi derrotada. A Rainha do Bumbum recebeu 343 votos (2,85%), ficando atrás de Paulo Volia (43,91%) e Rubinho do PT (52,1%), que foi eleito.

❖ Na cidade piauiense de Colônia, com 7 mil habitantes, o(a) candidato(a) mais votado(a) de 1996 foi o travesti Kátia Tapeti, do PFL (Partido da Frente Liberal).

## POLÍTICAS DE FIBRA

**Heloísa Helena**
Heloísa Helena Lima de Moraes Carvalho não é carioca, mas nasceu em Pão de Açúcar, no sertão de Alagoas, no dia 6 de junho de 1962. Enfermeira e professora de epidemiologia da Universidade Federal de Alagoas (Ufal), Heloísa Helena começou sua carreira política no movimento estudantil. Em 1985 se filiou ao PT e ficou famosa por não ter papas na língua – como por ter chamado o ex-presidente do Senado, Antônio Carlos Magalhães, de "capitão do mato". Em 1992, se elegeu vice-prefeita de Maceió (AL), e em 1994 ocupou uma cadeira na Assembleia Legislativa do estado de Alagoas. Fez história em 1998, quando se tornou a primeira senadora do estado de Alagoas, ao receber 374.931 votos – aproximadamente 56% do total.
Em junho de 2004, com outros políticos funda o Partido Socialismo e Liberdade (Psol), e, dois anos depois, concorre à Presidência. Ficou na terceira colocação, com 6,85% dos votos, atrás de Lula (PT) e de Geraldo Alckmin (PSDB). Em 2008 concorreu ao cargo de vereadora por Maceió, obtendo 29.516 votos, a maior votação para o cargo naquelas eleições.

**Luiza Erundina**
Luiza Erundina de Sousa nasceu na cidade de Uiraúna, sertão paraibano, no dia 30 de novembro de 1934. Em 1958, assumiu seu primeiro cargo público, de secretária de Educação de Campina Grande (PB), enquanto concluía a faculdade de Serviço Social na Universidade Federal da Paraíba (UFPB). Luiza Erundina concluiu sua formação na Fundação Escola de Sociologia e Política da Universidade de São Paulo, onde fez mestrado em Ciências Sociais.
Ainda em São Paulo, trabalhou como assistente social em favelas na periferia da cidade. Foi quando, em 1979, a convite de Lula, ajudou na fundação do

Partido dos Trabalhadores. Nove anos depois, se elegeu prefeita da cidade pelo partido, com 1.534.547 votos.

Em 1993, foi nomeada ministra da Administração Federal, cargo que ocupou de janeiro a maio. Depois, ficou sem disputar cargos até 1996, quando foi derrotada por Celso Pitta nas eleições para a Prefeitura paulistana.

Após desentendimentos no PT, em 1998 Erundina deixa o partido que ajudou a fundar e vai para o Partido Socialista Brasileiro, pelo qual se elege deputada federal pela primeira vez. Representando o estado de São Paulo na Câmara, a política atua ativamente em diversas comissões da casa. Reeleita duas vezes, passou a fazer oposição ao governo do presidente Lula.

## Marina Silva

Maria Osmarina Marina Silva Vaz de Lima nasceu em 8 de fevereiro de 1958, no seringal de Bagaço, a 70 quilômetros de Rio Branco, capital do Acre. Filha de seringueiros, durante a infância e adolescência na floresta, ela pegou malária cinco vezes, hepatite três, e teve leishmaniose. Até hoje a política tem uma marca no nariz por causa da doença, resultado de uma úlcera de pele.

O primeiro cargo político de Marina foi o de vereadora por Rio Branco – a mais votada, com cerca de 2.500 votos – nas eleições de 1988. Em 1990 se elegeu deputada federal, e em 1994 se tornou senadora pelo Acre, sendo uma das principais vozes da Amazônia. Por isso que, em 2003, quando Lula foi eleito presidente, Marina foi convidada a assumir o Ministério do Meio Ambiente. Ela ficou no cargo durante cinco anos e meio. Na carta de demissão, Marina disse que a decisão decorria das dificuldades que estava "enfrentando havia algum tempo para dar prosseguimento à agenda ambiental federal". No governo, a ministra chegou a ser considerada uma das "cinquenta pessoas que poderiam salvar o planeta", pelo jornal inglês *The Guardian*. Em 2010 Marina Silva se filiou ao Partido Verde e se tornou candidata à Presidência. Ficou em terceiro lugar, com 19.636.359 votos (19,33%).

## Marta Suplicy

Marta Teresa Smith de Vasconcelos Suplicy nasceu no dia 18 de março de 1945, em São Paulo. Foi casada por 36 anos com o político Eduardo Suplicy, com quem teve três filhos. É formada em Psicologia, e é membro da Sociedade Brasileira de Psicanálise e da International Psychoanalytical Association. Nos anos 1980, apresentou um quadro no programa TV Mulher, da Rede Globo, em que falava sobre sexo. Começou sua carreira política em 1981, quando se filiou ao PT. Em 1994, foi eleita deputada federal por São Paulo com 76.130 votos. Em 1998, tentou se eleger governadora do estado de São Paulo, mas não chegou sequer ao segundo turno, que foi disputado por Paulo Maluf e Mário Covas. Em 2000, foi candidata à prefeitura de São Paulo, e chegou ao segundo turno. Venceu o adversário, Paulo Maluf, com 3.248.115 votos (58,51%). Tentou se reeleger em 2004, mas, com 45% dos votos no segundo turno, perdeu a disputa para José Serra. Em 2007, assumiu o Ministério do Turismo, no segundo mandato de Lula como presidente da República. Foi nessa época que ela cometeu a gafe mais famosa de sua carreira política. Perguntada por um jornalista sobre como os cidadãos deveriam enfrentar as confusões que estavam acontecendo nos aeroportos do país, Marta respondeu: "relaxa e goza que depois você esquece todos os problemas". Em 2008, deixou o cargo de ministra para concorrer novamente à prefeitura da capital paulista. Perdeu para Gilberto Kassab. Em 2010, foi eleita senadora por São Paulo com 8.314.027 votos.

## Soninha

Sonia Francine Gaspar Marmo nasceu em São Paulo, no dia 25 de agosto de 1967. Filiada ao Partido dos Trabalhadores, Soninha concorreu a um cargo político pela primeira vez em 2004. Com 50.989 votos, a ex-apresentadora da MTV se tornou um dos 13 vereadores petistas eleitos na cidade de São Paulo. Em sua segunda disputa, dois anos depois, não conseguiu se eleger deputada federal por São Paulo, ainda pelo PT. O nome de Soninha ficou mais conhecido quando ela se filiou ao Partido Popular Socialista, em setembro de 2007, e disputou a Prefeitura paulistana, no ano seguinte. Apesar de ter ficado na quinta colocação, com 266.978 votos (4,19%),

Soninha participou da administração de Gilberto Kassab, que venceu as eleições. Ela foi convidada por ele a assumir a subprefeitura da Lapa, e aceitou.

**Yeda Crusius**
Yeda Rorato Crusius nasceu em São Paulo, no dia 26 de julho de 1944. É formada em economia pela Universidade de São Paulo. Mudou-se para Porto Alegre depois de se casar com o também economista Carlos Augusto Crusius. Yeda se filiou ao Partido da Social Democracia Brasileira em 1990. Três anos mais tarde, durante o governo de Itamar Franco, assumiu o Ministério do Planejamento, Orçamento e Coordenação. Em 1994, foi eleita deputada federal com a terceira maior votação do Rio Grande do Sul – cerca de 100 mil votos. Foi reeleita para o cargo em 1998 e em 2002. Em 1996, havia tentado se eleger prefeita de Porto Alegre, mas ficou em segundo lugar, com 167.397 votos (21,98%). Candidatou-se novamente nas eleições seguintes, e ficou na terceira posição com 121.598 votos (20,07%). Yeda concorreu às eleições de 2006 para o governo do estado do Rio Grande do Sul, e começou a disputa em terceiro lugar nas pesquisas. Foi uma campanha conturbada, com vários desentendimentos. Dos sessenta profissionais que iniciaram a campanha com Yeda, apenas seis continuaram com ela. Yeda ficou em primeiro lugar no primeiro turno, com 2.037.923 votos (32,9%), e venceu o segundo com 3.377.973 votos (53,94%). Nas eleições de 2010, recebeu apenas 18% dos votos e não conseguiu se reeleger.

## Mais mulheres na política

**Dra. Havanir**
Nascida em Itabaiana (SE) no dia 7 de setembro de 1953, a dermatologista e advogada Havanir Tavares de Almeida Nimtz entrou na política através de Enéas Carneiro, o rosto e a voz do Prona. Também médico, Enéas foi professor de Havanir, e a incentivou a seguir a carreira política.
A aprendiz de Enéas foi reconhecida a partir de 1996, quando concorreu à Prefeitura de São Paulo. Nas pesquisas de boca de urna, Havanir aparece com apenas 1% das intenções de voto. Mesmo assim, declara: "Entrei para vencer". A primeira vitória de Havanir na política só aconteceria no ano

2000, quando teve a segunda maior votação para a Câmara Municipal de São Paulo: 87.358 votos. O número seria ultrapassado nas eleições seguintes, quando Havanir concorreu a uma vaga na Assembleia Legislativa do estado de São Paulo, em 2002. Foi a maior votação para o cargo até então. Ela recebeu 681.991 votos, 3,5% do total. Havanir voltou à mídia em 2009, quando participou do programa Manhã Maior, da RedeTV!, para tentar arranjar um namorado. Cinco dias antes de completar 56 anos, o escolhido foi Sérgio Silvano, um viúvo 14 anos mais jovem que Havanir.

### Roseana Sarney

Filha do ex-presidente José Sarney, foi deputada federal pelo Maranhão de 1991 a 1994, governadora do estado de 1995 a 2002 e senadora de 2003 a 2009.

Em 2009, com a cassação do governador Jackson Lago pelo Tribunal Superior Eleitoral, Roseana assumiu o governo do Maranhão. Em 2010, conseguiu se reeleger para o cargo.

### Rosalba Ciarlini

Foi três vezes prefeita de Mossoró, no Rio Grande do Norte: de 1989 a 1992, de 1997 a 2000 e de 2001 a 2004. Elegeu-se senadora pelo Rio Grande do Norte em 2006 e governadora do estado em 2010.

### Rita Camata

Mulher de Gérson Camata, foi a primeira-dama mais jovem do país quando o marido se elegeu governador do Espírito Santo, em 1982. Rita tinha 22 anos.

Foi eleita deputada federal em 1986. Entre 2004 e 2006, foi secretária de Desenvolvimento, Infraestrutura e Transportes do Espírito Santo. Depois, foi eleita novamente deputada federal em 2006, mas não conseguiu se reeleger em 2010.

### Ângela Amim

Em 1988, elegeu-se vereadora de Florianópolis (SC), com 7.771 votos. Em 1990, venceu a disputa por uma vaga na Câmara Federal dos Deputados com 129.011 votos. Em 1996, recebeu 87.856 votos (53,84%) e ficou em primeiro lugar na corrida pela prefeitura de Florianópolis. Foi eleita novamente para o mesmo cargo, em 2004, com 105.495 votos (55,7%). Em 2006, foi eleita deputada federal com 174.511 votos (5,42%).

### Ideli Salvatti

Foi deputada estadual de Santa Catarina por dois mandatos consecutivos, de 1995 a 2003. Em 2002, foi eleita senadora pelo estado, e deu início ao seu mandato em 2003, logo depois de deixar a Câmara dos Deputados. Em 2011, ela assumiu o cargo de ministra da Pesca. Numa de suas primeiras entrevistas na função, ela declarou: "Já ouvi comentários jocosos sobre o Ministério. A pergunta 'quantos peixes você já pescou', eu não aguento mais ouvir. Deve ser a mesma quantidade de soja colhida pelas centenas de ministros de agricultura da História do país".

### Patrícia Saboya

Foi vereadora em Fortaleza de 1997 a 1998. Em 1999, iniciou seu mandato de deputada estadual do Ceará, e permaneceu no cargo até 2002. No ano seguinte, venceu a disputa eleitoral pelo Senado. Em 2010, foi eleita novamente deputada estadual, com mandato até 2015.

### Lúcia Vânia

Foi eleita deputada federal pelo estado de Goiás em 1986 e em 1998. Em 2000, disputou as eleições para a prefeitura de Goiânia, mas ficou em terceiro lugar. Dois anos mais tarde, venceu a disputa por uma vaga no Senado, sendo reeleita em 2010.

### Marisa Serrano

Começou sua carreira política em 1977, quando iniciou seu mandato como vereadora de Campo Grande (MS), permanecendo no cargo até 1981. Em 1994 e em 1998, foi eleita deputada federal. Em 2002, tentou se eleger governadora no Mato Grosso do Sul, mas perdeu no segundo turno para Zeca, do PT. Dois anos mais tarde, foi eleita vice-prefeita de Campo Grande. Em 2006, venceu a disputa por uma cadeira no Senado, com mandato até 2015.

### Vanessa Grazziotin

É casada com o político Eron Bezerra. Foi vereadora em Manaus de 1989 a 1999. Logo depois, foi deputada federal pelo Amazonas. Nas eleições de 2010, foi eleita senadora pelo mesmo estado.

**Ana Arraes**
Filha do falecido Miguel Arraes, que foi governador de Pernambuco de janeiro de 1995 a janeiro de 1999, e mãe de Eduardo Campos, eleito para o mesmo cargo em 2006. Nesse mesmo ano, Ana foi eleita deputada federal por Pernambuco, sendo reeleita em 2010.

**Manuela D'Ávila**
Foi eleita vereadora em Porto Alegre em 2004, aos 23 anos de idade – a vencedora mais jovem das eleições daquele município. Dois anos mais tarde, foi eleita deputada federal pelo Rio Grande do Sul, sendo reeleita em 2010. Em 2008, começou a namorar o secretário nacional do PT, José Eduardo Martins Cardozo.

**Raquel Teixeira**
Entre 1999 e 2001, foi Secretária de Educação de Goiás. Foi eleita deputada federal pelo estado em 2002, sendo reeleita em 2006. Em 2005, licenciou-se do cargo para exercer a função de secretária de Ciência e Tecnologia, e de Secretária da Cidadania dois anos mais tarde.

**Iris de Araújo**
É casada com o político Iris Rezende (sim, o casal tem o mesmo nome!), que já foi governador de Goiás. Na década de 1980, o casal ajudou a fundar o PMDB. Em 2006, foi eleita deputada federal pelo estado de Goiás.

## As filhas famosas

❖ Durante sua gestão como governador do Rio de Janeiro (1983-1986), Leonel Brizola dividiu as atenções com a filha, a roqueira Neusinha Brizola. Em 1983, ela lançou um compacto com as músicas *Mintchura* e *Para não dizer que não te dei nada*. O disco foi produzido pelo hoje escritor Paulo Coelho. No ano seguinte, um outro compacto de Neusinha foi lançado; uma das músicas foi proibida de ser executada em locais públicos, no rádio e na TV, por "ferir a dignidade e os interesses nacionais". A música *Diretchas* trazia o seguinte verso: "Eu só menti/ Me corrompi/ Eu me vendi/ Pro FMI". Neusinha teve seu nome várias vezes envolvido em denúncias relacionadas a drogas. Em março de 1989, a polícia desmantelou uma rede de traficantes e o nome da filha de Brizola aparecia numa lista de consumidores. Quatro anos mais tarde, Neusinha foi detida por portar 7 gramas de cocaína e acabou condenada a seis meses de prisão. Um ano antes, ela havia sido presa por sair de um bar da favela da Rocinha sem pagar a conta.

❖ Descer ondas gigantes ao redor do mundo. É isso que Maya Gabeira, filha de Fernando Gabeira, faz para ganhar a vida. Em 2008, quando o então deputado federal estava concorrendo ao governo do Rio de Janeiro, Maya apareceu na mídia brasileira. Filha do político com a estilista carioca Yamê Reis, Maya Gabeira começou a surfar aos 14 anos. Tomou gosto pelo esporte e, ao completar 17 anos, viajou para o Havaí, onde passou a morar e se profissionalizou. Fernando Gabeira, que participou do sequestro do embaixador dos Estados Unidos Charles Elbrick em 1969, não pode visitar a filha no país.

❖ Após a morte do senador Antônio Carlos Magalhães, em 20 de julho de 2007, os herdeiros do político começaram a brigar pela herança. Tereza acusou o irmão, ACM Júnior, de retirar do apartamento de sua mãe, Arlette Magalhães, obras de arte que pertenciam ao pai. A filha de ACM também chegou a dizer que a própria viúva estaria escondendo o verdadeiro valor do patrimônio a ser dividido. Após um pedido judicial de Tereza e de seu marido, Cesar Mata Pires, oficiais de justiça foram à casa da viúva para checar se o inventário estava correto. Revoltados com a atitude de Tereza, os outros herdeiros de ACM entraram com um processo por calúnia, infâmia e difamação.

# AS CONSTITUIÇÕES

Nossa primeira Constituição, conjunto de leis que rege a nação, é de 1824. Foi outorgada por d. Pedro I e ficou famosa por ter aumentado seu poder pessoal. A mais recente foi aprovada pela Assembleia Nacional Constituinte, em 22 de setembro de 1988, por 454 votos, com 6 abstenções e 15 votos contra.

> **Constituição de 1824**
> Promulgada em 25 de março
> Quantos elaboraram a Constituição: 10
> Número de artigos: 169

❖ A primeira Constituição do país deu mais poder ao imperador, com a criação do Poder Moderador, que estava acima dos outros três poderes.

> **Constituição de 1891**
> Promulgada em 24 de fevereiro
> Quantos elaboraram a Constituição: 224
> Número de artigos: 91

❖ Foi inspirada na tradição republicana dos Estados Unidos. Determinou a separação entre o Estado e a Igreja. Instituiu o presidencialismo e o federalismo (as antigas províncias viraram estados), e garantiu a liberdade partidária. O pleito que elegeu a Assembleia responsável pela redação dessa Constituição foi considerado fraudulento e manipulado pelos militares que apoiavam o presidente Deodoro da Fonseca.

> **Constituição de 1934**
> Promulgada em 14 de julho
> Quantos elaboraram a Constituição: 214
> Número de artigos: 187

❖ Dá mais poder ao governo federal. Cria o voto obrigatório e secreto, estendido agora também às mulheres. Estabeleceu direitos trabalhistas (salário mínimo, descanso semanal e férias). Tornou o ensino primário gratuito e obrigatório.

> **Constituição de 1937**
> Promulgada em 10 de novembro
> Quantos elaboraram a Constituição: 1
> Número de artigos: 187

❖ Inspirada na Constituição fascista da Polônia, a Constituição outorgada por Getúlio Vargas institucionaliza o regime ditatorial no Brasil. Ela foi escrita pelo jurista mineiro Francisco Campos e recebeu o apelido de Polaca. Getúlio passou a governar por meio de decretos-leis, sem nenhum controle do Legislativo. Os estados passaram a ser dirigidos por interventores escolhidos por ele.

> **Constituição de 1946**
> Promulgada em 18 de setembro
> Quantos elaboraram a Constituição: 323
> Número de artigos: 222

❖ Restabelece a independência entre os três poderes (Executivo, Legislativo e Judiciário) e dá autonomia aos estados e municípios. Traz de volta o pluripartidarismo, a eleição direta para presidente (com mandato de cinco anos), a liberdade sindical e o direito de greve. Acaba com a censura e a pena de morte.

> **Constituição de 1967**
> Promulgada em 15 de março
> Quantos elaboraram a Constituição: 4
> Número de artigos: 189

❖ Institucionaliza a ditadura do golpe militar de 1964. Mantém o bipartidarismo criado pelo Ato Institucional nº 2, de 1965. Os dois únicos partidos oficiais são a Arena, do governo, e o MDB (Movimento Democrático Brasileiro), da oposição. As eleições para a Presidência passam a ser indiretas, com mandatos de quatro anos.

Em 13 de dezembro de 1968, mesmo dia da implantação do AI-5 (Ato Institucional nº5), vários artigos da Constituição foram modificados. O ato institucional foi incorporado à Constituição na reforma elaborada em 1969.

> **Constituição de 1988**
> Promulgada em 5 de outubro
> Quantos elaboraram a Constituição: 558
> Número de artigos: 245

❖ A atual Constituição demorou vinte meses para ficar pronta. Ela traz de volta a eleição direta para presidente, governadores e prefeitos. O mandato presidencial passa a ser de quatro anos. Restabelece o pluripartidarismo. O direito de voto é estendido aos analfabetos e torna-se facultativo para os maiores de 16 anos. Termina a censura aos meios de comunicação.

Em 1997, a Constituição recebeu uma emenda que permite a reeleição para os cargos de presidente, governador e prefeito.

### EMENDA CONSTITUCIONAL

Para que a Constituição Federal seja mudada, o Congresso precisa aprovar uma Proposta de Emenda à Constituição (PEC). A proposta passa duas vezes pela Câmara dos Deputados e duas vezes pelo Senado, precisando de pelo menos 60% de aprovação em cada uma das casas.

**PLEBISCITO E REFERENDO**
Tanto o plebiscito quanto o referendo são formas de o governo federal consultar a sociedade sobre um tema específico. No caso do referendo, os cidadãos respondem a uma pergunta. "O comércio de armas de fogo e munição deve ser proibido no Brasil?", por exemplo. Após a pergunta ter sido respondida pela população, o poder público formula ou não leis sobre o assunto. Já no caso do plebiscito, as pessoas escolhem entre duas ou mais alternativas: República ou Monarquia, por exemplo.

### 1963

Para garantir sua posse depois da renúncia de Jânio Quadros, João Goulart propõe a instituição do cargo de primeiro-ministro para chefiar o governo. Isso tranquilizou as Forças Armadas. Tancredo Neves foi escolhido para o cargo. A experiência, no entanto, durou apenas um ano e meio. Goulart convocou um plebiscito, em janeiro de 1963, que restabeleceu o sistema presidencialista.

**1993**

A Constituição de 1988 determinou que a forma (Monarquia ou República) e o sistema de governo (presidencialismo ou parlamentarismo) deveriam ser escolhidos pelo próprio povo. Em 21 de abril de 1993, 67,01 milhões de brasileiros foram às urnas em todo o país. Nesse plebiscito, a República foi escolhida por 44,26 milhões de eleitores (66,06%), enquanto a Monarquia teve apenas 6,84 milhões (10,21%). Os votos brancos e nulos somaram 23,73%. Para o sistema de governo, o presidencialismo recebeu 55,45%, contra 24,65% do parlamentarismo. Os 19,9% restantes foram de votos brancos e nulos.

**2005**

Com a violência entre os assuntos que mais preocupam os brasileiros, o governo federal decidiu consultar a população quanto à venda e posse de armas no país. "O comércio de armas de fogo e munição deve ser proibido no Brasil?" – foi essa pergunta que os brasileiros tiveram de responder em 23 de outubro de 2005. Mesmo com o presidente Lula apoiando o "sim", 59,10 milhões de cidadãos (63,94%) votaram que "não": as armas poderão continuar sendo vendidas no país. Outros 33,33 milhões (36,06%) concordavam com o presidente e votaram "sim". Votos nulos, brancos e pessoas que se abstiveram de votar somaram 24,62%.

## AS LEIS DO TRABALHADOR

❖ Em 1894, um grupo de anarquistas e socialistas resolveu fazer pela primeira vez no Brasil uma manifestação pelo Dia do Trabalho. Todos foram presos. A comemoração da data só aconteceria no ano seguinte, quando foi promovida pelo Centro Socialista de Santos.

❖ O salário mínimo foi instituído em 1º de maio de 1940. É de 5 de julho de 1962 a criação do 13º salário. Já o Fundo de Garantia por Tempo de Serviço (FGTS) surgiu em 13 de setembro de 1966.

❖ A Consolidação das Leis do Trabalho (CLT) foi anunciada em 1943.

❖ Em 16 de dezembro de 1985, o presidente José Sarney criou o vale-transporte.

❖ O INPS (Instituto Nacional de Previdência Social) foi criado em 21 de novembro de 1966. Em 1977, o atendimento médico-hospitalar foi transferido para o Instituto Nacional de Assistência Médica e Previdência Social (Inamps), e o serviço de arrecadação para o Instituto de Administração Financeira da Assistência Social (Iapas). O INPS foi substituído em 1990 pelo Instituto Nacional de Seguridade Social (INSS).

❖ Em maio de 1978, os metalúrgicos de São Bernardo do Campo (SP) realizaram a primeira greve da categoria desde 1968, projetando Luiz Inácio da Silva, o Lula, como nova liderança sindical.

---

**Você sabia que...**

... as leis brasileiras não permitem que crianças com menos de 14 anos trabalhem?

... o Estatuto da Criança e do Adolescente (ECA) diz que a pessoa até 12 anos é considerada criança? Dos 12 aos 18 anos ela já é adolescente.

... o serviço militar no Brasil é obrigatório desde 1908?

... o Código de Defesa do Consumidor começou a vigorar em março de 1991? A lei, com 119 artigos, demorou dois anos para ser aprovada pelo Congresso.

... segundo o artigo 240 do Código Penal brasileiro, escrito em 1940, o adultério é crime? Ele prevê pena de 15 dias a seis meses de prisão.

**É SEU DIREITO!**

Qualquer pessoa, cidadão brasileiro ou não, pode visitar o Congresso Nacional. Organizadas pela Secretaria de Relações Públicas do Senado, em parceria com a Câmara dos Deputados, as visitas guiadas acontecem de segunda a segunda, até mesmo aos domingos e feriados. O serviço funciona de meia em meia hora, das 9h às 18h30, e cada *tour* tem duração aproximada de 50 minutos – com direito a ida ao plenário de votação. Grupos com mais de dez pessoas ou visitantes estrangeiros que precisem de um tradutor devem agendar a visita previamente. E, como os deputados e senadores se vestem como manda o figurino, durante os dias de semana é proibido ir de bermuda, camiseta regata e chinelo.

# 4

Antigamente faziam eleições desonestas para eleger homens honestos. Hoje fazem-se eleições honestas para escolher desonestos.

WASHINGTON LUÍS
(1869-1957), presidente da República de 1926 a 1930.

## Símbolos

## BANDEIRA

♦ O verde e o amarelo entraram na nossa bandeira em 1822, num trabalho do francês Jean Baptiste Debret. O verde representava a Casa Real Portuguesa de Bragança, e o amarelo, a Casa Imperial Austríaca de Habsburgo. O losango foi uma homenagem de d. Pedro I a Napoleão. Após a proclamação da República, o Brasil adotou uma bandeira que copiava a americana, mas ela só durou quatro dias. A atual bandeira nacional foi projetada em 1889 por Raimundo Teixeira Mendes e Miguel Lemos, com desenho de Décio Vilares. No lugar da coroa imperial, eles puseram a esfera azul-celeste e a frase positivista "Ordem e Progresso", escrita em verde.

Comemora-se o Dia da Bandeira em 19 de novembro, data em que ela foi adotada, no ano de 1889. Nesse dia, o hasteamento é realizado às 12 horas, em solenidades especiais.

♦ A bandeira em mau estado deve ser entregue a uma unidade militar para ser incinerada no Dia da Bandeira.

♦ Como símbolo da pátria, a Bandeira Nacional fica permanentemente hasteada na praça dos Três Poderes, em Brasília. Ao ser substituída, o novo exemplar deve ser hasteado antes que a bandeira antiga seja arriada.

♦ Todos os dias, a bandeira precisa ser hasteada no palácio da Presidência da República e na residência do presidente; nos ministérios; no Congresso Nacional; no Supremo Tribunal Federal; nos tribunais superiores e federais; nos edifícios-sede dos poderes Executivo, Legislativo e Judiciário; nas missões diplomáticas, em delegações com organismos internacionais e repartições consulares; em repartições federais, estaduais e municipais situadas na faixa da fronteira, e em unidades da Marinha Mercante. O hasteamento e o arriamento podem ser feitos a qualquer hora do dia ou da noite, mas, tradicionalmente, a bandeira é hasteada às 8 horas e arriada às 18 horas. Quando permanece exposta durante a noite, ela deve ser iluminada.

♦ Nenhuma bandeira de outra nação pode ser hasteada no país sem que haja ao lado direito dela, em igual tamanho e em posição de destaque, a Bandeira Nacional. São exceções as embaixadas e os consulados.

**A MAIOR BANDEIRA BRASILEIRA**
A bandeira que tremula na praça dos Três Poderes, em Brasília, é a maior bandeira hasteada do planeta. Tem 20 X 14,30 metros.

## SELO

É um círculo representando uma esfera celeste, idêntica à da Bandeira Nacional, com as palavras "República Federativa do Brasil" em volta. É usado para autenticar os atos do governo e os diplomas e certificados expedidos por escolas oficiais ou reconhecidas.

## AS ARMAS

O brasão da República Federativa do Brasil traz em seu centro um escudo em azul onde se insere a representação da constelação do Cruzeiro do Sul. Em volta dele, separado por duas orlas de ouro, encontram-se as 27 estrelas de prata correspondentes às atuais unidades da federação. Por fora deste círculo aparecem as cinco pontas de uma estrela, partidas em verde e amarelo, orladas de vermelho e ouro. Ambos repousam sobre uma espada, lembrança da intervenção militar que proclamou a República. No lado direito do brasão, há um ramo de tabaco florido e, no esquerdo, um ramo de café, indicando a vocação agrícola do Brasil. Abaixo há uma fita azul, com o nome oficial do país em letras douradas: "República Federativa do Brasil", acompanhado pela data "15 de novembro de 1889". Todo esse conjunto está cercado ao fundo por raios de uma auréola de ouro. O brasão foi adotado pelo decreto nº 4, de 19 de novembro de 1889, e sua última atualização ocorreu com a lei nº 8.421, de 11 de maio de 1992.

> O brasão é uma herança da Idade Média. Os cavaleiros medievais distinguiam-se nas cruzadas por seus respectivos brasões.

## O HINO NACIONAL

Francisco Manuel da Silva começou sua carreira musical cantando como soprano no coro da Capela Imperial, aos 12 anos de idade. Entrou para a Real Câmara, a principal orquestra do país, como timbaleiro (quem toca os tímpanos), mas se destacaria mais tarde como violoncelista.

Em 1811, a família real chamou o maestro Marcos Antônio Portugal para vir ao Brasil. Compositor de óperas de sucesso, ele era um dos músicos mais célebres da época. Quando desembarcou, Marcos Portugal iniciou uma rixa com o padre José Maurício, mestre da Capela Imperial desde 1808. Mestre da Capela Imperial era o título mais importante da música naquele período e Marcos Portugal foi obrigado a dividi-lo com um mulato, filho de escrava.

Como o padre José Maurício era o professor de Francisco Manuel, acabou sobrando para ele também um pouco da inveja do maestro português. O maestro logo percebeu o talento de Francisco Manuel e se sentiu ameaçado. Por isso, fez uma manobra e o tirou do violoncelo. Ele teve de aprender violino, para que não lhe restasse mais tempo para compor.

O hino português, de autoria de Marcos Portugal, foi considerado também o hino brasileiro até a época da Independência. Até que o príncipe regente compôs a letra e a música do que ele chamou de *Hino Constitucional*, executado pela primeira vez no Rio de Janeiro, em 24 de agosto de 1821. Em 16 de agosto do ano seguinte, a melodia recebeu novos versos, de autoria de Evaristo da Veiga. Depois do Grito do Ipiranga, ele se transformou no *Hino da Independência*.

Em 1831, d. Pedro I anunciou que estava deixando o trono para seu filho e que voltaria a Portugal. Francisco Manuel achou que era hora de apresentar uma música que vinha guardando desde 1822. Pôs os versos do desembargador piauiense Ovídio Saraiva de Carvalho e Silva em sua melodia e o hino foi executado pela primeira vez no dia 13 de abril de 1831, no cais do Largo do Paço (atual Praça XV de Novembro), durante a festa de despedida de d. Pedro I. Ela foi batizada de *Ao grande e heroico dia sete de abril – Hino oferecido aos brasileiros por um patrício nato*. Durante algum tempo, a música se intitulou *Hino Sete de Abril*, data do anúncio da abdicação. A letra era a seguinte:

> Os bronzes da tirania
> Já no Brasil não rouquejam.
> Os monstros, que os escravizaram,
> Já entre nós não vicejam.
>
> (estribilho)
> Da pátria o grito,
> Eis que se desata,
> Desde o Amazonas
> Até o Prata.
>
> Ferros e grilhões e forcas,
> De antemão se preparavam.
> Mil planos de proscrição,
> As mãos do monstro gizavam.

> Amanheceu finalmente
> A liberdade do Brasil...
> Ah! Não desça à sepultura
> O dia sete de abril.
>
> Este dia portentoso,
> Dos dias seja o primeiro;
> Chamemos Rio d'Abril,
> O que é Rio de Janeiro.

Isso é apenas um pedaço. A letra era bem mais longa e não poupava os portugueses. Acabou esquecida em pouco tempo, mas a partitura de Francisco Manuel da Silva passou a ser executada em todas as solenidades públicas a partir de 1837. Para comemorar a coroação de d. Pedro II, em 1841, o *Hino Sete de Abril* recebeu novos versos, de um autor desconhecido, que fez questão de bajular o jovem imperador. E ainda manteve o estribilho de Ovídio Saraiva. Era assim:

> Quando vens, faustoso dia,
> Entre nós raiar feliz,
> Vemos só na liberdade
> A figura do Brasil.
>
> (estribilho)
> Da pátria o grito,
> Eis que se desata,
> Do Amazonas
> Até o Prata.
>
> Negar de Pedro as virtudes,
> Seu talento escurecer,
> É negar como é sublime
> Da bela aurora o romper.
>
> Exultai, brasílio povo,
> Cheio de santa alegria.
> Vede de Pedro o exemplo
> Festejando neste dia.

Por determinação de d. Pedro II, a música passou a ser considerada o hino do Império, e deveria ser tocada toda vez que ele se apresentasse em público, em solenidades civis e militares, mas sem letra. Era também tocada no exterior sempre que o imperador estivesse presente.

## "PREFIRO O VELHO"

Quando a República foi proclamada, em 1889, o governo provisório resolveu fazer um concurso para escolher um novo hino. Queriam algo que se enquadrasse no espírito republicano. Primeiro escolheram um poema de Medeiros e Albuquerque, que tinha sido publicado no jornal *Diário do Comércio*, do Rio de Janeiro, em 26 de novembro de 1889. É aquele com os versos: "Liberdade! Liberdade!/ Abre as asas sobre nós..."

A letra se encontrava à disposição dos maestros que quisessem musicá-la. No primeiro julgamento, dia 4 de janeiro de 1890, 29 músicos apresentaram seus hinos. A comissão julgadora selecionou quatro para a finalíssima. No dia 15 de janeiro, numa sessão em homenagem ao marechal Deodoro, no Teatro Santana, perguntaram ao novo presidente se ele estava ansioso pela escolha do novo hino. Ele disse: "Prefiro o velho". O marechal Deodoro tinha muita estima e respeito pelo imperador.

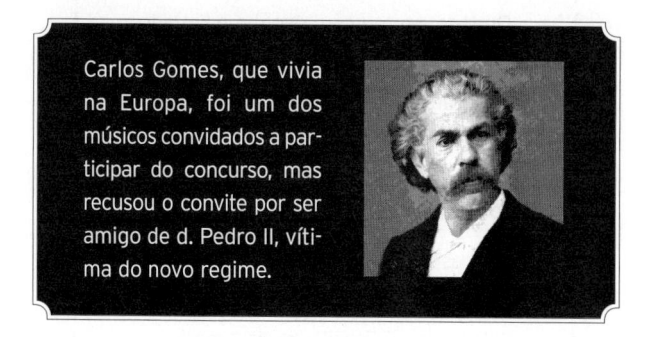

> Carlos Gomes, que vivia na Europa, foi um dos músicos convidados a participar do concurso, mas recusou o convite por ser amigo de d. Pedro II, vítima do novo regime.

No dia 20 de janeiro, no Teatro Lírico do Rio de Janeiro, uma banda marcial composta de setenta figurantes, fanfarra e coro de trinta vozes, regida pelo maestro Carlos de Mesquita, executou as músicas finalistas. Na ordem, os hinos de Antônio Francisco Braga, Jerônimo de Queirós, Alberto Nepomuceno e Leopoldo Miguez. Nessa primeira audição, segundo o regulamento, estavam proibidos os aplausos. Após um curto intervalo, a banda executou de novo os quatro hinos. Aí, sim, o público pôde se manifestar. O mais aplaudido foi o do maestro Miguez, que também foi escolhido pela comissão julgadora.

O presidente Deodoro e quatro ministros deixaram o camarote oficial e voltaram em seguida. Surpresa geral! O ministro do Interior, Aristides Lobo, leu o decreto que conservava a música de Francisco Manuel da Silva como hino nacional. Mesmo sem a partitura, a orquestra tocou a música e a plateia delirou. A obra de Medeiros e Albuquerque e de Leopoldo Miguez ficou conhecida como *Hino da Proclamação da República*. Leopoldo Miguez recebeu 20 contos de réis. Só que o problema não fora solucionado. O Brasil continuava com um hino sem letra. Por mais que alguém se habitue a uma música, se ela não tiver letra, fica mais difícil memorizá-la.

Em 1909 é que apareceu o poema de Joaquim Osório Duque Estrada (o famoso "Ouviram do Ipiranga"). Sete anos depois, ele ainda fez 11 modificações na letra.

```
COMO ERA – COMO FICOU

Da Independência o brado retumbante
De um povo heroico o brado retumbante

Pelo amor da liberdade
Em teu seio, ó liberdade

Quando em teu céu, risonho e límpido
Se em teu formoso céu, risonho e límpido

És grande, és belo, impávido colosso
És belo, és forte, impávido colosso

Dos filhos do teu flanco és mãe gentil
Dos filhos deste solo és mãe gentil

Entre as ondas do mar e o céu profundo
Ao som do mar e à luz do céu profundo

Fulguras, ó Brasil, joia da América
Fulguras, ó Brasil, florão da América

Brasil, seja de amor eterno símbolo
Brasil, de amor eterno seja símbolo

O pavilhão que ostentas estrelado
O lábaro que ostentas estrelado

Mas, da justiça erguendo a clava forte
Mas, se ergues da Justiça a clava forte
```

Às vésperas do centenário da Independência, o presidente Epitácio Pessoa declarou a letra oficial no dia 6 de setembro de 1922. Como Francisco Manuel já havia morrido, o maestro cearense Alberto Nepomuceno foi chamado para fazer as adaptações na música.

> Pela letra do hino, Duque Estrada ganhou 5 contos de réis, dinheiro suficiente na época para comprar metade de um carro. Entrou também para a Academia Brasileira de Letras.

## Quem é quem

### Evaristo da Veiga
Evaristo Ferreira da Veiga e Barros
Nascimento: 8 de outubro de 1799 (Rio de Janeiro)
Morte: 12 de maio de 1837 (Rio de Janeiro)
Cinco anos depois da Independência, Evaristo se tornou um dos maiores críticos do governo de d. Pedro I, seu parceiro de hino. Conheceu o futuro imperador na livraria do pai, ponto de encontro de políticos e intelectuais. Evaristo se dividia entre o jornalismo, a política (foi eleito três vezes deputado por Minas Gerais sem nunca ter ido lá) e os estudos. Fundou o jornal *Aurora Fluminense*, em 1827. É o patrono da cadeira número dez da Academia Brasileira de Letras, que teve Rui Barbosa como primeiro ocupante.

### Francisco Manuel da Silva
Nascimento: 21 de fevereiro de 1795 (Rio de Janeiro)
Morte: 18 de dezembro de 1865 (Rio de Janeiro)
Dedicou-se à música desde criança. Foi professor de Carlos Gomes e fundou o Conservatório de Música do Rio de Janeiro, transformado em Instituto Nacional de Música depois da proclamação da República. Além do *Hino Nacional*, Francisco fez uma série de outros: *Hino às Artes*, *Hino de Guerra*, *Hino à Virgem Santíssima*, *Hino pelo Batismo de d. Afonso*. Ele é o patrono da cadeira número oito da Academia Brasileira de Música.

**Joaquim Osório Duque Estrada**
Nascimento: 29 de abril de 1870 (Pati do Alferes, RJ)
Morte: 5 de fevereiro de 1927 (Rio de Janeiro)
O poeta, escritor e professor publicou seu primeiro livro, *Alvéolos*, aos 17 anos. Foi o início do caminho para conquistar uma cadeira na Academia Brasileira de Letras. Lutou na campanha pela abolição da escravatura e pela causa republicana.

**Leopoldo Miguez**
Leopoldo Américo Miguez
Nascimento: 9 de setembro de 1851 (Rio de Janeiro)
Morte: 5 de julho de 1905 (Rio de Janeiro)
Estudou música na Europa, onde se apresentou pela primeira vez aos oito anos. Dirigiu espetáculos teatrais em São Paulo e no Rio de Janeiro. Tornou-se diretor do Instituto Nacional de Música. Doou os 20 contos de réis que ganhara no concurso do *Hino da Proclamação da República* para a entidade, que comprou um novo órgão da Alemanha.

**Medeiros e Albuquerque**
José Joaquim de Campos da Costa Medeiros e Albuquerque
Nascimento: 4 de setembro de 1867 (Recife)
Morte: 9 de junho de 1934 (Rio de Janeiro)
Como jornalista, Medeiros e Albuquerque fundou os jornais *O Clarim* e *O Fígaro*. Deputado federal e senador, trabalhou também no Ministério do Interior. No papel de educador, foi um dos primeiros estudiosos a divulgar as teorias de Freud no Brasil. Membro da Academia Brasileira de Letras, redigiu o projeto da primeira reforma ortográfica e foi autor do projeto da primeira lei sobre direitos autorais.

---

**VOCÊ SABIA QUE...**

... nas cerimônias em que se tenha de executar um hino de outro país, este deve, por cortesia, ser tocado antes do *Hino Nacional* brasileiro?

... o hino deve ser cantado sempre em uníssono?

... nos casos de simples execução instrumental, a primeira parte da música deve ser tocada integralmente, mas sem repetição. Já nos casos de execução vocal, serão sempre cantadas as duas partes do poema.

# Você sabe o significado de nosso hino?

**I**
Ouviram do Ipiranga as margens plácidas
De um povo heroico o brado retumbante,

**Vocabulário:**
**Plácidas** – serenas, sossegadas, mansas, tranquilas
**Brado** – grito, clamor
**Retumbante** – estrondoso, que faz eco

**Explicação:**
Primeiro vamos pôr os versos na ordem direta: "As margens plácidas do Ipiranga ouviram o brado retumbante de um povo heroico". Assim fica mais fácil. Esses versos falam sobre a proclamação da Independência do Brasil, em 7 de setembro de 1822. Como o grito de d. Pedro I foi dado perto do Ipiranga, em São Paulo, o autor diz que as margens do sossegado riacho teriam ouvido o grito de independência, um desejo de todos os brasileiros que haviam lutado heroicamente por aquele momento.

E o sol da liberdade, em raios fúlgidos,
Brilhou no céu da pátria nesse instante.

**Vocabulário:**
**Fúlgidos** – cintilantes, que têm brilho

**Explicação:**
Ao ouvir o grito de independência, que tornou o país livre de Portugal, o sol da liberdade brilhou no céu do Brasil.

> Se o penhor dessa igualdade
> Conseguimos conquistar com braço forte,
> Em teu seio, ó liberdade,
> Desafia o nosso peito a própria morte!

**Vocabulário:**
**Penhor** – garantia, segurança, prova

**Explicação:** Também vamos pôr primeiro na ordem direta: "O nosso peito desafia a própria morte, em teu seio, ó liberdade, se conseguimos conquistar o penhor dessa igualdade com braço forte". Um povo unido é capaz de se organizar e lutar para garantir sua liberdade. É capaz de enfrentar até mesmo a morte. A expressão "braço forte" se refere à força do povo na conquista desse ideal.

> Ó pátria amada,
> Idolatrada,
> Salve! Salve!

**Vocabulário:**
**Idolatrada** – querida, amada

**Explicação:** É uma declaração de amor ao Brasil.

> Brasil, um sonho intenso, um raio vívido
> De amor e de esperança à terra desce,
> Se em teu formoso céu, risonho e límpido,
> A imagem do Cruzeiro resplandece.

**Vocabulário:**
**Vívido** – ardente, vivo, luminoso, brilhante
**Límpido** – puro, luminoso
**Resplandece** – brilha
**Cruzeiro** – Cruzeiro do Sul, constelação formada por 54 estrelas, das quais só são visíveis a olho nu as dispostas em forma de cruz. Sua figura também aparece na bandeira, no selo e nas armas nacionais.

**Explicação:** Na ordem direta, ficaria assim: "Um sonho intenso, um raio vívido de amor e de esperança desce à terra, Brasil, se a imagem do Cruzeiro resplandece em teu céu formoso, risonho e límpido". A constelação do Cruzeiro do Sul, no céu formoso e límpido do Brasil, faz aparecer sobre o nosso país a imagem de uma cruz. Por isso, o povo brasileiro contempla o brilho dessas estrelas e vê nelas a luz do amor e da esperança.

> Gigante pela própria natureza,
> És belo, és forte, impávido colosso,
> E o teu futuro espelha essa grandeza.

**Vocabulário:**
**Impávido** – corajoso, destemido, que não tem medo
**Colosso** – objeto de dimensões imensas
**Espelha** – reflete

**Explicação:** O Brasil é comparado a um gigante por causa de suas dimensões territoriais e de sua beleza natural. O futuro dessa nação irá refletir também no futuro de seu povo.

> Terra adorada,
> Entre outras mil,
> És tu, Brasil,
> Ó Pátria amada!

**Explicação:** Entre tantas outras nações, nossa pátria é amada e adorada. O autor exagerou. Não existem mil nações no mundo. Hoje são duzentas.

> Dos filhos deste solo és mãe gentil,
> Pátria amada,
> Brasil!

**Explicação:** O Brasil é uma terra boa, que não nega nada a seus filhos. Por isso é tão amado.

> II
> Deitado eternamente em berço esplêndido,
> Ao som do mar e à luz do céu profundo,
> Fulguras, ó Brasil, florão da América,
> Iluminado ao sol do Novo Mundo!

**Vocabulário:**
**Esplêndido** – cheio de luz, magnífico
**Fulguras** – brilhas
**Florão** – enfeite no formato de uma flor
**Novo Mundo** – a América

**Explicação:** Vou passar mais uma vez o trecho para a ordem direta, combinado? Fica deste jeito: "Ó Brasil, florão da América. Fulguras iluminado ao sol do Novo Mundo, deitado eternamente em berço esplêndido, ao som do mar e à luz do céu profundo". Entenderam? Situado numa região de grande beleza, o Brasil possui uma costa muito extensa, um céu de bastante luminosidade e é um dos principais países da América, o Novo Mundo, destacando-se como um enfeite em forma de flor.

> Do que a terra, mais garrida,
> Teus risonhos, lindos campos têm mais flores;
> "Nossos bosques têm mais vida",
> "Nossa vida" no teu seio "mais amores".

**Vocabulário:**
**Garrida** – enfeitada, vistosa, alegre

**Explicação:** "Teus campos risonhos, lindos, têm mais flores do que a terra mais garrida." Os campos brasileiros são alegres e bonitos, têm mais flores do que a mais enfeitada das terras. Nessa passagem o autor introduziu versos de Gonçalves Dias, do poema "Canção do exílio".

> Ó pátria amada,
> Idolatrada,
> Salve! Salve!

**Explicação:** Repete-se a declaração de amor ao Brasil.

> Brasil, de amor eterno seja símbolo
> O lábaro que ostentas estrelado,

**Vocabulário:**
**Lábaro** – pendão, bandeira, estandarte
**Ostentas** – exibes com pompa

**Explicação:** Pôr na ordem direta? Você está ficando mal-acostumado! "Brasil, o lábaro estrelado que ostentas seja símbolo de amor eterno." O trecho se refere à bandeira nacional estrelada, desejando que ela represente, para sempre, o amor que os brasileiros nutrem por sua pátria.

> E diga o verde-louro desta flâmula
> – "Paz no futuro e glória no passado."

**Vocabulário:**
**Verde-louro** – verde-amarelo
**Flâmula** – bandeira

**Explicação:** O verde-amarelo da bandeira simboliza as grandes conquistas, que são frutos das lutas e das revoluções do passado.

> Mas, se ergues da Justiça a clava forte,
> Verás que um filho teu não foge à luta,
> Nem teme, quem te adora, a própria morte.

**Vocabulário:**
**Clava** – pedaço de pau usado como arma
**Teme** – sente medo

**Explicação:** Não fiquem imaginando que os homens da Justiça vão sair distribuindo porretadas por aí. Nesse trecho se usou o sentido figurado. A expressão "clava forte da Justiça" se refere à força que tem a justiça para obrigar quem quer que seja a respeitar os direitos do povo. Se essa arma se levanta, exigindo uma atitude, o Brasil verá que nenhum de seus filhos deixa de lutar, nem tem medo de morrer pela pátria.

> Terra adorada,
> Entre outras mil,
> És tu, Brasil,
> Ó Pátria amada!
> Dos filhos deste solo és mãe gentil,
> Pátria amada,
> Brasil!

# Todas as bandeiras brasileiras

A primeira bandeira hasteada em solo brasileiro foi a da Ordem de Cristo

**1495**
Bandeira do Primeiro Reino português, usada na época do descobrimento, hasteada nas naus de Pedro Álvares Cabral

**1521**
Bandeira de Portugal usada durante o reinado de d. João III

**1616**
Bandeira portuguesa na ocupação espanhola

**1640**
Bandeira criada após a independência portuguesa

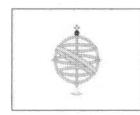

**1645**
Bandeira do Principado do Brasil

**1816**
Reino Unido de Portugal, Brasil e Algarve

**1821**
Reino Unido Constitucional do Brasil

**1822**
O verde-amarelo aparece no Brasil imperial

**1889**
Bandeira republicana, que copiava a norte-americana e durou quatro dias

**1889**
Bandeira Nacional usada até hoje. Tem atualmente 27 estrelas – o número de estados mais o Distrito Federal. Elas representam as estrelas no céu do Rio de Janeiro, exatamente às 20h30 do dia 15 de novembro de 1889, data da Proclamação da República. Estrelas foram sendo acrescentadas à medida que foram surgindo novos estados.

# O que as estrelas representam

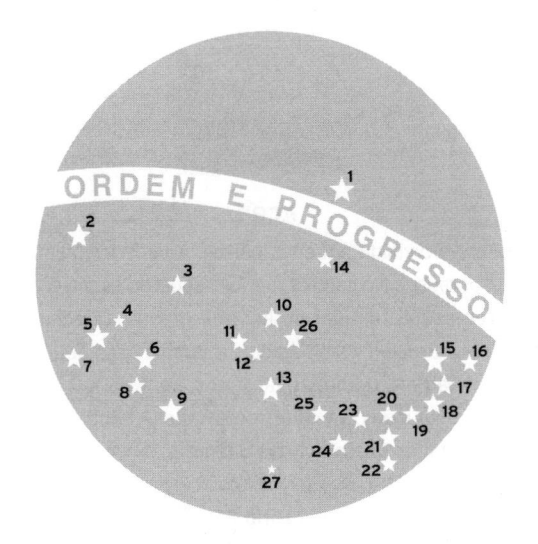

1. **Pará**
Spica (Alfa de Virgem)
2. **Amazonas**
Prócion (Alfa do Cão Menor)
3. **Mato Grosso do Sul**
Alphard (Alfa da Hidra Fêmea)
4. **Rondônia**
Muliphem (Gama do Cão Maior)
5. **Mato Grosso**
Sirius (Alfa do Cão Maior)
6. **Roraima**
Wezen (Delta do Cão Maior)
7. **Amapá**
Mirzam (Beta do Cão Maior)
8. **Tocantins**
Adhara (Epsílon do Cão Maior)
9. **Goiás**
Canopus (Alfa de Carina)
10. **Bahia**
Gracrux (Gama do Cruzeiro do Sul)
11. **Minas Gerais**
Pálida (Delta do Cruzeiro do Sul)
12. **Espírito Santo**
Intrometida (Epsílon do Cruzeiro do Sul)
13. **São Paulo**
Acrux (Alfa do Cruzeiro do Sul)
14. **Acre**
Gama da Hidra Fêmea
15. **Piauí**
Antares (Alfa do Escorpião)
16. **Maranhão**
Graffias (Beta do Escorpião)
17. **Ceará**
Wei (Epsílon do Escorpião)
18. **Rio Grande do Norte**
Shaula (Lambda do Escorpião)
19. **Paraíba**
Girtab (Capa do Escorpião)
20. **Pernambuco**
Miu do Escorpião
21. **Alagoas**
Sargas (Teta do Escorpião)
22. **Sergipe**
Iota do Escorpião
23. **Santa Catarina**
Beta do Triângulo Austral
24. **Rio Grande do Sul**
Atria (Alfa do Triângulo Austral)
25. **Paraná**
Gama do Triângulo Austral
26. **Rio de Janeiro**
Mimosa (Beta do Cruzeiro do Sul)
27. **Brasília - DF**
Sigma do Oitante

# As bandeiras e os hinos de todos os estados

**ACRE**

A bandeira do Acre é dividida em duas partes. A superior é amarela (paz), e a inferior, verde (esperança). No canto superior esquerdo está a chamada "estrela solitária", que representa o sinal de luz que guiou os defensores da incorporação do Acre ao Brasil. José Plácido de Castro escolheu esse projeto da época revolucionária para homenagear o coronel Rodrigo de Carvalho, dirigente das últimas revoluções ocorridas no estado. A bandeira foi oficialmente adotada pelo governador Epaminondas Jacome.

**Hino**
**Música: Mozart Donizetti**
**Letra: Francisco Mangabeira**

I
Que este sol a brilhar soberano
Sobre as matas que veem com amor
Encha o peito de cada acreano
De nobreza, constância e valor...
Invencíveis e grandes na guerra,
Imitemos o exemplo sem-par
Do amplo rio que briga com a terra,
Vence-a e entra brigando com o mar.

(estribilho)
Fulge um astro na nossa bandeira,
Que foi tinto no sangue de heróis.
Adoremos na estrela altaneira
O mais belo e o melhor dos faróis.

II
Triunfantes da luta voltando,
Temos n'alma os encantos do céu

E na fronte serena, radiando,
Imortal e sagrado troféu.
O Brasil a exultar acompanha
Nossos passos, portanto é subir,
Que da glória a divina montanha
Tem no cimo o arrebol do porvir.

### III

Possuímos um bem conquistado
Nobremente com as armas na mão...
Se o afrontarem, de cada soldado
Surgirá de repente um leão.
Liberdade — é o querido tesouro
Que depois do lutar nos seduz.
Tal o rio que rola, o sol de ouro
Lança um manto sublime de luz.

### IV

Vamos ter como prêmio da guerra
Um consolo que as penas desfaz,
Vendo as flores do amor sobre a terra
E no céu o arco-íris da paz.
As esposas e mães carinhosas
A esperar-nos nos lares fiéis
Atapetam as portas de rosas
E, cantando, entretecem lauréis.

### V

Mas se audaz estrangeiro algum dia
Nossos brios de novo ofender,
Lutaremos com a mesma energia.
Sem recuar, sem cair, sem temer...
E erguemos então destas zonas
Um tal canto vibrante e viril
Que será como a voz do Amazonas
Ecoando por todo o Brasil.

## ALAGOAS

As cores da bandeira de Alagoas foram inspiradas nas cores tradicionais do folclore local, vermelho, branco e azul, sendo que na faixa branca se insere o brasão de armas ao centro, cujo escudo traz a representação das antigas vilas que deram origem a Alagoas. Ladeiam o escudo ramos de cana e algodão e, acima, uma estrela branca, representando o estado. A bandeira foi adotada em 23 de setembro de 1963.

**Hino**
**Música: Benedito Raimundo da Silva**
**Letra: Luiz Mesquita**

Alagoas, estrela radiosa,
Que refulge ao sorrir das manhãs,
Da República és filha donosa,
Magna estrela entre estrelas irmãs.

A alma pulcra de nossos avós,
Como bênção de amor e de paz,
Hoje paira, a fulgir sobre nós,
E maiores, mais fortes nos faz.

Tu, liberdade formosa,
Gloriosa hosana entoas:
– Salve, ó terra vitoriosa!
– Glória à terra de Alagoas!

Salve, ó terra que entrando no templo
Calma e avante da indústria te vás,
Dando às tuas irmãs este exemplo,
De trabalho e progresso na paz!

Sus! Os hinos de glória já troam!
A teus pés os rosais vêm florir!

Os clarins e as fanfarras ressoam,
Te levando em triunfo ao porvir!

Tu, liberdade formosa,
Ao trabalho hosana entoas!
– Salve, ó terra futurosa!
– Glória à terra de Alagoas!

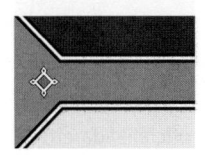

## AMAPÁ

O azul da bandeira representa a justiça e o céu. O verde, as matas, a esperança, o amor, a liberdade e a abundância. O amarelo, a fé, a união e a riqueza do solo. O branco, a pureza, a paz e o desejo do Amapá de viver com segurança. O preto simboliza o respeito a todos os que morreram em lutas no passado. A figura geométrica é uma referência à fortaleza de São José de Macapá, onde nasceu o estado.

**Hino**
**Música: Oscar Santos**
**Letra: Joaquim Gomes Diniz**

Eia! Povo destemido
Deste rincão brasileiro,
Seja sempre o teu grito partido
De leal coração altaneiro.

(estribilho)
Salve! Rico torrão do Amapá,
Solo fértil de imensos tesouros,
Os teus filhos alegres confiam
Num futuro repleto de louros.

Se o momento chegar algum dia
De morrer pelo nosso Brasil
Hão de ver deste povo a porfia
Pelejar neste céu cor de anil.

Eia! Povo herói, varonil,
Descendente da raça guerreira,
Ergue forte, leal, sobranceira
A grandeza do nosso Brasil.

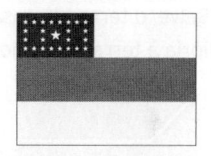

## AMAZONAS

A bandeira do Amazonas foi oficializada em 14 de janeiro de 1982. O retângulo azul contém 25 estrelas brancas; elas representam os municípios que compunham o território em 4 de agosto de 1897. A estrela maior representa Manaus. As duas faixas brancas simbolizam a esperança, e a vermelha, as dificuldades vencidas.

**Hino**
**Música: Cláudio Franco de Sá Santoro**
**Letra: Jorge Tufic Alaúzo**

Nas paragens da história o passado
É de guerras, pesar e alegria,
É vitória pousando suas asas
Sobre o verde da paz que nos guia.
Assim foi que nos tempos escuros
Da conquista apoiada ao canhão,
Nossos povos plantaram seu berço,
Homens livres, na planta do chão.

(estribilho)
Amazonas, de bravos que doam,
Sem orgulho nem falsa nobreza,
Aos que sonham, teu canto de lenda,
Aos que lutam, mais vida e riqueza.

Hoje o tempo se faz claridade,
Só triunfa a esperança que luta,
Não há mais o mistério e das matas
Um rumor de alvorada se escuta.

A palavra em ação se transforma
E a bandeira que nasce do povo
Liberdade há de ter no seu pano,
Os grilhões destruindo de novo.

Tão radioso amanhece o futuro
Nestes rios de pranto selvagem,
Que os tambores da glória despertam
Ao clarão de uma eterna paisagem.
Mas viver é destino dos fortes,
Nos ensina, lutando, a floresta,
Pela vida que vibra em seus ramos,
Pelas aves, suas cores, sua festa.

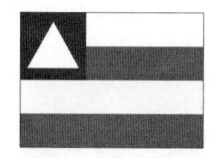

### BAHIA

A bandeira da Bahia nasceu por obra do dr. Deocleciano Ramos, então professor da Faculdade de Medicina, quando seu desenho foi aprovado na reunião do Congresso Republicano, realizado na cidade de Salvador, em 26 de maio de 1889. Após a Proclamação da República, a bandeira passou a figurar como símbolo tradicional da Bahia. O vermelho, branco e o azul já apareciam na bandeira idealizada pelos revolucionários de 1785, durante a Conjuração dos Alfaiates. O triângulo é uma referência à Inconfidência Mineira. As faixas branca e vermelha evocam a bandeira dos Estados Unidos, cuja declaração de independência (1776) havia tido grande repercussão entre os brasileiros.

### Hino
**Música: José dos Santos Barreto**
**Letra: Ladislau de Santos Titara**

Nasce o sol a 2 de julho,
Brilha mais que no primeiro.
É sinal que neste dia
Até o sol é brasileiro.

(estribilho)
Nunca mais o despotismo
Regerá nossas ações,
Com tiranos não combinam
Brasileiros corações.

Salve, ó! Rei das Campinas
De Cabrito e Pirajá.
Nessa pátria hoje livre
Dos tiranos não será.

Cresce, ó! Filho de minha alma,
Para a pátria defender.
O Brasil já tem jurado
Independência ou morrer.

## CEARÁ

A bandeira foi criada em 25 de agosto de 1922 pelo presidente (hoje seria o governador) do estado do Ceará, Justiniano Serpa, tendo como inspiração a própria bandeira brasileira. Apenas o círculo do centro foi substituído pelo brasão de armas, criado em 22 de setembro de 1897 pelo presidente cearense Antônio Nogueira Pinto Acioly. O brasão foi alterado pela primeira vez em 1967 e remodelado no ano de 2007.

**Hino**
**Música: Alberto Nepomuceno**
**Letra: Thomaz Pompeu Ferreira Lopes**

Terra do sol, do amor, terra da luz!
Soa o clarim que tua glória conta!
Terra, o teu nome a fama aos céus remonta
Em clarão que seduz!
– Nome que brilha – esplêndido luzeiro
Nos fulvos braços de ouro do Cruzeiro!

Mudem-se em flor as pedras dos caminhos!
Chuvas de prata rolem das estrelas...
E despertando, deslumbrada, ao vê-las
Ressoa a voz dos ninhos...
Há de florar nas rosas e nos cravos
Rubros o sangue ardente dos escravos.

Seja o teu verbo a voz do coração,
Verbo de paz e amor do Sul ao Norte!
Ruja teu peito em luta contra a morte,
Acordando a amplidão.
Peito que deu alívio a quem sofria
E foi o sol iluminando o dia!

Tua jangada afoita enfune o pano!
Vento feliz conduza a vela ousada!
Que importa que teu barco seja um nada
Na vastidão do oceano,
Se à proa vão heróis e marinheiros
E vão no peito corações guerreiros?

Sim, nós te amamos, em aventuras e mágoas!
Porque esse chão que embebe a água dos rios
Há de florar em meses, nos estios
E bosques, pelas águas!
Selvas e rios, serras e florestas
Brotem no solo em rumorosas festas!

Abra-se ao vento o teu pendão natal
Sobre as revoltas águas dos teus mares!
E desfraldando diga aos céus e aos ares
A vitória imortal!
Que foi de sangue, em guerras leais e francas,
E foi na paz da cor das hóstias brancas!

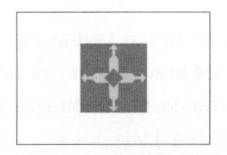

## DISTRITO FEDERAL

A bandeira do Distrito Federal foi instituída em 26 de agosto de 1969. Seu criador foi o poeta Guilherme de Almeida, um especialista em heráldica. O fundo branco simboliza a paz; um escudo quadrangular abriga a cruz de Brasília. O verde e o amarelo representam a fidelidade aos símbolos nacionais.

**Hino**
**Música: Neusa França**
**Letra: Geir Campos**

Todo o Brasil vibrou,
E a nova luz brilhou,
Quando Brasília fez maior a sua glória.
Com esperança e fé,
Era o gigante em pé,
Vendo raiar outra Alvorada em sua História!

Com Brasília no coração,
Epopeia a surgir do chão,
O candango sorri, feliz
Símbolo da força de um país.

Capital de um Brasil audaz,
Bom na luta e melhor na paz,
Salve o povo que assim te quis
– Símbolo da força de um país!

**Brasília, Capital da Esperança (hino não oficial)**
**Música: Simão Neto**
**Letra: Capitão Furtado**

Em meio à terra virgem desbravada,
Na mais esplendorosa alvorada,
Feliz como um sorriso de criança,

Um sonho transformou-se em realidade
Surgiu a mais fantástica cidade,
"Brasília, Capital da Esperança".

Desperta o gigante brasileiro,
Desperta e proclama ao mundo inteiro
Num brado de orgulho e confiança:
Nasceu a linda Brasília,
A "Capital da Esperança".

A fibra dos heroicos bandeirantes
Persiste nos humildes e gigantes,
Que provam com ardor sua pujança
Nesta obra de arrojo que é Brasília.
Nós temos a oitava maravilha
"Brasília, Capital da Esperança".

## ESPÍRITO SANTO

A bandeira foi criada em 7 de setembro de 1909, por Jerônimo Monteiro, e adotada oficialmente em 24 de julho de 1947. As três faixas horizontais, nas cores azul, branco e rosa, representam as vestes de Nossa Senhora da Penha, padroeira do estado. Também podem significar harmonia (azul), paz (branco) e felicidade (rosa). No centro da segunda faixa está escrita em azul a frase: "Trabalha e Confia", de autoria de Jerônimo Monteiro. Ela foi inspirada na doutrina de Santo Inácio de Loyola: "Trabalha como se tudo dependesse de ti. Confia como se tudo dependesse de Deus". Jerônimo havia estudado num colégio jesuíta em São Paulo. A bandeira foi regulamentada em 24 de julho de 1947 pelo governador Carlos Fernando Monteiro Lindenberg. A cor rosa não costuma aparecer em bandeiras, mas foi escolhida no Espírito Santo para representar as luzes que são emitidas pelo céu capixaba.

**Hino**
**Música: Arthur Napoleão**
**Letra: José Pessanha Póvoa**

Surge ao longe a estrela prometida,
Que a luz sobre nós quer espalhar;
Quando ela ocultar-se no horizonte,
Há de o sol nossos feitos lumiar.

Nossos braços são fracos, que importa?
Temos fé, temos crença a fartar;
Suprem a falta de idade e de força,
Peitos nobres, valentes, sem-par.

(estribilho)
Salve, ó, povo espírito-santense!
Herdeiro de um passado glorioso.
Somos nós a falange do presente,
Em busca de um futuro esperançoso.

Saudemos nossos pais e mestres,
A pátria, que estremece de alegria,
Na hora em que seus filhos, reunidos,
Dão exemplos de amor e de harmonia.

Venham louros, coroas, venham flores,
Ornar os troféus da mocidade;
Se as glórias do presente forem poucas,
Acenai para nós, posteridade!

### GOIÁS

A bandeira goiana é formada por oito faixas. As quatro verdes simbolizam as matas, e as quatro amarelas, o ouro. O retângulo azul, representando o céu, tem cinco estrelas – a constelação do Cruzeiro do Sul, a que mais sobressai nos céus de Goiás. Ela foi instituída no governo de João Alves de Castro, por uma lei de

30 de julho de 1919. A bandeira de Goiás foi baseada num projeto de Joaquim Bonifácio de Siqueira.

**Hino**
**Música: Joaquim Thomaz Jayme**
**Letra: José de Mendonça Teles**

Santuário da Serra Dourada
Natureza dormindo no cio,
Anhanguera, malícia e magia,
Bota fogo nas águas do rio.

Vermelho, de ouro, assustado,
Foge o índio na sua canoa.
Anhanguera bateia o tempo:
Levanta, arraial Vila Boa!

(estribilho)
Terra querida,
Fruto da vida,
Recanto da paz.
Cantemos aos céus,
Regência de Deus,
Louvor, louvor a Goiás!

A cortina se abre nos olhos,
Outro tempo agora nos traz.
É Goiânia, sonho e esperança,
É Brasília pulsando em Goiás.

O cerrado, os campos e as matas,
A indústria, gado e cereais.
Nossos jovens tecendo o futuro,
Poesia maior de Goiás!

A colheita nas mãos operárias,
Benze a terra, minérios e mais:
– O Araguaia dentro dos olhos
Me perco de amor por Goiás!

## MARANHÃO

A bandeira do Maranhão foi criada pelo poeta Joaquim Sousa Andrade e oficializada em 6 de dezembro de 1889. As faixas pretas, brancas e vermelhas simbolizam a mistura racial do povo do Maranhão e do Brasil. O quadrado azul no canto superior esquerdo representa o céu, e a estrela, o estado.

**Hino**
**Música: Antônio dos Reis Raiol**
**Letra: Antônio Baptista Barbosa de Godóis**

Entre o rumor das selvas seculares,
Ouviste um dia, no espaço azul vibrando,
O troar das bombardas nos combates,
Após, um hino festival, soando.

(estribilho)
Salve pátria, pátria amada!
Maranhão, Maranhão, berço de heróis,
Por divisa tens a glória,
Por nome, nossos avós.

Era a guerra, a vitória, a morte e a vida,
E, com a vitória, era a glória entrelaçada,
Caía do invasor a audácia estranha,
Surgia do direito a luz dourada.

Reprimiste o flamengo aventureiro.
E o forçaste a no mar buscar guarida;
E dois séculos depois, disseste ao luso:
A liberdade é o sol que nos dá vida!

Quando às irmãs os braços estendeste,
Foi com a glória a fulgir no teu semblante.
Sempre envolta na tua luz celeste,
Pátria de heróis, tens caminhado avante.

E na estrada esplendente do futuro,
Fitas o olhar, altiva e sobranceira.
Dê-te o porvir as glórias do passado,
Seja de glória tua existência inteira!

### MATO GROSSO

A bandeira foi criada em 31 de janeiro de 1890. O azul representa o céu de Mato Grosso; o branco, a paz; e o verde, a rica vegetação. A estrela simboliza o estado e é da cor amarela, por causa do ouro que atraiu os primeiros colonizadores.

**Hino**
**Música: Emílio Heine**
**Letra: d. Aquino Corrêa**

Limitando, qual novo colosso,
O ocidente do imenso Brasil,
Eis aqui, sempre em flor, Mato Grosso,
Nosso berço glorioso e gentil!
Eis a terra das minas faiscantes,
Eldorado como outros não há,
Que o valor de imortais bandeirantes
Conquistou ao feroz Paiaguá!

(estribilho)
Salve, terra de amor, terra de ouro,
Que sonhara Moreira Cabral!
Chova o céu dos seus dons o tesouro (bis)
Sobre ti, bela terra natal!

Terra noiva do Sol! Linda terra!
A quem lá, do teu céu todo azul,
Beija, ardente, o astro louro, na serra
E abençoa o Cruzeiro do Sul!
No teu verde planalto escampado,
E nos teus pantanais como o mar,

Vive, solto aos milhões, o teu gado,
Em mimosas pastagens sem-par!

Hévea fina, erva-mate preciosa,
Palmas mil, são teus ricos florões,
E da fauna e da flora o índio goza
A opulência em teus virgens sertões.
O diamante sorri nas grupiaras
Dos teus rios que jorram, a flux,
A hulha branca das águas tão claras,
Em cascatas de força e de luz.

Dos teus bravos a glória se expande
De Dourados até Corumbá,
O ouro deu-te renome tão grande,
Porém mais nosso amor te dará!
Ouve, pois, nossas juras solenes
De fazermos em paz e união
Teu progresso imortal como a fênix
Que ainda timbra o teu nobre brasão.

### MATO GROSSO DO SUL

Em 1º de janeiro de 1979, quando Mato Grosso se desmembrou em duas partes, o novo estado ganhou uma bandeira, que foi projetada por Mauro Michael Munhoz. Ela repete, em parte, as cores e a concepção da bandeira matogrossense. A estrela dourada representa o estado no céu (a cor azul). A faixa branca, no centro, simboliza a esperança; o verde é um manifesto pela preservação da riqueza natural.

**Hino**
**Música: Radamés Gnatalli**
**Letra: Jorge Antonio Siufi e Otávio Gonçalves Gomes**

Os celeiros de farturas,
Sob um céu de puro azul,

Reforjaram em Mato Grosso do Sul
Uma gente audaz.

Tuas matas e teus campos,
O esplendor do Pantanal,
E teus rios são tão ricos
Que não há igual.

(estribilho)
A pujança e a grandeza
De fertilidades mil
São orgulho e a certeza
Do futuro do Brasil.

Moldurados pelas serras,
Campos grandes: Vacaria,
Rememoram desbravadores,
Heróis, tanta galhardia!

Vespasiano, Camisão
E o tenente Antônio João,
Guaicurus, Ricardo Franco,
Glória e tradição!

## MINAS GERAIS

A bandeira mineira foi instituída em 8 de janeiro de 1963. Foi baseada na bandeira que, de acordo com os planos dos líderes da Inconfidência Mineira, seria adotada no país após sua independência de Portugal. Segundo Joaquim José da Silva Xavier, o Tiradentes, o triângulo central, que contém a expressão latina *Libertas Quae Sera Tamen* (liberdade antes que tardia), tirada de um verso de Virgílio, representava a Santíssima Trindade. Havia controvérsias sobre a cor do triângulo. Os historiadores diziam que ele deveria ser verde, a cor-símbolo da Revolução Francesa, que inspirou os inconfidentes mineiros. "Deveria", porque, como se sabe, Tiradentes e sua turma não chegaram a concretizar a ideia. E, embora a bandeira não tivesse sido pensada para a revolução, mas para o novo país, a Assembleia Legislativa optou pelo vermelho, a cor-símbolo de todas as revoluções.

**Hino (não oficial)**
A canção napolitana *Vieni sul mare* chegou ao Brasil no final do século XIX, trazida por companhias líricas e teatrais da Itália. O compositor Eduardo das Neves pôs na melodia versos de saudação ao encouraçado *Minas Gerais*, que o Brasil havia comprado da Inglaterra e, na época, era considerado um dos melhores navios de guerra do mundo. Depois que a música foi gravada em 1909, com a letra de Eduardo, começaram a aparecer novas versões exaltando o estado de Minas Gerais e não o navio, todas de autores desconhecidos. Como Minas Gerais não tem um hino oficial, os mineiros adotaram esta versão:

**Hino**
**Música: Adaptada de *Vieni sul mare*, por João Lucio Brandão**
**Letra: Adaptada por José Duduca de Morais**

(estribilho)
Ó! Minas Gerais,
Ó! Minas Gerais,
Quem te conhece,
Não esquece jamais.
Ó! Minas Gerais.

Lindos campos batidos de sol
Ondulando num verde sem fim
E montanhas que, à luz do arrebol,
Têm perfume de rosa e jasmim.
Vida calma nas vilas pequenas,
Rodeadas de campos em flor,
Doce terra de lindas morenas,
Paraíso de sonho e de amor.

Lavradores de pele tostada,
Boiadeiros, vestidos de couro,
Operários da indústria pesada,
Garimpeiros de pedra e de ouro,
Mil poetas de doce memória
E valentes heróis imortais,

Todos eles figuram na história
Do Brasil e de Minas Gerais.

Tuas terras que são altaneiras,
O teu céu é do puro anil.
És bonita, ó terra mineira,
Esperança do nosso Brasil!

Tua lua é a mais prateada
Que ilumina o nosso torrão.
És formosa, ó terra encantada,
És orgulho da nossa nação!

Teus regatos te enfeitam de ouro.
Os teus rios carreiam diamantes
Que faíscam estrelas de aurora
Entre matas e penhas gigantes.

Tuas montanhas são peitos de ferro
Que se erguem da pátria alcantil.
Nos teus ares suspiram serestas.
És altar deste imenso Brasil.

## PARÁ

Em 16 de novembro de 1889 foi proclamada a República do Pará e, no ano seguinte, o Conselho do Estado aceitou a proposta de seu presidente, Arturo Índio do Brasil, de reconhecer a bandeira como oficial da cidade de Belém. Algum tempo depois, a bandeira se tornaria o símbolo do estado. Em 3 de junho de 1898, a Câmara Estadual aprovou oficialmente a bandeira do estado do Pará. Nela, o vermelho simboliza a vitória revolucionária, o valor e o sangue, e a faixa branca sugere a linha do Equador e a imensidão das águas do rio Amazonas. Por fim, a estrela azul simboliza a constelação de Virgem e representa o estado do Pará.

**Hino**
**Música: Nicolino Milano, com arranjos de Gama Malcher**
**Letra: Arthur Porto Teódulo Santos**

Salve, ó terra de ricas florestas,
Fecundadas ao sol do equador!
Teu destino é viver entre festas,
Do progresso, da paz e do amor!
Salve, ó terra de ricas florestas,
Fecundadas ao sol do equador!

(estribilho)
Ó Pará, quanto orgulha ser filho,
De um colosso, tão belo e tão forte;
Juncaremos de flores teu trilho,
Do Brasil, sentinela do Norte.
E a deixar de manter esse brilho,
Preferimos, mil vezes, a morte.

Salve, ó terra de rios gigantes,
D'Amazônia, princesa louçã!
Tudo em ti são encantos vibrantes,
Desde a indústria à rudeza pagã!
Salve, ó terra de rios gigantes,
D'Amazônia, princesa louçã!

NEGO

## PARAÍBA

A primeira bandeira do estado era formada por faixas nas cores verde e branca; foi adotada em 1907 e deixou de existir em 1922 por força da lei. Após o assassinato de João Pessoa, houve um novo projeto para a bandeira, que tinha faixas horizontais em preto e vermelho. No centro, dentro de um círculo branco, havia um escudo com a data "5 de agosto de 1585" (data de fundação da capital), rodeado de estrelas que simbolizavam os municípios. Esse pavilhão durou pouco mais de duas semanas.

A atual bandeira foi uma criação do Partido da Aliança Liberal, que encabeçou a Revolução de 1930. Ela foi oficializada em 25 de setembro. O preto simboliza o duelo que terminou no assassinato de João Pessoa, então presidente da Paraíba. O vermelho foi a cor escolhida para festejar a vitória revolucionária. Extinta pela Constituição de 1937, a bandeira voltou a ser adotada em 11 de junho de 1947.

### O que significa o "nego" na bandeira da Paraíba?

A forma do verbo *negar* refere-se à decisão de João Pessoa, presidente da Paraíba em 1929, de não aceitar o sucessor indicado pelo presidente da República, Washington Luís. Um acordo entre São Paulo e Minas Gerais garantia que os presidentes viriam desses estados, em rodízio. Em 1929, o paulista Washington Luís quebrou o acerto, indicando outro paulista, o governador Júlio Prestes. Minas rebelou-se e recebeu apoio do Rio Grande do Sul. A Paraíba, que se considerava esquecida pelo governo federal, resolveu também rejeitar a decisão do presidente e se unir aos mineiros e aos gaúchos. Em julho, João Pessoa enviou uma mensagem a Washington Luís, protestando contra a decisão.

"Reunido, o Diretório do Partido, sob minha presidência, resolveu unanimemente não apoiar a candidatura do eminente sr. Júlio Prestes à sucessão presidencial da República. Peço comunicar esta resolução ao *leader* da maioria em resposta à sua consulta sobre a atitude da Paraíba. Queira transmitir aos demais membros da bancada esta deliberação do Partido, que conto todos apoiarão com a solidariedade sempre assegurada. Saudações."

O governador não usou exatamente a forma *nego*, mas ela ficou como um símbolo. Pouco depois da morte de João Pessoa, assassinado por motivos políticos em 26 de julho de 1930, os rebeldes propuseram a inclusão da palavra na bandeira. As alterações na bandeira foram feitas em setembro de 1930, às vésperas da revolução que levou Getúlio Vargas ao poder.

### Hino
**Música: Abdon Felinto Milanez**
**Letra: Francisco Aurélio de Figueiredo e Melo**

(estribilho)
Salve, berço de heroísmo.
Paraíba, terra amada,
Via Láctea do civismo
Sob o céu do amor traçada.

No famoso diadema
Que da pátria a fronte aclara
Pode haver mais ampla gema:
Não há pérola mais rara.

Quando repelindo o assalto
Do estrangeiro, combatias,
Teu valor brilhou tão alto
Que uma estrela parecias.

Nesse embate destemido
Teu denodo foi modelo:
Qual Rubi rubro incendido
Flamejaste em Cabedelo!

Depois, quando o Sul, instante,
Clamou por teu braço forte,
O teu gládio lampejante
Foi o Diamante do Norte!

Quando, enfim, a madrugada
De novembro nos deslumbra,
Como um sol a tua espada
Dardeja e espanca a penumbra!

Tens um passado de glória,
Tens um presente sem jaça:
Do porvir canta a vitória
E ao teu gesto a luz se faça.

## PARANÁ

A bandeira do estado do Paraná foi adotada em 9 de janeiro de 1892. Foi alterada em março de 1947 e, novamente, em setembro de 1990. Esta bandeira durou até 27 de maio de 2002, quando o decreto do governador Jaime

Lerner restaurou o desenho de 1947. Dentro de um retângulo verde, há uma faixa branca e uma esfera azul. A esfera representa a constelação do Cruzeiro do Sul na posição em que se encontrava em 29 de agosto de 1853, quando a província do Paraná foi criada. Dois ramos verdes seguem o contorno da esfera azul: um representando a erva-mate (esquerda), e o outro, o pinheiro-do-paraná (direita).

### Hino
**Música: Bento João de Albuquerque Mossurunga**
**Letra: Domingos Virgílio Nascimento**

(estribilho)
Entre os astros do Cruzeiro,
És o mais belo a fulgir.
Paraná, serás luzeiro!
Avante! Para o porvir!

O teu fulgor de mocidade,
Terra! Tem brilhos de alvorada:
Rumores de felicidade!,
Canções e flores pela estrada.

Outrora, apenas panorama
De campos ermos e florestas,
Vibras, agora, a tua fama
Pelos clarins das grandes festas.

A glória!... A glória!... Santuário!
Que o povo aspire e que idolatre-a:
E brilhará com brilho vário,
Estrela rútila da pátria!

Pela vitória do mais forte.
Lutar! Lutar! Chegada é a hora.
Para o zênite! Eis o teu norte!
Terra, já vem rompendo a aurora!

## PERNAMBUCO

Em 1817, Pernambuco viveu uma revolução que exigia o fim da Monarquia. Os revolucionários passaram a usar uma bandeira feita pelo padre João Ribeiro de Melo Montenegro, professor de desenho do Seminário de Olinda. A pintura ficou a cargo de Antônio Álvares, e o alfaiate José do Ó Barbosa, capitão de milícias do Regimento dos Homens Pardos, costurou os retalhos que deram origem à bandeira, com sua esposa, as filhas e o irmão, Francisco Dorneles Pessoa. A bandeira apareceu pela primeira vez em 2 de abril de 1817. No fundo, ela traz as cores tradicionais de Portugal: azul (céu) e branco (paz). A cruz representa a primeira designação do Brasil, ilha de Vera Cruz. O arco-íris indica o começo de uma nova era. A estrela amarela na parte superior é o estado de Pernambuco, iluminado pelo sol do futuro. Significa também que os pernambucanos são filhos do sol e vivem sob sua influência.

Quando as tropas imperiais acabaram com o movimento, a bandeira foi esquecida. Apenas em 23 de fevereiro de 1917, Manuel Antônio Pereira Borda, presidente do estado, transformou-a na bandeira oficial de Pernambuco.

### Hino
**Música: Nicolino Milano**
**Letra: Oscar Brandão da Rocha**

Coração do Brasil, em teu seio
Corre o sangue de heróis, rubro veio
Que há de sempre o valor traduzir.
És a fonte da vida e da história
Desse povo coberto de glória,
O primeiro, talvez, no porvir.

(estribilho)
Salve!... ó terra dos altos coqueiros!
De belezas soberbo estendal!
Nova Roma de bravos guerreiros,
Pernambuco, imortal! Imortal!

Esses montes e vales e rios,
Proclamando o valor de teus brios,
Reproduzem batalhas cruéis.
No presente és a guarda avançada,
Sentinela indormida e sagrada,
Que defende da pátria os lauréis.

Do futuro és a crença, a esperança,
Desse povo que altivo descansa,
Como atletas depois de lutar...
No passado teu nome era um mito,
Era o sol a brilhar no infinito,
Era a glória na terra a brilhar.

A República é filha de Olinda,
Alva estrela que fulge e não finda
De esplendor com os seus raios de luz.
Liberdade! Um teu filho proclama,
Dos escravos o peito se inflama
Ante o sol dessa Terra da Cruz.

## PIAUÍ

A bandeira do Piauí foi criada por uma lei de 24 de julho de 1922. O retângulo azul representa o céu, com uma estrela que simboliza o estado. A sua união ao restante do país aparece nas faixas verdes e amarelas. Em 17 de novembro de 2005, a bandeira foi modificada. Foi inserida abaixo da estrela a data de "13 de março de 1823", que relembra a Batalha do Jenipapo, importante marco na história do estado.

### Hino
**Música: Firmina Sobreira Cardoso**
**Letra: Antonio Francisco da Costa e Silva**

Salve terra que ao céu arrebatas
Nossas almas nos dons que possuis,

A esperança nos verdes das matas,
A saudade das serras azuis.

(estribilho)
Piauí, terra querida,
Filha do sol do equador,
Pertencem-te a nossa vida,
Nosso sonho, nosso amor!
As águas do Parnaíba,
Rio abaixo, rio arriba,
Espalhem pelo sertão
E levem pelas quebradas,
Pelas várzeas e chapadas
Teu canto de exaltação!

Desbravando-te os campos distantes
Na missão do trabalho e da paz,
A aventura de dois bandeirantes
A semente da pátria nos traz.

Sob um céu de imortal claridade,
Nosso sangue vertemos por ti;
Vendo a pátria pedir liberdade,
O primeiro que luta é o Piauí.

Possas tu, no trabalho fecundo
E com fé, fazer sempre melhor,
Para que no concerto do mundo
O Brasil seja ainda maior.

Possas tu, conservando a pureza
Do teu povo leal, progredir,
Envolvendo na mesma grandeza
O passado, o presente e o porvir!

## RIO DE JANEIRO

Em 23 de julho de 1975, a nova Constituição do estado do Rio de Janeiro, que havia se incorporado à Guanabara, estabeleceu que a bandeira seria a mesma do antigo estado. O azul e o branco foram herança das cores tradicionais de Portugal no século XIX. A bandeira havia sido instituída em 5 de outubro de 1965.

### Hino
**Música: João Elias da Cunha**
**Letra: Antônio José Soares de Souza Júnior**

Fluminenses, avante! Marchemos!
Às conquistas da paz, povo nobre!
Somos livres, alegres brademos,
Que uma livre bandeira nos cobre.

(estribilho)
Fluminenses, eia! Alerta!
Ódio eterno à escravidão!
Que na pátria enfim liberta
Brilha a luz da redenção!

Nesta pátria, do amor áureo templo,
Cantam hinos a Deus nossas almas;
Veja o mundo surpreso este exemplo,
De vitória, entre flores e palmas.

Nunca mais, nunca mais nesta terra
Virão cetros mostrar falsos brilhos.
Neste solo que encantos encerra,
Livre pátria terão nossos filhos.

Ao cantar delirante dos hinos,
Essa noite, dos tronos nascida,

Deste sol, aos clarões diamantinos,
Fugirá, sempre, sempre vencida.

Nossos peitos serão baluartes
Em defesa da pátria gigante;
Seja o lema do nosso estandarte:
Paz e amor! Fluminenses, avante!

## RIO GRANDE DO NORTE

A bandeira foi criada por uma lei de 3 de dezembro de 1957, sancionada pelo governador Dinarte de Medeiros Mariz. Baseou-se em um projeto do folclorista Luís da Câmara Cascudo, que utilizou elementos da cultura potiguar. O brasão, que ocupa a parte central da bandeira, foi criado em 1º de julho de 1909.

**Hino**
**Música: José Domingos Brandão**
**Letra: José Augusto Meira Dantas**

Rio Grande do Norte esplendente
Indomado guerreiro e gentil,
Nem tua alma domina o insolente,
Nem o alarde o teu peito viril!
Na vanguarda, na fúria da guerra
Já domaste o astuto holandês!
E nos pampas distantes, quem erra,
Ninguém ousa afrontar-te outra vez!
Da tua alma nasceu Miguelinho,
Nós, com ele, nascemos também,
Do civismo no rude caminho
Sua glória nos leva e sustém!

(estribilho)
A tua alma transborda de glória!
No teu peito transborda o valor!

Nos arcanos revoltos da história
Potiguares é povo senhor!
Foi de ti que o caminho encantado
Da amazônia Caldeira encontrou,
Foi contigo o mistério escalado,
Foi por ti que o Brasil acordou!
Da conquista formaste a vanguarda,
Tua glória flutua em Belém!
Teu esforço o mistério inda guarda,
Mas não pode negá-lo a ninguém!
É por ti que teus filhos decantam,
Nem te esquecem, distante, jamais!
Nem os bravos seus feitos suplantam
Nem teus filhos respeitam rivais!

Terra filha de sol deslumbrante,
És o peito da pátria e de um mundo!
A teus pés derramar, trepidante,
Vem Atlante o seu canto profundo!
Linda aurora que incende o teu seio,
Se recalma florida e sem par,
Lembra uma harpa, é um salmo, um gorjeio,
Uma orquestra de luz sobre o mar!
Tuas noites profundas, tão belas,
Enchem a alma de funda emoção.
Quanto sonho na luz das estrelas,
Quanto adejo no teu coração!

## RIO GRANDE DO SUL

A bandeira do Rio Grande do Sul, desenhada em 1835, passou a ser usada pelos rebeldes durante a Guerra dos Farrapos, a partir de 11 de setembro de 1836. O verde representa os pampas gaúchos; o amarelo, as riquezas naturais; e o vermelho, o entusiasmo e a coragem do povo. A autoria da bandeira é atribuída a Bernardo Pires, embora alguns historiadores apontem que ele passou para o papel a ideia de José Mariano de Matos. Terminada a revolução, ela só voltaria a ser usada como símbolo do estado em 1889. O brasão de armas entrou na bandeira dois anos depois. A bandeira foi oficializada em 5 de janeiro de 1966.

### Hino
**Música: Joaquim José Mendanha**
**Letra: Francisco Pinto da Fontoura**

Como a aurora precursora
Do farol da divindade,
Foi a 20 de setembro
O precursor da liberdade.

(estribilho)
Mostremos valor, constância,
Nesta ímpia e injusta guerra.
Sirvam nossas façanhas
De modelo a toda a terra. (bis)

Mas não basta pra ser livre
Ser forte, aguerrido e bravo.
Povo que não tem virtude
Acaba por ser escravo.

### RONDÔNIA

Houve um concurso para a escolha da bandeira de Rondônia. O ganhador foi o arquiteto Sílvio Carvajal Feitosa e a bandeira foi adotada oficialmente em 31 de dezembro de 1981. Segundo Sílvio, a estrela simboliza o novo estado brilhando no céu da União (representado pela cor azul). O verde e o amarelo mostram as potencialidades vegetal e mineral de Rondônia.

### Hino
**Música: José de Mello e Silva**
**Letra: Joaquim de Araújo Lima**

Quando nosso céu se faz moldura
Para engalanar a natureza,
Nós, os bandeirantes de Rondônia,
Nos orgulhamos de tanta beleza.
Como sentinelas avançadas,
Somos destemidos pioneiros
Que nestas paragens do poente
Gritam com força: somos brasileiros!

Nesta fronteira de nossa pátria,
Rondônia trabalha febrilmente.
Nas oficinas e nas escolas
A orquestração empolga toda gente.
Braços e mentes forjam cantando
A apoteose deste rincão
Que com orgulho exaltaremos
Enquanto nos palpita o coração.

Azul, nosso céu é sempre azul.
Que Deus o mantenha sem rival,
Cristalino, muito puro,
E o conserve sempre assim.
Aqui toda a vida se engalana
De beleza tropical,
Nossos lagos, nossos rios,
Nossas matas, tudo enfim...

### RORAIMA

A bandeira foi desenhada por Mário Barreto. São três faixas transversais nas cores azul (representando o céu), branca (paz) e verde (a densidade das florestas). Traz, no centro, uma estrela amarelo-ouro (riquezas minerais). A faixa vermelha simboliza a linha do equador.

**Hino**
**Música: Dirson Felix Costa**
**Letra: Dorval de Magalhães**

Todos nós exaltamos Roraima,
Que é uma terra de gente viril,
É benesse das mãos de Jesus,
Para um povo feliz, varonil!
Amazônia do Norte da pátria,
Mais bandeira para o nosso Brasil.
Caminhamos sorrindo, altaneiros,
Almejamos ser bons brasileiros.

(estribilho)
Nós queremos te ver poderoso,
Lindo berço, rincão Pacaraima!
Teu destino será glorioso,
Nós te amamos, querido Roraima!

Tua flora, o minério e a fauna
São riquezas de grande valor.
Tuas águas são limpas, são puras,
Tuas forças traduzem vigor.
Que belezas possui nossa terra!
Sinfonia que inspira o amor!
O sucesso é a meta, o farol
No lavrado banhado de sol!

## SANTA CATARINA

Em 15 de agosto de 1895, Santa Catarina ganhou uma bandeira desenhada por José Artur Boiteux. Tinha faixas vermelhas e brancas, em número igual ao de comarcas do estado. Dentro do losango verde, estrelas amarelas representavam os municípios. Quando foi regulamentada, em 29 de outubro de 1953, sofreu alterações. As faixas passaram a ser apenas três – as das extremidades, vermelhas, e a do centro, branca. O triângulo verde (vegetação) que fica no centro traz um brasão cheio de simbolismos. A estrela representa a integração dos municípios; a águia, as forças produtoras; a chave, sua posição estratégica na região Sul; a âncora, o mar que banha Santa Catarina; e a data, 17 de novembro de 1889, a adoção do sistema republicano no estado. Mostrando a lavoura da serra e a lavoura do litoral, existem ainda ramos de trigo (lado direito) e de café (lado esquerdo), ligados por um laço onde se lê: "Estado de Santa Catarina". No alto, o barrete vermelho é o símbolo da República.

## Hino
**Música: José Brazilício de Souza**
**Letra: Horácio Nunes Pires**

Sagremos num hino de estrelas e flores,
Num canto sublime de glórias e luz,
As festas que os livres frementes de ardores,
Celebram nas terras gigantes da cruz.
Quebram-se férreas cadeias,
Rojam algemas no chão;
Do povo nas epopeias
Fulge a luz da redenção.

No céu peregrino da pátria gigante
Que é berço de glórias e berço de heróis
Levanta-se em ondas de luz deslumbrante
O sol, Liberdade cercada de sóis.
Pela força do Direito,
Pela força da razão,
Cai por terra o preconceito,
Levanta-se uma Nação.

Não mais diferenças de sangues e raças,
Não mais regalias sem termos fatais,
A força está toda do povo nas massas,
Irmãos somos todos e todos iguais
Da liberdade adorada.
No deslumbrante clarão
Banha o povo a fronte ousada
E avigora o coração.

O povo que é grande mas não vingativo,
Que nunca a justiça e o Direito calcou,
Com flores e festas deu vida ao cativo,
Com festas e flores o trono esmagou.
Quebrou-se a algema do escravo
E nesta grande Nação
É cada homem um bravo,
Cada bravo um cidadão.

### SÃO PAULO

Em 16 de julho de 1888, o jornal *O Rebate*, fundado e dirigido por Júlio César Ribeiro Vaughan, criou uma bandeira para a causa republicana. Eram 15 faixas, oito pretas e sete brancas, alternadamente. Na parte superior, à esquerda, havia um retângulo vermelho, com quatro estrelas amarelas (que representavam o Cruzeiro do Sul) e um círculo branco com o mapa do Brasil ao centro. Essas cores representavam as três raças formadoras do país: brancos, negros e indígenas. Durante a Revolução Constitucionalista de 1932, a ideia de Júlio foi adotada pelo estado de São Paulo, com algumas alterações. O número de faixas diminuiu para 13, e seu significado passou a ser outro: dia e noite (faixas brancas e pretas), os paulistas darão o seu sangue (retângulo vermelho) pela defesa e glória do Brasil (círculo branco com o mapa) nos quatro pontos cardeais (estrelas amarelas).

### Hino
**Música: Sérgio Oliveira de Vasconcellos Corrêa**
**Letra: Guilherme de Almeida**

Paulista, para um só instante
Dos teus quatro séculos ante
A tua terra sem fronteiras,
O teu São Paulo das bandeiras!

Deixa atrás o presente:
Olha o passado à frente!

Vem com Martim Afonso a São Vicente!
Galga a serra do mar! Além, lá no alto,
Bartira sonha sossegadamente
Na sua rede virgem do planalto.
Espreita-a entre a folhagem de esmeralda,
Beija-lhe a cruz de estrelas da grinalda!
Agora, escuta! Aí vem, moendo o cascalho,
Bota de nove léguas, João Ramalho.
Serra acima, dos baixos da restinga,
Vem subindo a roupeta
De Nóbrega e de Anchieta.

Contempla os campos de Piratininga!
Este é o colégio. Adiante está o sertão.
Vai! Segue a entrada! Enfrenta!
Avança! Investe!

Norte-Sul-Este-Oeste,
Em bandeira ou monção
Doma os índios bravios,

Rompe a selva, abre minas, vara rios.
No leito da jazida
Acorda a pedraria adormecida:
Retorce os braços rijos
E tira o ouro dos seus esconderijos.

Bateia, escorre a ganga,
Lavra, planta, povoa.
Depois volta a garoa!

E adivinha através dessa cortina,
Na tardinha enfeitada de miçanga,

A sagrada colina,
Ao Grito do Ipiranga!
Entreabre agora os véus!

> Do cafezal, senhor dos horizontes,
> Verás fluir, por planos, vales, montes,
> Usinas, gares, silos, cais, arranha-céus!

## SERGIPE

No fim do século XIX, o negociante e industrial José Rodrigues Coelho fundou a Companhia de Navegação Sergipana para promover o intercâmbio comercial entre os quatro portos situados no rio Sergipe (Aracaju, Laranjeiras, Riachuelo e Maruim). Coelho desenhou para as suas embarcações uma bandeira com quatro faixas, nas cores verde e amarela alternadamente, e quatro estrelas num retângulo azul. Ela passou a ser conhecida como a bandeira de Sergipe, mas só seria regulamentada em 19 de outubro de 1920, aproveitando as comemorações do primeiro centenário de emancipação política do estado. Uma quinta estrela foi acrescentada ao retângulo, e as estrelas passaram a representar os principais rios do estado (Sergipe, São Francisco, Real, Vaza-Barris e Japaratuba).

Em 1951, a bandeira sergipana sofreu uma pequena alteração. O retângulo passou a ter 42 estrelas, representando todos os municípios. No ano seguinte, ela voltou a ter apenas cinco estrelas.

### Hino
**Música: frei José de Santa Cecília**
**Letra: Manoel Joaquim de O. Campos**

Alegrai-vos, sergipanos,
Eis que surge a mais bela aurora,
Do áureo e jucundo dia
Que a Sergipe honra e decora.

(estribilho)
O dia brilhante,
Que vimos raiar,
Com cânticos doces
Vamos festejar.

A bem de seus filhos todos
Quis o Brasil se lembrar
De o seu imenso terreno
Em províncias separar.
Isto se fez, mas contudo
Tão cômodo não ficou,
Como por más consequências
Depois se verificou.

Cansado da dependência
Com a província maior,
Sergipe ardente procura
Um bem mais consolador.

Alça a voz, ao trono sobe
Que o soberano excitou;
E curvo o trono a seus votos,
Independente ficou.

Eis, patrícios sergipanos,
Nossa dita singular,
Com doces, alegres cantos
Nós devemos festejar.

Mandemos, porém, ao longe
Essa espécie de Rancor,
Que ainda hoje alguém conserva
Aos da província maior.

A união mais constante
Nós deverá congraçar,
Sustentando a liberdade
De que queremos gozar.

Se vier danosa intriga
Nossos lares habitar,
Desfeitos os nossos gostos
Tudo em flor há de murchar.

## TOCANTINS

Sobre uma barra branca, que representa a paz, há um sol amarelo-ouro com 8 pontas maiores e 16 menores, iluminando com seus raios o novo estado. O sol aparece entre os campos azul e amarelo, cores que simbolizam as águas e o solo tocantinense.

**Hino**
**Música: Abiezer Alves da Rocha**
**Letra: José Liberato Costa Póvoa**

O sonho secular já se realizou:
Mais um astro brilha dos céus aos confins.
Este povo forte
Do sofrido Norte
Teve melhor sorte:
Nasce o Tocantins!

(estribilho)
Levanta altaneiro, contempla o futuro,
Caminha seguro, persegue teus fins.
Por tua beleza, por tuas riquezas,
És o Tocantins!

Do bravo Ouvidor a saga não parou.
Contra a oligarquia o povo se voltou.

Somos brava gente,
Simples, mas valente,
Povo consciente,
Sem medo e temor.

De Segurado a Siqueira o ideal seguiu
Contra tudo e contra todos firme e forte.
Contra a tirania
Da oligarquia

O povo queria
Libertar o Norte!

Teus rios, tuas matas, tua imensidão,
Teu belo Araguaia lembram o paraíso.
Tua rica história
Guardo na memória.
Pela tua glória,
Morro, se for preciso!

Pulsa no peito o orgulho da luta de Palmas
Feita com a alma que a beleza irradia.
Vejo tua gente,
Tua alma xerente,
Teu povo valente,
Que venceu um dia!

**Você sabia que...**
... a Constituição de 1937 aboliu os símbolos estaduais? No dia 27 de novembro, houve até uma cerimônia oficial para a queima das bandeiras estaduais na praça do Russell (praça Juarez Távora e Luís de Camões), no Rio de Janeiro. Jovens, em fila como numa procissão, subiam ao palanque e entregavam o pavilhão de um estado para ser queimado. Com a queda do Estado Novo, porém, as bandeiras voltaram a ser usadas.

## NOSSOS HINOS MAIS IMPORTANTES

### Hino da Independência

**Música: D. Pedro I**
**Letra: Evaristo da Veiga**

Já podeis, da pátria filhos,
Ver contente a mãe gentil:
Já raiou a liberdade
No horizonte do Brasil.

(estribilho)
Brava gente brasileira!
Longe vá, temor servil!
Ou ficar a pátria livre,
Ou morrer pelo Brasil.

Os grilhões que nos forjava
Da perfídia astuto ardil...
Houve mão mais poderosa,
Zombou deles o Brasil!

(estribilho)

Não temais ímpias falanges
Que apresentam face hostil.
Vossos peitos, vossos braços,
São muralhas do Brasil.

(estribilho)

Parabéns, ó brasileiros!
Já com garbo juvenil,
Do universo entre as nações
Resplandece a do Brasil.

(estribilho)

# Hino da Proclamação da República

**Música: Leopoldo Miguez**
**Letra: Medeiros e Albuquerque**

Seja um pálio de luz desdobrado
Sob a larga amplidão destes céus
Este canto rebel, que o passado
Vem remir dos mais torpes labéus!

Seja um hino de glória que fale
De esperança de um novo porvir!
Com visões de triunfos embale
Quem por ele lutando surgir!

(estribilho)
Liberdade! Liberdade!
Abre as asas sobre nós!
Das lutas na tempestade,
Dá que ouçamos tua voz!

Nós nem cremos que escravos outrora
Tenha havido em tão nobre país
Hoje o rubro lampejo da aurora
Acha irmãos, não tiranos hostis.
Somos todos iguais! Ao futuro
Saberemos, unidos, levar
Nosso augusto estandarte que, puro,
Brilha, ovante, da Pátria no altar!

(estribilho)

Se é mister que de peitos valentes
Haja sangue no nosso pendão
Sangue vivo do herói Tiradentes
Batizou este audaz pavilhão!

Mensageiros da paz, paz queremos
É de amor nossa força e poder,
Mas da guerra nos transes supremos
Heis de ver-nos lutar e vencer!

(estribilho)

Do Ipiranga é preciso que o brado
Seja um grito soberbo de fé!
O Brasil já surgiu libertado
Sobre as púrpuras régias de pé!

Eia, pois, brasileiros, avante!
Verdes louros colhamos louções!
Seja o nosso país triunfante,
Livre terra de livres irmãos!
(estribilho)

## Hino à Bandeira

**Música: Francisco Braga**
**Letra: Olavo Bilac**

Foi encomendado por Francisco Pereira Passos, prefeito do Distrito Federal (Rio de Janeiro) na época. Foi executado pela primeira vez em 9 de novembro de 1906.

Salve, lindo pendão da esperança!
Salve, símbolo augusto da paz!
Tua nobre presença à lembrança
A grandeza da pátria nos traz.

(estribilho)
Recebe o afeto que se encerra
Em nosso peito juvenil,
Querido símbolo da terra,
Da amada terra do Brasil!

Em teu seio formoso retratas
Este céu de puríssimo azul,
A verdura sem-par destas matas
E o esplendor do Cruzeiro do Sul.

(estribilho)

Contemplando o teu vulto sagrado,
Compreendemos o nosso dever,
E o Brasil, por seus filhos amado,
Poderoso e feliz há de ser!

(estribilho)

Sobre a imensa nação brasileira
Nos momentos de festa ou de dor,
Paira sempre, sagrada bandeira,
Pavilhão de justiça e de amor!

(estribilho)

## Canção do soldado

**Música: Teóphilo de Magalhães**
**Letra: Tenente-coronel Alberto Augusto Martins**

Nós somos da Pátria a guarda,
Fiéis soldados,
Por ela amados.
Nas cores de nossa farda
Rebrilha a glória,
Fulge a vitória.

Em nosso valor se encerra
Toda a esperança
Que um povo alcança.
Quando altiva for a Terra
Rebrilha a glória,
Fulge a vitória.

(estribilho)
A paz queremos com fervor,
A guerra só nos causa dor.
Porém, se a Pátria amada
For um dia ultrajada
Lutaremos sem temor.

Como é sublime
Saber amar,
Com a alma adorar
A terra onde se nasce!

Amor febril
Pelo Brasil
No coração
Nosso que passe.

E quando a nação querida,
Frente ao inimigo,
Correr perigo,
Se dermos por ela a vida
Rebrilha a glória,
Fulge a vitória.
Assim ao Brasil faremos
Oferta igual
De amor filial.
E a ti, Pátria, salvaremos!
Rebrilha a glória,
Fulge a vitória.

(estribilho)

## Canção do marinheiro (Cisne branco)

**Música: Primeiro-sargento Antonio Manoel do Espírito Santo**
**Letra: Segundo-tenente Benedito Xavier de Macedo**

Qual cisne branco que em noite de lua
Vai deslizando num lago azul,
O meu navio também flutua
Nos verdes mares de Norte a Sul.

Linda galera que em noite apagada
Vai navegando no mar imenso,
Nos traz saudades da terra amada,
Da pátria minha em que tanto penso.

Qual linda garça que aí vai
Cortando os ares,
Vai navegando sob um belo céu de anil,

Nossa galera também vai cortando os mares,
Os verdes mares, os mares verdes do Brasil.

Quanta alegria nos traz a volta
À nossa Pátria do coração,
Dada por finda a nossa derrota,
Termos cumprido nossa missão.

Apesar de ser a canção mais conhecida da Marinha, o *Cisne branco* não é o seu hino oficial.

## Hino do aviador

**Música: Tenente João Nascimento**
**Letra: Capitão Armando Serra de Menezes**

Vamos, filhos altivos dos ares,
Nosso voo ousado alçar.
Sobre campos, cidades e mares
Vamos nuvens e céus enfrentar.

D'astro-rei desafiamos nos cimos,
Bandeirantes audazes do azul.
Às estrelas, de noite, subimos,
Para orar ao Cruzeiro do Sul.

(estribilho)
Contato! Companheiros!
Ao vento, sobranceiros,
Lancemos o roncar
Da hélice a girar.

Mas se explode o corisco no espaço
Ou a metralha, na guerra, rugir,
Cavalheiros do século do aço,
Não nos faz o perigo fugir.

Não importa a tocaia da morte,
Pois que à pátria, dos céus no altar,

Sempre erguemos de ânimo forte
O holocausto da vida, a voar.

(estribilho)

## Canção do expedicionário

**Música: Spartaco Rossi**
**Letra: Guilherme de Almeida**

A *Canção do expedicionário*, datada de 7 de março de 1944, nasceu de um concurso organizado pelo *Diário da Noite* e Emissoras Associadas, de São Paulo.

I
Você sabe de onde eu venho?
Venho do morro, do engenho,
Das selvas, dos cafezais,
Da boa terra do coco,
Da choupana onde um é pouco,
Dois é bom, três é demais.
Venho das praias sedosas,
Das montanhas alterosas,
Do pampa, do seringal,
Das margens crespas dos rios,
Dos verdes mares bravios,
De minha terra natal.

(estribilho)
Por mais terras que eu percorra,
Não permita Deus que eu morra
Sem que volte para lá;
Sem que leve por divisa
Esse "V" que simboliza
A vitória que virá:
Nossa vitória final,
Que é a mira do meu fuzil,
A ração do meu bornal,
A água do meu cantil,

As asas do meu ideal,
A glória do meu Brasil!

II
Eu venho da minha terra,
Da casa branca da serra
E do luar do sertão;
Venho da minha Maria
Cujo nome principia
Na palma da minha mão.

Braços mornos de Moema,
Lábios de mel de Iracema
Estendidos para mim!
Ó minha terra querida
Da Senhora Aparecida
E do Senhor do Bonfim!

(estribilho)

III
Você sabe de onde eu venho?
É de uma pátria que eu tenho
No bojo do meu violão;
Que de viver em meu peito
Foi até tomando jeito
De um enorme coração.
Deixei lá atrás meu terreiro,
Meu limão, meu limoeiro,
Meu pé de jacarandá,
Minha casa pequenina
Lá no alto da colina
Onde canta o sabiá.

(estribilho)

IV
Venho de além desse monte
Que ainda azula no horizonte,
Onde o nosso amor nasceu;

Do rancho que tinha ao lado
Um coqueiro que, coitado,
De saudade já morreu.
Venho do verde mais belo,
Do mais dourado amarelo,
Do azul mais cheio de luz,
Cheio de estrelas prateadas
Que se ajoelham, deslumbradas,
Fazendo o sinal da cruz!

(estribilho)

## A POSSE DO PRESIDENTE

**1.** Antes de ser empossado, o presidente eleito é diplomado pelo Poder Judiciário, que atesta o resultado eleitoral.

**2.** Um tapete vermelho e uma comissão especial recepcionam o presidente na entrada do Congresso. No plenário, diante dos congressistas, do presidente do Supremo Tribunal Federal, delegações estrangeiras e convidados, o presidente levanta a mão direita e jura em voz alta lealdade à Constituição, assina o termo de posse e anuncia em discurso as diretrizes de governo.
O juramento diz:

> "Prometo manter, defender e cumprir a Constituição, observar as leis, promover o bem geral do povo brasileiro, sustentar a união, a integridade e a independência do Brasil".

**3.** Depois de empossado, o presidente vai para o Palácio do Planalto, onde recebe homenagens militares: 21 tiros de canhão (número reservado a chefes de Estado) e apresentação de armas. Sobe, então, a rampa do palácio.

**4.** O presidente que deixa o cargo recebe o sucessor na porta do palácio e depois lhe passa a faixa. A faixa presidencial carrega o Brasão Nacional e um broche com a representação feminina da República.

**5.** Recebida a faixa, o presidente se dirige à tribuna do Planalto.

**6.** O primeiro ato do governo é a nomeação do ministro da Justiça, que precisa referendar a nomeação dos outros ministros para que eles tomem posse.

**7.** Os ministros assinam o termo de posse no Planalto. Depois acontece a transmissão de cargo em cada ministério.

## A FAIXA PRESIDENCIAL

A faixa presidencial foi criada em 1910 por um decreto de Hermes da Fonseca. No começo, era uma faixa com o centro verde, ladeada por duas bandas amarelas. Hoje, o amarelo está no centro. O primeiro presidente a aparecer com a nova faixa na galeria de retratos oficiais do Planalto foi Getúlio Vargas. A faixa tem 12 centímetros de largura por 70 centímetros de comprimento e deve ser usada da direita para a esquerda. No centro está bordado, com fios de ouro, o Brasão da República. No lugar em que as duas pontas se cruzam, há uma medalha de ouro maciço presa a um broche que repousa sobre uma roseta. A faixa deveria ser usada só com fraque, mas os presidentes às vezes a usam com terno.

Antes de deixar o palácio, o presidente deposto Washington Luís chamou seu mordomo e lhe entregou a faixa presidencial. Pediu que ele desse a faixa apenas ao novo presidente que assumisse legitimamente o poder depois que a revolução terminasse. O mordomo cumpriu a ordem à risca. Para evitar qualquer surpresa, pôs a faixa por baixo das próprias roupas. Não a retirava nem à noite na hora de dormir. Depois que Getúlio Vargas sofreu um acidente, o mordomo ficou comovido e resolveu lhe entregar a faixa. Mas Vargas fez questão de recebê-la só quando foi eleito presidente da República pela Assembleia Nacional Constituinte, em 1934.

## OS DRAGÕES DA INDEPENDÊNCIA

O 1º Regimento de Cavalaria de Guarda foi criado por d. João VI em 1808. Em 1927, o agrupamento recebeu o pomposo nome de Dragões da Independência. São eles que fazem a guarda do chefe de Estado brasileiro. Tanto que acompanhavam d. Pedro I quando este proclamou a Independência do Brasil em 1822. Eles usam um fardamento do século XIX em branco e vermelho, que são as cores tradicionais da cavalaria desde a Idade Média.

### SUCESSÃO PRESIDENCIAL
**Na ausência do presidente, quem assume o poder é:**
Vice-presidente
Presidente da Câmara dos Deputados
Presidente do Senado
Presidente do Supremo Tribunal Federal

Para concorrer ao cargo de presidente do Brasil, o cidadão deve obedecer a algumas normas:
- Ser brasileiro nato
- Ter, no mínimo, 35 anos
- Ter o pleno exercício dos direitos políticos
- Ser eleitor
- Ter domicílio eleitoral no Brasil
- Estar filiado a algum partido. Basta inscrever uma sigla qualquer na Justiça Eleitoral, reunir amigos em nove estados diferentes e realizar um encontro a que se dará o nome de convenção nacional.

Até um dia antes da eleição pode haver a troca de nomes, dentro de qualquer legenda, desde que o candidato renuncie ou sofra algum impedimento grave.

> **Idades mínimas para cargos eletivos**
> 35 anos para presidente, vice-presidente e senador
> 30 anos para governador e vice-governador
> 21 anos para deputado federal, deputado estadual, prefeito e vice-prefeito
> 18 anos para vereador

## O SENADO

Os senadores são eleitos para um mandato de oito anos. Cada estado tem três senadores. Após quatro anos, é obrigatória a reeleição de ⅓ do senado.

## REPRESENTAÇÃO NA CÂMARA

Os deputados são eleitos para um mandato de quatro anos, em número proporcional à população de cada estado. A Constituição, no entanto, limita essa proporcionalidade ao determinar que cada estado pode ter o máximo de 70 e o mínimo de 8 representantes. Desse modo, um cidadão de Roraima vale 17 vezes mais que um paulista. São Paulo tem 21% da população brasileira. Deveria ter, portanto, 21% dos 513 parlamentares, o que daria 110, e não os 70 atuais. Roraima, com 0,1% da população, teria apenas 1, ao contrário dos 8 atuais.

| Estados | Deputados | População* |
|---|---|---|
| SP | 70 | 39.827.570 |
| MG | 53 | 19.273.506 |
| RJ | 46 | 15.420.375 |
| BA | 39 | 14.080.654 |
| RS | 31 | 10.582.840 |
| PR | 30 | 10.284.503 |
| PE | 25 | 8.485.386 |
| CE | 22 | 8.185.286 |
| MA | 18 | 6.118.995 |
| GO | 17 | 5.647.035 |
| PA | 17 | 7.065.573 |
| SC | 16 | 5.866.252 |
| PB | 12 | 3.641.395 |
| ES | 10 | 3.351.669 |
| PI | 10 | 3.032.421 |
| AL | 9 | 3.037.103 |

| | | |
|---|---|---|
| AC | 8 | 655.385 |
| AM | 8 | 3.221.939 |
| AP | 8 | 587.311 |
| DF | 8 | 2.455.903 |
| MS | 8 | 2.265.274 |
| MT | 8 | 2.854.642 |
| RN | 8 | 3.013.740 |
| RO | 8 | 1.453.756 |
| RR | 8 | 395.725 |
| SE | 8 | 1.939.426 |
| TO | 8 | 1.243.627 |
| **TOTAL** | **513** | **183.987.291** |

Fonte: IBGE

## AS MULHERES NA POLÍTICA

No Brasil, as mulheres começaram a ter direito a voto em 1932. Antes, portanto, de países como França (1945), Japão (1945), Argentina (1946) e Suíça (1971), e depois de Nova Zelândia (1893) e Estados Unidos (1920).

**Primeira deputada federal**
Carlota P. Queirós – 1933

**Primeira senadora**
Eunice Michiles – 1979

**Primeira governadora**
Roseana Sarney (PFL – MA) – 1995

**Primeira candidata à Presidência**
Lívia Maria Pio de Abreu (PN) – 1989
A advogada mineira dava expediente na agência do Banco do Brasil no bairro de Barro Preto, em Belo Horizonte.

**Primeira mulher exilada pelo golpe militar**
Ana Montenegro – 1964
Foi uma das fundadoras da Federação de Mulheres do Brasil e do jornal *Momento Feminino*.

Em 1964, era secretária da Frente Nacional Feminina e sua intensa militância no Partido Comunista Brasileiro (PCB) a levou ao exílio dois meses após o golpe militar. Foram 15 anos entre México, Cuba, Europa, África, Oriente Médio, China e até Vietnã.

**Primeira prefeita eleita**
Alzira Soriano – 1928
Aconteceu na cidade de Lajes (RN), mas Alzira foi impedida de exercer o mandato, porque as mulheres ainda não podiam votar oficialmente.

**Primeira mulher a fazer parte de um tribunal eleitoral**
Ana Amélia Queirós Carneiro de Mendonça – 1934

**Primeira eleitora a se cadastrar num cartório eleitoral**
Celina Guimarães Vianna – 1927
Foi em Mossoró (RN)

**Primeira guarda-costas presidencial**
Cecília Bussolo – 1989

**Primeira ministra do Supremo Tribunal Federal**
Ellen Gracie Northfleet – 2000

**Primeira governadora**
Iolanda Fleming (Acre) – 1986

**Primeira secretária de Segurança Pública**
Katia Alves (Bahia) – 1999

**Primeira juíza federal negra**
Neuza Maria Alves da Silva – 1988

**Primeira deputada negra**
Antonieta de Barros – 1934

**Primeira senadora negra**
Benedita da Silva – 1994

**Primeira presidente**
Dilma Rousseff – 2011

## ELAS DERAM O QUE FALAR

**Marcela Temer**
Embora não tenha concorrido a nenhum cargo político, Marcela Tedeschi Temer roubou as atenções na posse da presidente Dilma Rousseff, em 1º de janeiro de 2011. Tanto que foi um dos dez assuntos mais comentados mundialmente no Twitter por 32 horas.
Marcela Temer é mulher do vice-presidente Michel Temer. Nascida em 1983, na cidade de Paulínia (SP), ela é 42 anos mais nova que o marido. Os três filhos de Temer do primeiro casamento são pelo menos 12 anos mais velhos que Marcela.
Aos 19 anos, Marcela ficou em segundo lugar no concurso Miss Paulínia. Logo depois, conquistou a mesma colocação no concurso Miss São Paulo.
Os dois se casaram em julho de 2003 apenas no civil. Ela tem uma tatuagem com o nome do marido na nuca. O filho do casal, Michel, nasceu em 2009.

**Weslian Roriz**
Às vésperas da eleição para o governo do Distrito Federal, em 2010, o candidato Joaquim Roriz desistiu de concorrer. Estava com medo que sua candidatura fosse impugnada pela Lei Ficha Limpa. Colocou, então, em seu lugar a mulher, Weslian do Perpétuo Socorro Peles Roriz, com quem se casou em 1960.
Sem traquejo político, Weslian acabou protagonizando momentos de humor involuntário na campanha, principalmente nos debates de TV. Numa resposta, ela soltou: "Quero defender toda aquela corrupção".
Ao ser questionada sobre propostas para o transporte público, Weslian se confundiu com as fichas e disse: "Tudo na hora certa. Uma pergunta para o senhor: o senhor era do partido comunista, que não acredita em Deus. O PT expulsou quem é... hm... quem não é contra o aborto. O senhor é contra ou a favor do aborto?".
Quando uma pergunta foi feita pelo candidato Agnelo Queiroz, ela respondeu: "Olha, senhor Agnelo, quero te dar uma resposta muito franca (pausa). Qual foi a pergunta mesmo?".
Weslian perdeu a eleição.

# O dinheiro

♦ Apesar de serem utilizadas moedas na Europa na época do descobrimento do Brasil, o comércio daquele tempo era quase todo à base de trocas. As "moedas" mais valiosas eram o fumo, o açúcar e o algodão, produtos de que vários países necessitavam.

♦ As moedas de verdade só surgiram no Brasil durante o reinado de d. Pedro II, e o nome do dinheiro era o mesmo de hoje, real, que era a moeda que Portugal usava.

♦ Podiam ser de ouro (dobrão), de prata (pataca) e de bronze (vintém). O plural de *real* era *réis*, e um milhão de réis era chamado de 1 "conto" de réis.

**1500 a 1942 – Real**
Foi a moeda que ficou em circulação por mais tempo.

**1942 – Cruzeiro**
No dia 5 de outubro, Getúlio Vargas fez o primeiro corte de zeros e criou o cruzeiro. Cada cruzeiro equivalia a 1 mil réis.

**1967 – Cruzeiro novo**
Durante o regime militar, o cruzeiro perdeu três zeros e virou cruzeiro novo. A substituição aconteceu em 13 de fevereiro.

**1970 – Cruzeiro**
A moeda voltou a se chamar cruzeiro em 15 de maio. Não houve cortes de zeros.

**1986 – Cruzado**
Lá se foram mais três zeros e surgiu o cruzado no governo de José Sarney. A mudança se deu no dia 28 de fevereiro.

**1989 – Cruzado novo**
As mudanças se tornaram mais frequentes. A moeda brasileira perdeu mais três zeros e passou a se chamar cruzado novo (16 de janeiro).

**1990 – Cruzeiro**
A moeda corrente voltou a se chamar cruzeiro no governo Collor (16 de março) para se diferenciar do dinheiro bloqueado. Não houve cortes de zeros.

**1993 – Cruzeiro real**
Para criar o cruzeiro real, em 1º de agosto, o presidente Itamar Franco cortou outros três zeros.

**1994 – Real**
Foi a maior substituição de dinheiro já realizada no mundo. No dia 1º de julho, 2.750 cruzeiros reais foram trocados por um real. O Banco Central recolheu e incinerou 3,4 bilhões de cédulas de cruzeiro real. Encomendou 1,5 bilhão de cédulas de real, que valiam 27 bilhões de dólares (90% fabricadas na Casa da Moeda, no Rio de Janeiro, e 10% impressas na Suíça, na França, na Alemanha e na Inglaterra). Foram distribuídos também 900 milhões de moedinhas, que pesavam 2 mil toneladas. A mudança custou aos cofres do governo 10 milhões de dólares.

**Real - Nova cédula**
Em agosto de 2010, foi iniciada a produção de novas cédulas de real. As novas notas ganharam mais elementos de segurança, como a marca-d'água, para dificultar a falsificação. Outras mudanças – para ajudar os deficientes visuais na identificação das cédulas – foram as marcas táteis no papel e a diferença de tamanho das notas de acordo com o valor. Já as cores e os animais de cada cédula continuaram os mesmos.

Nove bilhões de reais foram para os bolsos dos brasileiros e o equivalente a 18 bilhões de dólares ficaram nas caixas-fortes do Banco Central, espalhados como reserva pelas capitais mais importantes. Em Brasília, a sede do Banco Central tem uma caixa-forte de 3 mil metros quadrados enterrada no sexto subsolo.

Se fossem colocadas umas sobre as outras, as 300 mil caixas com 1,5 bilhão de novas cédulas de real formariam uma pilha duas vezes mais alta que o monte Everest.

**Quanto tempo leva para ser substituída?**
Cédula de 100 reais – um ano e seis meses
Moedas – dez anos

## A CASA DA MOEDA

♦ As primeiras moedas cunhadas no Brasil entraram em circulação nos anos de 1645, 1646 e 1654. Os holandeses, que controlavam Pernambuco, fizeram as moedas para pagar seus soldados.

♦ Com o desenvolvimento econômico do Brasil colonial, Portugal passou a ter dificuldades em nos abastecer com a quantidade de moedas necessárias. A primeira Casa da Moeda do Brasil surgiu em 8 de março de 1694, na cidade de Salvador. Ali foram cunhadas nossas primeiras moedas. Inicialmente, de forma quase artesanal, conseguiam produzir apenas algumas dezenas de peças de ouro e prata por dia. Quatro anos depois, ela foi instalada provisoriamente no Rio de Janeiro e, em 1700, em Recife, onde permaneceu por dois anos.

♦ Retornou em definitivo para o Rio de Janeiro, em espaço amplo e adequado. Em 1866, foi inaugurado o Palácio da Moeda, que passaria a se chamar Casa da Moeda dois anos depois.

♦ De 1810, data de seu aparecimento, até 1969, o papel-moeda circulante no Brasil era todo fabricado no exterior, apesar das tentativas, malogradas, de fazê-lo aqui.

♦ Em 1969, começaram a circular as primeiras cédulas fabricadas no país. A Casa da Moeda, que teve suas instalações modernizadas, lançou cinco valores de cédulas diferentes em um mesmo dia, dentro do estabelecido pela Reforma do Padrão Monetário Brasileiro, de 1967.

♦ Além de moedas de metal, ela faz cédulas de real em papel e também medalhas. A Casa da Moeda do Brasil produz atualmente uma média de 2,4 bilhões de cédulas e 1,5 bilhão de moedas por ano.

---

**Quanto custa fazer uma moeda de 1 centavo?**
A Casa da Moeda do Brasil respondeu: o milheiro sai por 41,25 reais. Isso dá pouco mais de 4 centavos por moedinha. Desde dezembro de 2005, a Casa da Moeda não produz mais moedas de 1 centavo.

---

**O PESO DAS NOVAS MOEDAS**

| | |
|---|---|
| 1 centavo | 2,43 g |
| 5 centavos | 4,10 g |
| 10 centavos | 4,08 g |
| 25 centavos | 7,55 g |
| 50 centavos * | 9,25 g |
| 50 centavos | 7,81 g |
| 1 real | 6,96 g |

* Moedas antigas que ainda estão em circulação no Brasil.
Fonte: Banco Central do Brasil

## Teste

Sem olhar no bolso, você consegue dizer quais são os personagens da história brasileira homenageados no verso das moedas?

a. 1 centavo  
b. 5 centavos  
c. 10 centavos  
d. 25 centavos  
e. 50 centavos  

1. D. Pedro I
2. Deodoro da Fonseca
3. Tiradentes
4. Barão do Rio Branco
5. Pedro Álvares Cabral

Respostas: a. 5; b. 3; c. 1; d. 2; e. 4.

### Cédulas que circularam no Brasil desde 1968

| Cédula | Ano de emissão | Efígie |
|---|---|---|
| 10 cruzeiros | 1943 | Getúlio Vargas |
| 20 cruzeiros | 1943 | Deodoro da Fonseca |
| 50 cruzeiros | 1943 | Princesa Isabel |
| 100 cruzeiros | 1943 | D. Pedro II |
| 200 cruzeiros | 1943 | D. Pedro I |
| 500 cruzeiros | 1943 | D. João VI |
| 1.000 cruzeiros | 1943 | Pedro Álvares Cabral |
| 5.000 cruzeiros | 1961 | Tiradentes |
| 10.000 cruzeiros | 1966 | Santos Dumont |

A partir de fevereiro de 1967, as cédulas de 10 a 10.000 cruzeiros passaram a circular com seus respectivos valores no novo padrão monetário, o cruzeiro novo, carimbadas.

| Cédula | Ano de emissão | Efígie |
|---|---|---|
| 1 cruzeiro | 1970 | República |
| 5 cruzeiros | 1970 | D. Pedro I |
| 10 cruzeiros | 1970 | D. Pedro II |
| 50 cruzeiros | 1970 | Deodoro da Fonseca |
| 100 cruzeiros | 1970 | Floriano Peixoto |
| 500 cruzeiros | 1972 | Integração étnica brasileira |
| 1.000 cruzeiros | 1978 | Barão do Rio Branco |
| 100 cruzeiros | 1981 | Duque de Caxias |
| 200 cruzeiros | 1981 | Princesa Isabel |
| 500 cruzeiros | 1981 | Deodoro da Fonseca |
| 1.000 cruzeiros | 1981 | Barão do Rio Branco (novo formato) |
| 5.000 cruzeiros | 1981 | Castelo Branco |
| 10.000 cruzeiros | 1984 | Rui Barbosa |
| 50.000 cruzeiros | 1984 | Osvaldo Cruz |
| 100.000 cruzeiros | 1985 | Juscelino Kubitschek |
| 500 cruzados | 1986 | Villa-Lobos |
| 1.000 cruzados | 1987 | Machado de Assis |
| 5.000 cruzados | 1988 | Cândido Portinari |
| 10.000 cruzados | 1988 | Carlos Chagas |
| 50.000 cruzados (50 cruzados novos) | 1989 | Carlos Drummond de Andrade |
| 100 cruzados novos | 1989 | Cecília Meireles |
| 200 cruzados novos | 1989 | Centenário da República |
| 500 cruzados novos | 1990 | Augusto Ruschi |

A partir de 1990, as cédulas de 50, 100, 200 e 500 cruzados novos passaram a circular com o nome de cruzeiro, o novo padrão monetário.

| Cédula | Ano de emissão | Efígie |
|---|---|---|
| 1.000 cruzeiros | 1990 | Cândido Rondon |
| 5.000 cruzeiros | 1990 | República |
| 5.000 cruzeiros | 1990 | Carlos Gomes |
| 10.000 cruzeiros | 1991 | Vital Brasil |
| 50.000 cruzeiros | 1991 | Luís da Câmara Cascudo |
| 100.000 cruzeiros | 1992 | Motivo ecológico |
| 500.000 cruzeiros | 1993 | Mário de Andrade |
| 1.000 cruzeiros reais | 1993 | Anísio Teixeira |
| 5.000 cruzeiros reais | 1993 | Figura folclórica do gaúcho |
| 50.000 cruzeiros reais | 1994 | Figura folclórica da baiana |

**OS BICHOS REPRESENTADOS NAS NOTAS DE REAL SÃO:**

| | |
|---|---|
| 1 real | Beija-flor |
| 2 reais | Tartaruga de pente |
| 5 reais | Garça |
| 10 reais | Arara |
| 20 reais | Mico-leão-dourado |
| 50 reais | Onça-pintada |
| 100 reais | Garoupa |

> **Você sabia?**
> A garça substituiu o desenho original da borboleta, para que não houvesse nenhuma ligação com o jogo do bicho. Já a onça-pintada entrou no lugar do lobo-guará, que não ficou bonito.

### Plástico-moeda

♦ A nota de 10 reais em plástico-moeda entrou em circulação no Brasil no dia 8 de julho de 1999. Para avaliar o possível substituto para o papel-moeda, o Banco Central emitiu dois lotes, com um total de 2,5 milhões de reais em novas notas de 10. Teoricamente, o material do plástico-moeda (chamado tecnicamente de polímero) teria maior vida útil que o papel-moeda convencional, reduzindo os custos de manutenção do BC. Até 2009, ainda existiam aproximadamente 80 milhões de reais em notas de plástico circulando no país, mas o BC não tem planos para substituir o papel-moeda pelo plástico.

♦ O plástico-moeda adotado no Brasil foi desenvolvido pela empresa australiana Securency – parceria entre a multinacional UCB e o Banco Central da Austrália. De acordo com ela, 27 países – entre eles Papua Nova Guiné, China, México e Chile – utilizam o material.

## PALÁCIO DA ALVORADA

♦ O Palácio da Alvorada, residência do presidente da República, foi inaugurado em 29 de junho de 1958. Ocupa uma área de 10 mil metros quadrados (7.300 de área construída). Tem 110 metros de comprimento por 30 metros de largura. O pé-direito do mezanino mede 9 metros. No jardim, um paisagista japonês enviado pelo então imperador Hirohito criou um caminho sinuoso em que se percorrem 6 quilômetros sem repetir o trajeto. O salão tem 70 metros de extensão.

♦ O Palácio do Jaburu é a residência oficial do vice-presidente. A Granja do Torto funciona como casa de veraneio do presidente.

♦ A primeira residência oficial do presidente da República em Brasília foi o Catetinho, construção rústica, de madeira, localizada na rodovia Brasília-Belo Horizonte. Ele foi construído em apenas dez dias, e sua inauguração aconteceu em 10 de novembro de 1956. Além de Juscelino Kubitschek, ali se hospedavam as personalidades que iam a Brasília acompanhar o andamento das obras. O Catetinho recebeu o apelido de "Palácio de Tábuas".

### OS PALÁCIOS ESTADUAIS

| | |
|---|---|
| AC | Palácio Rio Branco |
| AL | Palácio Marechal Floriano Peixoto |
| AM | Palácio Rio Negro |
| AP | Palácio do Setentrião |
| BA | Palácio de Ondina |
| CE | Palácio Iracema |
| DF | Palácio do Buriti |
| ES | Palácio Anchieta |
| GO | Palácio das Esmeraldas |
| MA | Palácio Henrique de La Roque |
| MG | Palácio da Liberdade |
| MS | Parque dos Poderes |
| MT | Palácio Paiaguás |
| PA | Palácio dos Despachos |
| PB | Palácio da Redenção |
| PE | Palácio Campo das Princesas |
| PI | Palácio de Karnak |
| PR | Palácio Iguaçu |

| | |
|---|---|
| RJ | Palácio Guanabara |
| RN | Centro Administrativo |
| RO | Palácio Getúlio Vargas |
| RR | Palácio Senador Hélio Campos |
| RS | Palácio Piratini |
| SC | Palácio Santa Catarina |
| SE | Palácio Olympio Campos |
| SP | Palácio dos Bandeirantes |
| TO | Palácio Araguaia |

**A EFÍGIE DA REPÚBLICA**
Na Monarquia, o símbolo nacional era o indígena; na República, foi trocado por uma mulher com um barrete, inspirada no símbolo da França. O barrete indicava que uma pessoa era livre (não escrava) na Roma antiga, por isso foi recuperado pelos revolucionários franceses, que o usaram como símbolo da liberdade republicana conquistada após a queda do absolutismo, em 1789.

## AS ORDENS HONORÍFICAS DO BRASIL

As ordens honoríficas no Brasil têm cinco graus (grã-cruz, grão-oficial, comendador, oficial e cavaleiro). Há também a de grão-mestre, atribuída ao presidente da República, a quem cabe nomear os membros de cada ordem.

**ORDEM NACIONAL DO CRUZEIRO DO SUL**
Em 5 de dezembro de 1932, o presidente Getúlio Vargas restabeleceu a antiga Ordem Imperial do Cruzeiro. Seu novo nome, segundo o decreto nº 22.165, passou a ser Ordem Nacional do Cruzeiro do Sul. É entregue a estrangeiros "dignos do reconhecimento da gratidão brasileira". Em 1939, foi acrescentado o grão-colar, concedido a soberanos ou a chefes de Estado.

**ORDEM NACIONAL DO MÉRITO**
Criada pelo decreto nº 9.732, de 4 de setembro de 1946, premia os cidadãos brasileiros que se tornam merecedores do reconhecimento nacional. Pode ser entregue também a estrangeiros. No total, só poderão ser conferidas 875 dessas condecorações.

**ORDEM DO RIO BRANCO**
É entregue aos cidadãos brasileiros ou estrangeiros com virtudes cívicas. Também premia serviços relevantes no campo diplomático. Foi instituída pelo presidente João Goulart, mediante o decreto nº 51.697, de 5 de fevereiro de 1963. Há também uma medalha de prata, outorgada por decisão do chanceler da ordem, que premia serviços de menor importância. A entrega oficial das condecorações é feita anualmente, no Dia do Diplomata, data de nascimento do barão do Rio Branco. Além dessas, outras ordens foram criadas para premiar cidadãos por seus feitos em diversos setores:

- Ordem Nacional do Mérito Militar e Ordem Nacional do Mérito Naval (1934)
- Ordem Nacional do Mérito Aeronáutico (1943)
- Ordem Nacional do Mérito Médico (1950)
- Ordem Nacional do Mérito Educativo (1955)
- Ordem Nacional do Mérito do Trabalho (1965)
- Ordem do Congresso Nacional (1972)

**ORDENS PORTUGUESAS NO BRASIL**
Durante sua permanência no Brasil, entre 1808 e 1821, d. João VI distribuiu 5.600 condecorações.

**ORDEM MILITAR DE NOSSO SENHOR JESUS CRISTO**
A Ordem dos Cavaleiros Templários é responsável por sua criação, no século XIV. A organização Ordem de Cristo, que a substituiu, incentivou a navegação e a expansão do Império português. O símbolo da ordem aparecia gravado nas caravelas e nos marcos de posse da nova terra.

**ORDEM MILITAR DE SÃO TIAGO DA ESPADA**
Quando foi criada, era uma ordem essencialmente religiosa. Exigia os votos de pobreza, castidade e obediência. Em 1789, seus estatutos foram modificados e passaram a premiar os funcionários da Justiça e outros cidadãos que houvessem prestado serviços relevantes à nação.

**ORDEM MILITAR DE SÃO BENTO DE AVIS**
Premiou serviços militares. Foi trazida pela família real e abolida em 1827 por d. Pedro I. Voltou a ser entregue anos depois e existiu até 1891.

**ORDEM DA TORRE E ESPADA**
Criada para comemorar a chegada de d. João VI ao Brasil, foi regulamentada em 29 de novembro de 1808. Serviu também para premiar os ingleses responsáveis pela proteção dos navios da família real entre Portugal e Brasil. Não foi entregue a nenhum brasileiro.

**ORDEM MILITAR DE NOSSA SENHORA DA CONCEIÇÃO DE VILA VIÇOSA**
Ao ser aclamado soberano do Reino Unido de Portugal, Brasil e Algarve, em 6 de fevereiro de 1818, d. João VI criou essa ordem em homenagem a Nossa Senhora da Conceição, padroeira do Reino desde 1646.

## Ordens brasileiras do Império

**ORDEM IMPERIAL DO CRUZEIRO**
Foi a primeira ordem honorífica brasileira. D. Pedro I criou a ordem em 1º de dezembro de 1822 para comemorar sua aclamação, sagração e coroação. Premiava brasileiros e estrangeiros, que deveriam pagar os custos da insígnia e o registro dos diplomas. Os agraciados também precisavam doar uma joia a uma "caixa de piedade", destinada à manutenção de membros da ordem que, por alguma desgraça, ficassem pobres. A maior distribuição aconteceu justamente no dia da coroação de d. Pedro I.

**ORDEM DE D. PEDRO I, FUNDADOR DO IMPÉRIO DO BRASIL**
Jean-Baptiste Debret, um dos participantes da Missão Artística Francesa, criou a insígnia, que foi instituída em 1826. Segundo os historiadores, apenas dois brasileiros receberam a ordem: o marquês de Barbacena (1826) e o marquês de Caxias (1868). Foi extinta em 1889, com a proclamação da República.

**IMPERIAL ORDEM DA ROSA**
Em homenagem a seu segundo casamento com Amélia de Leuchtenberg, em 1829, d. Pedro I criou a Imperial Ordem da Rosa. A medalha, realizada pelo francês Jean-Baptiste Debret, se inspirou nas rosas do vestido com que Amélia teria desembarcado no Rio de Janeiro. A ordem premiava brasileiros ou estrangeiros, militares ou civis, que dessem provas de lealdade ao imperador e à nação. D. Pedro I entregou 189 dessas condecorações entre 1829 e 1831. Já no reinado de d. Pedro II, 14.284 cidadãos foram agraciados com a insígnia.

# 5

Se o paraíso terrestre está localizado em alguma parte da Terra, julgo que não dista muito desta região.

AMÉRICO VESPÚCIO
(1454-1512), navegador italiano, numa
expedição ao Brasil, em 1502

## Geografia

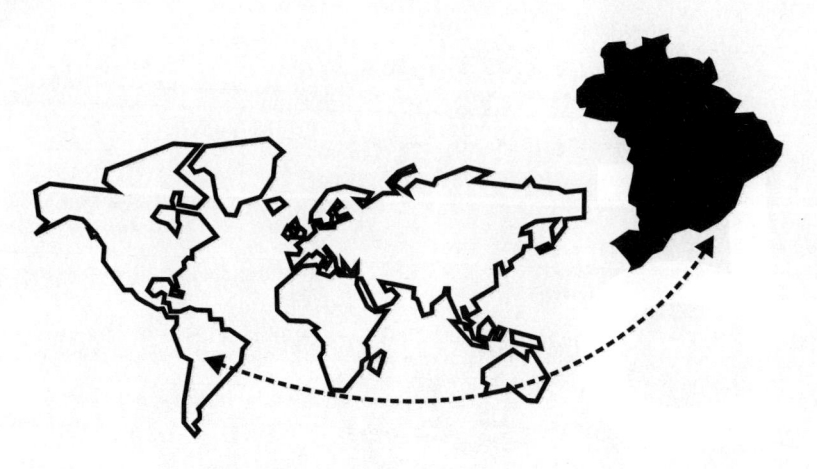

O Brasil é o quinto país do mundo em área total, superado apenas por Rússia, Canadá, China e Estados Unidos. Ocupa 20,8% da América e 47,7% da América do Sul. Medições mais recentes, feitas com novas tecnologias, concluíram que a área total do território brasileiro é maior do que se pensava: 8.547.403,5 quilômetros quadrados. Esse número abrange a soma das cinco grandes regiões, a ilha da Trindade e as ilhas Martim Vaz, com 10,4 quilômetros quadrados.

## COORDENADAS GEOGRÁFICAS

- Área total: 8.547.403,5 km$^2$

- Área terrestre: 8.455.508 km$^2$

- Águas internas: 55.457 km$^2$

- Distância Norte-Sul: 4.320 km

- Ponto extremo setentrional: 5°16'19" de latitude Norte, na nascente do rio Ailã, no monte Caburaí (RR), fronteira com a Guiana

- Ponto extremo meridional: 33°45'09" de latitude Sul, numa das curvas do arroio Chuí (RS), fronteira com o Uruguai. O Chuí tem 6 quilômetros de extensão

- Distância Leste-Oeste: 4.336 km

- Ponto extremo oriental: 34°45'54" de longitude Leste, na ponta do Seixas (PB)

● Ponto extremo ocidental: 73°59'32" de longitude Oeste, na nascente do rio Moa (AC), na serra Contamana, fronteira com o Peru

● Centro geográfico: Barra do Garças (MT)

**O TAMANHO DAS REGIÕES**

**Norte**
3.869.637,9 km² (45,27% do território nacional)

**Centro-Oeste**
1.612.077,2 km² (18,86%)

**Nordeste**
1.561.177,8 km² (18,26%)

**Sudeste**
927.286,2 km² (10,85%)

**Sul**
577.214,0 km² (6,75%)

# FRONTEIRAS

São 15.179 quilômetros de fronteiras com dez países, distribuídos da seguinte forma:

**Guiana Francesa**
655 km, confrontando com o Amapá em toda a extensão

**Suriname**
593 km, confrontando 52 km com o Amapá e 541 km com o Pará

**Guiana**
1.606 km, confrontando 642 km com o Pará e 964 km com Roraima

**Venezuela**
1.492 km, confrontando 954 km com Roraima e 538 km com o Amazonas

**Colômbia**
644 km, confrontando com o Amazonas em toda a extensão

**Peru**
2.995 km, confrontando 1.565 km com o Amazonas e 1.430 km com o Acre

**Bolívia**
3.126 km, confrontando 618 km com o Acre, 1.342 km com Rondônia, 780 km com Mato Grosso e 386 km com Mato Grosso do Sul

**Paraguai**
1.339 km, confrontando 1.131 km com Mato Grosso do Sul e 208 km com o Paraná

**Argentina**

1.263 km, confrontando 293 km com o Paraná, 246 km com Santa Catarina e 724 km com o Rio Grande do Sul

**Uruguai**

1.003 km de fronteira com o Rio Grande do Sul

> O Brasil só não é vizinho de dois países da América do Sul: Chile e Equador.

A costa Leste mede 7.408 km e faz fronteira em toda a sua extensão com o oceano Atlântico, banhando os seguintes estados:

Amapá .......................... 598 km
Pará ............................ 562 km
Maranhão ...................... 640 km
Piauí ............................ 66 km
Ceará .......................... 573 km
Rio Grande do Norte ............ 399 km
Paraíba ......................... 117 km
Pernambuco .................... 187 km
Fernando de Noronha* ............ 41 km
Alagoas ........................ 229 km
Sergipe ......................... 163 km
Bahia ........................... 932 km
Espírito Santo .................. 392 km
Rio de Janeiro .................. 636 km
São Paulo ...................... 622 km
Paraná .......................... 98 km
Santa Catarina .................. 531 km
Rio Grande do Sul ............... 622 km

\* Arquipélago pertencente ao estado de Pernambuco.

> Número de municípios brasileiros a partir de 2005: 5.564

## O QUE ERAM AS CAPITANIAS HEREDITÁRIAS?

A fundação das colônias de São Vicente e Piratininga custou muito caro aos cofres portugueses. A Coroa percebeu que seria impossível continuar a colonização apenas com recursos próprios.

Por isso, entre 1534 e 1535, o rei d. João III dividiu a Colônia em 15 lotes e os entregou a fidalgos leais e poderosos, que deveriam investir na colonização e proteger o território dos ataques de espanhóis, ingleses, franceses e holandeses. Os lotes foram chamados de capitanias hereditárias. Dava-se ao donatário a posse perpétua da capitania. Eles recebiam ainda o título de capitão e governador.

### CAPITANIAS HEREDITÁRIAS E SEUS DONATÁRIOS

| Capitania | Donatário |
|---|---|
| Santana | Pero Lopes de Sousa |
| São Vicente | Martim Afonso de Sousa |
| Santo Amaro | Pero Lopes de Sousa |
| Rio de Janeiro | Martim Afonso de Sousa |
| Paraíba do Sul | Pero de Góis |
| Espírito Santo | Vasco Fernandes Coutinho |
| Porto Seguro | Pero de Campo Tourinho |
| Ilhéus | Jorge de Figueiredo Correia |
| Bahia de Todos os Santos | Francisco Pereira Coutinho |
| Pernambuco | Duarte Coelho |
| Itamaracá | Pero Lopes de Sousa |
| Rio Grande do Norte | João de Barros |
| Ceará | Antônio Cardoso de Barros |
| Maranhão | Fernando Álvares de Andrade |
| Pará | Aires da Cunha |

🌎 Apenas duas capitanias tornaram-se economicamente viáveis: Pernambuco e São Vicente. As demais definharam, atacadas por corsários e índios ou arruinadas pela má administração.

## AS DATAS DE FUNDAÇÃO DAS CAPITAIS

Aracaju – SE .................... 17/3/1855
Belém – PA ..................... 12/1/1616
Belo Horizonte – MG ........... 17/12/1893
Boa Vista – RR ................. 9/7/1890
Brasília – DF................... 21/4/1960
Campo Grande – MS ........... 11/10/1977
Cuiabá – MT.................... 8/4/1719
Curitiba – PR.................. 29/3/1693
Florianópolis – SC.............. 23/3/1726
Fortaleza – CE.................. 13/4/1726
Goiânia – GO ................. 24/10/1934
João Pessoa – PB............... 5/8/1585
Macapá – AP ................... 4/2/1758
Maceió – AL.................... 16/9/1815
Manaus – AM.................. 24/10/1848
Natal – RN .................... 25/12/1599
Palmas – TO.................... 1º/1/1990
Porto Alegre – RS.............. 26/3/1772
Porto Velho – RO .............. 2/10/1914
Recife – PE..................... 12/3/1537
Rio Branco – AC ............... 28/12/1882
Rio de Janeiro – RJ............. 1º/3/1565
Salvador – BA ................. 29/3/1549
São Luís – MA.................. 8/9/1612
São Paulo – SP ................ 25/1/1554
Teresina – PI .................. 16/8/1852
Vitória – ES .................... 8/9/1551

243.

## PICOS MAIS ALTOS

**1. Pico da Neblina – 2.993 m**
Serra Imeri (Amazonas/ Venezuela)

**2. Pico 31 de Março – 2.972 m**
Serra Imeri (Amazonas/ Venezuela)

**3. Pico da Bandeira – 2.889 m**
Serra de Caparaó (Minas Gerais/ Espírito Santo)

**4. Pico do Cristal – 2.798 m**
Serra de Caparaó (Minas Gerais)

**5. Pico das Agulhas Negras – 2.791 m**
Serra de Itatiaia (Minas Gerais/ Rio de Janeiro)

**6. Pedra da Mina – 2.788 m**
Serra da Mantiqueira (Minas Gerais/ São Paulo)

**7. Pico do Calçado – 2.766 m**
Serra de Caparaó (Minas Gerais/ Espírito Santo)

**8. Monte Roraima – 2.727 m**
Serra de Pacaraima (Roraima/ Venezuela/ Guiana)

**9. Pico Três Estados – 2.665 m**
Serra da Mantiqueira (Minas Gerais/ Rio de Janeiro/ São Paulo)

**10. Pico do Cadorna – 2.596 m**
Serra Imeri (Amazonas/ Venezuela)

💡 O Brasil é um país de pequenas altitudes. Apenas 0,5% dos 8,5 milhões de quilômetros quadrados de seu território fica acima dos 1.200 metros.

💡 Se você é mais um daqueles que sempre aprendeu que o pico da Neblina media 3.014 metros, provavelmente se espantou com a lista das novas medidas. Acontece que a última medição dos picos brasileiros havia sido feita nas décadas de 1960 e 1970, com a ajuda de barômetros. O aparelho mede a pressão atmosférica – então, quanto menor a pressão medida, maior é a altitude da montanha.

🌐 Batizado de "Pontos Culminantes", um projeto realizado pelo IBGE e o IME (Instituto Militar de Engenharia) recalculou a altura dos principais picos brasileiros com a ajuda do GPS. O aparelho receptor do GPS é colocado no topo da montanha por uma expedição. Assim, os satélites fornecem a altitude do ponto em questão.

### O PICO DA NEBLINA

🌐 Na distante serra Imeri, norte do Amazonas, a mais alta montanha do Brasil quase fica fora dele: seu cume está a apenas 687 metros da fronteira com a Venezuela.

🌐 O pico da Neblina foi descoberto em 1946 por um piloto norte-americano e acabou sendo objeto de disputas entre o Brasil e a Venezuela até 1965. Hoje está dentro de um Parque Nacional, o segundo maior do mundo, com 2,2 milhões de hectares intocados.

## ILHAS E ARQUIPÉLAGOS BRASILEIROS

### FERNANDO DE NORONHA

🌐 O arquipélago Fernando de Noronha tem 18 ilhas e ilhotas, totalizando 26 quilômetros quadrados. Apenas a principal, que também se chama Fernando de Noronha, é habitada. Trata-se da mais bela e fascinante ilha brasileira; ganhou o apelido de Esmeralda do Atlântico.

🍀 Em 1504, o aristocrata português Fernan de Loronha, um mercador abastado, recebeu de presente de d. Miguel uma ilha perdida no Atlântico. Ainda que o lugar fosse encantador, o nobre não mostrou o menor interesse por ele. Tanto que, anos mais tarde, a Coroa portuguesa tomaria o presente de volta. A única coisa que o aristocrata fez foi batizar o local, embora não tivesse sequer posto os pés ali.

🍀 Por quase dois séculos, a ilha ficou abandonada, sendo alvo fácil de piratas e invasores. Foi ocupada por holandeses, que a chamavam de Pavônia, e por franceses, que lhe deram o apelido de ilha dos Golfinhos. No ano de 1737, pernambucanos e portugueses a recuperaram para o Brasil. Para evitar novas invasões, dez fortes foram construídos, formando o maior conjunto defensivo do período colonial. Hoje restam ruínas de apenas dois deles, o dos Remédios e o de São Pedro do Boldró.

🍀 Na Segunda Guerra Mundial, Fernando de Noronha serviu de base para aviões americanos. Desde 1988, é propriedade do governo de Pernambuco.

## TRINDADE E MARTIM VAZ

🍀 Duas erupções fizeram surgir a ilha da Trindade e as de Martim Vaz, separadas por 30 quilômetros e descobertas em 1501 pelo navegador português João da Nova. É a porção mais longínqua do Brasil, perdida no meio do Atlântico – a 1.200 quilômetros de Vitória. É um paraíso ecológico guardado por 32 voluntários da Marinha, que se revezam a cada quatro meses. Tem 9,2 quilômetros quadrados. Seu pico mais elevado, o Desejado, tem 600 metros de altitude.

🍀 Piratas ingleses escondiam ali tesouros e navios negreiros. Em 1890, Trindade foi ocupada pelos ingleses com grande sem-cerimônia, sob o pretexto de construir uma base para a ligação da Inglaterra com a Argentina por cabo submarino. O Brasil apostou na diplomacia e, com o arbitramento de Portugal, ganhou a questão. Os ingleses deixaram a ilha em 1896. No ano seguinte, a tripulação do navio *Benjamin Constant* colocou o marco que lá permanece: "O direito vence a força".

🍃 As samambaias gigantes existentes nessas ilhas podem atingir até 6 metros de altura, desafiando os botânicos, que ainda nada descobriram sobre sua origem.

🍃 Trindade é um dos santuários para a desova das tartarugas marinhas. Animais de 300 quilos arrastam-se vagarosamente até as poucas praias para depositar seus ovos. Cavam um buraco nas areias vulcânicas e põem em torno de 120 ovos.

🍃 A Marinha mantém em Trindade um posto avançado de observações meteorológicas.

**PENEDOS DE SÃO PEDRO E SÃO PAULO**

🍃 Cerca de cinco dias de navegação separam os penedos do litoral do Rio Grande do Norte e do Ceará, estados mais próximos. Suas cinco ilhas principais, rodeadas de ilhotas e pequenas rochas, têm altura máxima de 12 metros e cerca de 350 metros de extensão.

🍃 Não há uma única fonte de água potável, nem qualquer tipo de vegetação que crie uma sombra natural. Áreas mais ou menos planas, que poderiam ser ocupadas, são escassas e estão tomadas por excrementos de aves marinhas.

🍃 Há sinais da existência dos penedos em cartas náuticas que datam de 1536. Mas o primeiro registro de uma visita às pedras é de um certo capitão espanhol Amasa Delano, que viajava no navio *Perseverance*, em 1799.

🍃 A Marinha tentou instalar um farol nas pedras, em 1932. O ambiente selvagem do lugar se encarregou de destruí-lo, como se fosse um invasor. Com apenas um ano de funcionamento, um terremoto levou sua estrutura a ruir.

🍃 Os penedos de São Pedro e São Paulo, quem diria, foram as primeiras terras do continente americano documentadas pelo inglês Charles Darwin em sua longa viagem pelo mundo, quando elaborou sua revolucionária teoria da evolução das espécies. O navio em que viajava, o *Beagle*, apenas começava sua jornada de cinco anos pelos mares quando topou com o conjunto de pedras no meio do Atlântico, num belo dia de sol de 1831.

## ABROLHOS

🍃 O primeiro homem a citar o arquipélago foi o experiente Américo Vespúcio, que guiou a expedição de 1503 chefiada por Gonçalo Coelho. Preocupado em registrar os perigos da área, ele anotou numa carta: "Quando te aproximares da terra, abre os olhos" – o nome Abrolhos surgiu de uma corruptela desse alerta, com boa dose de sotaque português: Vespúcio se referia aos traiçoeiros recifes do local.

🍃 Abrolhos é formado por cinco ilhas: Siriba, Redonda, Sueste, Guarita e Santa Bárbara, a maior ilha de Abrolhos e a única habitada por famílias dos homens da Marinha. Eles cuidam do farol ali instalado em 1861, uma garantia aos navegantes desavisados. Construído durante o reinado de d. Pedro II, ele tem 24 metros de altura e um alcance de 22 milhas.

🍃 O Parque Nacional Marinho dos Abrolhos tem 91.300 hectares. A área envolve quatro ilhas do arquipélago – Santa Bárbara está fora –, o mar circundante e os recifes vizinhos do parcel de Abrolhos. A reserva também alcança o recife das Timbedas, na altura da cidade de Alcobaça. Nessas áreas protegidas, é absolutamente proibida qualquer atividade pesqueira, o que garante a reprodução das espécies marinhas na região.

## ATOL DAS ROCAS

🍃 O atol das Rocas, a 240 quilômetros do litoral do Rio Grande do Norte, é formado por corais. O acesso ao lugar é bastante difícil por causa dos recifes que o cercam. Um dos locais onde as aves migratórias se reproduzem é reserva biológica desde 1979; foi a primeira do país. É o hábitat de mais de 100 mil aves.

🔎 Construído em 1883, o farol de Rocas hoje é automático. Mas nem sempre foi assim. Há histórias terríveis envolvendo faroleiros locais. Conta-se que a família inteira de um faroleiro morreu de sede depois que a filha dele, brincando, deixou aberta a torneira do reservatório de água – não há nenhuma fonte no atol. O último que viveu lá, até 1924, várias vezes foi abandonado pelos barcos que lhe traziam mantimentos do continente. Não morreu por pouco. As ruínas de sua casa dão uma ideia do aspecto funesto do lugar.

## ILHA DO BANANAL
É a maior ilha fluvial do mundo. Tem 20 mil quilômetros quadrados, o equivalente ao estado de Sergipe ou duas Jamaicas ou 117 ilhas Manhattan (Estados Unidos). Fica em Tocantins, a 250 quilômetros da capital, Palmas, e é banhada por dois braços do rio Araguaia. Um terço de sua área abriga o Parque Nacional do Araguaia, onde vivem a tartaruga-da-amazônia, o cervo-do--pantanal, o boto-cor-de-rosa, a onça-pintada, o lobo-guará, o pirarucu e mais de 150 espécies de aves. A ilha do Bananal tem quase cem lagos, e três rios nascem e morrem dentro de seus limites. No restante da ilha há uma reserva indígena. Moram ali 1.800 índios carajá, javaé, avá-canoeiro e tapirapé.

## ILHA DE MARAJÓ
🔎 Com 50 mil quilômetros quadrados de área, a ilha de Marajó é um colosso maior que a Bélgica, a Suíça ou a Holanda. Mas se ela é bem maior que a ilha do Bananal, por que não ficou com o título de maior ilha fluvial do mundo? Simples: Marajó é uma ilha fluvimarinha, ou seja, ela é banhada por água doce e por água salgada. A cidade de Soure, na costa leste de Marajó, é considerada a capital da ilha por oferecer mais infraestrutura e serviços, como hotéis, restaurantes e uma agência do Banco do Brasil.

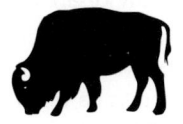

🔎 Os búfalos, símbolos de Marajó, chegaram à ilha em 1902, trazidos de navio da Índia. No princípio, eram apenas animais de tração, mas logo se mostraram perfeitamente comestíveis.

> **Eram os deuses marajoaras?**
> Urnas funerárias, cacos de vasos de cerâmica e bonecos de barro são os principais vestígios da presença, na ilha de Marajó, de uma civilização que utilizava a arte como forma de expressão de seus hábitos e crenças. Sua arte foi batizada de cerâmica marajoara e, segundo arqueólogos, esses povos teriam imigrado do noroeste da América do Sul por volta do ano 400. Antes deles, três outras tribos passaram por Marajó, mas sem deixar obras significativas.
>
> O desaparecimento dos marajoaras ocorreu por volta de 1350 e pode ser explicado por uma decadência gradual do grupo, que não teria conseguido se adaptar às condições climáticas do local, muito diferentes das de seu sítio de origem.

## MARIUÁ

É o maior arquipélago fluvial do mundo. Mariuá, que na língua nheengatu significa "fartura", tem setecentas ilhas, trezentas a mais que o arquipélago de Anavilhanas, o segundo maior. Os dois ficam no leito do rio Negro. Mariuá tem uma extensão de 140 quilômetros (contra 100 de Anavilhanas) e 20 quilômetros de largura (contra 15 do antigo recordista). O arquipélago pertence à cidade de Barcelos, a 490 quilômetros de Manaus. Barcelos já se chamou Missão de Nossa Senhora da Conceição de Mariuá. Com 122.490 quilômetros quadrados de área (algo como quatro Bélgicas juntas), Barcelos é o maior município brasileiro.

## ILHABELA

Ela já teve o nome de Vila Bela da Princesa, em homenagem à princesa da Beira. Em 1938, por força de decreto estadual, começou a ser chamada de Formosa. Foi apenas em 1944, ainda por decreto, que passou a se denominar definitivamente Ilha de São Sebastião, mas na verdade é conhecida como Ilhabela. Ela é a maior ilha marítima do Brasil, com seus 332 quilômetros quadrados, superando Búzios, ilha das Cabras e da Vitória, que, porém, são mais habitadas. A segunda maior ilha marítima brasileira é Itaparica, que tem 239 quilômetros quadrados.

## ILHA DO CAJU

Localiza-se na região do delta do Parnaíba, na divisa do Maranhão com o Piauí. O ecossistema dessa ilha é um dos mais preservados do Brasil. Acontece ali a mistura da água doce do rio Parnaíba com a salgada do oceano Atlântico. A ilha do Caju tem florestas de manguezais, dunas, igarapés e lagoas. É habitada por macacos, quatis, veados, raposas, cotias, garças, jacarés e tartarugas marinhas.

## ALCATRAZES

São 12 ilhas e ilhotas, a 33 quilômetros da costa de São Paulo, que pertencem à Marinha. Ali, desde 1982, são realizados treinamentos de tiro e desembarque. O nome é o mesmo das 15 mil aves que dominam o arquipélago. A maior ilha tem 1,96 quilômetro quadrado. O golfinho-pintado-do-atlântico é um visitante habitual do lugar, cujo cardápio conta com cerca de 150 espécies de peixes.

## Prisões nas ilhas

Fernando de Noronha foi uma colônia penal do século XVIII até a década de 1970. A ilha Anchieta, no litoral de São Paulo, foi a cadeia dos dissidentes de Getúlio Vargas nos anos 1930. Já a ilha Grande, a 20 quilômetros de Angra dos Reis, foi imortalizada por Graciliano Ramos em *Memórias do cárcere*. O escritor chegou preso à ilha, em 1935, acusado de participar da Intentona Comunista.

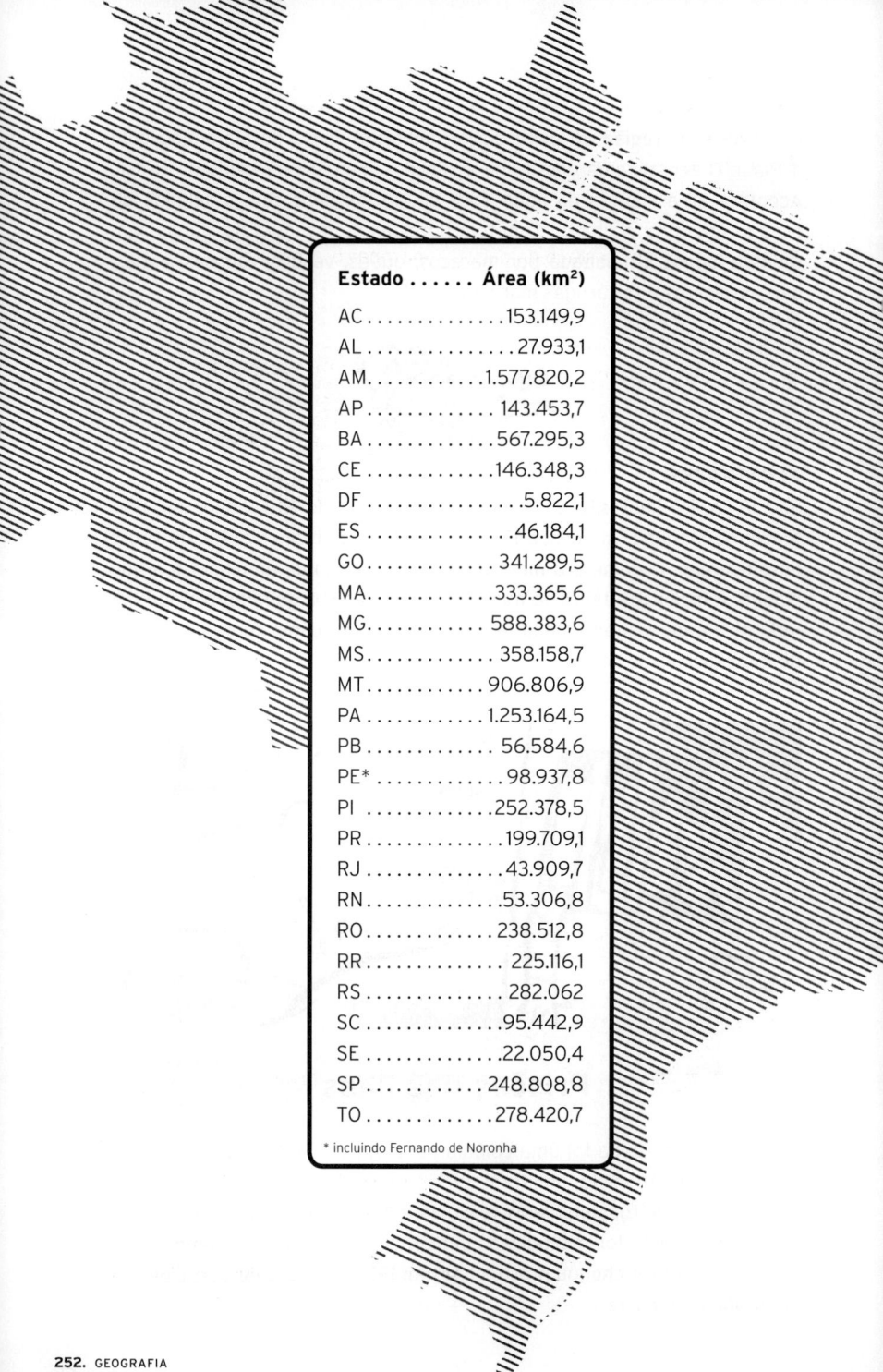

| Estado | Área (km²) |
|---|---|
| AC | 153.149,9 |
| AL | 27.933,1 |
| AM | 1.577.820,2 |
| AP | 143.453,7 |
| BA | 567.295,3 |
| CE | 146.348,3 |
| DF | 5.822,1 |
| ES | 46.184,1 |
| GO | 341.289,5 |
| MA | 333.365,6 |
| MG | 588.383,6 |
| MS | 358.158,7 |
| MT | 906.806,9 |
| PA | 1.253.164,5 |
| PB | 56.584,6 |
| PE* | 98.937,8 |
| PI | 252.378,5 |
| PR | 199.709,1 |
| RJ | 43.909,7 |
| RN | 53.306,8 |
| RO | 238.512,8 |
| RR | 225.116,1 |
| RS | 282.062 |
| SC | 95.442,9 |
| SE | 22.050,4 |
| SP | 248.808,8 |
| TO | 278.420,7 |

\* incluindo Fernando de Noronha

# Curiosidades estaduais

🌐 Amazonas, Roraima, Amapá e Pará são os estados brasileiros cortados pela linha do equador.

🌐 Sergipe é o menor estado do país. O Amazonas é o maior.

🌐 Em 1977, foi criado legalmente o estado do Mato Grosso do Sul, desmembrado do estado do Mato Grosso. Mas só em 1979 isso se efetivou na prática.

🌐 O estado do Tocantins, que ficou com 40% da parte norte de Goiás, foi criado em 1988.

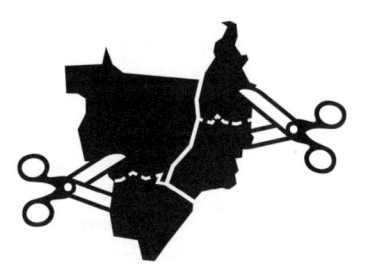

🌐 Os estados do Rio de Janeiro e da Guanabara se unificaram em 15 de março de 1975.

🌐 Brasília, com 1.172 m de altitude, é a capital mais alta do país e uma das cidades mais altas do Brasil. As outras capitais de altitude elevada são Curitiba (934 metros), Belo Horizonte (858 metros), São Paulo (760 metros) e Goiânia (749 metros).

🌐 No Brasil, somente em um estado a capital não é a cidade mais populosa. Em Santa Catarina, Joinville tem mais habitantes que Florianópolis.

| Quando os territórios se transformaram em estados | |
|---:|:---|
| Acre | 1962 |
| Rondônia | 1981 |
| Roraima | 1988 |
| Amapá | 1988 |

🌐 O governo criou em 1943 os territórios do Amapá, Rio Branco (atual Roraima), Guaporé (atual Rondônia), Ponta Porã e Iguaçu. Os territórios de Iguaçu e Ponta Porã foram extintos dois anos depois. Ponta Porã ocupava uma porção sul-ocidental de Mato Grosso, na fronteira com o Paraguai, enquanto Iguaçu abarcava terras de Santa Catarina e do Paraná.

**Temperaturas**

**A mais baixa**
11,6 graus negativos – 25/7/1945 – Xanxerê (SC)

**A mais alta**
44,7 graus – 21/11/2005 – Bom Jesus do Piauí (PI)

Fonte: Inmet

## Horários e fusos horários

No final do século XIX, o Imperial Observatório do Rio de Janeiro localizava-se perto do porto do Rio de Janeiro. Os capitães de navios que estavam na baía observavam o balão que fornecia o horário oficial do Brasil. Ele ficava no alto do prédio. Quando o balão esvaziava, todos sabiam que era meio-dia em ponto, e os comandantes acertavam seus cronômetros. Os métodos de marcação de tempo foram evoluindo. Em 1921, o agora chamado Departamento do Serviço da Hora já trabalhava com relógios de pêndulo. Depois vieram os padrões de medição a quartzo, que começaram a ser trocados em 1970, quando se importou o primeiro relógio de césio 133. Hoje, a hora oficial do Brasil é regulada por sete relógios de césio e dois de *maser* de hidrogênio, osciladores que geram micro-ondas, também com frequência altamente precisa.

Pela norma internacional, a diferença entre a hora gerada no Brasil e a que vem do Escritório de Investigação da Hora, na França, não poderia ser maior que 100 bilionésimos de segundo. Mas o Observatório Nacional já consegue uma diferença quatro vezes menor, de 25 bilionésimos de segundo.

### HORÁRIO DE VERÃO

🎤 O conceito do horário de verão nasceu no século XVII, nos Estados Unidos. A ideia era adiantar o relógio em uma hora, a fim de aproveitar melhor a luz natural do dia, que é mais longo durante o verão. Em inglês, o horário de verão recebe o nome de *Daylight Saving Time*.

🍷 No Brasil, o Horário de Verão foi adotado pela primeira vez entre 3 de outubro de 1931 e 31 de março de 1932. Chamava-se Horário de Economia de Luz no Verão.

🍷 Ele já foi adotado também em 1932, 1949, 1950, 1951, 1952, 1963, 1965, 1966 e 1967. Entre 1968 e 1984, o horário de verão deixou de ser adotado no Brasil.

🍷 No verão de 1985, os relógios foram adiantados como parte de um pacote de medidas tomadas pelo governo para solucionar o problema de falta de água nos reservatórios das hidrelétricas.

🍷 O horário de verão ajuda a reduzir a demanda por energia elétrica no chamado "horário de ponta", período que vai das 18 às 21 horas, caracterizado pela coincidência de consumo de energia por grande parte da população. Calcula-se que a medida seja responsável por reduzir de 4% a 5% o consumo de energia.

🍷 O horário de verão vigora no Brasil sem interrupções desde 2 de novembro de 1985. Desde 2009, o horário de verão possui datas fixas para seu início e término. Antes, um decreto era publicado todos os anos para definir o período de vigência. Assim, o horário de verão entra em vigor a partir da zero hora do terceiro domingo de outubro e se estende até o terceiro domingo de fevereiro.

**FUSO HORÁRIO**
O país foi dividido em fusos horários em 1914. A maioria dos estados tem horário idêntico ao de Brasília. Falemos dos que não têm. Os estados de Mato Grosso, Mato Grosso do Sul, Roraima, Rondônia, Acre e Amazonas estão 1 hora atrasados em relação ao horário da capital do Brasil. O arquipélago de Fernando de Noronha está 1 hora adiantado.

## Os antigos nomes de importantes cidades ou estados

| | |
|---|---|
| **Amapá** | Costa do Cabo Norte |
| **Belo Horizonte** | Curral del-Rei e Cidade de Minas |
| **Boa Vista** | Nossa Senhora do Carmo |
| **Campo Grande** | Santo Antônio de Campo Grande de Vacaria |
| **Florianópolis** | Nossa Senhora do Desterro |
| **João Pessoa** | Felipeia de Nossa Senhora das Neves, Frederichstadt e Paraíba |
| **Manaus** | Barra do Rio Negro |
| **Mariana** | Ribeirão do Carmo |
| **Ouro Preto** | Vila Rica |
| **Penedo** | Maurícia |
| **Pernambuco** | Nova Lusitânia |
| **Porto Alegre** | Porto dos Casais |
| **Rio Branco** | Penápolis |
| **Rondônia** | Guaporé |
| **Roraima** | Rio Branco |
| **São João del-Rei** | Arraial Novo |
| **Teresina** | Vila do Poti |
| **Vitória** | Vila Nova do Espírito Santo |

| Quem nasce em... | é... |
|---|---|
| Espírito Santo | capixaba |
| Florianópolis | florianopolitano |
| João Pessoa | pessoense |
| Manaus | manauense (ou manauara) |
| Rio Grande do Norte | potiguar |
| Salvador | soteropolitano |
| São Luís | ludovicense (ou são-luisense) |

**Fluminense ou carioca?**

Quem nasce no estado do Rio de Janeiro é fluminense. Cariocas são os nascidos na cidade do Rio de Janeiro.

**Paulista ou paulistano?**

Todo paulistano é paulista, mas nem todo paulista é paulistano. Quem nasce no estado de São Paulo é paulista. Quem nasce na cidade de São Paulo é paulistano.

**Por que quem nasce no Espírito Santo é chamado de capixaba?**
A palavra vem do tupi (*kapi'xawa*) e significa "terra de plantação". Como a região tinha esse nome, seus habitantes continuam sendo denominados dessa forma.

**Por que quem nasce no Rio Grande do Norte se chama potiguar?**
A palavra também vem do tupi. *Poti'war* significa "comedor de camarão". As tribos que viviam naquela região eram identificadas assim.

**Por que quem nasce em Manaus se chama manauara?**
A região hoje ocupada pela capital amazonense era a antiga morada das tribos indígenas manaós. (A forma *manauara* é antiquada; atualmente, a mais usada é *manauense*.)

**Por que quem nasce no Rio Grande do Sul se chama gaúcho?**
Uns dizem que a palavra vem do guarani e significa "homem que canta triste". A maioria, no entanto, aceita o termo como um sinônimo de *guacho*, que significa "órfão" e designaria os filhos cujos pais, uma índia e um português ou um espanhol, haviam morrido. No princípio, *gaúcho* era a forma pejorativa usada para ladrões de gado e vadios. Servia também para os mestiços e índios que, fugindo dos primeiros povoamentos espanhóis, cuidavam do gado. De tanto cavalgar pelas pastagens, eles se tornaram hábeis cavaleiros, manejadores do laço e da boleadeira. No século XVIII, os gaúchos brasileiros foram importantes porque ocuparam as fronteiras e garantiram a manutenção destas para os portugueses. Como reconhecimento, a palavra *gaúcho* perdeu o sentido pejorativo e passou a exaltar a coragem e o amor à terra.
O termo *gaudério* era aplicado aos bandeirantes paulistas que deixavam suas tropas para trás e se tornavam ladrões de gado.

**Por que quem nasce em Santa Catarina é chamado de barriga-verde?**
Para defender a ilha de Santa Catarina, o governo português ergueu quatro fortalezas. Um batalhão de fuzileiros, comandado pelo brigadeiro Silva Pais, usava um colete verde que chamava bastante a atenção. Por isso, os moradores da região apelidaram os soldados de barrigas-verdes.

| | Cidades que já foram capitais |
|---|---|
| AL | Santa Madalena da Lagoa do Sul e Alagoas |
| CE | Aquirás |
| GO | Goiás |
| MG | Mariana e Ouro Preto |
| MT | Vila Bela da Santíssima Trindade |
| PE | Olinda |
| PI | Oeiras |
| RJ | Niterói |
| SE | Arraial de São Cristóvão |
| TO | Miracema do Norte |

## HABITAÇÕES

**ARRAIAL**
Nome que se dava a um povoado em que uma praça central era cercada por casas de taipa (parede feita de madeira e recheada com barro e areia).

**CASA COLONIAL**
Em meados do século XVIII, um colono tinha uma casa de barro, onde morava com a mulher, os filhos, a mãe, talvez uma irmã solteira e dois escravos, que viviam na senzala no fundo do terreno. Tomava banho (ou melhor, lavava os pés, as partes íntimas e o rosto) no quarto, com o auxílio de uma jarra. Jantava na sala, onde ficava o fogão a lenha. Depois, escolhia entre ir deitar com a mulher na cama de madeira ou na rede, sem se despir por inteiro, ou com a escrava, numa esteira ou no chão.

O brasileiro da classe média não se deitava apenas com sua mulher e com sua escrava. Frequentemente, envolvia-se com mulheres próximas, fossem elas índias, negras, mulatas ou brancas. Tinha também o hábito de apalpar os seios das passantes, além de flertar nas vendas – onde bebericava sua aguardente – ou mesmo nas capelas. O alvo de suas cantadas podia ser uma menina de 12 anos ou a mulher de um conhecido.

## CHOÇA
É uma cabana muito humilde, pobre.

## CORTIÇO
Várias famílias compartilham a mesma casa, geralmente um lugar pequeno que não conta com higiene adequada.

## FAVELA
Fenômeno dos grandes centros urbanos. Conjunto de casas populares ou barracos muito pobres. Ocupam terrenos ou morros. Em Canudos (BA), no povoado criado por Antônio Conselheiro, havia um morro chamado Favela. Ele ficou tão famoso que emprestou seu nome a outro morro, este no Rio de Janeiro. Alguns historiadores dizem que isso aconteceu porque os casebres do morro do Rio eram parecidos com os do morro de Canudos. Outros, no entanto, acreditam que o morro do Rio recebeu esse nome porque muitos soldados que estiveram em Canudos foram morar ali quando a revolta acabou, em 1897. A partir daí, a palavra *favela* ganhou o significado que tem hoje.

## MALOCA
Tipo de habitação indígena que abrigava várias famílias.

## OCA
É o nome que recebe a cabana dos índios. A folha da palmeira é o material vegetal mais usado para forrar tetos e paredes dessa habitação.

## OPY
Os índios fazem suas festas religiosas em casas que têm esse nome.

## PALAFITA
A palavra significa "paus fixados". Essas habitações ficam em áreas lacustres e são sustentadas por estacas, que as mantêm sobre as águas. São comuns na região amazônica.

## PALHOÇA
É a casa ou cabana coberta com palha. Ela é encontrada nas regiões tropicais.

## SENZALA
Casa ou alojamento destinado aos escravos dentro de uma fazenda ou de uma propriedade senhorial.

## TABA
É o nome que também se dá a uma aldeia indígena.

## TAPERA
Do tupi *tape'rá*, significa "aldeia extinta". São habitações ou aldeias que foram abandonadas e se encontram em ruínas.

### COMO ALGUMAS CIDADES SÃO CONHECIDAS

|  |  |
|---|---|
| Apucarana (PR) | Capital dos Bonés |
| Atibaia (SP) | Capital do Morango |
| Barbacena (MG) | Cidade das Rosas |
| Barra Bonita (SP) | Cidade das Telhas |
| Barra do Ribeiro (RS) | Capital da Batata-Doce |
| Barreiras (BA) | Capital da Soja |
| Bebedouro (SP) | Terra da Laranja |
| Bento Gonçalves (RS) | Capital do Vinho |
| Boituva (SP) | Capital do Paraquedismo |
| Bragança Paulista (SP) | Capital da Linguiça |
| Brusque (SC) | Capital dos Tecidos |
| Caçapava (SP) | Capital do Vidro Plano |
| Cachoeira do Sul (RS) | Capital do Arroz |
| Caicó (RN) | Capital da Carne de Sol |
| Campo Formoso (BA) | Cidade das Esmeraldas |
| Campo Largo (PR) | Capital da Louça |
| Caruaru (PE) | Capital do Forró |
| Caxias do Sul (RS) | Capital da Uva |

|  |  |
|---|---|
| Criciúma (SC) | Capital do Carvão |
| Feliz (RS) | Terra do Morango |
| Fraiburgo (SC) | Capital da Maçã Verde |
| Franca (SP) | Capital do Calçado |
| Garibaldi (RS) | Capital do Champanhe |
| Gramado (RS) | Cidade das Hortênsias |
| Guapé (MG) | Cidade da Ardósia |
| Holambra (SP) | Cidade das Flores |
| Irecê (BA) | Capital do Feijão |
| Itajubá (MG) | Capital das Universidades |
| Jaguaruana (CE) | Terra da Rede |
| Jaraguá do Sul (SC) | Capital da Malha |
| Jaú (SP) | Capital do Calçado Feminino |
| Juazeiro (BA) | Capital da Irrigação |
| Lagoa Dourada (MG) | Terra do Rocambole |
| Maringá (PR) | Cidade-Canção |
| Mata (RS) | Capital da Paleontologia |
| Mongaguá (SP) | Cidade Sorriso |
| Monte Alto (SP) | Cidade da Cebola |
| Monte Sião (MG) | Capital do Bordado |
| Nova Friburgo (RJ) | Capital da Lingerie |
| Olímpia (SP) | Cidade do Folclore |
| Piranguinho (MG) | Capital do Pé de Moleque |
| Ponta Grossa (PR) | Capital dos Caminhoneiros |
| Porto Ferreira (SP) | Capital da Cerâmica |
| Sabará (MG) | Capital da Jaboticaba |
| São Carlos (SP) | Capital da Tecnologia |
| São Marcos (RS) | Terra dos Caminhoneiros |
| São Miguel do Araguaia (GO) | Capital do Boi Gordo |
| São Sebastião do Caí (RS) | Terra da Romã |
| Serro (MG) | Capital do Queijo |
| Toledo (PR) | Capital da Suinocultura |
| Triunfo (PE) | Terra da Rapadura |
| Uauá (BA) | Terra do Bode |
| Uberaba (MG) | Capital do Gado Zebu |
| Uruburetama (CE) | Capital da Banana |
| Venâncio Aires (RS) | Capital do Chimarrão |
| Veranópolis (RS) | Cidade da Longevidade |
| Volta Redonda (RJ) | Capital do Aço |

## A CIDADE DE VEADO

A região serrana do Espírito Santo era coberta por densas matas onde viviam animais silvestres. Por isso, um município recebeu o nome de Veado. Com o aumento da população e da malícia, a denominação começou a causar constrangimento aos habitantes do lugar. Eles pediram ao IBGE, órgão que na época era incumbido do saneamento da nomenclatura das localidades brasileiras, que mudasse o nome da cidade. Desse modo, o nome Veado foi trocado por Siqueira Campos, em homenagem a um dos tenentes revolucionários de 1930. Como na época ainda não havia sido criado o Código de Endereçamento Postal, as pessoas, para garantia de bom encaminhamento da sua correspondência, endereçavam as cartas a Siqueira Campos (ex--Veado), o que pegava mal para o ilustre herói brasileiro. Isso forçou uma nova mudança, que exigiu boa dose de criatividade. A solução foi batizar o município com o nome de Guaçuí, que em tupi-guarani significa "veado".

Veado era vizinha de uma cidade chamada Alegre. A energia elétrica chegou à região por meio de uma empresa local que tinha o pitoresco nome de Companhia de Eletricidade Alegre-Veado.

### NÃO-ME-TOQUE

Existe no Rio Grande do Sul um município com o nome curioso de Não-Me-Toque. Em 1971, ele passou a ser chamado de Campo Real. Os tradicionalistas gaúchos não se conformaram e acabaram conseguindo a realização de um plebiscito em 1975, que referendou a volta da denominação original. A origem do nome Não-Me--Toque é bem interessante. No início da colonização, feita por imigrantes alemães, os índios que ainda habitavam a região foram tocados dali para fora. Um velho índio, porém, resistiu, dizendo sempre: "Não me toque da minha querência". Virou figura folclórica e ganhou o apelido de Não-Me-Toque.

## Nomes curiosos

Cacha Prego (BA)
Cacique Doble (RS)
Canastrão (MG)
Carioca (MG)
Carrasco Bonito (TO)
Chorrochó (BA)
Cr-1 (RS)
Cruzmaltina (PR)
Dal'Pai (SC)
Dolcinópolis (SP)
Duplo Céu (SP)
Estrela Velha (RS)
Exu (PE)
Feliz Natal (MT)
Fervedouro (MG)
Fruta de Leite (MG)
Jacaré dos Homens (AL)
Jijoca de Jericoacoara (CE)
Logradouro (PB, CE e PE)
Mar de Espanha (MG)
Mato Perso (RS)
Palmatória (CE)
Paranacity (PR)
Passa e Fica (RN)
Pelo Sinal (PB)
Pessoa Anta (CE)
Pic Sagarana (MG)
Pie Sidney Girão (RO)
Pindaíbas (MG)
Presidente Kennedy (ES, TO, PR e SC)
Santana da Ponte Pensa (SP)
Sem Peixe (MG)
Sento Sé (BA)
Sério (RS)
Tio Hugo (RS)
Vai-Volta (MG)
Velhacaria (MS)

**ONDE É QUE FICA MESMO?**
Os municípios que têm nomes idênticos aos de capitais, cidades, estados e países põem a geografia de cabeça para baixo e provocam confusão.

Arizona (PE)
Bahia (CE)
Buenos Aires (PE)
Califórnia (CE e PR)
Canadá (GO)
Maranhão (MG)
Normandia (RO)
Nova Iorque (MA)
Palestina (AL, CE e SP)
Panamá (GO)
Pará (PE)
Paraguai (MG)
Paraná (RN)
Porto Rico (PR)
Uruguai (SC)
França (BA)
Gália (SP)
Holanda (CE)
Indiana (SP)
Macedônia (SP)
Chile (CE)
Colômbia (SP)
Colorado (RS e PR)
Copacabana do Norte (PR)
Dalas (SP)
Equador (RN)
Espírito Santo (RN, RS e PE)
Filadélfia (TO e BA)
Flórida (PR)

# 6

Quando uma árvore é cortada ela renasce em outro lugar. Quando eu morrer quero ir para esse lugar, onde as árvores vivem em paz.

TOM JOBIM
(1927-1994), compositor

## Ecologia

## AS EXPEDIÇÕES CIENTÍFICAS

✿ A exuberância da natureza brasileira atraiu diversas expedições científicas. Uma delas foi a de **Carl Friedrich Philipp von Martius**. Em três anos, ele percorreu 10 mil quilômetros e fez a primeira classificação sistemática das plantas brasileiras, registrada em sua obra *Flora brasiliensis*. Descreveu 220 mil variedades em quarenta volumes, ilustradas com 3.811 gravuras.

✿ O botânico francês **Auguste de Saint-Hilaire** foi o primeiro pesquisador a explorar o interior do Brasil a convite do Império, no século XIX. Ele identificou cerca de 120 tipos de quaresmeiras.

✿ A mais famosa de todas as expedições foi a do médico e naturalista alemão **Georg Heinrich von Langsdorff**. Ao participar de uma volta ao mundo marítima, ele esteve na costa de Santa Catarina e apaixonou-se pelo país. Em 1813, nomeado cônsul-geral da Rússia no Rio de Janeiro, comprou uma fazenda chamada Mandioca, na baía de Guanabara, logo transformada em projeto piloto para suas experiências. Entre outras novidades, Langsdorff propunha a exploração racional da terra por meio de culturas alternadas e condenava a prática das queimadas. Planejou uma expedição científica pelo interior do Brasil. Tendo conseguido financiamento do czar Alexandre I em 1821, Langsdorff contratou uma equipe de pesquisadores e voltou ao Brasil. Entre 1824 e 1829, ele percorreu 16 mil quilômetros pelas províncias do Rio de Janeiro, Minas Gerais, São Paulo, Mato Grosso, Pará e Amazonas, realizando um precioso levantamento zoológico, botânico, mineralógico e etnográfico do país.

O naturalista deixou de escrever seus diários em 20 de maio de 1828, depois de cruzar o rio Juruena, no Pará. Ele passou a ter alucinações causadas por violentas febres tropicais (possivelmente malária), primeiros sintomas da doença que lhe apagaria a memória e o levaria à loucura. Os outros participantes da expedição enfrentaram o mesmo problema. Langsdorff conviveu com sua loucura por mais 25 anos. Morreu em 1852, aos 78 anos, na Alemanha. Seus diários só foram encontrados em 1930.

> Fascinado por esoterismo, o tenente-coronel inglês **Percy Harrison Fawcett** percorreu o interior do Brasil, entre 1921 e 1925, procurando resquícios de uma antiga civilização. Desapareceu na serra do Roncador, em Mato Grosso, e seu corpo jamais foi encontrado. Acredita-se que ele tenha sido morto por índios da região.

**Você sabia?**
Considera-se que o Brasil é o país que tem a flora mais rica do mundo e também o campeão mundial em variedade de flores. Reúne em torno de 50 mil espécies.

## VEGETAÇÃO

O Brasil abriga 17% das florestas nativas do mundo e a maior parte das florestas tropicais, 34%. É também o campeão em área anual desmatada. Estão perdidos 15% da floresta amazônica e 93% da Mata Atlântica. Parte da devastação ilegal ocorre em áreas indígenas.

## 1. FLORESTAS TROPICAIS

As florestas tropicais úmidas *(tropical rain forests)* estão localizadas na Ásia, África, América Central, América do Sul e em algumas ilhas do oceano Pacífico. Quase metade delas se encontra no Brasil. A maior do mundo é a amazônica, com 5,5 milhões de quilômetros quadrados. Desse total, 3,3 milhões de quilômetros quadrados (60%) ficam em território brasileiro. O restante se divide entre Guiana Francesa, Suriname, Guiana, Venezuela, Colômbia, Equador, Peru e Bolívia. Do 1,5 milhão de espécies de seres vivos, cerca de $1/3$ pertence a esse hábitat. O Brasil abriga 10% dessas espécies.

A floresta amazônica, que cobre 42% de todo o território brasileiro, é formada por três tipos de vegetação: a **mata de igapó** (a vitória-régia é sua principal espécie), quase sempre submersa nos rios; a **mata de várzea** (seringueiras, palmeiras e jatobás), inundada apenas nas cheias, e a **mata de solo seco**, com árvores de até 65 metros de altura.

## 2. MATA ATLÂNTICA

A Mata Atlântica é a segunda maior extensão original de florestas tropicais do Brasil. Na época do descobrimento, era 1,3 milhão de quilômetros ao longo da costa brasileira, cerca de 12% do território. Em seu trecho mais largo, media 500 quilômetros. A Mata Atlântica começou a mudar de perfil com o início da extração do pau-brasil pelos portugueses. Esse comércio foi responsável pelo desaparecimento de 6 mil quilômetros quadrados de floresta. Para que os índios derrubassem as árvores mais rapidamente, os portugueses os pagavam com facas e machados de aço. Devastada pelos sucessivos ciclos do pau-brasil, do ouro e das pedras preciosas, da cana-de-açúcar e do café, a floresta sofreu ainda mais com a industrialização do Sul e do Sudeste. Tanto que, hoje, a Mata Atlântica tem apenas 95 mil quilômetros quadrados, 7,3% da área original.

Na Mata Atlântica encontram-se 15% de todas as formas de vida animal e vegetal existentes no planeta. Nela, vivem 171 das 202 espécies de animais brasileiros ameaçados de extinção. Num único hectare da Reserva do Una, um resquício de Mata Atlântica na Bahia, foi encontrado um número recorde de vegetais: 450 espécies diferentes.

### 3. PANTANAL

A região do Pantanal mato-grossense tem 150 mil quilômetros quadrados (uma área cinco vezes maior que o estado do Rio de Janeiro) e é a maior planície inundável do mundo. São três tipos diferentes de áreas: as alagadas, as que ficam alagadas de vez em quando, e as que não se alagam nunca. O Pantanal possui uma fauna exuberante: 32 milhões de jacarés, 2,5 milhões de capivaras, 35 mil cervos-do-pantanal, 70 mil veados-campeiros e 15 mil tuiuiús. A fartura dos cardumes é quase quatro vezes maior que em qualquer outra região do planeta. Já estão catalogadas 260 espécies diferentes de peixes da região, mas os biólogos acreditam que esse número seja apenas uma pequena amostra do que de fato existe ali.

> **Fique de olho!**
> A melhor temporada para ver a bicharada no Pantanal vai de agosto a novembro, período da vazante em que, porém, ele ainda não está seco. Os horários ideais são ao nascer do sol e ao pôr do sol, quando os bichos vão à estrada para se aquecer.

### 4. RESTINGA

Típica do litoral brasileiro, da Bahia ao Rio de Janeiro e também no Rio Grande do Sul. Pequenos arbustos e gramíneas aparecem em terrenos arenosos com grande quantidade de sal misturada ao solo. A vegetação fica coberta quando a maré está alta.

## 5. MANGUE

Também se encontra em muitas partes do litoral. Arbustos e pequenas árvores de troncos finos e raízes aéreas crescem em lagunas e desembocaduras de rios, no meio da lama trazida pelo vaivém das marés. Abriga uma série de espécies marinhas e sofre com a poluição causada pelo despejo de esgotos.

## 6. MATAS DE COCAIS

Localizam-se entre as florestas tropicais e a caatinga. São os pontos preferidos para o crescimento de palmeiras, como a carnaúba (do lado oeste, mais tropical) e o babaçu (do lado leste, mais seco).

## 7. CAATINGA

Formada por cactos (mandacarus e xiquexiques) e árvores de troncos tortuosos, cobertos de espinhos. Todas as plantas se adaptaram ao clima semiárido do Nordeste. Para enfrentar a época da seca, muitas perdem as folhas. A palavra caatinga vem do tupi-guarani e significa "mata branca", pelo aspecto esbranquiçado durante o período de seca.

## 8. CERRADO

É a vegetação típica da região Centro-Oeste, constituída de árvores retorcidas, com casca grossa, e arbustos. Lembra a savana africana. Tem um aspecto de mata seca em razão da falta de nutrientes no solo e da alta concentração de alumínio.

## 9. CAMPOS (OU PAMPAS)

São comuns em regiões de muita luz, muito vento e pouca chuva. Apesar de existirem em quase todo o país, aparecem mais na região Sul. São formados por gramíneas (vários tipos de plantas rasteiras), herbáceas e pequenos arbustos.

## OS PARQUES NACIONAIS DO BRASIL

| Nome | Estado | Área (hectares) | Data de criação |
|---|---|---|---|
| Itatiaia | RJ/MG | 28.155 | 14/6/1937 |
| Iguaçu | PR | 169.765 | 10/1/1939 |
| Serra dos Órgãos | RJ | 10.527 | 30/11/1939 |
| Ubajara | CE | 6.299 | 30/4/1959 |
| Aparados da Serra | SC/RS | 13.082 | 17/12/1959 |
| Araguaia | TO | 557.708 | 31/12/1959 |
| Chapada dos Veadeiros | GO | 65.038 | 11/1/1961 |
| Emas | GO | 133.064 | 11/1/1961 |
| Caparaó | ES/MG | 31.853 | 24/5/1961 |
| Sete Cidades | PI | 6.331 | 8/6/1961 |
| Tijuca | RJ | 3.972 | 6/7/1961 |
| São Joaquim | SC | 42.837 | 6/7/1961 |
| Brasília | DF | 31.895 | 29/11/1961 |
| Monte Pascoal | BA | 22.383 | 29/11/1961 |
| Serra da Bocaina | RJ/SP | 97.953 | 4/2/1971 |
| Pantanal Mato-Grossense | MT | 136.028 | 28/5/1971 |
| Serra da Canastra | MG | 198.380 | 3/4/1972 |
| Amazônia | PA/AM | 945.851 | 19/2/1974 |
| Pico da Neblina | AM | 2.260.344 | 5/6/1979 |
| Serra da Capivara | PI | 92.228 | 5/6/1979 |
| Pacaás Novos | RO | 711.468 | 21/9/1979 |
| Cabo Orange | AP | 442.437 | 17/7/1980 |
| Jaú | AM | 2.377.889 | 24/9/1980 |
| Lençóis Maranhenses | MA | 147.222 | 2/6/1981 |
| Abrolhos | BA | 91.300 | 6/4/1983 |
| Serra do Cipó | MG | 31.733 | 25/9/1984 |
| Chapada Diamantina | BA | 152.575 | 17/9/1985 |
| Lagoa do Peixe | RS | 33.248 | 6/11/1986 |
| Fernando de Noronha | PE | 56.763 | 14/9/1988 |
| Grande Sertão Veredas | MG | 231.668 | 12/4/1989 |
| Chapada dos Guimarães | MT | 32.776 | 12/4/1989 |
| Superagui | PR | 33.855 | 25/4/1989 |
| Serra do Divisor | AC | 840.955 | 16/6/1989 |
| Monte Roraima | RR | 117.147 | 26/6/1989 |
| Serra Geral | RS/SC | 17.333 | 20/5/1992 |
| Ilha Grande | PR/MS | 108.166 | 30/9/1997 |
| Restinga da Jurubatiba | RJ | 14.838 | 29/4/1998 |
| Serra da Mocidade | AM | 377.937 | 29/4/1998 |
| Viruá | RR | 215.917 | 29/4/1998 |
| Cavernas de Peruaçú | MG | 56.649 | 17/12/2004 |

Fonte: Ibama

**Qual a diferença entre parques nacionais, reservas biológicas, estações ecológicas e reservas extrativistas, as principais categorias de unidades de conservação protegidas pelo Ibama?**

**Parques nacionais** são áreas destinadas à proteção ambiental e também ao turismo. Um bom exemplo é o Parque Nacional de Itatiaia, no Rio de Janeiro.

**Reservas biológicas** são exploradas apenas para fins de pesquisa. A entrada do público não é inteiramente proibida, mas o controle é rigoroso e não há estrutura para visitação turística. É o caso do Poço das Antas, no Rio de Janeiro, que se tornou uma reserva biológica para que fossem desenvolvidos estudos sobre o mico-leão-dourado, seu mais ilustre habitante.

**Estações ecológicas** são áreas exploradas primordialmente para pesquisa, mas que podem ter 10% de seu território destinado para outros fins, inclusive para exploração turística. O exemplo mais notório é a Estação Ecológica da Jureia, em São Paulo.

**Reservas extrativistas** são espaços territoriais destinados à exploração autossustentável e à conservação dos recursos naturais renováveis.
Para saber quais são todas elas, acesse o site <www.ibama.gov.br>.

## AMAZÔNIA

❖ A floresta amazônica é a maior do mundo. Estende-se por nove países da América do Sul. Tem 60% de sua mata no Brasil. Só a parte brasileira é do tamanho de vinte Inglaterras. Ela abriga cerca de 80 mil espécies vegetais e 30 milhões de animais. Problemas como queimadas e desmatamentos causam alterações climáticas que afetam todo o planeta. Recentemente, muitos pequisadores sustentam a ideia de que grande parte das chuvas nas regiões Sudeste e Centro-Oeste do Brasil têm como fonte de umidade principal as nuvens formadas na floresta amazônica.

✿ Já foram registradas na floresta amazônica brasileira 2.500 espécies de árvores. Em apenas 1 hectare são encontradas trezentas espécies vegetais diferentes. Por ano, são extraídos 28 milhões de metros cúbicos de madeira, o suficiente para encher 3 milhões de caminhões. O desmatamento da Amazônia já chegou a 530 mil quilômetros quadrados, 13% da área da floresta. Metade foi devastada ilegalmente por pecuaristas, agricultores e madeireiros.

> Existem nada menos que 30 milhões de espécies de insetos na Terra. A região da Amazônia é moradia de $1/3$ desse total. É lá que vive o maior besouro do mundo, o *Titanus gigantus*, com seus 20 centímetros de comprimento.

## OS PRINCIPAIS RIOS BRASILEIROS

O Brasil possui 55.457 quilômetros quadrados de águas internas, equivalentes a 1,66% da superfície da Terra. Aqui se encontram 13,7% de toda a água doce do planeta.

| | | | |
|---|---|---|---|
| Amazonas | 7.025 km | Paraná | 4.025 km |
| Juruá | 3.283 km | Madeira | 3.240 km |
| Purus | 3.210 km | São Francisco | 3.161 km |
| Tocantins | 2.640 km | Araguaia | 2.630 km |
| Japurá | 2.200 km | Uruguai | 2.078 km |
| Paraguai | 2.020 km | Tapajós | 2.000 km |

## RIO SÃO FRANCISCO

Em outubro de 1501, o explorador italiano Américo Vespúcio recebeu autorização para pesquisar o interior de nosso país. Ao deparar com um belo rio cristalino, decidiu batizá-lo de São Francisco, pois era o santo homenageado naquele dia 4. O São Francisco é o maior rio inteiramente brasileiro (que nasce e morre dentro do país). Por isso ele ganhou o apelido de "Rio da Integração Nacional" e, por atravessar a região do semiárido nordestino, "Nilo Brasileiro". No cânion do São Francisco, entre as cidades de Paulo Afonso (BA) e Piranhas (AL), fica a maior concentração de usinas hidrelétricas do Brasil – nove ao todo, num trecho de apenas 70 quilômetros.

## RIO AMAZONAS

✿ O rio Amazonas foi descoberto em 1500 por Vicente Yáñez Pinzón, que lhe deu o nome de mar Dulce. Em 1532, o nome acabou sendo trocado por Francisco Orellana, o homem que desceu o rio pela primeira vez. O Amazonas nasce na cordilheira dos Andes, próximo ao vulcão Misti, ao sul do Peru, a 4 mil metros acima do nível do mar. Essa nascente foi descoberta apenas em 1971 e é conhecida como laguna McIntyre.

> Sua largura na planície brasileira é de 6 a 8 quilômetros, enquanto a profundidade varia de 20 a 200 metros. Próximo à sua foz, no Atlântico, a profundidade chega a até 500 metros.

✿ O rio Amazonas é o maior do mundo em volume de água. Em menos de meio minuto de vazão, poderia saciar a sede de todos os habitantes do planeta. Ele despeja no Atlântico 175 milhões de litros de água por segundo. Esse número corresponde a 20% da vazão conjunta de todos os rios da Terra.

✿ A 8 quilômetros de Manaus, o rio Solimões encontra o rio Negro, produzindo o fenômeno do Encontro das Águas. As duas grandes massas de água não se misturam porque têm temperaturas diferentes. Ah, as águas do rio Negro são... cristalinas. A impressão de escuridão surge do contraste provocado pelo encontro das águas desse rio com as do Solimões, que são barrentas.

> **AFLUENTES DO RIO AMAZONAS**
>
> **Margem esquerda:** Içá, Japurá, Negro, Jamundá, Trombetas, Jari e Paru.
>
> **Margem direita:** Javari, Juruá, Purus, Madeira, Tapajós, Xingu e Tocantins.
>
> **Secundários:** Tefé, Coari, Jutaí, Jundiatiba, Urubu e Uatumã.

**O que é pororoca?**

Próximo à foz do Amazonas e de certos rios da região, uma onda de arrebentação muda de direção de repente e segue em sentido contrário ao do fluxo das águas do rio. Acompanhada de ondas menores, ela sobe o rio, produzindo um ruído muito grande e provocando destruição em suas margens.

## VERDE QUE TE QUERO VERDE

**1.** O Jardim Botânico do Rio de Janeiro foi criado por d. João VI quando a família real portuguesa veio para o Brasil em 1808. Mas a visitação pública só foi autorizada em 1838, por um decreto que o marquês de Olinda assinou em nome do imperador. Hoje existem 2.300 espécies catalogadas ali.

**2.** O nome verdadeiro do Horto Florestal, em São Paulo, é Parque Alberto Lofgren. Ele foi criado em 1896 pelo naturalista sueco Albert Lofgren, que veio estudar ciências naturais no Brasil. O parque tem 174 hectares.

**3.** A árvore mais velha do Brasil é um jequitibá-rosa que se encontra no Parque Estadual de Vassununga, em Santa Rita do Passa Quatro (SP). Segundo o biólogo Manuel de Godoy, o jequitibá-rosa tem 3.020 anos. Na copa dessa árvore portentosa vivem tucanos, macacos e cerca de 20 mil outras plantas. Os jequitibás são árvores nativas da Mata Atlântica brasileira, existentes apenas na região Sudeste e em alguns estados vizinhos. Conheça alguns números impressionantes desse jequitibá:

❋ A árvore tem 39 metros de altura, o equivalente a um prédio de 13 andares.
❋ A copa tem 19,40 metros de altura e diâmetro de cerca de 40 metros.
❋ O tronco mede 19,60 metros.
❋ A 1,65 metro do solo, o diâmetro da árvore é de 3,60 metros, e a circunferência, de 11,50 metros. Para abraçá-la é preciso reunir dez homens.
❋ A raiz mais funda vai a 18 metros de profundidade, e a mais comprida atinge até 30 metros para o lado.
❋ O peso total da árvore é de 264 toneladas.

**4.** Existem plantas carnívoras no Brasil? Sim. O Brasil tem uma grande quantidade dessas plantas que atraem, prendem e digerem... os insetos. Somos o segundo país em número de espécies (o primeiro é a Austrália). São quatro gêneros de plantas e mais de cem espécies espalhadas pelo Brasil. Elas vivem em solos úmidos, mas ao mesmo tempo ensolarados. Os planaltos Meridional e Atlântico, do Rio Grande do Sul até a Bahia, contêm várias regiões favoráveis a esses vegetais. Certas porções do litoral e de montanhas também têm plantas carnívoras.

**5.** O mandacaru e a figueira-da-índia são dois tipos de cactos que aparecem com frequência no clima quente do Nordeste brasileiro. Os cactos respiram pelo caule. É nele que se alojam os estômatos, canais entre as células que permitem a entrada de ar. É também por meio dos estômatos localizados no caule que o cacto transpira, lançando água em estado de vapor no meio ambiente.

**6.** Em 25 de abril de 1989 foi criado o Parque Nacional de Superagui, em Guaraqueçaba, no litoral norte do Paraná, destinado a proteger uma preciosa mistura de Mata Atlântica, praias virgens, ilhas e muitos manguezais – reconhecida como uma das três áreas de maior biodiversidade do planeta. Tanto que a Unesco decidiu transformar o lugar, também chamado de Lagamar ou Mar de Dentro, na primeira reserva da biosfera em território brasileiro, uma honraria destinada a um seleto grupo de reservas espalhadas pelo mundo.

**7.** A jurubeba é um arbusto brasileiro encontrado nas regiões costeiras do Nordeste, que atinge pouco mais de 1 metro de altura. Segundo a cultura popular, ela tem várias propriedades medicinais: seu fruto é usado como laxante e estimulante das funções do baço, do estômago e do fígado; as folhas atuam como cicatrizante, e a raiz, como tônico digestivo.

**8.** Minha terra tem palmeiras. Grandes e pequenas. A palmeira-barriguda atinge 30 metros, a altura de um prédio de 10 andares. Já o butiá, uma das menores palmeiras, não chega a 30 centímetros, a altura de uma garrafa.

**9.** O perfume Chanel n° 5 foi ameaçado de boicote quando os franceses descobriram que em sua fórmula se empregava óleo de pau-rosa, madeira tropical que os ecologistas alegam estar ameaçada de extinção. O bafafá só cessou quando a Chanel se comprometeu a desenvolver plantações próprias na Amazônia.

**10.** A carnaúba, palmeira do sertão nordestino, tem 1.001 utilidades. A madeira de seu tronco, que mede até 15 metros de altura, é muito procurada para a construção de casas. A polpa de sua fruta é usada na fabricação de um tipo de farinha. Exportada para o mundo inteiro, a cera extraída de suas folhas ganhou fama por ser mais resistente e ter um brilho mais intenso. Frutas como maçã e manga recebem uma camada dessa cera antes de ser exportadas, evitando, assim, que percam água. A cera de carnaúba também entra na composição do batom, dando-lhe resistência ao calor, e funciona como isolante elétrico em *chips* de computadores.

# PETRÓLEO

✿ O petróleo é produzido no Brasil desde 1938, quando foi descoberto o primeiro poço na Bahia.

✿ A produção brasileira vem da terra e do mar:
**Terra** – O petróleo é retirado da terra no Rio Grande do Norte e na Bahia.
**Mar** – Nossa maior produção vem de jazidas localizadas em alto-mar. No final dos anos 1960, a Petrobras encontrou petróleo no mar, na costa de Sergipe, num campo que foi batizado de Guaricema. Continuou suas investigações marítimas no princípio da década de 1970 e descobriu o campo de Cação (ES). Em 1974, chegou à bacia de Campos, no litoral fluminense, onde achou o campo de Garoupa. Hoje a bacia de Campos é responsável por 70% da produção nacional. São 28 plataformas, metade das quais flutuante, que exploram 44 campos de petróleo, todos batizados com nomes de peixe, como Garoupa, Enchova, Barracuda, Marlim e Roncador. Desde o início da exploração da bacia, já se extraíram 2,1 bilhões de barris de petróleo. Foram perfurados 1.150 poços. O campo já consumiu investimentos de 21 bilhões de dólares. O Brasil desenvolveu técnicas especiais de construção de plataformas e está exportando essa tecnologia para outros países.

> **Você sabia que...**
> ... a Petrobras é a única empresa do mundo capaz de explorar poços localizados até 2 mil metros abaixo da superfície da água? Chegou a 1.709 metros no campo de Marlim Sul, que produz, por enquanto, apenas 10 mil barris por dia.

✿ Em 1997, o Brasil entrou para o grupo dos 16 países que produziam uma média diária de 1 milhão de barris. Até esse ano, o petróleo era totalmente controlado pelo governo. A Petrobras nasceu em 1953 para extrair, refinar e transportar o petróleo. Também importava o produto. Apenas a distribuição de derivados podia ser feita por qualquer empresa. A nova lei do petróleo abriu as atividades da indústria petrolífera à iniciativa privada, criando a Agência Nacional do Petróleo, que regula e fiscaliza tais atividades, além de contratar as empresas que trabalharão no setor.

✿ Em 2006, o governo anunciou a autossuficiência do Brasil em petróleo. Na época, a produção média de petróleo foi de 1,809 milhão de barris por dia, e o consumo, de 1,745 milhão.

✿ Em 2009 a Petrobras exportou 705 mil barris/dia e importou 549 mil barris/dia de petróleo e derivados, o que deixou um saldo líquido positivo de 156 mil barris/dia. O resultado do saldo positivo da balança comercial da Petrobras foi um lucro de 2,874 bilhões de dólares.

✿ Só no primeiro semestre de 2010, a Petrobras importou 339 mil barris/dia de petróleo e 281 mil barris/dia de derivados, totalizando 620 mil barris/dia de importação. Em contrapartida a empresa exportou 558 mil barris/dia de petróleo e 204 mil barris/dia de derivados, totalizando 762 mil barris/dia de exportação. O superávit financeiro do período foi de 1,466 bilhão de dólares. A produção média registrada até o mês de outubro foi de 2,135 milhões de barris por dia, e o consumo médio, de 2,120 milhões. Isso significa que a produção nacional é suficiente para cobrir as necessidades do país. Entretanto, devido à demanda e ao perfil das nossas refinarias, o Brasil importa petróleo leve e seus derivados – como o óleo diesel e a nafta – e exporta petróleo e seus derivados – o óleo combustível é o principal. Assim, o país exporta em média 18.132.903 barris de petróleo por mês e importa 10.655.901.

**Por que o Brasil não refina seu próprio petróleo para não precisar exportar?**
Da produção total de petróleo do Brasil, cerca de 70% é de petróleo mais viscoso (pesado), e por isso o país precisa trazer petróleo leve e seus derivados de fora. O parque de refino do país, cuja capacidade é de cerca de 2 milhões de barris/dia, teria capacidade para processar toda essa produção. Entretanto, como sua construção ocorreu entre as décadas de 1970 e 1980, ela foi projetada para refinar os tipos de petróleo mais leves, que eram importados pelo Brasil. Assim, não há estrutura para processar toda a produção de petróleo pesado que produzimos agora. O excedente que não pode ser refinado é exportado.

## PROÁLCOOL

✿ O Programa Nacional do Álcool foi iniciado em 1975, quando o preço do barril de óleo cru subiu escandalosamente em razão de conflitos no Oriente Médio. Como se imaginava que os preços permaneceriam no patamar elevado a que chegaram, a busca de combustíveis alternativos se tornou mania mundial na época. O Brasil teve uma boa ideia: o uso do álcool nos carros. E conseguiu pôr rapidamente essa ideia em prática. Os primeiros modelos de carro a álcool foram lançados em 1979. O governo incentivou a produção do combustível vegetal e subsidiou os carros e o próprio álcool na bomba dos postos.

✿ O álcool usado como combustível, o etanol, voltou a ser o centro das discussões por causa do Próalcool, mas não era novidade no Brasil. O país já havia produzido esse tipo de biocombustível em 1927, na Usina Serra Grande Alagoas. No início dos anos 1930, como o preço do petróleo caiu no mundo todo, as pesquisas sobre o etanol foram deixadas de lado.

✿ O carro a álcool chegou a representar 66% da frota produzida no país. Nos anos 1980, porém, descobriram-se novas reservas de petróleo e o preço dos combustíveis fósseis caiu. O álcool perdeu a vez. Em 1997, a fabricação de carros a álcool foi de apenas 1.117 unidades, todas da Volkswagen.

## PRÉ-SAL

Em 2009, a Petrobras anunciou a descoberta da chamada "camada pré-sal", uma área de 800 quilômetros abaixo do leito do mar, localizada entre Espírito Santo e Santa Catarina. O petróleo é encontrado abaixo dos 7 mil metros, depois de uma camada de sal. O Campo de Tupi, com reservas estimadas entre 5 e 8 bilhões de barris de petróleo, fica na região do pré-sal.

> **Biodiesel**
> Biodiesel é um combustível renovável obtido através de gorduras animais ou de óleos vegetais. O Biodiesel substitui parcial ou totalmente combustíveis de origem fóssil e pode ser produzido a partir de vegetais encontrados no Brasil, como mamona, soja, girassol, dendê, amendoim e babaçu.

**CÚPULA DA TERRA**
A II Conferência Mundial para o Meio Ambiente e Desenvolvimento, a Eco-92, realizada no Rio de Janeiro de 3 a 14 de junho de 1992, reuniu 114 chefes de Estado, 10 mil jornalistas e 40 mil militantes de 3.200 ONGs. O encontro foi encerrado com a assinatura da Agenda 21, um documento de 840 páginas, prevendo uma série de estratégias globais de desenvolvimento sustentado.

## O Brasil entrou numa fria

❋ O *Prof. W. Besnard* foi o primeiro navio brasileiro de pesquisa a alcançar a Antártida. Mesmo não sendo originalmente uma embarcação polar, ele transportou, em 1982, a primeira expedição brasileira até esse continente.

As pesquisas possibilitaram ao Brasil ingressar no seleto Conselho Consultivo do Tratado da Antártida.

✿ No verão de 1988, com o eixo do motor quebrado, o navio escapou de um naufrágio no perigosíssimo estreito de Drake, no polo Sul. O nome da embarcação, que veio da Noruega em 1967, foi uma homenagem ao francês Wladimir Besnard (1890-1960), fundador do Instituto Oceanográfico da Universidade de São Paulo.

✿ Em 1982, o Brasil instalou a sua base na Antártida, a Estação Comandante Ferraz, com capacidade para 52 pesquisadores. Ali existem oitenta bases, de 26 países. Só os países que construíram estações de pesquisa no continente até 1992 poderão, no futuro, pleitear direitos territoriais.

## LIXO

✿ A cada 24 horas, o Brasil produz 125.281 mil toneladas de lixo – sujeira que seria suficiente para lotar 605 aviões cargueiros do tipo Boeing 747. Em 1982, cada brasileiro jogava fora $1/2$ quilo de lixo por dia. Em 2008, a média foi de 920 gramas *per capita*. Ainda é pouco comparado com o Japão, onde cada habitante produz 2 quilos de lixo diariamente.

✿ Menos de 3% do lixo passa hoje por processos de compostagem (transformação em adubo) ou incineração. Apenas 2% é reciclado. Há uma explicação para esse descaso. Reciclar lixo é 15 vezes mais caro que jogá-lo num aterro.

✿ Na década de 1980, Cubatão (SP), o maior polo petroquímico do país, foi considerada a cidade mais poluída do mundo. As indústrias despejavam a cada ano 4,7 milhões de toneladas de lixo sem tratamento no solo e na água de Cubatão. Hoje, esse número diminuiu para 1,6 milhão de toneladas. Além de as fábricas terem desenvolvido processos de produção que resultam em menos sujeira, várias delas se viram forçadas a tratar os dejetos químicos, utilizando filtros apropriados.

# PATRIMÔNIO ARQUEOLÓGICO

✿ Todos os sítios arqueológicos são protegidos pela Lei n° 3.924/61 e considerados bens patrimoniais da União. O tombamento de bens arqueológicos é feito excepcionalmente, por interesse científico ou ambiental. Existem cerca de 20 mil sítios arqueológicos identificados no país, dos quais apenas 6 são tombados: Sambaqui do Pindaí, em São Luís (MA); Parque Nacional da Serra da Capivara, em São Raimundo Nonato (PI); Inscrições Pré--Históricas do Rio Ingá, em Ingá (PB); Sambaqui da Barra do Rio Itapitangui, em Cananeia (SP); Lapa da Cerca Grande, em Matozinhos (MG); e a Ilha do Campeche, em Florianópolis (SC).

✿ As primeiras pesquisas arqueológicas do país foram feitas na gruta de Maquiné, a 6 quilômetros de Cordisburgo (MG), terra natal do escritor Guimarães Rosa. A gruta tem sete salões, com 650 metros de extensão e 18 metros de profundidade.

## Os Flintstones brasileiros

✿ Vestígios do homem da Idade da Pedra encontram-se nos parques nacionais Sete Cidades e Serra da Capivara, no Piauí.

✿ Sete Cidades, a 180 quilômetros de Teresina, exibe sete gigantescas formações rochosas, como ruínas de cidades antigas. As principais rochas foram batizadas de Castelo, Arco do Triunfo, Cabeça de d. Pedro I, Pedra da Tartaruga, Biblioteca e coisas do gênero, formando uma longa lista com quase uma centena de nomes. Estima-se que essas rochas tenham a idade geológica de 400 milhões de anos. Alguns povos de fato deixaram sinais de passagem por tais "cidades". O atestado vem da farta quantidade de pinturas rupestres, distribuídas pelos paredões lisos de Sete Cidades. As cenas representam cerimônias, danças, grupos de músicos e situações do cotidiano, como caça, parto e sexo. Os desenhos pré-históricos foram feitos com o dedo ou espinhos de cacto, usando-se tinta de origem animal. Com certeza, é um legado indígena, de acordo com os pesquisadores, possivelmente de tribos tabajaras que já circulavam pela região.

✿ Escavações realizadas em quatrocentos sítios do Parque Nacional da Serra da Capivara, em São Raimundo Nonato, já trouxeram à luz cerca de 50 mil peças de utensílios de pedra lascada (machados, objetos de cerâmica e urnas funerárias) e carvões de fogueiras de mais de quatrocentos séculos. Serra da Capivara revelou também 23 mil pinturas. É possível conhecer 22 sítios com essas pinturas, abertos à visitação. Ao estudar a região, a arqueóloga brasileira Niède Guidon levantou, em 1971, a possibilidade de terem existido seres humanos no Piauí há quase 50 mil anos. Os cientistas duvidaram de sua tese. Atualmente, ela está sendo levada mais a sério.

As histórias sobre civilizações antigas que teriam habitado a região do Parque Sete Cidades, no Piauí, começaram a circular depois que o naturalista e estudioso austríaco Ludwig Schwennhagen visitou a região em 1928. Ele a descreveu como ruínas de uma antiga cidade fenícia fundada 3 mil anos antes. Erich von Daniken, autor do *best-seller Eram os deuses astronautas?*, assegurou que as estranhas formas de Sete Cidades poderiam ser provas da vinda de extraterrestres à Terra. Há ainda um pesquisador argentino, Gabriel d'Annunzio Baraldi, que também resolveu deixar sua contribuição ao folclore místico de Sete Cidades: ele desconfia que debaixo daquelas rochas estariam algumas pistas sobre a existência de Atlântida, um dos continentes desaparecidos durante a pré-história.

**Outros locais brasileiros que possuem pinturas rupestres**

**Cariris Velhos (PB)** – Algumas de suas grutas apresentam figuras pintadas, a maior parte delas incompreensível. Na vizinha Pedra do Ingá, foram encontradas inscrições num paredão de pedra, possivelmente com significado religioso.
**Lagoa Santa (MG)** – Descobertas em 1834, as pinturas de animais têm entre 2 mil e 10 mil anos.
**Pedra Pintada (PA)** – Pinturas com aproximadamente 11 mil anos, encontradas em 1992 pela arqueóloga norte-americana Anna Roosevelt.
**Peruaçu (MG)** – Vários estilos de pintura. Calcula-se que tenham entre 2 mil e 10 mil anos.
**Rondonópolis (MT)** – Uma caverna revelou a existência de mais de mil desenhos.

**O HOMEM PRÉ-HISTÓRICO**

Os ossos de um homem com mais de 10 mil anos foram achados na gruta da Lapinha, em Lagoa Santa (MG). O esqueleto do Homem de Lagoa Santa está no Museu de História Natural de Belo Horizonte. No século XIX, a região foi explorada pelo dinamarquês Peter William Land, que encontrou uma série de fósseis de animais pré-históricos.

Nas cavernas da região já foram descobertos quase quinhentos esqueletos pré-históricos. Um crânio que pertenceu a uma mulher foi considerado o mais velho das Américas, com 11 mil anos. O crânio foi batizado de Luzia.

# FAUNA

Entre os 200 países do mundo, apenas 17 são donos de cerca de 70% da flora e da fauna existentes no planeta. E, entre esses poucos, o Brasil aparece em primeiro lugar, dono da maior parte das florestas intactas da Terra e país mais rico em plantas e animais.

**PAÍSES QUE TÊM O MAIOR NÚMERO DE PLANTAS E ANIMAIS**

|  | Plantas | Mamíferos | Pássaros | Répteis | Anfíbios |
|---|---|---|---|---|---|
| **Brasil** | 56.000 | 524 | 1.622 | 468 | 517 |
| **Colômbia** | 51.000 | 456 | 1.815 | 520 | 583 |
| **Indonésia** | 37.000 | 515 | 1.531 | 511 | 270 |
| **China** | 30.000 | 499 | 1.244 | 387 | 274 |
| **México** | 15.600 | 450 | 1.050 | 717 | 284 |

# AS ESTRELAS DE NOSSA FAUNA

## ANTA
É o maior mamífero brasileiro. Tem, em média, 2,10 metros de comprimento e 1 metro de altura. Algumas chegam a pesar 300 quilos. Suas patas dianteiras têm quatro dedos, e as traseiras, três. Vivem em matas próximas a rios. Em cada gestação, a mamãe anta tem apenas um filhote. Os machos demarcam seu território com montes de estrume, como fazem os cavalos.

## ARARA-AZUL
As araras-azuis são muito frágeis. Os pares são fiéis (só procuram outro parceiro quando um deles morre) e cada casal produz apenas um ou dois ovos por ano. Durante o período de reprodução, metade de todos os ovos costuma ser devorada por gambás, urubus e tucanos. Quando os filhotes nascem, até completarem 45 dias, ficam sujeitos a virar alimento de gavião. Há ainda outro problema. Como a fêmea bota um ovo hoje e outro daqui a cinco dias, o filhote mais novo nem sempre consegue disputar o alimento com o mais velho, e maior. Assim, acaba morrendo de fome nos primeiros dias. As que sobreviveram estão no Pará, no Amazonas e na região de confluência dos estados de Tocantins, Maranhão, Piauí e Bahia, e também no Pantanal, onde se concentra cerca de 70% do total da população. Há indicações de que, no passado, viveram ainda na Bolívia e no Paraguai, onde, porém, já estão extintas.

## BALEIA JUBARTE
Conhecida como baleia cantora, ela chega ao Brasil com o inverno e só se despede quando o verão se aproxima. Todo ano, milhares de baleias jubartes deixam as regiões polares e procuram o mar azul-turquesa do Parque Nacional Marinho dos Abrolhos, no sul da Bahia. Ali, entre julho e novembro, cumprem todas as etapas de um belo caso de amor: com seu canto misterioso, os machos seduzem as fêmeas e eles se acasalam. Muitos filhotes, concebidos na temporada anterior, acabam nascendo em águas brasileiras, convertidas num aconchegante berçário. Podem atingir 16 metros de comprimento e 29 toneladas de peso.

## CAPIVARA

O maior roedor do mundo (1,30 metro e 50 quilos) vive sempre próximo da água. Graças à sua capacidade de se reproduzir, conseguiu escapar da extinção. Tem duas ninhadas por ano, cada uma com seis filhotes.

## CATETO

O cateto lembra um porquinho e tem uma mancha ao redor do pescoço que parece um colar branco. Seu tamanho varia entre 90 centímetros e 1 metro, e o peso, entre 20 e 25 quilos. Sua carne é bastante apreciada, por isso os catetos enfrentam o perigo da extinção. Nascem dois em cada ninhada. Embora se alimentem de alguns animais, são basicamente vegetarianos.

## CERVO-DO-PANTANAL

É a maior espécie de cervo sul-americano, com comprimento variando entre 1,80 e 1,90 metro. Chega a pesar 150 quilos. Vive perto da água (especialmente no Pantanal e na ilha do Bananal), deslocando-se com habilidade em terrenos pantanosos por causa da estrutura de seus cascos. Detesta carne e prefere fazer seus passeios durante o dia. A galhada (chifres) do macho chega a medir 60 centímetros.

## EMA

A maior ave brasileira pode atingir 1,70 metro e 34 quilos. O macho, cujo pescoço tem a base negra, choca os ovos (pesam cerca de 600 gramas), às vezes de várias fêmeas ao mesmo tempo. Quando dois machos com crias se encontram, eles se enfrentam. Quem vencer, fica com todos os filhotes.

## JAGUATIRICA

Esse felino chega a medir 1,45 metro do focinho ao fim da cauda. Pesa até 16 quilos e vive em florestas tropicais, mas não se aperta se tiver de morar em regiões secas. Prefere fazer seus passeios à noite, quando caça roedores, pequenos cervos, porcos selvagens, aves, répteis e peixes.

## LOBO-GUARÁ

Típico animal do cerrado brasileiro. Seus pelos apresentam um tom dourado-avermelhado; ele tem pernas compridas e finas, e mede até 1,50 metro de altura. Alimenta-se de aves, roedores, raízes e frutas. Costuma só sair à noite. Corre risco de extinção por causa da destruição de seu hábitat e da crendice popular que diz que alguns de seus órgãos poderiam ser utilizados na cura de doenças, como a impotência sexual.

## MICO-LEÃO-DOURADO

É uma das espécies mais ameaçadas de extinção. Por isso, virou símbolo de uma campanha mundial para salvar as espécies nativas da floresta brasileira. O mico-leão-dourado é bem pequeno: mede apenas 33 centímetros, fora a cauda. Vive na Mata Atlântica, principalmente na região do Rio de Janeiro. Seu cardápio inclui insetos e pequenos vertebrados, além de frutas.

O mico-leão-da-cara-preta foi descoberto na ilha de Superagui, no litoral do Paraná, em 1990. Até então, sua existência era desconhecida pelos biólogos, apesar das histórias contadas por moradores da região.

## ONÇA-PINTADA

É o maior felino das Américas, pois chega a medir 2,40 metros de comprimento. Para manter seu corpinho de 160 quilos em forma, alimenta-se, ao anoitecer, de mamíferos (capivaras, veados, jacarés e porcos-do-mato), répteis e peixes. Hábil pescadora e boa nadadora, habita desde regiões de florestas até áreas semidesérticas, mas sempre perto da água. Tem medo do homem e só ataca quando é atacada.

## PACA

Roedor com corpo comprido e pelagem marrom. Tem 70 centímetros de comprimento e pesa aproximadamente 10 quilos. Vive longe das cidades. Sua carne é bastante apreciada, o que a inclui no grupo de espécies ameaçadas.

## PEIXE-BOI

É o maior mamífero fluvial do planeta, alcançando 4 metros de comprimento e 800 quilos. Até os anos 1940, seu couro, muito grosso, era usado em correias de máquinas, havendo registro de 200 mil peles comercializadas no período. A espécie é protegida por lei desde 1967. O peixe-boi amazônico vive cinquenta anos e é a menor das três espécies existentes (3 metros de comprimento e 500 quilos). É também a única que só vive em água doce e não possui unhas nas nadadeiras. Um peixe-boi come, por dia, até 10% de seu peso.

### O batizado do peixe-boi

As fêmeas têm uma gestação de 13 meses, com um intervalo médio de quatro anos. Nasce um filhote de cada vez e ele é amamentado por dois anos. O nascimento do primeiro peixe-boi em cativeiro foi comemorado com muita festa. Afinal, a procriação em cativeiro é bem difícil e é importante na luta contra a extinção dessa espécie. O filhote nasceu no dia 8 de abril de 1998, em Manaus, com 80 centímetros e pesando 9 quilos. É filho de Boo, uma peixe-boi que vive há 24 anos em cativeiro. O nome do recém-nascido foi escolhido num concurso que recebeu mais de quinhentas sugestões. Venceu Erê, que significa "alegria" em tupi-guarani, uma ideia da garota Gisele Pinheiro, de dez anos.

## QUEIXADA

O nome veio do costume do bicho de bater os dentes, que aterroriza quem não o conhece. É o maior porco-do-mato brasileiro (1,05 metro e 30 quilos). Sua cor é preta, mas os lábios, a base da mandíbula e a garganta são brancos. Ataca homens.

## SERIEMA

Uma das marcas registradas dessa ave é o seu canto ao entardecer. Tem também um topete sobre o bico. Suas pernas finas e compridas lhe conferem uma altura de 90 centímetros; pesa 1,5 quilo. Embora sejam aves terrícolas, as seriemas fazem seus ninhos em árvores, a 4 ou 5 metros do solo. Alimentam-se de insetos, aranhas, lagartixas e roedores. Às vezes, incluem cobras em seu cardápio.

## TAMANDUÁ-BANDEIRA

Mede 2,15 metros, 90 centímetros só de cauda. Ele anda cerca de 1,5 quilômetro por dia para encontrar comida. Gosta de comer formigas e cupins. É banguela, uma exceção entre os mamíferos. Pega os bichinhos enfiando sua língua grudenta e comprida (de 40 a 60 centímetros) em suas casas. Mora no cerrado, em florestas úmidas e em savanas. Os tamanduás dormem com a cauda sobre a cabeça. Como não enxergam bem, dá para chegar a uma distância de cerca de 5 metros deles. É preciso ir contra o vento, para que eles não ouçam o barulho dos passos.

**Você sabia que...**
... quando está comendo insetos, o tamanduá-bandeira pode tirar sua língua da boca e pôr de novo 160 vezes em um único minuto?

## TARTARUGA MARINHA

Das oito espécies de tartarugas marinhas existentes em todo o mundo, cinco vivem e se reproduzem no Brasil. São elas: cabeçuda, tartaruga-de-pente, *Lepidochelys olivacea*, tartaruga-verde (ou aruanã) e tartaruga-de-couro. Exploradas durante décadas, hoje elas lutam contra a extinção. A cada mil nascimentos, apenas uma ou duas tartarugas marinhas sobrevivem.

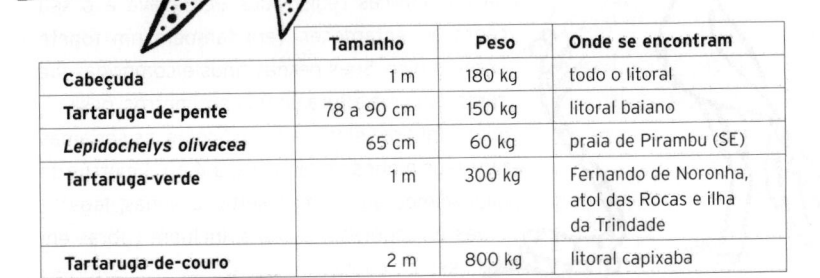

|  | Tamanho | Peso | Onde se encontram |
| --- | --- | --- | --- |
| Cabeçuda | 1 m | 180 kg | todo o litoral |
| Tartaruga-de-pente | 78 a 90 cm | 150 kg | litoral baiano |
| *Lepidochelys olivacea* | 65 cm | 60 kg | praia de Pirambu (SE) |
| Tartaruga-verde | 1 m | 300 kg | Fernando de Noronha, atol das Rocas e ilha da Trindade |
| Tartaruga-de-couro | 2 m | 800 kg | litoral capixaba |

## TATU-CANASTRA

O canastra é o maior exemplar vivo de sua espécie no mundo, chegando a medir 1,50 metro do focinho à cauda. O bicho é gordinho (60 quilos). Quando a fome aperta, ele cava com agilidade à procura de comida. O terceiro dedo de suas patas é grande e tem uma unha bastante desenvolvida. Vermes, insetos e larvas, além de aranhas, cobras e principalmente cupins, fazem parte de sua dieta. No interior, costuma-se dizer que o tatu-canastra desenterra e come mortos nos cemitérios.

## TUIUIÚ

Símbolo do Pantanal, o tuiuiú é a maior ave voadora do Brasil. Mede 1 metro e pesa 8 quilos. Ele precisa de espaço para decolar. A exemplo do urubu, o tuiuiú também se alimenta de restos de animais.

> **Os animais sob a lei**
> Um decreto de 1934 deveria proteger de maus-tratos os animais domésticos no Brasil.

## TEMPORADA DE CAÇA

✿ Desde 1967, a caça é proibida no Brasil. Quem for pego em flagrante, pode ser preso, e sem direito a fiança.

✿ No Brasil, a caça só é permitida no Rio Grande do Sul. Trata-se do único estado com estrutura para acompanhar adequadamente as populações de animais – o que evita o desequilíbrio na fauna da região. O "esporte" é praticado somente em épocas específicas e suas regras são muito definidas.

Para começar, apenas quatro espécies podem ser alvo dos caçadores: perdiz, lebre, pomba e marreca (um pato selvagem). E mais: antes da abertura de cada temporada, que ocorre geralmente entre maio e setembro, o Ibama determina a quantidade de animais que poderá ser caçada. Talvez por causa de tantas restrições, o número de licenças expedidas vem despencando. Há vinte anos, existiam 10 mil caçadores licenciados por temporada. Hoje eles não passam de 2 mil. Uma lei estadual de 1994, porém, estabelece normas de regulamentação e licença para a caça no Rio Grande do Sul: fica proibido o abate de animais em extinção e limita-se a cota de bichinhos mortos, entre as espécies liberadas, por caçador. O controle rígido, segundo o Ibama, desestimula os maus caçadores.

> **Temporada nos campos e banhados:** de 29 de maio a 6 de setembro.
> **Cotas permitidas pelo Ibama:** em média, 95 animais e aves por semana para cada caçador. A lebre, a caturrita e o pássaro-preto têm cota livre de abate.

## A PESCA PROIBIDA

✿ Em dezembro de 1987, foi sancionado pelo presidente da República um projeto de lei acabando com a pesca da baleia no Brasil. Essa medida encerrou as atividades da Companhia de Pesca Norte do Brasil (Copesbra), empresa dedicada à pesca desses mamíferos desde 1912. O alvo principal da Copesbra era a baleia-anã, que, com suas 7 toneladas de peso médio, fornecia 3,5 toneladas de filés, 1,26 tonelada de ossos, 35 quilos de barbatanas, 56 quilos de língua, 63 quilos de fígado, 63 quilos de intestinos, 42 quilos de nadadeiras, 7 quilos de cartilagens, 280 quilos de papo e 980 quilos de toucinho.

✿ As costas brasileiras são habitadas por 32 espécies de cetáceos (baleias e golfinhos). Há ainda duas espécies de golfinhos fluviais, os botos da bacia amazônica. Desde 1986, o Brasil proibiu a caça aos golfinhos.

## ANIMAIS EM EXTINÇÃO

✿ Os números são alarmantes: todos os anos, 5 mil diferentes tipos de vida desaparecem para sempre da Terra. É uma média impressionante de 13 por dia.

✿ O Brasil é campeão em espécies ameaçadas. Dados oficiais revelam que estão desaparecendo das nossas matas 57 mamíferos, entre eles o mico-leão-dourado, a jaguatirica, o lobo-guará, a onça-pintada e o tamanduá-bandeira. Cento e oito aves, como o flamingo e o gavião-real, já são raras em nosso céu, e um número cada vez menor de répteis, entre eles a surucucu, algumas espécies de tartaruga e o jacaré-de-papo-amarelo, passeia em nossas terras. E o grande culpado é o homem. É ele quem polui as águas, devasta as matas e caça os animais.

## PROJETO TAMAR

Em 1976, um grupo de estudantes de oceanografia da Fundação Universidade do Rio Grande presenciou uma cena terrível no atol das Rocas: um pescador virou 12 tartarugas fêmeas e, tranquilamente, as degolou. Os estudantes tiraram fotos do massacre e informaram o zoológico do Rio Grande do Sul, que não tomou nenhuma providência. No início dos anos 1980, entidades internacionais começaram a cobrar uma atitude do governo brasileiro. O então presidente do IBDF (Instituto Brasileiro de Desenvolvimento Florestal), Roberto Petry Leal, tinha trabalhado no Zoológico gaúcho e se lembrou dos estudantes. Em 1980, procurou o grupo e pediu que eles fizessem um levantamento da fauna no litoral brasileiro. O casal de oceanógrafos Guy e Maria Angela Marcovaldi, mais uma equipe de biólogos, fez uma viagem de dois anos para localizar as áreas de desova de tartarugas marinhas. Foi assim que surgiu o Projeto Tartaruga Marinha (Tamar). A sede foi instalada em 1982 na praia do Forte, a 100 quilômetros de Salvador. Calcula-se que o projeto já salvou mais de 8 milhões de filhotes em todo o Brasil.

# AS BASES DO TAMAR

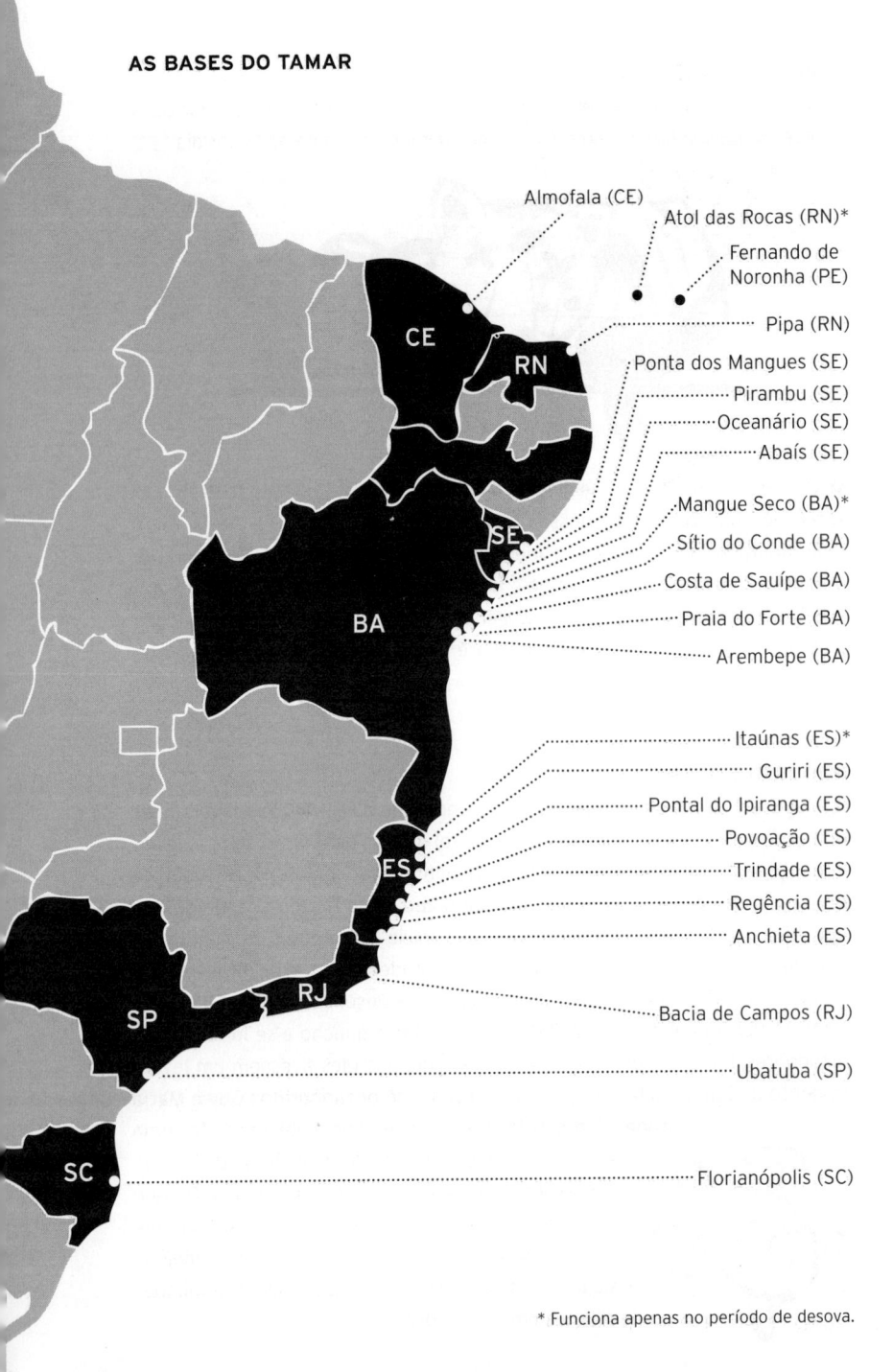

- Almofala (CE)
- Atol das Rocas (RN)*
- Fernando de Noronha (PE)
- Pipa (RN)
- Ponta dos Mangues (SE)
- Pirambu (SE)
- Oceanário (SE)
- Abaís (SE)
- Mangue Seco (BA)*
- Sítio do Conde (BA)
- Costa de Sauípe (BA)
- Praia do Forte (BA)
- Arembepe (BA)
- Itaúnas (ES)*
- Guriri (ES)
- Pontal do Ipiranga (ES)
- Povoação (ES)
- Trindade (ES)
- Regência (ES)
- Anchieta (ES)
- Bacia de Campos (RJ)
- Ubatuba (SP)
- Florianópolis (SC)

* Funciona apenas no período de desova.

# A URNA DE NOÉ

**O VOTO NO RINOCERONTE**

O rinoceronte Cacareco foi emprestado pelo Zoológico do Rio de Janeiro para a inauguração do Zoológico de São Paulo, no dia 28 de setembro de 1958. Os paulistanos se apaixonaram pelo bicho e não queriam deixá-lo ir embora. Essa polêmica tomou conta da cidade em plena campanha para as eleições na Câmara dos Vereadores. Numa roda de amigos, Itaboraí Martins, estudante de direito e repórter do jornal *O Estado de S. Paulo*, teve a ideia de lançar a candidatura do rinoceronte como uma forma de protesto contra as denúncias de corrupção na Câmara Municipal. O grupo iniciou as pichações pela cidade: "Cacareco para vereador". Cacareco voltou para o Rio no dia 1º de maio de 1959, mas foi o candidato a vereador mais votado na eleição de 4 de outubro, com estimados 100 mil votos. Jânio Quadros, ex-prefeito e ex-governador de São Paulo, havia sido eleito deputado federal um ano antes com 78 mil votos.

✿ Acredite se quiser: Cacareco era um rinoceronte fêmea. Nasceu no dia 14 de fevereiro de 1954.

✿ Era um rinoceronte africano (tem dois chifres, enquanto o asiático tem apenas um).

✿ Cacareco era filha dos rinocerontes Britador e Teresinha. Tinha uma irmã mais nova chamada Patachoca.

✿ Cacareco participou também da inauguração do Zoológico de São Leopoldo (RS) e morreu aos nove anos.

## A DISPUTA DOS CHIMPANZÉS

A história se repetiu em 1988, com o macaco Tião, principal atração do zoo do Rio de Janeiro durante vinte anos. O jornal humorístico *O Planeta Diário* lançou sua candidatura a prefeito pelo fictício Partido Bananista Brasileiro (PBB). Ele recebeu cerca de 400 mil votos.

Em agosto de 1997, o Zoológico do Rio de Janeiro fez uma eleição para determinar quem seria o sucessor do macaco Tião, que havia morrido de diabetes em dezembro do ano anterior. Os candidatos foram os chimpanzés Pipo e Paulinho. Quase 15 mil pessoas deixaram seus votos nas duas urnas eletrônicas instaladas no zoo. Pipo venceu com 56% dos votos. Como prêmio, ganhou uma coroa de frutas, que devorou em pouquíssimo tempo. Paulinho, o derrotado, recebeu cinco dúzias de bananas como prêmio de consolação.

## IH, DEU BODE!

Na campanha para prefeito de 1996, o bode Frederico foi o candidato dos que defendiam o voto nulo na cidade de Pilar, a 32 quilômetros de Maceió. Teve adversário que não gostou da piada e envenenou o pobre Frederico, que pertencia a Petrúcio Maia, dono de um ferro-velho.

## ZUNZUM

Na eleição para a prefeitura de Vila Velha (ES), em 1987, o candidato vencedor conseguiu 24,6% dos votos, enquanto os nulos chegaram a 26,8%. A maioria deles foi para o Mosquito, inseto que atazana a região todos os verões.

## FORMIGUINHAS

Em 1713, os religiosos da província de Piedade (MA) entraram em guerra contra as formiguinhas que invadiram sua despensa e roubaram farinha. Eles resolveram julgá-las no Tribunal de Divina Providência. O juiz, que era o vigário-geral, decidiu que os religiosos deveriam demarcar um espaço para as formigas. E elas, sob a ameaça de excomunhão, não poderiam sair dali. Outro padre, por ordem do juiz, leu a decisão na boca do formigueiro.

# FÓSSEIS

✿ A chapada do Araripe, área de 200 quilômetros quadrados na fronteira entre os estados de Pernambuco, Ceará, Paraíba e Piauí, abriga a maior concentração mundial de fósseis do período Cretáceo (entre 140 milhões e 65 milhões de anos atrás). Existem fósseis das primeiras plantas com flores no planeta e de inúmeros insetos, peixes, anfíbios e répteis, como o pterossauro, animal ao mesmo tempo voador e marinho que viveu do período Triássico ao Cretáceo. A região passou a ser chamada por cientistas norte-americanos de Paraíso dos Pterossauros. Descobriu-se ali um fóssil de tartaruga que se imagina ser o mais antigo do mundo, com 110 milhões de anos. As peças mais significativas coletadas estão no acervo do Museu de Paleontologia da Universidade Regional do Cariri, localizado na cidade de Santana do Cariri, 600 quilômetros ao sul de Fortaleza.

✿ Em 1978, na gruta do Urso Fóssil, dentro do Parque Nacional de Ubajara, na divisa do Ceará com o Piauí, foram descobertos os restos de um urso pré-histórico.

✿ Nas profundezas da gruta do Lago Azul, em Bonito (MS), mergulhadores de uma expedição franco-brasileira descobriram, em 1992, as ossadas de dois animais pré-históricos gigantes: uma preguiça de 4 metros de altura e um tigre-dentes-de-sabre com idade estimada entre 10 e 12 mil anos que estão até hoje no fundo do lago. Os cientistas temem que eles se desmanchem se forem retirados de lá.

✿ Os ossos de uma preguiça gigante, de aproximadamente 12 mil anos, foram encontrados na região de Santa Elina (MT).

### O BRASIL DOS DINOSSAUROS
Pouca gente sabe, mas vários estados brasileiros registram algum vestígio da passagem de dinossauros por aqui. No Rio Grande do Sul, por exemplo, já foram encontrados fósseis do Período Triássico, com mais de 200 milhões de anos. Essa é a idade mais antiga de dinossauros de que se tem notícia no mundo todo.

**Nova Olinda do Norte (AM)**
Ornitomimo – ossos

**Baía de São Marcos e Itapecuru-Mirim (MA)**
Abelissauro – ossos e pegadas
Driossauro – ossos e pegadas
Iguanodonte – ossos e pegadas
Titanossauro – ossos e pegadas

**Chapada do Araripe (CE)**
Espinossauro – ossos
Iguanodonte – ossos

**Sousa (PB)**
Abelissauro – pegadas
Iguanodonte – pegadas
Ornitomimo – pegadas
Titanossauro – pegadas

**Morro do Cambembe (MT)**
Abelissauro – ossos
Titanossauro – ossos

**Santa Maria (RS)**
Estauricossauro – ossos

**Araraquara (SP)**
Driossauro – ossos

**Monte Alto (SP)**
Abelissauro – ossos
Ornitomimo – ossos
Titanossauro – ossos

**Areado (MG)**
Abelissauro – pegadas
Iguanodonte – pegadas

**Uberaba (MG)**
Titanossauro – ossos
Triceratope – ossos

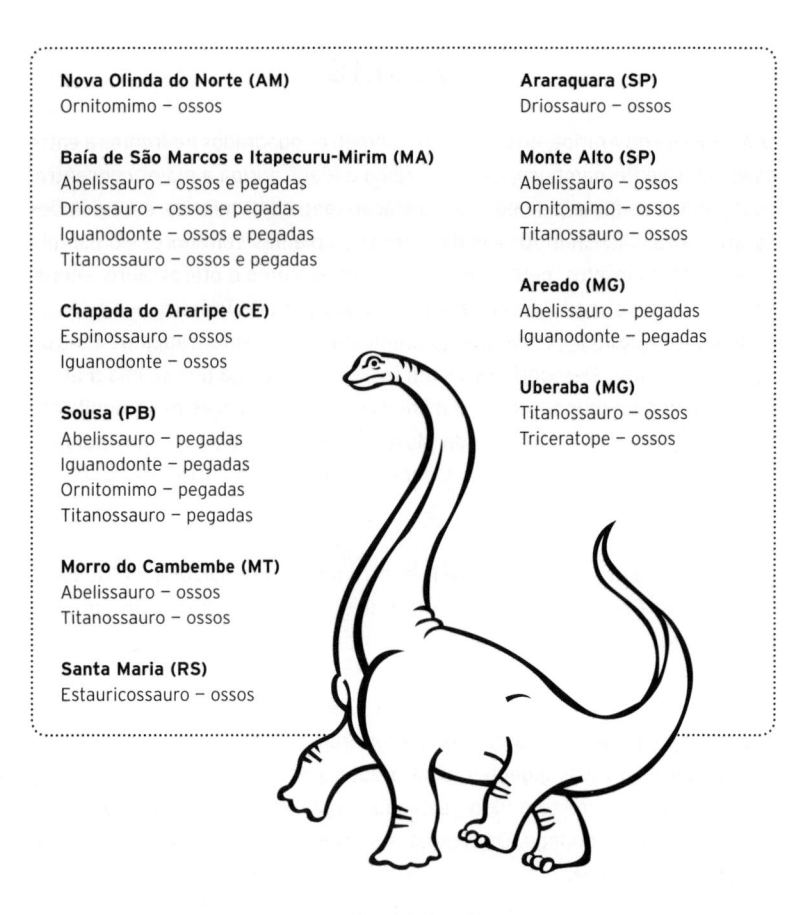

# Curiosidades

✿ Um estauricossauro, de aproximadamente 230 milhões de anos, foi encontrado em 1936 na cidade de Santa Maria (RS). Era um pequeno carnívoro bípede, de 1,20 metro de comprimento, pesando entre 20 e 30 quilos. Esse esqueleto está no Museu de Zoologia Comparada de Harvard (Estados Unidos). Em janeiro de 1998, o pesquisador brasileiro Max Langer achou alguns pedacinhos de ossos num terreno lamacento do fundo de uma casa na Vila de São José, também em Santa Maria. Seguiu o rastro e localizou, incrustado na pedra do barranco em frente, um fêmur de dinossauro tão exposto que parecia ter sido colocado ali para que algum paleontólogo tropeçasse nele. O dono do fêmur, pertencente aos sauropodomorfos, tinha 230 milhões de anos e era o único dos três grupos em que os dinossauros se dividem que ainda não tinha um representante tão antigo.

✿ A cidade paraibana de Sousa, a 430 quilômetros de João Pessoa, é conhecida como Vale dos Dinossauros. As margens do rio do Peixe têm as mais nítidas pegadas de dinossauro já encontradas na América Latina. Descobertas em 1897, as pegadas foram batizadas de Rastro do Boi e da Ema. Trinta anos depois, o geólogo Luciano Jacques de Moraes constatou que o boi e a ema eram dinossauros de verdade. As pegadas de 70 milhões de anos surgiram por um milagre da natureza. Logo depois de os animais pisarem na lama, um longo período de insolação e seca gravou as marcas. Camadas de areia protegeram as pegadas até que as águas do rio retiraram essa areia toda, revelando à humanidade informações sobre os dinossauros.

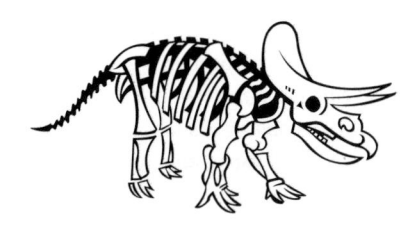

✿ A região de Uberaba (MG) é uma das mais ricas do país no que diz respeito a dinossauros. No sítio descoberto na década de 1940 foi encontrada a maioria dos fósseis de nossos titanossauros (quadrúpedes e herbívoros com 15 metros de comprimento e 20 toneladas). Em Peirópolis (MG), pesquisadores localizaram ossos de titanossauro de 12 metros. O Centro de Pesquisas Paleontológicas de Peirópolis é um dos dois únicos locais brasileiros (o outro é Monte Alto), onde já foi comprovada a existência de dinossauros, a possuir estrutura adequada para visitação, com museus e tudo o mais.

✿ O oficial de Justiça aposentado Antônio Celso de Arruda Campos achou, em 1985, um fêmur de titanossauro de 80 centímetros de comprimento por 40 de largura numa chácara de Monte Alto (SP). O fato chamou a atenção de pesquisadores e a cidade revelou um mundo perdido. Tanto que, logo depois, um osso fossilizado de dinossauro foi encontrado por um morador das redondezas. As escavações, que se estenderam por 100 metros quadrados, trouxeram à tona fêmures de 1,60 metro, conjuntos inteiros de vértebras da cauda, ossos da bacia e prováveis vértebras do tronco e do pescoço de dinossauros. Na pré-história, o Oeste paulista era entrecortado por muitos rios e lagos, hábitat perfeito para esses animais. Em julho de 1992, Antônio Celso inaugurou o Museu de Paleontologia de Monte Alto, cujo acervo conta com 1.300 peças.

# VIDA AQUÁTICA

## BOTOS PRETOS

Em abril de 1987, centenas de botos pretos começaram a aparecer mortos num trecho de 5 quilômetros entre os rios Aibim e Piracanga, na deserta praia de Piracanga, em Itacaré (BA). Depois de quatro dias, havia mais de quinhentos botos espalhados pela areia. A versão mais aceitável para a tragédia diz que os botos simplesmente se suicidaram – o que é muito comum entre as baleias, outro animal da família dos cetáceos. Vindos de uma corrente fria, em águas mais profundas, teriam se desnorteado nas águas quentes do litoral baiano. Pressentindo a morte, se entregaram.

## MARLIM-AZUL

O peixe é o mais disputado pelos praticantes da pesca oceânica. Já inspirou o clássico da literatura *O velho e o mar*, do americano Ernest Hemingway (1899- -1961). Dos cinco maiores exemplares fisgados no mundo, três estavam em águas brasileiras. Em 1992, o capixaba Paulo Amorim apanhou o maior deles. O marlim pesava 636 quilos.

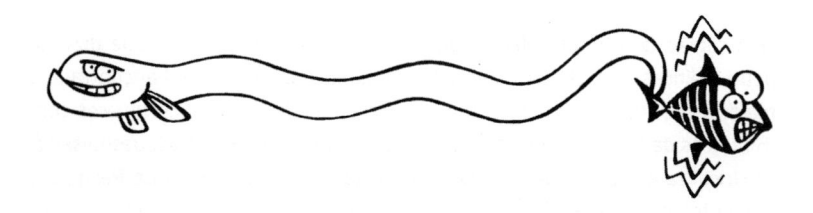

## PEIXE-ELÉTRICO

Também chamado de poraquê, ele vive na Amazônia e pode alcançar 2 metros de comprimento. Para caçar ou se defender, solta uma potente descarga elétrica de 600 volts, o suficiente para acender uma lâmpada.

## PIRARUCU

Segundo a crença cabocla, quando Deus fez os peixes, deu ao pirarucu um destino especial: "Esse peixe é para ser capturado apenas por pescadores muito capazes e ágeis. Só os melhores o pegarão. E mesmo assim com minha ajuda". Fisgar um pirarucu, que pode atingir 2 metros e 125 quilos, não é tarefa fácil. Depois de fisgado, o peixe luta muito. Dominado, ele precisa ser arrastado até o barco, onde recebe porretadas de piranheira – um pau rijo e compacto – que finalmente o mata.

**PESOS E MEDIDAS**

Veja quais são os números a que podem chegar alguns dos mais conhecidos peixes brasileiros:

| | | |
|---|---|---|
| Corvina | 50 cm | 1,5 kg |
| Dourado | 1 m | 30 kg |
| Garoupa | 1 m | 60 kg |
| Jaú | 1,50 m | 100 kg |
| Pacu | 80 cm | 18 kg |
| Pintado | 1,50 m | 100 kg |
| Piraíba | 2 m | 200 kg |
| Piranha | 45 cm | 4 kg |
| Pirapema | 2,50 m | 150 kg |
| Tambaqui | 1 m | 30 kg |
| Traíra | 50 cm | 2 kg |
| Tucunaré | 80 cm | 10 kg |

## FALA AÍ, BICHO!

**1.** No interior do Brasil, dizia-se que comer carne de anta causava lepra, a não ser que fosse lavada por 24 horas em água corrente.

**2.** Para demarcar seu território, o cateto usa uma glândula que tem nas costas. Ela solta uma gordura com cheiro forte que é esfregada nas árvores.

**3.** A jaguatirica afia suas unhas nos troncos das árvores.

**4.** Quando nasce, a lontra tem medo de água.

**5.** A cauda da onça-pintada mede 75 centímetros.

**6.** As preguiças vão "ao banheiro" juntas. Uma vez por semana, um bando desce das árvores, escolhe um lugar e faz as suas necessidades.

**7.** Ao ouvir um tiro, o quati cai no chão, com as pernas para cima, e finge que está morto. Depois foge rapidinho.

**8.** O tatu-canastra foi muito caçado pelos índios. Suas unhas, de até 15 centímetros, serviam de pingentes de colar.

**9.** O Brasil tem 151 espécies de beija-flores. Quando eles dormem, a temperatura de seus corpos cai de 39 para 14 graus.

**10.** O bem-te-vi rouba o material do ninho de outros pássaros para fazer o seu.

**11.** O joão-de-barro, uma das aves mais populares do Brasil, constrói seu ninho com seu par. Eles usam barro úmido, esterco e palha. O ninho tem forma de forno. O trabalho demora de 15 a 18 dias. As paredes da casinha têm de 3 a 4 centímetros.

**12.** Os imperadores d. Pedro I e d. Pedro II mandaram matar centenas de tucanos para fazer longos mantos com suas penas.

**13.** Os filhotes de urubus nascem completamente brancos.

**14.** A sucuri se alimenta uma vez por semana, porque sua digestão é demorada. Os filhotes dessa cobra nascem com 1 metro.

**15.** O primeiro bezerro de proveta brasileiro nasceu em janeiro de 1979. Foi em Sertãozinho, no interior de São Paulo. Os embriões da raça alemã Fleckvieh foram implantados em úteros de fêmeas zebus.

**16.** O menor macaco brasileiro é o sagui anão. Seu corpo tem 10 centímetros. O maior é o muriqui, com 78 centímetros, que vive exclusivamente no Parque Estadual do Rio Doce (MG).

**17.** Existem 32 milhões de jacarés só no Pantanal – o equivalente a sessenta jacarés para cada habitante da região.

**18.** O Aquário de Ubatuba, litoral de São Paulo, conta com 12 tanques de água salgada, entre eles o maior do Brasil, com capacidade para 80 mil litros. Neles, nadam placidamente mais de setenta espécies marinhas. São tubarões, peixes-leões, peixes-palhaços, baiacus, garoupas, raias, moreias, peixes-cirurgiões, cavalos-marinhos, peixes-pedras, lagostas, caranguejos, corcorocas, anêmonas, budiões e bagres.

**19.** Em outubro de 1990, um jacaré apareceu no rio Tietê, que é sujo e poluído, e onde todo mundo acha que nem um simples sapinho conseguiria sobreviver. Por isso, o jacaré ganhou o apelido de "Teimoso" e foi tema de muitas reportagens nos jornais, na TV e nas rádios.

**20.** O pardal é originário da Europa. Acredita-se que tenha chegado ao Brasil em 1908. Devem tê-lo trazido de Portugal na época da epidemia da febre amarela porque achavam que o pássaro comeria os mosquitos transmissores da doença, acabando com eles. Ledo engano: o pardal come grãos e sementes.

## COBRAS

✿ Cerca de 250 espécies de cobras habitam o Brasil. Setenta delas são venenosas. A jararaca é responsável por 85% das picadas em seres humanos. Depois vêm a cascavel, a sucuri e a coral. Toda serpente produz uma substância tóxica na boca, porém poucas têm a capacidade de injetá-la, já que a maioria não possui dentes especializados. O veneno, misturado à saliva, só serve na digestão do alimento. As cobras chamadas peçonhentas conseguem injetar seu veneno. Estas são classificadas em dois grandes grupos: os crotalídeos (jararacas, cascavéis e surucucus) e as corais vermelhas.

✿ A sucuri é a maior cobra brasileira (no mundo, só perde para a naja africana). Chega a 7 metros de comprimento e 75 centímetros de diâmetro. Embora não seja venenosa, tem força para estrangular sua vítima, quebrar-lhe os ossos e engoli-la.

✿ A extensão do bote de uma cobra corresponde a $1/3$ de seu tamanho.

✿ As cobras são surdas. Elas sentem que alguém está chegando perto por causa da vibração do solo.

✿ Em cativeiro, a cascavel troca de pele três a quatro vezes por ano. Na natureza, o número de vezes pode ser ainda maior. Ela é famosa pelo chocalho que tem na ponta da cauda. É possível saber a idade dela por aí. Cada anel do chocalho, também chamado de guizo, aparece a cada troca de pele, que sai no sentido da cabeça para a cauda, onde uma parte fica presa, formando um dos anéis. Portanto, uma cobra com nove anéis no chocalho tem provavelmente entre dois e três anos.

**Venenosas**

✿ Rastejam devagar, em linha reta.
✿ A cabeça, achatada e de formato triangular, se destaca do corpo.
✿ Os olhos são pequenos e a pupila é comprida.
✿ A cauda afina de repente e as escamas são ásperas.
✿ Têm dois dentes grandes para injetar o veneno. Sua picada deixa dois buraquinhos bem próximos.

**Não venenosas**

✿ Seus movimentos são rápidos e sinuosos.
✿ A cabeça tem o mesmo formato do corpo.
✿ Os olhos são grandes, e as pupilas, redondas.
✿ A cauda afina aos poucos e as escamas são lisas e escorregadias.
✿ Os dentes são pequenos e sua mordida deixa na pele sinais serrilhados em duas fileiras.

### PICOU?

O Instituto Butantã está instalado numa fazenda de 73 hectares, em São Paulo. Seu nome, em tupi-guarani, significa "terra dura". É o maior centro de ofidismo do mundo. Atende todos os anos três mil pessoas picadas por animais peçonhentos.

## ENGOLINDO SAPOS

✿ O Brasil é o país que tem o maior número de espécies de sapo conhecidas: cerca de quinhentas, 10% do total no mundo. Só na Mata Atlântica estão cerca de 160.

✿ A rã multicolorida da Amazônia possui uma substância na pele que os índios utilizam para curar feridas.

✿ Algumas rãs da Amazônia produzem um veneno tão forte que é capaz de matar um animal que encostar em sua pele. O veneno é usado pelos índios na caça. Eles encostam a flecha na pele da rã e depois a usam para matar animais.

✿ A menor rã do mundo é brasileira e mede apenas 9 milímetros.

# 7

Do Oiapoque ao Chuí, só paro pra fazer xixi.

Frase de para-choque de caminhão

# De Norte a Sul

O Brasil é o quinto maior país do mundo. Por isso, a viagem que vamos fazer agora por todos os estados e pelos nossos principais pontos turísticos é bastante longa.

# ACRE

✦ Rio Branco, a capital do estado, surgiu de um núcleo chamado Empresa, fundado em 28 de dezembro de 1882. Empresa tornou-se vila e sede do Departamento do Alto Acre. Em 1909, seu nome acabou sendo trocado por Penápolis, uma homenagem ao presidente da República, Afonso Pena. A gentileza, no entanto, só durou três anos. Em 1912, a cidade foi batizada de Rio Branco, nome do diplomata que negociou o Tratado de Petrópolis, pelo qual o Acre foi incorporado ao Brasil. Rio Branco transformou-se em cidade em 1913.

✦ A expressão "à beça", que significa "em grande quantidade", apareceu por causa do Acre. Ela é atribuída à quantidade de argumentos utilizados pelo jurista alagoano Gumercindo Bessa ao enfrentar Rui Barbosa (1849-1923) na questão da independência do território do Acre. Quem primeiro empregou a expressão foi o presidente Rodrigues Alves (1848-1919), admirado com a eloquência de um cidadão ao expor suas ideias: "O senhor tem argumentos à Bessa". Com o tempo, o sobrenome famoso perdeu a inicial maiúscula e os "ss" foram substituídos pela letra "ç".

## ALAGOAS

✦ Em 1817, o governo imperial, em represália ao movimento republicano do Recife, decretou a independência de uma faixa de terra de 27 mil quilômetros quadrados ao sul de Pernambuco, criando o estado de Alagoas. No ano de 1839, o governo decidiu erguer a capital em torno do Engenho Massayó, próximo da enseada de Jaraguá, que garantia a construção de um porto seguro. Além de ser banhada pelo mar, a nova capital oferecia maior segurança para o caso de invasão pelo litoral. A decisão desagradou as lideranças políticas de Santa Madalena, a antiga capital, que se organizaram em exército contra a transferência. A liderança política foi exercida por Tavares Bastos, mais tarde diplomata, e o comando militar foi entregue ao major Mendes da Fonseca, pai de Deodoro.

✦ O governador foi preso pelas tropas de Mendes da Fonseca e obrigado a permanecer em Santa Madalena. Para evitar qualquer tentativa de fuga, seu gabinete foi transferido para um navio ancorado em alto-mar. O governo imperial reagiu, sufocou a rebelião, libertou o governador e confirmou a mudança da capital para Massayó – hoje Maceió. O pai do marechal Deodoro foi preso, mas conseguiu fugir. Já tinha reorganizado a tropa e reagido quando foi novamente dominado. Negociou a própria rendição, atrelando-a ao compromisso do governo imperial de aceitar que os filhos seguissem a carreira militar.

✦ A praia do Gunga, uma das principais atrações do estado, é cercada por 250 mil coqueiros de uma fazenda particular.

> Gogó da ema? É o nome que recebem os coqueiros cujo tronco tem forma de "S" graças à ação do vento à beira-mar.

✦ A primeira usina hidrelétrica do Brasil entrou em operação em 1883. Era localizada no Ribeirão do Inferno, afluente do rio Jequitinhonha, na cidade de Diamantina (MG). Mas a pioneira em serviços de utilidade pública foi a Usina de Marmelos, hidrelétrica do rio Paraibúna, que produzia energia para os habitantes de Juiz de Fora (MG). Foi inaugurada em 1889.

✦ A piscina natural de Pajuçara, em Maceió, tem 200 metros de comprimento e 25 metros de largura.

## AMAPÁ

✦ A Fortaleza de São João de Macapá, situada na margem esquerda do rio Amazonas, foi edificada entre 1764 e 1782 por índios e escravos. Sua função era impedir que os franceses, já instalados na Guiana, chegassem à foz do Amazonas.

Hemisfério Norte

Hemisfério Sul

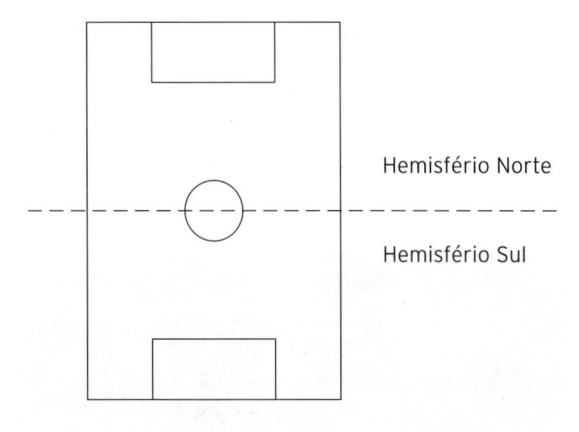

✦ A linha do meio do campo no Estádio Zerão, em Macapá, fica exatamente em cima da linha do equador. Ou seja, um lado do campo fica no hemisfério Norte, e o outro, no hemisfério Sul.

# AMAZONAS

✦ A capital do estado situa-se na margem esquerda do rio Negro, em meio à maior floresta equatorial do planeta. Fundada em 1669 pelo capitão português Francisco da Mota Falcão, a cidade foi inicialmente batizada de Fortaleza de São José do Rio Negro, em torno da qual se desenvolveu um povoado denominado Lugar da Barra. Chamada ainda de Vila da Barra e Cidade da Barra na primeira metade do século XIX, somente em 1856 ficou conhecida por Manaós, nome da tribo que habitava a região. Foi apenas décadas depois que, atraídos pela riqueza da extração do látex, os europeus montaram em Manaus uma eficiente infraestrutura urbana, que rendeu à cidade o título de Paris dos Trópicos.

✦ Cansados de viajar para a Europa para assistir às grandes óperas, os barões da borracha – como eram conhecidos os donos de seringais e comerciantes do produto – construíram em plena selva um teatro comparável aos de Paris e Milão. O Teatro Amazonas foi inaugurado em 31 de dezembro de 1896. A obra em estilo neoclássico demorou dez anos para ficar pronta e tem algumas particularidades:

> **Teatro Amazonas**
> - Os blocos de pedra foram comprados na Inglaterra.
> - As telhas vitrificadas vieram da Alsácia, e o restante do telhado, de Marselha, ambas na França.
> - Os espelhos dos salões foram importados de Veneza. O mármore também veio da Itália.
> - O piso ao redor do teatro é de granito português com ladrilhos assentados em borracha para abafar o ruído das carruagens.
> - No saguão dos camarotes, o piso é listrado de branco (marfim) e preto (jacarandá), representando o encontro das águas dos rios Solimões e Negro. As duas madeiras são amazonenses.
> - O piso do salão nobre é feito com 12 mil peças de madeira encaixadas sem prego ou cola.

✦ Com o fim do ciclo da borracha, o teatro foi praticamente abandonado. Durante a Segunda Guerra Mundial, ele chegou a ser usado como depósito de borracha e gasolina. Seu palco virou até uma quadra de futebol de salão. Passou por uma reforma milionária em 1990. Em 1996, o Teatro Amazonas recebeu o tenor espanhol José Carreras para a comemoração de seu centenário. A apresentação custou 920 mil dólares. Só o cachê de Carreras foi de 300 mil. No ano de 1995, o tenor italiano Luciano Pavarotti encontrava-se em Manaus e resolveu conhecer o teatro, que estava fechado. Foi barrado pelo porteiro. Só depois de cantar um trechinho de uma ária, provando quem era, é que conseguiu entrar. Subiu ao palco e, sem ninguém para observá-lo, cantou um pouquinho.

✦ A Amazonas Filarmônica, a orquestra do estado, foi criada em 1997.

✦ O principal Museu do Índio Brasileiro fica em Manaus. O acervo reúne trabalhos das tribos tucano, aruaque, maco e ianomâmi, nações indígenas do alto rio Negro e afluentes do norte do Amazonas. São adornos, cerâmicas, arte plumária, trançado e tecelagem, além de itens usados em caça e pesca.

> A zona franca de Manaus foi criada em 1967.

✦ Os hotéis de selva são uma das principais atrações do estado. O primeiro foi inaugurado em 1979. Já se hospedaram neles os atores Sylvester Stallone, Julia Roberts e Kevin Costner; a cantora Olivia Newton-John; o grupo Spice Girls, e o piloto Jacques Villeneuve. O Ariaú Amazon Towers é o mais luxuoso e já recebeu a visita do empresário Bill Gates, que pagou 2 mil dólares pela diária na suíte cósmica, a maior de todas.

# BAHIA

✦ Salvador foi a primeira capital brasileira, entre 1549 e 1763. Fundada por Tomé de Sousa, primeiro governador-geral do Brasil, a cidade foi edificada nos moldes das cidades portuguesas. As pedras das construções foram todas trazidas de Portugal.

Salvador tem 268 igrejas católicas.

✦ O Museu de Arte Moderna (MAM) do estado foi inaugurado em 1960. Tem mil peças em seu acervo. Um dos destaques é a escultura *Esfera concorde*, do venezuelano Jesús Soto, sucesso na Bienal de São Paulo de 1996, comprada por 300 mil dólares. No ano de 1966, o MAM foi transferido para o Solar do Unhão, conjunto arquitetônico do século XVI. Em 1997, o governo criou junto ao museu o Parque das Esculturas, com obras de Tunga, Siron Franco, Emanoel Araújo, entre outros.

✦ O Mercado Modelo de Salvador começou a funcionar em 1912 e enfrentou uma série de incêndios. O primeiro aconteceu em 1922. Depois vieram outros, em 1943 e 1984.

✦ O Pelourinho, centro histórico de Salvador, abriga o mais vasto conjunto da arquitetura colonial brasileira, com 3 mil imóveis.

✦ O primeiro colégio jesuíta do Brasil foi inaugurado em 1559, na cidade de Salvador. Hoje funciona no prédio o Museu Afro-Brasileiro, que reúne móveis, vestimentas e documentos relacionados à influência da cultura negra no Brasil.

✦ A igreja mais antiga do Brasil foi construída em 1526 e fica no centro histórico de Porto Seguro (BA). Mas existem controvérsias sobre isso. Há quem diga que a mais antiga é a igreja de Igarassu (PE), de 1535.

✦ A construção do dique do Tororó começou no século XVII, durante a invasão holandesa (1624). Sua finalidade era represar o rio Lucaia, criando um obstáculo aquático à penetração dos portugueses pelo lado leste da cidade. A obra hidráulica, especialidade dos holandeses, possibilitou a inundação do extenso vale que hoje abriga boa parte do centro da capital. Sobre o espelho d'água de 110 mil metros quadrados, o dique do Tororó conta com a exposição permanente de oito esculturas do artista plástico baiano Tati Moreno representando os orixás (Iemanjá, Oxalá, Oxum, Xangô, Logun, Edê, Iansã e Nanã), símbolos máximos da religiosidade herdada dos negros africanos que chegaram como escravos ao Brasil. O artista levou dois anos produzindo as esculturas, que pesam 2 toneladas cada uma e são feitas de resina.

✦ O elevador Lacerda, que liga a cidade baixa à cidade alta, foi construído pelo comerciante Antônio Francisco de Lacerda e inaugurado em 1872. A viagem dura 30 segundos.

> Salvador foi a primeira cidade a ter uma Delegacia Turística. A primeira ocorrência foi registrada em 1991. Foi a detenção do Beijoqueiro na época da visita do papa João Paulo II à cidade.

✦ A vila de Trancoso foi construída no século XVI pelos jesuítas que queriam defender os índios dos ataques de contrabandistas de pau-brasil.

✦ Em 1550, o padre Manuel da Nóbrega celebrou a primeira missa do galo em solo brasileiro, na igreja Nossa Senhora da Ajuda, em Arraial d'Ajuda.

✦ A praça Castro Alves, em Salvador, foi inaugurada em 1923.

✦ Os canhões do forte São Marcelo já foram uma espécie de relógio de Salvador. Nas primeiras horas da manhã e da noite, suas salvas anunciavam a hora de levantar ou de apagar a luz. Os tiros eram ouvidos a uma distância de 80 quilômetros. O forte, inaugurado em 1549, era de madeira. Passou a ser de alvenaria em 1624, para enfrentar o ataque dos holandeses.

✦ A pintura da igreja de Nosso Senhor do Bonfim foi motivo de escândalo na sociedade, em 1818, pela insistência de Franco Velasco, um dos mais notáveis artistas brasileiros da época, em utilizar modelos vivos em seus trabalhos. Não escapava ninguém: ajudantes, a esposa e personalidades. Em uma das pinturas, retratou sua mulher carregando um menino no colo. O garoto era Oscar Freire de Carvalho, que mais tarde fundou o Instituto Médico Legal de São Paulo. O acervo do Bonfim possui 34 telas, do artista baiano José Teófilo de Jesus, que retratam a vida de Jesus Cristo segundo os evangelistas. As telas estão distribuídas nos corredores e na sacristia da igreja, ao lado de trinta painéis de azulejos portugueses, do século XIX, que também retratam a vida de Cristo.

✦ O almoxarife do rei d. João III, Garcia d'Ávila, uma espécie de gerente dos negócios do monarca, foi proprietário do maior latifúndio do Brasil. Este abrangia áreas da Bahia até o Maranhão, num total de 800 mil quilômetros quadrados, o equivalente a Portugal, Espanha, Holanda e Itália somados. O ponto central do latifúndio era um castelo localizado a 50 quilômetros de Salvador. D'Ávila montou um exército de mil homens, composto de portugueses e índios convertidos, para proteger a costa contra invasores e piratas. Casou-se com uma índia batizada de Francisca e deu início a uma nova linhagem: os mamelucos, filhos de portugueses e indígenas. As ruínas do Castelo Garcia d'Ávila existem até hoje, e são o único monumento quinhentista brasileiro e um dos três únicos de toda a América a sobreviver ao tempo.

# CEARÁ

✦ Marco inicial de Fortaleza, o forte de Nossa Senhora de Assunção ganhou esse nome em 1654. Antes, quando a cidade estava sob domínio dos holandeses, era chamado de Schoonenborch. O farol do Mucuripe, que compõe a fortaleza, foi erguido em 1846.

✦ Durante uma das piores estiagens da história, em 1877, quase metade dos 120 mil habitantes de Fortaleza morreu em consequência da fome e de doenças. Dizem que o imperador d. Pedro II, comovido, chorou ao receber a notícia. E declarou: "Prometo vender até a última joia da Coroa para resolver o problema".

> Em 15 de março de 1987, o jornal americano *Washington Post* elegeu a praia de Jericoacoara uma das dez mais bonitas do mundo.

✦ Feita de vidro espelhado, concreto e aço, uma construção futurista desponta na paisagem da praia de Iracema, em Fortaleza. É o Centro Dragão do Mar de Arte e Cultura, projetado pelos arquitetos Delberg Ponce de León e Fausto Nilo. A obra demorou cinco anos para ser erguida, custou 25 milhões de reais e foi inaugurada oficialmente em 28 de abril de 1999. Ocupando 25 mil metros quadrados, o Dragão do Mar tem um anfiteatro com novecentos lugares, um teatro para 250 espectadores, dois cinemas e uma biblioteca. Conta ainda com um museu de arte popular e um planetário que tem uma cúpula espelhada de 10 metros de diâmetro.

✦ O açude de Orós, no interior, tem capacidade para 2,1 bilhões de metros cúbicos de água. Foi construído pelo presidente Juscelino Kubitschek e é maior do que a baía de Guanabara, no Rio de Janeiro. Trata-se do maior açude do mundo. Mesmo assim, a cidade figura na lista dos 1.209 pontos atingidos pela seca.

✦ O Teatro José de Alencar foi construído em 1910 com uma estrutura metálica importada da Escócia. A estrutura abriga, ainda, biblioteca e galeria de arte.

✦ A cidade de Mombaça, a 300 quilômetros de Fortaleza, entrou para a história do Brasil em fevereiro de 1989. Ao assumir interinamente a Presidência da República por uma semana (o titular, José Sarney, tinha ido para o Japão), o deputado Paes de Andrade levou uma caravana de 66 pessoas para assistir à inauguração de uma agência do Banco do Nordeste do Brasil, que já funcionava havia um ano, nessa cidade. A comitiva viajou no Boeing 707 da Presidência até Fortaleza e dali em dois aviões Búfalo da Força Aérea Brasileira para Mombaça. A pista do aeroporto local teve de ser aumentada para o pouso dos aviões Búfalo – e nunca mais foi utilizada.

## DISTRITO FEDERAL

✦ Em 1823, José Bonifácio sugeriu a transferência da capital para um ponto no centro do país. Ele mesmo criou um nome para ela: Brasília. Bonifácio era um dos políticos mais influentes do Império. Tanto que a ideia foi registrada na primeira Constituição brasileira, redigida por Antônio Carlos, irmão de Bonifácio.

✦ O padre italiano dom Bosco (1815-1888), que depois virou São João Bosco, costumava ter visões proféticas. Em agosto de 1883, ele anunciou que, entre os paralelos 15 e 20, na região central do Brasil, surgiria uma nova civilização. Onde se ergueu Brasília seria o local da Terra Prometida. Ali, exatamente sobre a passagem do paralelo 15, foi construída a ermida dom Bosco. No interior da pequena pirâmide, há uma imagem do santo, esculpida em mármore de Carrara pelos irmãos Arreghini di Pietra Santa.

> A primeira capital do Brasil foi Salvador. De 1763 a 1960, ela passou a ser o Rio de Janeiro. Brasília, a atual capital, foi fundada em 21 de abril de 1960.

✦ O arquiteto e urbanista Lúcio Costa (1902-1998) entregou seu projeto para Brasília apenas 5 minutos antes do final das inscrições, no dia 12 de março de 1957. Ele estacionou no Ministério da Educação, no Rio de Janeiro, e suas duas filhas desceram do carro para entregar o relatório de 11 páginas. Lúcio teve a inspiração do Plano Piloto em forma de avião durante uma viagem de navio pelo Atlântico. O resultado saiu três dias depois. Os seis arquitetos que julgaram os trabalhos escolheram o projeto de Lúcio.

> **No mapa, você não vê o Distrito Federal representado por um quadradinho dentro de Goiás?**
> O nome do quadradinho é Quadrilátero Cruls.
> A Constituição de 1891 determinou que uma área de 14 mil quilômetros quadrados seria demarcada no Planalto Central para a construção da nova capital. O responsável foi o astrônomo Louis Cruls. A pedra fundamental foi colocada em 7 de setembro de 1922, mas o plano só seria ressuscitado em 1955, pelo presidente Juscelino Kubitschek.

✦ Cartões-postais de Brasília, como o Palácio do Planalto, o Congresso Nacional e a Catedral, levam a assinatura do arquiteto Oscar Ribeiro de Almeida Niemeyer Soares (1907). Ao longo de sua carreira, Niemeyer idealizou cerca de quatrocentos projetos. Suas obras estão presentes em oito capitais e trinta municípios do interior. Quando começou, na década de 1930, trabalhou de graça no escritório do arquiteto Lúcio Costa. Foi reprovado. "Era simpático, mas não mostrou talento", avaliou Lúcio. Durante a construção de Brasília, porém, os dois se tornaram grandes parceiros.

✦ Os operários que construíram Brasília foram recrutados pelo país inteiro. Eles receberam o nome de candangos. A palavra, de origem africana (é do quimbundo), era usada pelos negros para se referir depreciativamente aos brancos como pessoas vulgares. Ganhou novo sentido na década de 1960, designando o esforço dos homens que trabalharam na construção da nova capital.

> O Congresso Nacional tem duas meias-luas. A que está voltada para cima representa o Senado, e a que está voltada para baixo, a Câmara Federal. O prédio que fica ao lado tem 28 andares.

✦ O lago Paranoá foi formado pelo represamento do rio Paranoá e dos riachos Gama, Torto, Bananal, Fundo e Vicente Pires, em 1959. A ideia era aumentar a umidade do ar e assim amenizar o clima seco da região. Tem 40 quilômetros quadrados de área, 80 quilômetros de perímetro, 5 quilômetros no ponto mais largo e 45 metros no ponto mais profundo. A descoberta do lago como opção de lazer dos brasilienses ocorreu depois da despoluição de suas águas, em 1987.

✦ O Centro de Irradiação de TV e Rádio, popularmente conhecido como Torre de TV, tem 218 metros de altura. Pode ser visto de quase todos os pontos de Brasília.

✦ As quatro imagens diante da Catedral Metropolitana Nossa Senhora Aparecida representam os evangelistas São Mateus, São Marcos, São Lucas e São João. Foram feitas em 1968, em bronze, pelo artista plástico Alfredo Ceschiatti. Medem 3 metros de altura. A catedral foi inaugurada em 1967, depois de 12 anos de trabalho. Os três anjos que pendem do teto foram esculpidos por Alfredo Ceschiatti e 14 painéis de Di Cavalcanti representam a Via-sacra. O altar-mor foi um presente do papa Paulo VI.

✦ A famosa escultura que fica em frente ao Palácio do Planalto é chamada de *Os candangos*. Tem 8 metros de altura e foi feita pelo escultor Bruno Giorgi, em 1959. Tornou-se um dos símbolos da cidade.

✦ A Esplanada dos Ministérios tem 17 prédios idênticos, mais o Palácio Itamaraty (Relações Exteriores) e o Palácio da Justiça. Ela fica no Eixo Monumental, a principal avenida da cidade.

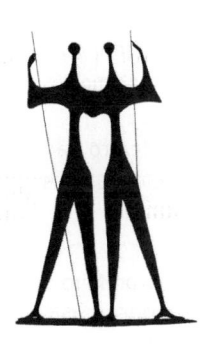

> De acordo com o IBGE, Brasília tem a maior renda *per capita* do Brasil (37.600 reais em 2006). Já no Piauí, a renda é de apenas 4.213 reais. A média nacional no mesmo período ficou em 12.688 reais.

# ESPÍRITO SANTO

✦ Em 1534, o fidalgo português Vasco Fernandes Coutinho vendeu todos os seus bens em Portugal para se instalar nas terras recebidas do rei d. João III no Brasil. Ele havia feito fortuna com negócios na Índia. Como desembarcou em terras brasileiras em 23 de maio de 1535, Dia de Pentecostes, batizou sua capitania de Espírito Santo.

✦ Para ocupar o território, Vasco teve de enfrentar os índios goitacases. Ele perdeu um olho e ficou aleijado de uma perna nessas batalhas. Por isso, teve de se refugiar na ilha em frente e fundar uma nova vila. Desse modo, havia a Vila Velha e a Vila Nova. Numa batalha contra os índios, os portugueses venceram e passaram a chamar a nova cidade de Vitória.

✦ A ponte que liga Vitória a Vila Velha, consideradas cidades gêmeas, tem 4,8 quilômetros de extensão.

✦ O Teatro Carlos Gomes, um dos cartões-postais de Vitória, foi inaugurado em 1927. Ele é uma réplica do Teatro alla Scala, de Milão.

> O prefeito Juca Brandão construiu um cemitério em Guarapari, em 1906, e não conseguia inaugurá-lo. O tempo passava e ninguém morria. Somente dez anos depois a cidade viu um caixão descer à cova. É que, para inaugurar o Cemitério São João Batista, foi preciso pegar um defunto emprestado na cidade vizinha, Beneventes (atual Anchieta). Foi baseado em Juca Brandão que Dias Gomes, dramaturgo, criou o personagem principal da novela *O bem-amado*, Odorico Paraguaçu.

✦ A praia de Costa Dourada já foi disputada pela Bahia e pelo Espírito Santo. Desde o final do século XVIII, esses estados começaram a se estranhar por causa dos limites costeiros. Na época, o rio Mucuri era a fronteira entre ambos. Mas, em 1764, tropas baianas invadiram o Espírito Santo até o rio Doce, em Linhares. A ocupação só terminou em 1822, na Independência do Brasil. Cem anos depois, porém, a Bahia reivindicou de novo as terras, que tinham cerca de 150 quilômetros de praias. A confusão só terminou em 1926. Um tratado determinou uma nova fronteira entre os estados: o riacho Doce – onde começa a Costa Dourada.

# GOIÁS

✦ Goiás separou-se de São Paulo em 1744 e foi elevada à condição de província em 1824.

✦ Em 24 de outubro de 1933, foi lançada a pedra fundamental de Goiânia, planejada para ser a capital do estado, em substituição à cidade de Goiás, fundada em 1726. O início da construção aconteceu em 1935 e a cidade foi inaugurada em 1942. Em 23 de março de 1937, porém, ela já funcionava como capital.

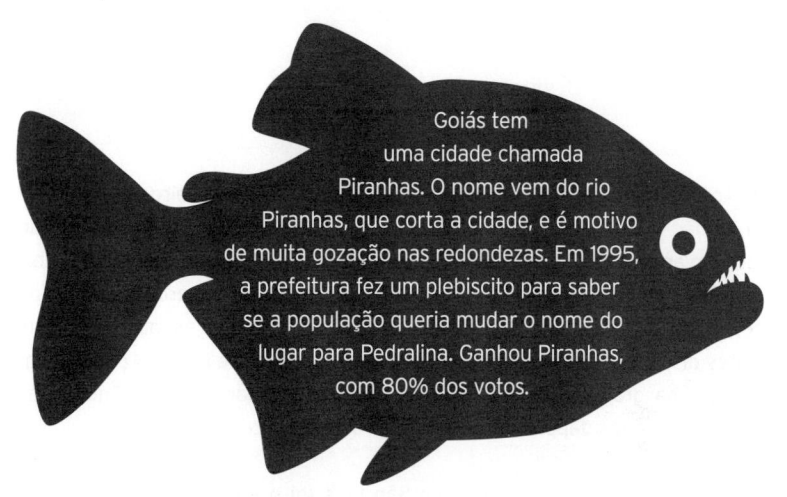

Goiás tem uma cidade chamada Piranhas. O nome vem do rio Piranhas, que corta a cidade, e é motivo de muita gozação nas redondezas. Em 1995, a prefeitura fez um plebiscito para saber se a população queria mudar o nome do lugar para Pedralina. Ganhou Piranhas, com 80% dos votos.

✦ Em Caldas Novas, a água das piscinas naturais pode chegar a 35º C por causa de um fenômeno chamado gradiente geotérmico. As chuvas se infiltram na serra por suas rachaduras. A mil metros do solo, a água vira vapor, se condensa, volta ao estado líquido e jorra na superfície a uma temperatura bastante alta.

✦ Uma freira ganhou a eleição de 1996 para a prefeitura de São Miguel do Passa Quatro. Selma Cândida, então com 55 anos, pediu licença à arquidiocese de Goiânia para concorrer, conquistou 1.049 votos e liquidou o pleito no primeiro turno.

# MARANHÃO

✦ Ao contrário da maioria das capitais de estados brasileiros, a do Maranhão não foi fundada por portugueses, mas pelos franceses, que chegaram ao local no ano de 1612. A expedição comandada por Daniel de la Touche e François de Rasilly enfrentou cinco meses de Atlântico para desembarcar, no dia 8 de setembro, na ilha que batizaram de São Luís, em homenagem ao rei Luís XIII. Antes disso, os índios tupinambás chamavam o local de *Upaon-Açu*, que significa "ilha grande". Os franceses pretendiam fundar a França Equinocial, mas quatro anos depois desistiram do projeto e voltaram para casa.

✦ O primeiro forte construído em São Luís foi o Palácio dos Leões, atual sede do governo do estado. Os padres franciscanos vieram na sequência e trataram de construir um convento onde é hoje a catedral da Sé. A ocupação francesa durou até 1615, quando os portugueses, liderados pelo mameluco Jerônimo de Albuquerque, expulsaram os invasores. O sossego acabou em 1640, quando a ilha foi invadida novamente, agora por holandeses. Ao contrário dos franceses, eles não pensavam em constituir uma colônia: queriam apenas explorar madeira e outras riquezas do lugar. Um ano depois os fazendeiros locais uniram-se e mais uma vez expulsaram os invasores.

✦ Como as correntes marinhas da região facilitam o acesso à Europa, os mais abastados comerciantes portugueses se instalaram na praia Grande durante os séculos XVIII e XIX. Os navios costumavam aportar ali carregados de pedras – trazidas de Portugal apenas como lastro – e voltavam cheios de especiarias e algodão.

> A cidade de Nova-Iorque, no interior, tem esse nome porque foi fundada pelo norte-americano Edward Burnet, em 1871. Antes chamava-se Vila Nova. Ela só ganhou o novo nome em 1890.

✦ O Teatro Arthur Azevedo, em São Luís, foi inaugurado em 1817 e é o mais antigo das capitais brasileiras. Ele foi construído por portugueses ricos. Mas o teatro mais antigo em atividade no Brasil é o de Ouro Preto (MG), que funciona desde 1769.

✦ Os Lençóis Maranhenses têm 155 mil hectares de areias, o que equivale à cidade de São Paulo. De janeiro a julho chove nos Lençóis (época que os moradores chamam de inverno) e formam-se milhares de lagoas que, por um curioso ciclo da natureza, podem até conter peixes.

✦ O parcel Manoel Luís é uma enorme barreira de corais que fica a 180 quilômetros da costa. Ele tem 18 quilômetros de extensão e 6 quilômetros de largura. Calcula-se que ao seu redor existam cerca de 250 embarcações naufragadas, incluindo o navio *Ville de Boulogne,* que vinha da Europa trazendo como passageiro o poeta Gonçalves Dias.

✦ O Maranhão foi o último pedaço do Brasil a se libertar. Somente em 1823, um ano depois, é que os maranhenses reconheceram o grito de d. Pedro I e soltaram suas amarras de Portugal.

> A linha ferroviária que liga a capital São Luís à mina de Carajás, no município de Parauapebas, tem 890 quilômetros. Inaugurada em 1985, a ferrovia foi construída em 780 dias.

✦ A cidade de Alcântara é uma volta ao século XVI. Suas casas em ruínas, as ruas e ladeiras de pedra, e as igrejas foram tombadas pelo Patrimônio Histórico em 1948. O pelourinho, em frente à igreja de São Matias, é considerado o único original ainda existente no país. Ao mesmo tempo, Alcântara abriga uma base aeroespacial, com a mais alta tecnologia da América Latina. O Centro de Lançamentos de Alcântara tem 620 quilômetros quadrados. A cidade foi escolhida por sua posição geográfica (próxima à linha do equador), clima definido e pouca variação de temperatura. Apenas outros seis países possuem bases aeroespaciais. O Brasil entrou na corrida espacial em 1965, com a inauguração da base de lançamentos de foguetes da Barreira do Inferno, no Rio Grande do Norte.

✦ Também em Alcântara existem duas "Casas do Imperador". D. Pedro II anunciou que iria visitar a cidade. Dois aristocratas resolveram construir casas para receber o ilustre visitante. A disputa acabou em tiros e d. Pedro II cancelou a viagem.

## MATO GROSSO

✦ O bandeirante Pascoal Moreira Cabral liderava uma bandeira de 56 homens cuja missão era capturar índios nas proximidades do rio Coxipó. Quando chegou ali, ficou espantado com a quantidade de ouro que havia na região. Cuiabá foi fundada em 8 de abril de 1719.

✦ Entre os índios, Cuiabá significa "lugar onde se pesca". Há, no entanto, outra versão para a origem do nome da cidade. Um português da região tinha o hábito de tomar banho no rio com a ajuda de uma cuia. Certa vez, o apetrecho foi levado pela correnteza. O português começou a gritar: "Cuia, vá!" - que, por causa de seu forte sotaque, soou aos ouvidos dos índios como "Cuia, bá!".

✦ O nome Mato Grosso foi criado em 1734 por dois irmãos que chegaram à região e ficaram surpresos com o porte das árvores, que formavam uma densa mata em relação às áreas de cerrado, que são mais abertas.

✦ O Parque Nacional da Chapada dos Guimarães tem o Véu da Noiva, a cachoeira mais alta do lugar, com 86 metros de altura. Até 1935, o nome dela era Cachoeira da Bocaina do Inferno. Ele foi mudado por imposição do bispo de Cuiabá, d. Francisco de Aquino Correa. Outra cachoeira, a do Salgadeiro, ganhou esse nome porque serviu de abatedouro aos tropeiros que ali matavam seu gado e salgavam a carne para vender.

A Cidade de Pedra é composta de centenas de rochedos esculpidos pela ação dos ventos e das chuvas, o que desperta a curiosidade e a imaginação dos visitantes da Chapada dos Guimarães. Ali, foram gravadas as cenas de abertura da novela global *Fera ferida*. Uma das peculiaridades da região é uma planta chamada canela-de-ema, que produz um líquido cujo contato com o sol causa sua autocombustão, provocando queimadas naturais.
Na superfície das rochas há inúmeras manchas amarelas, como se fossem pingos de tinta: são os líquens (vegetais formados pela associação de algas com fungos), que não existiriam se a qualidade do ar não fosse tão boa. A Cidade de Pedra também é a morada das araras-vermelhas, marca registrada da Chapada dos Guimarães. A melhor hora para observá-las é ao entardecer, quando as aves saem de seus esconderijos e em bando sobrevoam o local entre os muros de pedra.

✦ Uma das atrações naturais do estado é um cânion chamado Portão do Inferno, nas proximidades do Parque Nacional Chapada dos Guimarães. Ele ganhou esse nome porque era o lugar onde a polícia dava sumiço aos bandidos da região. A caminho do Portão do Inferno existe, também, a Descida que Sobe. O carro parado, em ponto morto, sobe, em vez de descer.

✦ Sinop, nome de uma cidade mato-grossense, é a sigla de Sociedade Imobiliária do Noroeste do Paraná. A empresa, do paulista Ênio Pipino, adquiria grandes áreas para lotear; criava sítios e fazendas, além de centros urbanos. Sinop foi fundada em setembro de 1974. Pipino fundou mais três cidades no estado (Santa Carmem, Vera e Cláudia) e muitas outras no Paraná.

# MATO GROSSO DO SUL

✦ Quando se chega a Bonito, município a 260 quilômetros de Campo Grande, uma placa anuncia: "Com a sua chegada, Bonito ficou lindo". O nome do local foi escolhido pelo antigo proprietário dessas terras, o capitão Luís da Costa Leite. Quando, em 1924, as comprou de um certo "seu" Eusébio, o capitão batizou sua fazenda de Rincão Bonito. Várias casas foram sendo construídas ao longo dos anos e, em 1948, o lugar virou município, aproveitando apenas a segunda parte do nome.

✦ Os índios terenas descobriram a gruta do Lago Azul em 1924. Para chegar ao lago é preciso descer 294 degraus. Durante o verão, entre 7h30 e 9 da manhã, um raio de sol entra pela boca da caverna e dá um tom azulado à água.

✦ Em 1778, os índios guaicurus arrastaram para fora os soldados que estavam no forte Coimbra, nas margens do rio Paraguai, onde é hoje Mato Grosso do Sul. Para isso, usaram suas mulheres como iscas. Os índios mataram 54 homens. As brigas só acabaram em 1785, com a assinatura de um tratado de paz.

✦ O pioneiro do estado foi José Antônio Pereira, que fundou o povoado de Santo Antônio de Campo Grande de Vacaria. A construção da Estrada de Ferro Noroeste do Brasil, em 1914, foi decisiva para o crescimento populacional da região.

## MINAS GERAIS

✦ A primeira cidade mineira foi Mariana, fundada pelo bandeirante paulista Antônio Dias no final do século XVII. Em 1711, Mariana acabou sendo elevada à condição de vila e, depois, virou sede do bispado, o que continua sendo até hoje. O nome é uma homenagem à rainha Maria Ana d'Áustria, esposa de d. João V.

✦ No Brasil colonial do século XVIII, Ouro Preto chamava-se Vila Rica e estava no auge do seu poderio político e econômico. Era a maior cidade das Américas, com 120 mil habitantes, três vezes a população de Nova York na época. Estima-se que dali saíram, entre 1770 e 1820, 500 toneladas de ouro.

✦ Ouro Preto e Mariana ficam no vale do Tripuí, região em que os colonizadores portugueses encontraram o ouro mais puro do Brasil. Ele podia chegar a 23 quilates e ainda vinha coberto com uma camada de óxido de ferro. A cor escura do ferro é que deu origem ao nome Ouro Preto.

✦ A igreja Nossa Senhora do Pilar (1733), em Ouro Preto, é a segunda mais rica em ouro e prata do Brasil. Só perde para a igreja de São Francisco, em Salvador. Seu interior recebeu 434 quilos de ouro. A igreja se destaca também por possuir as imagens de 472 anjos.

✦ Santa Cruz de Minas é o menor de todos os municípios do Brasil em extensão territorial, com apenas 2,9 quilômetros quadrados. É cortado pela famosa Estrada Real, caminho que ligava as antigas regiões mineradoras de Minas Gerais ao Rio de Janeiro.

> Dona Beja foi um dos grandes mitos da história do estado. Seu verdadeiro nome seria Ana Jacinta de São José e ela teria vivido em Araxá, no Triângulo Mineiro, no século XIX. Segundo os historiadores, depois de seduzir o ouvidor de Goiás, dona Beja conseguiu a doação de 94.500 quilômetros daquele estado para Minas Gerais. Em 1976, o estilista Clodovil participou do programa 8 ou 800, apresentado por Paulo Gracindo, na Rede Globo. Ele respondeu a perguntas sobre dona Beja e ganhou o prêmio máximo de 800 mil cruzeiros.

✦ A basílica do Senhor Bom Jesus de Matosinhos, em Congonhas, tem um dos mais belos trabalhos do Aleijadinho. São os 12 profetas esculpidos em pedra-sabão, além das capelas dos Passos da Paixão, com 66 figuras, em tamanho natural, da Paixão de Cristo esculpidas em cedro e expostas nas seis capelas da via-crúcis. O santuário foi erguido pelo minerador Feliciano Mendes, em pagamento à promessa de ter se curado de uma doença gravíssima.

✦ Uma das marcas registradas de São João del-Rei são os "jornais do poste", colados em murais por toda a cidade. O primeiro deles foi feito pelo fiscal Joanino Lobos, em 1958.

> A maria-fumaça que faz os 12 quilômetros entre São João del-Rei e Tiradentes é a mais antiga do mundo ainda em funcionamento. Ela foi inaugurada em 1881.

✦ Ouro Preto tem a casa com a menor fachada do país. Ela mede menos de 1 metro de largura e fica na rua Conde de Bobadela.

✦ A rua do Amendoim, que fica no bairro das Mangabeiras, em Belo Horizonte, é um fenômeno. Os carros parecem descer na subida. Já teve gente que jogou água e a água subiu a rua. É claro que isso é motivado pela ilusão de ótica.

✦ Inaugurada em 1945, a igreja de São Francisco de Assis, na Pampulha, em Belo Horizonte, ficou fechada durante 14 anos. As autoridades religiosas não aprovavam o projeto revolucionário de Oscar Niemeyer. Diziam até que as linhas da torre do sino e da fachada lembravam uma foice e um martelo, símbolos do comunismo.

> Entre as décadas de 1940 e 1960, as Termas de Araxá, uma estação hidrotermal e de fontes de água mineral com propriedades terapêuticas, eram frequentadas por presidentes da República, políticos, empresários, e pela nata dos colunáveis da época. As termas compõem o complexo turístico do Barreiro, do qual faz parte também o Grande Hotel de Araxá.
>
> Foi inaugurado em 1944 pelo presidente Getúlio Vargas, numa festa que coincidiu com o seu aniversário. Nos primeiros anos do hotel, uma das grandes atrações era o cassino. O movimento era tanto que a pequena cidade, acessível apenas por estrada de terra, tinha voos de hora em hora das três principais empresas de aviação do país no período.

✦ Na cidade de Caldas está o hotel mais antigo em funcionamento no Brasil. É o Grande Hotel Pocinhos, inaugurado em 1899. Curiosidade histórica: o primeiro hotel do país foi o de Santo André da Borda do Campo, fundado por João Ramalho na capitania de São Vicente, em 1609. A vila iria receber a visita da comitiva de d. Francisco de Sousa, governador das capitanias do Sul. Como não havia acomodação para tanta gente, a Câmara local autorizou o comerciante Marcos Lopes a construir um grande barracão, com divisórias formando quartos. A Câmara pagou as diárias e Marcos Lopes ganhou ainda com a venda de carne, beijus e farinha de mandioca.

✦ O Museu do Oratório, instalado num casarão do século XVIII em Ouro Preto, já foi a casa de Antônio Francisco Lisboa, o Aleijadinho. O acervo conta com 162 oratórios e mais de trezentas imagens, inclusive uma esculpida em madeira pelo próprio Aleijadinho. Parte dos oratórios, feita entre o século XVIII e o começo do XX, de madeira, barro, metal e até com conchas do mar, saiu das mãos de artistas do quilate de Manuel da Costa Ataíde, o grande pintor barroco brasileiro que se tornou célebre por pintar tetos de igrejas. Surgidos na Europa, na Idade Média, os oratórios aportaram no Brasil juntamente com as caravelas de Pedro Álvares Cabral. Essas peças floresceram no século XVIII, durante o auge da mineração em Minas Gerais. Por trás desse museu está a colecionadora de arte Angela Gutierrez, uma das herdeiras da empreiteira Andrade Gutierrez. Angela resolveu doar ao museu sua coleção de oratórios reunida em mais de trinta anos.

> Em 20 de janeiro de 1999, um incêndio destruiu a igreja de Nossa Senhora do Carmo, em Mariana. Ela foi construída em 1784 e era tombada pelo Patrimônio Histórico. O incêndio foi provocado pelo estouro de uma lâmpada. O fogo se alastrou porque a igreja estava passando por restauração e em toda parte havia um produto inflamável, à base de querosene, para matar cupins.

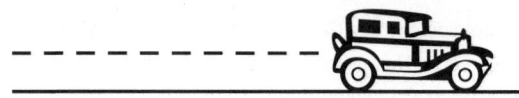

✦ Um carro-fantasma causou pânico nos moradores de Belo Horizonte no final da década de 1950. Certa noite, em 1957, ao cruzar um sinal, o carro sem motorista fez um policial desmaiar. A ideia foi do mecânico José Maria de Matos, na época com 27 anos. Quando o chamavam para socorrer carros quebrados, José Maria era obrigado a deixar seu carro no local e depois tinha que voltar para buscá-lo. Por isso, bolou um sistema de controle remoto para que o seu Dodge 1934 voltasse sozinho para a oficina.

✦ A Passagem é a mina de ouro mais antiga do país. Ela foi descoberta no ano de 1719 em Ouro Preto. Hoje é um ponto turístico. É possível descer 120 metros; uma imagem de santa Bárbara, logo na entrada, protege os turistas de trovões e explosões. Portugueses e ingleses chegaram a retirar dali 35 toneladas de ouro.

# PARÁ

✦ O forte do Castelo, marco de fundação da cidade de Belém, foi erguido em 1616. Ele deveria defender a entrada do Amazonas das pretensões de franceses, ingleses e holandeses. Foi feito de barro e madeira; depois foi reconstruído em pedra.

> O Mercado Ver o Peso, tradicional ponto de venda de frutas, verduras e especiarias, situa-se na rua do Cais, no centro de Belém. Às margens do igarapé Piry, em 1688, condutores de canoas paravam e trocavam produtos. Esse comércio deu origem ao mercado. Cerca de 200 mil pessoas passam por ali diariamente. Frutas como umari, grumixama, puruí, guajará, pajurá e taperebá são encontradas no Ver o Peso. Outra curiosidade é a cabeça de pica-pau, vendida como parte de uma receita para curar impotência.

✦ O Teatro da Paz, um dos mais bonitos e ricos do país, foi inaugurado em 1874, em Belém. Ele levou seis anos para ficar pronto.

✦ Os militares construíram um campo secreto na serra do Cachimbo para testes nucleares. Nesse campo é que eles explodiriam a bomba atômica caso o Brasil resolvesse fabricá-la.

> O nome oficial da capital é Santa Maria de Belém do Grão-Pará.

✦ A parteira Mãe Valéria era muito conhecida em Belém no final do século XVIII. Depois de sua morte, por afogamento, ela passou a ser objeto de devoção.

✦ O americano Henry Ford precisava produzir borracha para os seus veículos. Em 1928, ele recebeu do governo brasileiro 1,05 milhão de hectares de terra no Pará. Ford plantou 1,9 milhão de seringueiras, e construiu casas e um hospital para seus 5 mil funcionários. A região, onde foram gastos 2 milhões de dólares, foi chamada de Fordlândia. Antes de começar a extração da borracha, fungos destruíram as árvores e Ford desistiu de seus planos.

# PARAÍBA

✦ João Pessoa foi dominada pelos holandeses em 1634. Passou a se chamar Frederikstad, em homenagem ao príncipe de Orange, Frederico Henrique. Também foi chamada de Filipeia de Nossa Senhora das Neves, em 1588, homenageando o rei Filipe II de Espanha, período da União Ibérica em que o reino de Portugal foi incorporado à coroa espanhola.

✦ Em 1724, o capitão-mor da província, João de Abreu Castelo Branco, escreveu ao rei de Portugal, d. João V. A seca na região tinha provocado uma onda de saques e ele pedia ajuda. A resposta do monarca foi curta e grossa: "A causa da indigência e da miséria desses povos é a ociosidade ou a preguiça dos moradores".

✦ João Pessoa é a cidade que amanhece primeiro no Brasil. A ponta de Seixas, localizada no Extremo Oriente da América do Sul, é a primeira a receber a luz do sol.

# PARANÁ

✦ O Paraná separou-se de São Paulo em 29 de agosto de 1853.

✦ A Fortaleza Nossa Senhora dos Prazeres, forte construído no século XVIII para proteger o porto de Paranaguá dos navios de piratas, foi toda restaurada em 1990.

> A brasileira Foz do Iguaçu e a paraguaia Ciudad del Este são ligadas pela ponte da Amizade, que tem 552 metros de extensão. Passam diariamente pela ponte 18 mil veículos e 30 mil pessoas.

✦ A ferrovia Curitiba – Paranaguá foi inaugurada em 1880 pelo imperador d. Pedro II. São 110 quilômetros, que cruzam 13 túneis e 41 pontes e viadutos metálicos. O trem que faz a viagem tem 23 vagões, com capacidade para 1.139 passageiros. Suas principais atrações são a vista da Garganta do Inferno, fenda com mais de mil metros de altura; a passagem pelo viaduto do Carvalho, primeiro a ser construído em curva, e a chegada a cidades históricas do litoral como Antonina e Morretes, além de Paranaguá.

✦ A Usina de Itaipu, a maior do mundo, foi erguida com o cimento de duzentos Maracanãs e o aço de 350 torres Eiffel. Sua barragem tem 196 metros de altura – o equivalente a um edifício de 63 andares – e 1,06 quilômetro de extensão. Custou 18 bilhões de dólares. Ela é responsável por 26% da energia consumida no Brasil.

✦ As Sete Quedas acabaram depois da implantação da Usina Hidrelétrica de Itaipu. Em 1982, a obra represou o rio Paraná e o nível das águas do rio subiu 120 metros. Criou-se um lago imenso, de 1.350 quilômetros quadrados – o segundo maior lago artificial do mundo, menor apenas que o lago Nasser, formado pela barragem de Assuã, no rio Nilo (Egito).

✦ O Estação Plaza Show, inaugurado em Curitiba no ano de 1997, tem 76 mil metros quadrados de área construída. A região da antiga estação de trem era uma das mais perigosas do centro da cidade. Escuras e desertas desde que os trens deixaram de passar por ali, em 1973, suas ruas serviam de ponto de encontro de marginais. Preservando as fachadas da antiga estação, tombada como Patrimônio Histórico desde 1976, empresas privadas investiram perto de 100 milhões de reais para transformar o local em um centro de lazer.

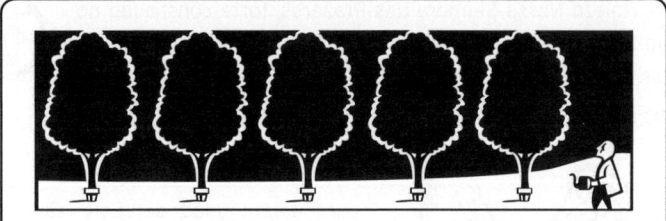

Curitiba tem 50 m² de área verde por habitante, o que supera o ideal de 16 m² determinado pela Organização das Nações Unidas (ONU). São Paulo tem 5 m², e Porto Alegre, 13,5 m².

✦ O Parque Estadual de Vila Velha apresenta 22 formações rochosas esculpidas pela chuva, pelo vento e por movimentos da terra, durante 350 milhões de anos. Elas lembram as figuras de uma taça (o símbolo do parque), de um leão, de uma bota, de um rinoceronte, da proa de um navio, da cabeça de um índio, entre outras.

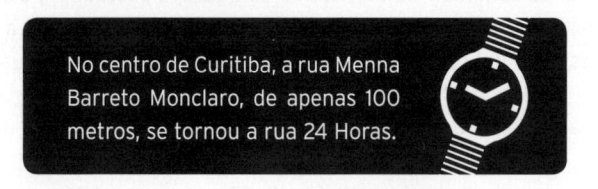

No centro de Curitiba, a rua Menna Barreto Monclaro, de apenas 100 metros, se tornou a rua 24 Horas.

✦ A Ópera do Arame, que fica na Pedreira Paulo Leminski, tem capacidade para 1.800 pessoas na plateia e mais seiscentas nos camarotes.

✦ Um dos símbolos do estado é a gralha-azul. A lenda diz que uma gralha foi acordada por golpes de machado no pinheiro em que se encontrava. Ela voou bem alto, acima das nuvens, onde recebeu de Deus um pinhão para reflorestar o Paraná. Foi o que fez. Ao voltar das nuvens, a gralha percebeu que seu corpo estava azul (apenas a cabeça continuava preta).

✦ Há uma série de crendices sobre o pinheiro, a árvore-símbolo do estado. Diz-se, por exemplo, que quando o pinheiro canta ao ser embalado pelas brisas da madrugada, é sinal de noivado na vizinhança.

✦ O primeiro calçadão brasileiro foi a rua das Flores, em Curitiba, construído em 1972. Sete anos depois, foi na capital paranaense que se começou a vender álcool como combustível para automóveis.

✦ Em 1932, Joubert de Carvalho compôs a música *Maringá*, que contava a história de uma nordestina, vítima da seca, que deixou sua terra para seguir um grupo de retirantes. Quinze anos depois, a Companhia de Melhoramentos do Norte do Paraná procurava um nome para uma cidade recém-construída. Elizabeth Thomas, esposa do presidente da empresa, sugeriu o título da canção, da qual gostava muito.

# PERNAMBUCO

✦ Olinda foi incendiada pelos holandeses em 1630. Entre 1676 e 1827, a cidade foi a capital do estado.

✦ O Engenho São João, na ilha de Itamaracá, litoral norte, serviu de inspiração para o livro *Casa-grande & senzala*, do antropólogo Gilberto Freyre.

✦ O mosteiro de São Bento, em Olinda, é um dos mais ricos em ouro do Brasil. O teto foi pintado em 1582 com sangue de boi, óleo de baleia e casca de banana.

✦ A feira de Caruaru é uma das mais antigas e tradicionais do país. Tem perto de 5 mil barracas. Fundada em 1781 justamente por causa da feira, Caruaru ficou famosa pelo trabalho de artesãos como Mestre Vitalino, cujas peças chegam a custar 15 mil reais. Vitalino Pereira dos Santos foi o melhor na arte de fazer figuras e cenas do dia a dia do sertão pernambucano em barro. Morreu em 1963, de varíola.

> "Oh! Linda situação para construir uma vila." O sujeito que pronunciou essa frase foi o fidalgo português Duarte Coelho. Impressionado com a beleza e as riquezas naturais da região, resolveu fundar ali um vilarejo. Nessa história, quase nada é certeza: além de a célebre frase poder ter nascido do imaginário do povo, os historiadores não sabem se Olinda foi fundada em 1535, ano em que Duarte Coelho chegou ali, ou dois anos mais tarde.

✦ A propriedade Santos Cosme e Damião, na periferia do Recife, é um dos locais mais visitados da cidade. Ali funciona a oficina do escultor Francisco Brennand, descendente de ingleses que chegaram ao Brasil no começo do século passado.

✦ Em 1976, o escultor se instalou na antiga cerâmica fundada por seu pai na década de 1920 e praticamente abandonada desde a de 1950. Lá estão espalhadas mais de 1.200 obras de Brennand.

✦ Garanhuns, localizada a 210 quilômetros do Recife, é conhecida como Suíça pernambucana. No inverno, a cidade, em pleno agreste, enfrenta um frio de até 5 ºC.

✦ O primeiro cometa da América Latina foi observado em 1860 pelo astrônomo francês Emmanuel Liais no Observatório Meteorológico de Olinda, hoje desativado. O cometa foi batizado de Olinda.

✦ A famosa praia de Boa Viagem, no Recife, tem 7 quilômetros de extensão.

✦ São Vicente Férrer, no interior do estado, notabilizou-se por suas competições esdrúxulas. Lá se disputa a corrida de 21 quilômetros de costas (quem olhar para trás é desclassificado), e são eleitos o maior comedor de bananas e a mulher mais feia do mundo. Em São Bento do Una, há uma corrida de galinhas, enquanto em Garanhuns escolhe-se o homem mais feio do mundo. A cidade de Panelas realiza o Festival de Jericos todo dia 1º de maio para homenagear um "animal tão trabalhador".

✦ A cidade de Tracunhaém é famosa por seus presépios inusitados. O ex--cortador de cana e pedreiro Zezinho do Santeiro, responsável pela criação dos presépios, já fez um com Maria grávida e outro em que ela aparecia amamentando o menino Jesus.

✦ Em 1987, o trânsito de veículos pesados foi proibido na área histórica de Olinda.

# PIAUÍ

✦ Foi o único estado do Brasil a ser colonizado do interior para o litoral. Assim se explica seu mapa: um Piauí largo na porção sul, que sobe afinando rumo ao extremo norte, até ficar estreitíssimo no litoral. No século passado, um acordo de cavalheiros com o Ceará permitiu que o Piauí ganhasse um litoral, em troca de algumas terras ao sul do estado.

✦ Inaugurada em 1852, a cidade de Teresina foi a primeira capital planejada do país. Seu nome foi uma homenagem à imperatriz Teresa Cristina.

✦ Ao longo da história, o estado esteve às voltas com problemas na demarcação de suas divisas. Até 1714, as terras piauienses pertenceram a Pernambuco e Bahia. Depois, em 1715, a região foi anexada ao Maranhão e só conseguiu sua independência em 1811. As questões de divisa com o Maranhão e a Bahia, no entanto, ficaram emperradas, tendo sido resolvidas apenas nas primeiras décadas do século XX. Com o Ceará, os problemas de limites territoriais permanecem sem solução. A zona em litígio entre esses estados abrange uma área de mais de 2.600 quilômetros quadrados (duas vezes a cidade de São Paulo).

# RIO DE JANEIRO

✦ Uma das heranças deixadas pela família real portuguesa, que chegou ao Rio de Janeiro em 1808, foi o "r" aspirado e o "s" chamado palatal (para pronunciar encosta-se o dorso da língua no céu da boca). Esse era o modo de falar de toda a corte, e foi adotado pelos cariocas.

> Estácio de Sá fundou a cidade do Rio de Janeiro em 1565.

✦ A igreja Nossa Senhora da Candelária é a mais antiga do estado. Sua pedra fundamental foi assentada em 1630. A obra, em estilo neoclássico, é uma cópia da igreja de São Pedro de Roma. Sua cúpula foi feita com 1.400 pedras e pesa cerca de 600 toneladas.

✦ Erguida entre 1761 e 1808, a igreja Nossa Senhora do Carmo da Antiga Sé guarda uma urna com parte das cinzas de Pedro Álvares Cabral.

> A Barra da Tijuca foi projetada pelo arquiteto Lúcio Costa no início da década de 1970. Ela tem 18 quilômetros de praias e é um dos bairros mais modernos do país.

✦ A Biblioteca Nacional, no centro da capital do Rio de Janeiro, tem o oitavo maior acervo do planeta. São cerca de 9 milhões de livros. A obra mais antiga é a *Bíblia de Mogúncia*, de 1462, impressa em pergaminho. Ela foi publicada por Johann Fust e Peter Schöffer na cidade em que Gutenberg inventou a imprensa, em 1450. Restam sessenta exemplares no mundo e a Biblioteca Nacional, inaugurada em 1910, possui dois deles.

✦ A Rocinha, maior favela da América Latina, ocupa uma área de 722 mil metros quadrados, entre os bairros da Gávea e de São Conrado. Segundo o IBGE, ela tem 45 mil habitantes, três vezes menos do que afirmam seus moradores.

✦ A lagoa Rodrigo de Freitas tem um volume de 6,5 milhões de metros cúbicos de água. Seu espelho d'água é de 2,5 milhões de metros quadrados, e sua profundidade máxima, de 4,3 metros.

✦ Inaugurada em 4 de março de 1974, a ponte Rio-Niterói tem 13.290 metros de extensão, quase 9 mil metros dos quais sobre o mar. Seu ponto mais alto fica a 70 metros do nível do mar, e seu ponto mais fundo, 210 metros abaixo da água. A obra consumiu 220 mil toneladas de cimento. Seu nome oficial é Ponte Presidente Costa e Silva.

✦ O Museu Imperial, em Petrópolis, foi inaugurado em 16 de março de 1943, por ocasião do centenário da fundação da cidade.

✦ O Teatro Municipal do Rio de Janeiro, em estilo eclético com predomínio do neoclássico, foi inspirado no Teatro Ópera de Paris. Suas colunas externas foram erguidas em mármore de Carrara. O material importado, incluindo o do telhado, todo em cobre, tinha a preocupação em demonstrar riqueza e durabilidade. Na parte superior da fachada, as esculturas de Rodolfo Bernardelli representam o canto, a dança, a tragédia, a comédia, a música e a poesia.

✦ Angra dos Reis foi descoberta em 1502, no Dia de Reis, 6 de janeiro. Uma procissão marítima, realizada no primeiro dia do ano, virou atração da cidade.

Apesar de a história se passar na Bahia, o cenário escolhido para o filme *Gabriela, cravo e canela*, com Sônia Braga e Marcello Mastroianni, foi mesmo a pequena Paraty. A lista de filmes que tomaram a cidade por locação soma 26 longas-metragens, entre eles *O beijo da Mulher-Aranha*, *Ele, o boto*, *Como era gostoso o meu francês*. Paraty já figurou em vinte novelas, como *Dona Beja* e *Mulheres de areia*, e em minisséries como *O sorriso do lagarto*.

✦ O Palácio do Catete tornou-se sede da Presidência da República em 1897. Em 1908, as estátuas que representam as estações do ano foram substituídas por grandes águias, esculpidas por Rodolfo Bernardelli. A partir daí o Palácio do Catete ficou conhecido também como Palácio das Águias. Hoje o local abriga o Museu da República.

✦ O engenheiro Ronaldo Belassiano, da Universidade Federal do Rio de Janeiro, descobriu numa pesquisa em 1996 que o carioca é o povo mais ágil para embarcar nos coletivos. Ele leva apenas 1,85 segundo, contra os 2,4 segundos gastos pelos londrinos. Tudo para não ser deixado para trás pelos motoristas.

✦ A estação Central do Brasil teve grande influência de Getúlio Vargas. No início da década de 1930, o então presidente estava encantado com o nazifascismo que contagiava multidões na Europa. Por isso, ele fez questão de que o prédio tivesse um estilo imponente, como era comum nas construções da Itália e da Alemanha. Descartou o projeto vencedor de um concurso de arquitetos – um esboço em estilo vitoriano – e acatou o desenho *art déco* do engenheiro brasileiro Roberto Magno e do arquiteto húngaro Geza Helle, que começou a ser desenvolvido em 1936 e só ficou pronto no início de 1945. O resultado é um imenso bloco de 45 mil metros quadrados, ornamentado com uma torre de 32 andares, de onde brota o enorme relógio de quatro faces que se tornou um dos cartões-postais da cidade. A Central do Brasil é formada por 44 estações que ligam o centro da capital do Rio à Zona Norte, Zona Oeste e Baixada Fluminense.

> A maior floresta urbana do mundo é o Parque Nacional da Tijuca, na cidade do Rio de Janeiro. Com área de 33 quilômetros quadrados, pouco maior que o arquipélago de Fernando de Noronha, essa mata está rodeada por avenidas, ruas, prédios e casas da metrópole carioca. No final do século XIX, d. Pedro II mandou replantar a floresta nas encostas dos morros que circundam a cidade. A mata original havia sido derrubada para o plantio de cafezais. No parque, visitado por 1 milhão de pessoas a cada ano, estão o Corcovado (com a estátua do Cristo Redentor), o Jardim Botânico, a Pedra da Gávea e o pico da Tijuca, com seus 1.022 metros de altura.
> Em São Paulo, a mata da serra da Cantareira está numa área que é quase duas vezes maior que a ocupada pelo Parque da Tijuca. O que as diferencia é que a floresta paulista chega a regiões rurais e, assim, suas fronteiras vão além dos limites urbanos.

✦ O Dedo de Deus, com 1.692 metros, fica em Teresópolis. Em 1912 um grupo de montanhistas alemães tentou vencer pela primeira vez seu paredão suicida. Fracassaram e voltaram ao seu país dizendo que a montanha era invencível. Inconformado, o guia brasileiro que os conduziu, um caçador chamado Raul de Sá Carneiro, reuniu mais quatro moradores da serra para tentar de novo a subida. E conseguiram – depois de seis dias de penitências na montanha.

✦ A expressão "tá ruço" foi criada em Petrópolis. Ruço é o nome que se dá ao nevoeiro que costuma baixar na cidade nas tardes de inverno.

✦ O bairro de Realengo não nasceu com esse nome. Na verdade, ele se chamava Real Engenho. Mas na estação de trem estava escrito Real Eng°. O povo lia Realengo e assim ficou.

# RIO GRANDE DO NORTE

✦ O forte dos Reis Magos, que deu origem à cidade de Natal, começou a ser construído no início de 1598. Equipada com 13 canhões de bronze, a fortaleza serviu de base para a luta contra corsários franceses que contrabandeavam riquezas da região com a ajuda dos índios potiguares. Suas paredes, à prova de balas de canhões, têm 14 metros de largura. Durante a invasão, a fortaleza foi tomada pelos holandeses, mas voltou às mãos dos portugueses vinte anos depois.

✦ Em 1633, os holandeses foram expulsos de Pernambuco e se dirigiram para o Rio Grande do Norte. Tomaram o forte dos Reis Magos e lhe deram o nome de Keulen.

✦ A cidade de Presidente Juscelino tem uma pedreira que se formou há 3,4 bilhões de anos. É o pedaço de terra mais antigo de toda a América do Sul.

✦ O cajueiro de Pirangi é considerado o maior do mundo. Sua copa ocupa 8,5 mil metros quadrados, o equivalente a setenta árvores dispostas lado a lado. Ele produz 60 mil cajus por safra.

✦ O esquibunda foi um esporte inventado em Natal. O esquibundista descia pelas dunas com a ajuda de uma prancha, até cair no mar. A modalidade acabou sendo proibida e deu lugar ao aerobunda. Os praticantes descem por uma corda, passando por cima da areia, e caem no mar.

> As dunas de Genipabu têm até 50 metros de altura.

✦ Segundo a Nasa, o Rio Grande do Norte tem o segundo ar mais puro do mundo. Perde apenas para a Antártida.

✦ O mar no estado é o segundo mais salgado do mundo. Perde apenas para o mar Morto. Não à toa, o Rio Grande do Norte é o maior produtor de sal do país.

> Em janeiro de 1993, os funcionários dos Correios de Natal se surpreenderam com o conteúdo de uma caixa. Maria de Lourdes Alves tinha enviado os ossos de seu pai para serem enterrados na cidade de Monte Alegre.

## RIO GRANDE DO SUL

✦ O Mercado Público de Porto Alegre sofreu quatro grandes incêndios desde que foi inaugurado, em 1890.

✦ A estátua de bronze de um gaúcho típico, o Monumento ao Laçador, é um dos símbolos de Porto Alegre. Mede 4,45 metros e foi esculpida por Antônio Caringi. Foi inaugurada em 1954.

> A famosa rua da Praia, no centro de Porto Alegre, tem 12 quarteirões.

✦ A acústica do Teatro São Pedro é considerada a melhor da América do Sul.

✦ O Monumento ao Imigrante, em Caxias do Sul, foi inaugurado em 28 de fevereiro de 1954.

✦ A lagoa dos Patos, a maior do mundo (área equivalente a 11 mil quilômetros quadrados, cerca de oito vezes o tamanho da cidade de São Paulo), foi formada por quatro grandes oscilações do nível do mar ocorridas entre 400 mil e 5 mil anos atrás. A lagoa é um viveiro de mais de cem espécies de peixes e camarões, incontáveis répteis, insetos e micro-organismos. Jesuítas chegaram ao local antes dos colonizadores portugueses, em busca de um porto para escoar as riquezas produzidas na região das chamadas Missões. Os religiosos pediram ao rei de Portugal que lhes perpetuasse a posse do que denominavam "pequenina lagoa de criar patos". Mal informado, o soberano concordou. Contudo, retomou seus direitos sobre o lugar ao saber que tinha sido enganado.

✦ Em 1997, uma agência publicitária do estado chamada Como & Porque pôs em dúvida a fama de machão dos gaúchos. Uma pesquisa revelou que 65% deles têm medo do escuro e 41% tremem diante da necessidade de ir ao dentista.

✦ O Rio Grande do Sul foi o local de nascimento do Movimento dos Sem-terra (MST) entre os agricultores no ano de 1984.

# RONDÔNIA

✦ Foi formada em 13 de setembro de 1943 por terras que pertenciam ao Amazonas e a Mato Grosso. Inicialmente chamava-se Guaporé. Passou a se chamar Rondônia em 17 de fevereiro de 1956, numa homenagem ao marechal Cândido Rondon, um dos desbravadores da região.

✦ Porto Velho nasceu de um núcleo de colonos que se instalaram na região para construir a ferrovia Madeira-Mamoré, entre 1907 e 1912. A ferrovia de 360 quilômetros, que liga a capital a Guajará-Mirim, foi desativada em 1972. Apenas 7 quilômetros, de Porto Velho a Cachoeira de Santo Antônio, continuam funcionando para atender os turistas.

## RORAIMA

✦ O território de Rio Branco foi criado em 13 de setembro de 1943 em terras pertencentes ao estado do Amazonas. Em 13 de dezembro de 1962, ganhou o nome de Roraima, que significa "serra verde" em tupi, o que não deixa de ser curioso, pois apenas 1% de sua superfície encontra-se acima de 900 metros de altitude.

✦ O início da ocupação do território aconteceu em 1670. O primeiro povoado, no entanto, só seria criado em 1765, por bandeirantes e religiosas carmelitas.

## SANTA CATARINA

✦ Florianópolis começou a se formar em 1675 com a chegada do bandeirante Francisco Dias Velho, que saíra de São Paulo. A primeira construção foi a igreja onde está instalada hoje a catedral da cidade.

✦ No Brasil, a maior ponte suspensa é a Hercílio Luz. Tem 819 metros de comprimento, duas torres de 75 metros e liga Florianópolis ao continente. Sua construção teve início em 1922 e a ponte foi aberta ao tráfego em 1926. Acabou sendo desativada em 1982 por motivos de segurança. Em 1997, foi tombada como Patrimônio Histórico e artístico do Brasil.

✦ Saint-Exupéry, autor do livro *O pequeno príncipe,* faz parte da história de uma praia de Florianópolis. Na década de 1930, o escritor fez um pouso forçado nas pequenas dunas de Campeche, durante uma de suas viagens pela América do Sul. A avenida que dá acesso à praia foi batizada de Pequeno Príncipe.

✦ O químico Hermann Bruno Blumenau foi um dos pioneiros da colonização alemã no estado. A colônia por ele fundada deu origem à vila de Blumenau, elevada à condição de cidade em 1894.

✦ Com seus 29 metros, o farol de Santa Marta, em Laguna, é o maior da América do Sul e o terceiro do mundo. Foi erguido pelos franceses em 1891.

✦ François Ferdinand Philippe, filho do rei da França Louis-Philippe, casou-se com a princesa Francisca Carolina, filha de d. Pedro I, em 1843. Como dote, recebeu as terras de Joinville. O casal chegou a pensar em morar no Brasil, mas acabou ficando em Paris. Quando estourou a Revolução de 1848, na França, eles se refugiaram na Inglaterra. Tiveram que vender parte de seu patrimônio para pagar suas despesas. Joinville foi vendida à sociedade colonizadora de Hamburgo, da Alemanha.

São Joaquim, que se situa a 1.360 metros acima do nível do mar, ficou famosa por ter algumas das temperaturas mais baixas registradas no país. A neve costuma cair por lá. Também é nessa cidade que acontece a Festa Nacional da Maçã.

# SÃO PAULO

✦ A cidade mais antiga do Brasil é São Vicente, no litoral paulista, que foi fundada por Martim Afonso de Sousa, em 1532.

✦ O Pátio do Colégio, marco da fundação da cidade de São Paulo, em 25 de janeiro de 1554, sofre com as pombas. A cada três meses pelo menos 5 mil telhas são trocadas por causa das penas que entopem as calhas.

✦ Em 1561, a Câmara de São Paulo enviou um ofício à Corte solicitando o envio de pessoas que estivessem sendo expulsas de Portugal para povoar a província, desde que não fossem ladrões.

✦ Os mandatos na Câmara eram de um ano e as discussões iniciais giravam em torno da proteção da vila contra ataques dos índios, da higiene e do arruamento das primeiras vias da cidade. Durante o período imperial, o plenário quase sempre estava cheio. Quem faltasse, era obrigado a pagar uma multa de 100 réis.

✦ O viaduto Minhocão, na cidade de São Paulo, se estende por 3.470 metros. O elevado Presidente Artur da Costa e Silva, seu verdadeiro nome, foi inaugurado em 25 de janeiro de 1971 pelo então prefeito Paulo Maluf.

✦ O bolo de aniversário de São Paulo é tradicionalmente feito no bairro do Bexiga desde 25 de janeiro de 1985. Seu comprimento equivale ao número de anos da cidade. Em 1999, o bolo de 445 metros tinha 700 quilos de farinha, 1,25 tonelada de açúcar, 40 quilos de limão e 18 quilos de manteiga. O glacê pesava 6 toneladas. Em 2005, o bolo foi de chocolate, *marshmallow* e cobertura de chocolate granulado. A receita para produzir o bolo de 451 metros levou 1.650 quilos de farinha de trigo, 1.200 litros de leite, 650 quilos de margarina e 80 quilos de fermento. O bolo leva uma semana para ficar pronto. Em 2009, o tradicional bolo do Bexiga não foi produzido por falta de patrocinador. Armando Puglisi, fundador do Museu Memória do Bexiga e falecido em 1994, teve essa ideia ao ver uma reportagem na TV sobre uma cidade suíça que fazia uma festa parecida. Em São Paulo, a multidão avança sobre o bolo e leva tudo em menos de 10 segundos.

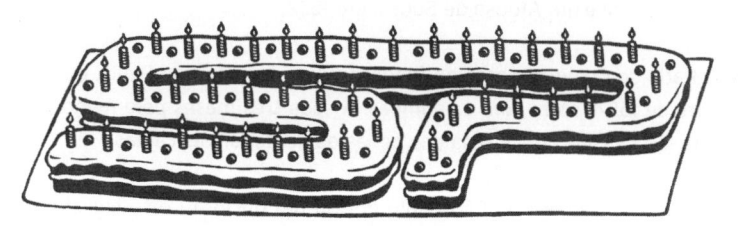

> O Parque do Ibirapuera foi inaugurado em 1954, durante as comemorações do IV centenário da cidade de São Paulo. O lago do Ibirapuera tem 150 mil metros quadrados.

✦ O Teatro Municipal de São Paulo começou a ser construído em 1903 pelo arquiteto Francisco Ramos de Azevedo. Seu estilo arquitetônico é eclético, mas predomina o neoclássico. Na sua inauguração, em 12 de setembro de 1911, com a apresentação da ópera *Hamlet*, adaptada por Ambroise Thomas, houve uma confusão: nossos artistas exigiam que o privilégio da estreia fosse dado à ópera *O guarani*, do compositor brasileiro Carlos Gomes. Foi improvisado, então, um recital para contentar a todos. Isso atrasou a programação e a apresentação invadiu a madrugada do dia seguinte.

✦ O rio Tietê é o mais extenso do estado, com 1.032 quilômetros. Ele nasce na serra do Mar, perto de Mogi das Cruzes. Depois de atravessar a cidade de São Paulo, ele corta o estado e deságua no rio Paraná. O rio era chamado pelos índios de Anhembi.

✦ O obelisco do Parque do Ibirapuera, erguido em homenagem aos paulistas que lutaram na Revolução Constitucionalista de 1932, tem 72 metros de altura. A obra foi iniciada em 1950. Houve uma inauguração parcial em 1954, mas o obelisco só foi concluído no ano de 1970.

✦ O Edifício Copan, no centro da cidade de São Paulo, é o maior conjunto de apartamentos do país. São 115 mil metros quadrados de área construída. O prédio, de 38 andares, tem forma de onda. Com projeto do arquiteto Oscar Niemeyer, foi inaugurado em 1956.

> O Hospital das Clínicas, que pertence à Faculdade de Medicina da Universidade de São Paulo, é o maior complexo hospitalar da América Latina. Tem 352 mil metros quadrados de área construída, quase dois Maracanãs de concreto armado, divididos em 14 edifícios. Trabalham ali 15 mil pessoas – entre eles, 336 professores, 1.400 médicos contratados, 880 residentes e 2.780 enfermeiros e auxiliares. Por ano, 1,3 milhão de atendimentos e 45 mil cirurgias são realizadas. O Hospital das Clínicas gasta todos os anos 15,4 milhões de pares de luvas cirúrgicas, 6 milhões de seringas, 1,1 milhão de filmes para radiologia e 1,1 milhão de mamadeiras. Também são lavados 5,5 milhões de quilos de roupa e consumidas 9 milhões de refeições por ano.

✦ A avenida Sapopemba, na Zona Leste, é considerada a rua mais comprida do Brasil. Tem cerca de 45 quilômetros de extensão, 42 dos quais na cidade de São Paulo. Ela une o bairro da Água Rasa ao município de Ribeirão Pires.

> O primeiro planetário brasileiro foi o do Parque do Ibirapuera, na capital, inaugurado em 26 de janeiro de 1957. A sala tem 20 metros de diâmetro e 350 lugares. É o maior do país.

✦ Com 26 andares, o Martinelli (1930) foi o primeiro arranha-céu construído no Brasil e durante anos foi consideraddo o mais alto da América do Sul. O conde Martinelli, famoso por sua ousadia, foi morar lá para provar aos paulistanos que o edifício não iria desabar.

✦ No século passado, a avenida Paulista era o ponto alto de um loteamento de propriedade do engenheiro uruguaio Joaquim Eugênio de Lima e associados. E foi o próprio Eugênio de Lima quem planejou a Paulista, inaugurada em 1891. As dimensões impressionavam as famílias que desejavam um bulevar à francesa. Nas suas redondezas, foram postos à venda lotes de 5 mil metros quadrados, alguns com até 90 metros de frente. A avenida Paulista tem 2,8 quilômetros de extensão.

✦ O Instituto Butantã foi criado em 1901, sob a direção do médico Vital Brasil. No início, o local era uma grande fazenda onde se criavam cavalos para a produção de soro.

> A cidade de São Paulo possui uma frota estimada pelo Detran (Departamento Estadual de Trânsito de São Paulo) em 6 milhões de veículos. Já a CET (Companhia de Engenharia de Tráfego) trabalha usando por base a chamada "frota circulante" – veículos que circulam diariamente pela cidade – calculada em 4 milhões. De acordo com o Detran (Departamento Estadual de Trânsito de São Paulo), a cidade ganha cerca de mil veículos novos todos os dias.

✦ O Parque da Independência abrange uma área de 161.335 metros quadrados, que inclui o Monumento à Independência, a Casa do Grito, o riacho do Ipiranga, o Jardim Paulista, o Museu Paulista (mais conhecido como Museu do Ipiranga) e o Horto Botânico. Ele recebeu esse nome em 1971.

✦ O Museu Paulista foi inspirado na arquitetura clássica da Renascença. A construção do projeto do arquiteto italiano Tommaso Bezzi começou em 1885 e só terminou em 1894. O edifício tem uma área de 11 mil metros quadrados, uma fachada de 123 metros de comprimento e 20 metros de altura. Ele foi inaugurado oficialmente em 7 de setembro de 1895. Em 1991, recuperou sua cor original: amarelo-ocre. Nos vinte anos anteriores, ele tinha sido pintado de rosa pastel. Recebe 200 mil visitantes por ano.

✦ A Estação da Luz, em São Paulo, foi inaugurada em 1901. Projetada pelos engenheiros ingleses da São Paulo Railway, ela era uma cópia exata da estação de Sydney, na Austrália. Teve que ser reconstituída em 1946, depois de um incêndio.

✦ A Biblioteca Mário de Andrade tem em seu acervo 420 mil livros, 40 mil dos quais raros. Entre eles estão os 23 volumes da célebre enciclopédia do filósofo francês Diderot, de 1751.

✦ Até 1972, todos os alunos da tradicional Faculdade de Direito São Francisco eram obrigados a usar gravata.

✦ O pico do Jaraguá é o ponto mais alto da cidade de São Paulo (1.135 metros acima do nível do mar). Documentos antigos dizem que foi ali o primeiro lugar onde se encontrou ouro no Brasil.

✦ Campos do Jordão, que se situa a 1.628 metros acima do nível do mar, é a cidade mais alta do Brasil. Em segundo lugar vem a Vila Monte Verde (MG), 1.600 metros acima do nível do mar.

✦ A mais antiga Ponte Pênsil do Brasil é a de São Vicente, inaugurada em 1914.

✦ O maior porto da América Latina é o de Santos, com capacidade para receber até 53 navios.

> "Fui no Itororó/ Beber água, não achei./ Achei bela morena/ Que no Itororó deixei." Esse trecho de uma conhecida cantiga de roda se refere à fonte de Itororó, que fica ao pé do monte Serrat, em Santos.

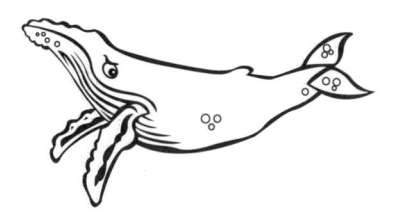

✦ O forte São João de Bertioga foi construído, em 1547, com uma argamassa de óleo de baleia, misturado com cal de conchas marinhas. Usaram o equivalente a quatrocentas baleias para levantar a sólida muralha, capaz de resistir ao impacto de balas de grosso calibre.

✦ A represa de Guarapiranga, a 30 quilômetros do centro da capital, tem 32 mil quilômetros quadrados.

## PRAÇA DA SÉ

Os 50 mil metros quadrados da praça da Sé abrigam tesouros da arquitetura e parte da história da fundação da cidade de São Paulo. Construída no século XVI como largo da Sé, tinha duas igrejinhas e algumas casas de taipa. A segunda igreja matriz da capital, de 1745, foi demolida em 1911. Dois anos depois, começaram os trabalhos de edificação da catedral, onde até 1898 ficava o Teatro São José, destruído por um incêndio. Projeto do arquiteto Max Hehl, a obra em estilo neogótico consumiu 400 toneladas de mármore e demorou 57 anos para ser concluída. Foi inaugurada em 1954, mas só ficou totalmente pronta em 1970.

A construção do metrô mudou radicalmente o aspecto da praça, reinaugurada em 1978. Vários prédios foram demolidos, entre eles, em 1971, o **Palacete Santa Helena**, polo cultural que reunia importantes artistas plásticos nos anos 1930 e 1940. A primeira implosão na cidade, em 1975, pôs abaixo o Edifício Mendes Caldeira.

### HISTÓRICO DO PALACETE
- 111 metros de comprimento e 46 metros de largura
- 65 metros até o cume da cúpula
- 2 torres de 100 metros
- 102 estátuas e baixos-relevos
- 154,2 toneladas de mármore branco de Carrara
- 9,6 toneladas de mármore verde St. Denis, de minas do Vale de Aosta
- 74,55 toneladas de mármore amarelo de Siena, das minas de Monte d'Elsa
- 166,75 toneladas de mármore vermelho portassanta, das minas de Caldana, em Grosseto
- 3,164 toneladas de ônix do Vale de Aosta
- 4,05 toneladas de pórfiro antigo do Egito
- 133 quilos de malaquita do Congo
- 25 quilos de lazulita chilena
- 15 toneladas de bronze

## SERGIPE

✦ A ponte do Imperador foi construída em 1860, sobre o rio Sergipe, para enfeitar a cidade na visita do imperador d. Pedro II. Acontece que a ponte não levava a lugar nenhum. Virou apenas um mirante.

✦ Seu primeiro nome foi Sergipe d'El Rey, pelo fato de sua conquista ter sido feita por ordem régia e à custa da coroa portuguesa. Após as invasões holandesas (1630-1645), Sergipe passou a fazer parte da capitania da Bahia, reconquistando sua autonomia a partir de 8 de julho de 1820 por ordem de d. João VI.

✦ A cidade de Laranjeiras foi um dos maiores produtores de açúcar do período colonial.

## TOCANTINS

✦ A ideia de criar um estado no norte de Goiás é antiga: em 1821, houve uma revolta separatista fracassada. O desembargador Joaquim Teotônio Segurado proclamou o governo autônomo de Tocantins em protesto contra o isolamento da região. As tropas governistas, lideradas por Caetano Maria Gama, acabaram com o movimento em 1824.

✦ Novos projetos de separação da região foram apresentados em 1873, 1956 e 1972.

✦ Quando foi criado, em 27 de julho de 1988, Tocantins ficou com 277.321,9 quilômetros quadrados de Goiás.

> A capital estadual mais nova do Brasil é Palmas, fundada em 1989.

✦ Em 1998, o IBGE anunciou o município que tem a menor população no Brasil. Era Oliveira de Fátima, com 724 habitantes. Só para comparar: São Paulo, que tem a maior população, somava na época 9.927.838 habitantes. Na década de 2000, a população de Oliveira de Fátima chegou a 1.006 habitantes, ultrapassando Borá (SP). Segundo o último censo do IBGE, Borá possui 852 habitantes e é considerado o menor município brasileiro em número de habitantes.

## CARTÕES-POSTAIS

### 1. CRISTO REDENTOR

✦ A estátua do Cristo Redentor, situada 709 metros acima do nível do mar, tem os braços abertos, em forma de cruz, para ser admirada a distância. Daí o exagero de suas dimensões: 30 metros de altura, 8 metros de pedestal e 28 metros de distância entre as mãos, medida a partir das extremidades dos dedos. Ela pesa 1.145 toneladas. Foi inaugurada às 19h15 do dia 12 de outubro de 1931, depois de cinco anos de obras.

✦ A ideia de erigir um monumento que homenageasse Cristo foi lançada em 1921, como parte das comemorações do centenário da Independência do Brasil. A construção, no entanto, começou efetivamente em 1926, e sua execução foi possível graças à ajuda dos franceses Caquot (engenheiro) e Landowsky (escultor), autor dos moldes da cabeça e das mãos, como também dos afrescos com cenas do martírio de Cristo que enfeitam a parte externa da capela para 150 pessoas, na base da estátua. No Brasil, o trabalho de arquitetura foi executado por Heitor da Silva Costa e Heitor Levy.

✦ A iluminação foi acionada diretamente da Itália por Guglielmo Marconi, inventor e físico italiano. Através de ondas elétricas irradiadas de uma estação telegráfica em Gênova, o cientista efetuou a ligação do circuito de lâmpadas que iluminava o Cristo.

✦ Uma grande restauração do monumento foi feita em 1990, numa parceria da Rede Globo com a Shell Brasil, e custou 2 milhões de dólares.

✦ Realizada pela internet e por mensagens de celular, uma votação elegeu o Cristo Redentor uma das sete Novas Maravilhas do Mundo Moderno. Na votação, realizada em 2007 pela organização suíça New 7 Wonders Foundation, o símbolo da cidade do Rio de Janeiro concorreu com outros 21 monumentos.

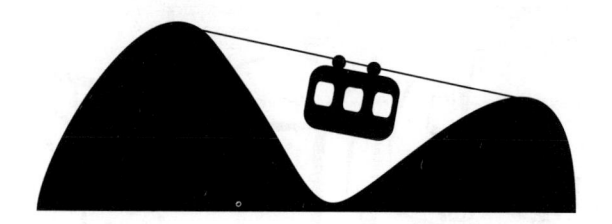

## 2. PÃO DE AÇÚCAR

✦ O bondinho do Pão de Açúcar é composto de duas linhas. A primeira, com 575 metros de extensão, leva o passageiro da praia Vermelha ao topo do morro da Urca, a 220 metros de altura. A segunda, com 750 metros de extensão, transporta o passageiro para o cume do morro do Pão de Açúcar, que está 396 metros acima do nível do mar. A empresa Companhia Caminho Aéreo Pão de Açúcar, que construiu o bondinho entre 1910 e 1912, contratou alpinistas que levaram nas costas peças para montar um guincho em cima do morro. Depois, o guincho puxou o restante.

✦ O primeiro bonde do Pão de Açúcar entrou em funcionamento em 27 de outubro de 1912. Mas a ideia de criar um caminho aéreo surgiu em 1908, quando foi realizada no Rio de Janeiro uma grande feira comemorativa do centenário do Decreto de Abertura dos Portos às Nações Amigas.
O dono da ideia foi o engenheiro Augusto Ramos, e quem a executou foi a empresa alemã Poligh Heckel. O bondinho do Pão de Açúcar tem capacidade para 75 passageiros.

### 3. CATARATAS DO IGUAÇU
✦ Há 180 milhões de anos, o local era um deserto – não havia água. A natureza se encarregou de mudar a paisagem vista pela primeira vez em dezembro de 1541 pelo espanhol Álvaro Nuñez, apelidado de Cabeza de Vaca. O caráter miraculoso do espetáculo decerto reforçou sua fé religiosa, a ponto de ele querer denominar o lugar de Salto de Santa Maria. Finalmente, porém, impôs-se o nome ancestral, que havia sido dado pelos guaranis: *I-guaçu*, ou seja, "águas grandes". De fato, o maior dos milagres é sempre a própria realidade: um semicírculo de 2.700 metros (900 no Brasil e 1.800 na Argentina), com 275 quedas-d'água que, precipitando-se de alturas que oscilam entre 40 e 80 metros, originam nuvens de vapor, colorem o ar com centenas de arco-íris e produzem um formidável estrondo, surdo e constante. O salto mais famoso é a Garganta do Diabo, cuja altura equivale à de um prédio de 15 andares.

✦ Santos Dumont conheceu a região durante uma cavalgada, em 1916. Não conseguia admitir que tudo aquilo pertencesse a um único homem, Jesus do Val. Por isso, iniciou uma campanha pela criação do Parque Nacional do Iguaçu, o que aconteceria em 1939.

> **Você sabia que...**
> ... no verão, o volume de água das cataratas é de 6.500 metros cúbicos por segundo? Já no inverno, ele cai para 300 metros cúbicos por segundo.

## 4. FAROL DA BARRA

✦ O forte de Santo Antônio da Barra, conhecido como farol da Barra, foi o primeiro construído no Brasil. Erguido entre 1583 e 1587, é o principal cartão-postal de Salvador. Trata-se de um dos marcos iniciais da colonização portuguesa no país. Foi no cabo de Santo Antônio que os portugueses instalaram, em 1501, um indicador da posse da nova terra pelo Reino de Portugal.

✦ A fortaleza não conseguiu impedir a invasão holandesa em 1624, o que levou Portugal a erguer outras fortificações em Salvador. Hoje, ela abriga o Museu Náutico da Bahia.

## 5. VIADUTO DO CHÁ

✦ O viaduto do Chá, no centro da cidade de São Paulo, tem esse nome porque foi ali que se fez uma das primeiras tentativas de cultivar chá no Brasil por volta de 1820.

✦ Antes da abertura do viaduto, transpor o rio Anhangabaú era uma aventura arriscada. Quem saísse da praça do Patriarca em direção ao Teatro Municipal, que nem existia naquele tempo, tinha que descer até o fundo do vale, passando por uma plantação de chá, cruzar uma pinguela sobre o rio e subir o empinado morro do Chá. A empresa privada que o ergueu em 1892 importou toda a sua estrutura metálica da Alemanha. Como a obra custou caro, a construtora decidiu cobrar pedágio dos pedestres que passavam por ali (3 vinténs, moeda portuguesa usada na época). No início, ninguém reclamou. Mais tarde, houve protestos por quase quatro anos, até que a Prefeitura decidiu encampá-lo, liberando sua travessia.

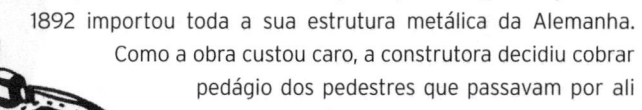

# HISTÓRIAS DO COPACABANA PALACE

❷ O hotel mais charmoso e famoso do Brasil foi inaugurado em 13 de agosto de 1923, com uma visita oficial do rei Alberto I, da Bélgica. O prédio foi projetado pelo arquiteto Joseph Guire, que se inspirou em dois hotéis da Riviera francesa: o Negresco, de Nice, e o Carlton, de Cannes. Ele fica na praia de Copacabana, na cidade do Rio de Janeiro. O Copacabana Palace, construído com cimento alemão, mármore de Carrara e cristais tchecos, dispõe de 226 quartos. Já recebeu, entre outros hóspedes ilustres, Albert Einstein, Brigitte Bardot, Carmem Miranda, Gene Kelly, Janis Joplin, Lady Di, Liza Minnelli, Marlene Dietrich, Robert de Niro, Roger Moore, Rolling Stones e Walt Disney.

❷ Ao telefone, o cineasta americano Orson Welles ouviu um não da atriz mexicana Dolores del Rio. Diante da recusa, bebeu além da conta e, para descarregar a raiva, atirou pela janela do hotel uma cadeira e o criado-mudo. Alguns exagerados chegaram a dizer que atirou também a cama.

❷ Reza a lenda que Marlene Dietrich, nos anos 1940, chamou o *maître* Fery Wunsh pouco antes de subir ao palco do Golden Room do Copa. Em alemão, fez um pedido inusitado: um balde de gelo cheio de areia. A musa explicou que o vestido, colado ao corpo, a impedia de descer vinte degraus para ir até o banheiro e fazer o que ela chamou de "meu pipi burguês". Atrás de um biombo, no balde de areia, ela resolveu o problema.

❷ A atriz Ava Gardner chegou às 3h30 no Copa, foi direto para o Golden Room, bebeu muito champanhe e pediu que a orquestra tocasse até às 5h30. Depois disso, há duas versões. A primeira registra que Ava teria convidado o *maître* do Golden Room para dividir com ela a última garrafa em sua suíte (e ele teria recusado). A outra conta que o convidado da atriz teria sido, na verdade, um cantor romântico de nome Carlos Augusto. Vítima de uma súbita indisposição intestinal, o moço fracassou.

❷ O hotel foi cenário de filmes desde o clássico *Flying down to Rio*, que em 1933 reuniu pela primeira vez Fred Astaire e Ginger Rogers.

● O avô de Carla Camurati, Enrico, era *chef de cuisine* do Copacabana Palace.

● Em 1970, a decoração de Carnaval dos salões do hotel foi interditada pela Censura Federal. O governo considerou-a um atentado à moral e aos bons costumes. A direção do Copacabana Palace cobriu tudo com tarjas pretas.

● Diz-se que o cantor Johnny Mathis bateu o pé por lençóis cor-de-rosa, e também que o falecido bailarino russo Rudolf Nureiev exigiu cama de solteiro, fazendo questão de que ela ficasse "voltada para o nascente".

● Ainda garoto, Jô Soares morava com os pais no primeiro andar do Anexo – e de lá, volta e meia, saltava na piscina. Saltava também do topo do trampolim que então existia. Mais de uma vez, vestindo uma capa, ameaçou pular da cobertura do Anexo, para pânico dos turistas norte-americanos lá embaixo.

● Homenageado com um grande banquete no Golden Room, o então bispo auxiliar do Rio de Janeiro, d. Hélder Câmara, assistiu, na fila do gargarejo, a um exuberante espetáculo de cancã. Quando os jornalistas foram colher suas impressões, Sua Eminência Reverendíssima justificou a atenção com que acompanhara o vaivém das pernas nuas: "Meus filhos, devemos conhecer o demônio de todos os ângulos...".

● Rod Stewart foi expulso do hotel por causa de um racha futebolístico disputado em plena suíte presidencial. A pelada destruiu o quarto inteiro.

## COMO SE FALA PELO BRASIL

Algumas palavras e expressões são próprias de determinado estado. Vamos conhecer um pouco da riqueza de nosso vocabulário:

**REGIÃO NORTE**

**Acre e Amazonas**

| | |
|---|---|
| Acochar | apertar |
| Arenga | bate-boca |
| Baladeira | estilingue |
| Bicó | sem rabo |
| Breado | sujo |
| Breguesso | bem de pouco valor |
| Brocho | alfinete |
| Caba | vespa |
| Curuba | sarna |
| Furdunço | briga, confusão |
| Osga | lagartixa |
| Papeira | caxumba |
| Pereba | ferida |
| Pixé | mau cheiro |
| Provoca | vomitar |
| Tuntum | costas |
| Vote | interjeição de admiração ou desprezo |

**Pará**

| | |
|---|---|
| Marchand | açougueiro |
| Rabo-torto | escorpião |

# REGIÃO NORDESTE

**Alagoas**

| | |
|---|---|
| Boca de cano | promoção, pechincha |
| Breado | bêbado |
| Mijo de padre | café muito ralo |
| Munheca de pau | motorista ruim |
| Seribeiro | pescador |

**Bahia**

| | |
|---|---|
| Apaga-pó | chuva fraca, garoa |
| Bafuntar | morrer |
| Buchada | um grupo de mulheres feias |
| Cafuringa | coisa pequena, sem valor |
| Feijão dormido | feijoada que sobrou da véspera |
| Jóquei de cabrito | pessoa bem baixa |
| Pão donzelo | pão puro, sem nenhum acompanhamento |
| Quente-frio | garrafa térmica |
| Seco na paçoca | sujeito bom de briga |
| Seu menino | senhor |
| Surucar | cortar o cabelo bem curtinho |

**Ceará**

| | |
|---|---|
| Burrinha | jangada com apenas uma vela |
| Desmancha-samba | valentão, brigão |
| Jerimum | abóbora |
| Marombado | mentiroso |
| Osso do vintém | tornozelo |
| Qui-qui-qui | gago |

**Maranhão**

| | |
|---|---|
| Carinhosa | camburão |
| Cruzeta | cabide |
| Hi-hi | zíper |
| Montado na onça | rico, cheio de dinheiro |
| Papeiro | leiteira |
| Pavorosa | ambulância |
| Pedra | reggae bom |
| Vender cocada | acompanhar um casal de namorados |

## Paraíba

Arranca-toco .................................................. pessoa nervosa
Bate-entope ............................ lanche com bolo e caldo de cana
Encostão ............................................... sujeito preguiçoso
Espingarda ............................................................ amante
Popeiro .......................................................... mal-humorado
Quinguingu ...................................................... intriga, fofoca

## Pernambuco

Donzela de candeeiro ................ mulher que se diz virgem mas não é
Fobó ..................................... pessoa ou coisa sem valor
Guardabelo ................................................... manobrista
Mamãe vem aí ......................................................... zíper
Manjolão ............................................... pessoa muito alta
Oficial de defunto ................................ sujeito muito malvado
Segredo de abelha ............................ coisa cheia de mistério
Xeleléu ..................................................... bajulador

## Piauí

Aratanha ................................................ vaca pequena
Arenga de mulher ................................ chuvinha insistente

## Rio Grande do Norte

Caningar ..................................................... insistir
Capuaba ......................................... casa caindo aos pedaços
Papudinho ...................................... bebedor de cachaça
Priziaca ...................................... chato (usado para pessoas)
Xexo ............................................................. calote

## Sergipe

Batepandé ................................................. cabra-cega
Canfinfento ................................................... bajulador
Mofento ........................................................... diabo

---

**Au-au-au!**
Muitas cidades do Nordeste brasileiro consideram cachorro-quente um sanduíche de carne moída com molho e temperos, e hot dog, o sanduíche com salsicha.

# REGIÃO SUL

## Rio Grande do Sul

|  |  |
|---|---|
| Abichornado | aborrecido |
| À la cria | ao deus-dará |
| À meia guampa | meio embriagado |
| Anta | pessoa interesseira |
| Apear | descer do cavalo |
| Bagual | cavalo arisco |
| Boi corneta | boi com apenas um chifre |
| Bombachas | calças folgadas presas ao tornozelo |
| Buenacha | boa |
| Cachorreira | parte de trás de uma perua; é onde os cachorros costumam viajar |
| Carpim | meia |
| Caudinho | chefe de bando ou de partido político |
| Chapeador | funileiro |
| China | mulher cabocla; com o tempo, porém, a palavra ganhou um sentido pejorativo e significa "vagabunda" |
| Colhudo | homem valente |
| Cusco | cachorro pequeno, vira-lata |
| De relancina | de repente |
| Embretado | metido em confusão |
| Espeto corrido | rodízio de carne |
| Fazer a viagem do corvo | viajar e demorar muito para voltar |
| Flete | cavalo bom |
| Goleira | trave |
| Guampa | chifre |
| Guri | criança, menino |
| Há cachorro na cancha | há algum obstáculo atrapalhando o plano |
| Ir aos pés | ir ao banheiro |
| Lambe-esporas | puxa-saco |
| Lasqueado | idiota |
| Macanudo | homem bonito |
| Maleva | pessoa mal-intencionada |
| Maturrango | sujeito que não sabe montar direito no cavalo |
| Minuano | vento gélido que sopra nos Pampas; deu origem ao nome de um refrigerante muito bem-sucedido no Rio Grande do Sul |
| Mochinho | banquinho que não tem espaldar |
| Morocha | moça morena |

| | |
|---|---|
| Num upa | num piscar de olhos |
| Patrola | escavadeira que conserta estradas; o verbo patrolar significa "passar por cima" |
| Pechada | batida entre dois carros |
| Peleia | luta, briga |
| Piá (ou piazito) | menino |
| Pilcha | traje típico gaúcho |
| Pingo | cavalo bom, corredor |
| Poncho | capa grossa, de corte arredondado, com pequena abertura no centro |
| Quebra | sujeito atrevido |
| Rancho | compra do mês no supermercado |
| Regalo | presente |
| Revesgueio | olhar com o canto dos olhos |
| Sair fedendo | fugir em disparada |
| Sestear | fazer a sesta |
| Sinaleira | semáforo ou a lanterna traseira dos carros |
| Taura | o sujeito bom do pedaço |
| Tuna | cacto |
| Xerenga | faca velha, sem utilidade |
| Zarro | incômodo, chato |

**Santa Catarina**

| | |
|---|---|
| Abespinhar | beliscar, picar |
| Acarquetar | apertar, empurrar |
| Achavascado | grosseiro, rude |
| Afofonada | buzinada |
| Aguaceiro | diarreia |
| Alojar | vomitar |
| Aluado | distraído |
| Avião de rosca | helicóptero |
| Azeiteira | pessoa namoradeira |
| Balaqueiro | mentiroso |
| Bodoso | sujo, fedorento |
| Boi ralado | carne moída |
| Cacau | chuva forte e rápida |
| Camisa de vento | camisinha |
| Cara de cachorro mijando na chuva | envergonhado |
| Carocha | barata |
| Casa de instantinho | motel |

Desertor de cemitério ............................. pessoa muito magra
Estar picada de cobra ..................................... estar grávida
Garrão .................................................... calcanhar
Guarda-comida ..................................... armário de cozinha
Gueixa ......................................................... égua
Inchar nas alpargatas ...................................... ficar furioso
Istepô ............. forma carinhosa de dizer que a pessoa não é muito boa
Língua de vaca ................................................. gravata
Lonca .......................................... pessoa encrenqueira
Mamica. ........................................................ seio
Ó-lhó-lhó ....................................... expressão de admiração
Passar de pato a ganso. .............................. progredir na vida
Salamim ........................ medida para cereais equivalente a 2 kg
Tirar uma tora. .......................................... fazer a sesta

## O QUE QUER DIZER...

**Oxente**
A palavra nasceu da expressão "ô, gente". Tem o sentido de "que coisa!". É diferente do "ô meu" de São Paulo, que tem a função de vocativo. Os mineiros usam o "uai" no sentido de "que coisa!" e o "sô" (uma abreviatura de senhor) como vocativo. Uma piada diz que o filme *O que é isso, companheiro?*, em Minas Gerais, se chamou "Uai, sô?".

**Chê**
Na Espanha, o vocativo *chê* (ou *tchê*) é típico da língua valenciana. Os colonizadores espanhóis trouxeram o termo, que entrou no Rio Grande do Sul depois de circular entre argentinos, bolivianos e uruguaios. A palavra equivale a tu.

Anote mais um termo e uma expressão típicos dos gaúchos. Oigalê é uma forma de demonstrar espanto ou admiração. "Que tal?" é o mesmo que "tudo bem?".

*Trem* em Minas Gerais não é apenas o nome do transporte ferroviário. A palavra é um sinônimo para "coisa".

## EXPRESSÕES FAMOSAS

**Uh, tererê!**
A expressão surgiu nos bailes funks. É a adaptação para o português de um rap americano do conjunto Tag Team, cujo refrão diz: *Whoop! There it is!* (Opa! Aí está!). Na pronúncia dos funkeiros, a frase virou: "Uh, tererê".

**Por que parou? Parou por quê?**
O compositor Moraes Moreira ouviu a expressão pela primeira vez no Carnaval baiano de 1988, quando tocava no alto de um trio elétrico. Houve uma briga na praça Castro Alves e o show parou. "Percebi um grupinho pequeno na multidão gritando: 'Por que parou? Parou por quê?'." No mesmo ano, Moraes usou a expressão em seu disco "Sinal de vida", no frevo *Por que parou? Parou por quê?*, e ajudou a popularizá-la.

# PATRIMÔNIO MUNDIAL DA HUMANIDADE

✦ Em 1972, a Organização das Nações Unidas para a Educação, a Ciência e a Cultura (Unesco) criou a Convenção do Patrimônio Mundial para incentivar a preservação de bens culturais e naturais considerados significativos para a humanidade. Os países que fazem parte dessa Convenção podem indicar bens culturais e naturais a serem inscritos na Lista do Patrimônio Mundial. As informações sobre cada candidatura são avaliadas por comissões técnicas, e a aprovação final é feita anualmente pelo Comitê do Patrimônio Mundial, integrado por representantes de 21 países.

✦ Por patrimônio cultural entendem-se monumentos, grupos de edifícios e sítios que tenham valor histórico, estético, arqueológico, científico, etnológico ou antropológico. Patrimônio natural são formações físicas, biológicas ou geológicas consideradas excepcionais, hábitats animais e vegetais ameaçados, e áreas que tenham valor científico, de conservação ou estético.

**O Brasil possui 16 bens inscritos na Lista do Patrimônio Mundial:**

| | |
|---|---|
| Conjunto Arquitetônico e Urbanístico de Ouro Preto (MG) | 1980 |
| Conjunto Arquitetônico, Paisagístico e Urbanístico de Olinda (PE) | 1982 |
| Ruínas da igreja de São Miguel das Missões (RS) | 1983 |
| Conjunto Arquitetônico e Urbanístico de Salvador (BA) | 1985 |
| Santuário do Bom Jesus de Matosinhos – Congonhas (MS) | 1985 |
| Parque Nacional do Iguaçu – Foz do Iguaçu (PR) | 1986 |
| Conjunto Urbanístico, Arquitetônico e Paisagístico de Brasília (DF) | 1987 |
| Parque Nacional Serra da Capivara – São Raimundo Nonato (PI) | 1991 |
| Conjunto Arquitetônico e Urbanístico do Centro Histórico de São Luís (MA) | 1997 |
| Centro Histórico da Cidade de Diamantina (MG) | 1999 |
| Mata Atlântica – Reservas do Sudeste (SP/PR) | 1999 |
| Costa do Descobrimento – Reservas da Mata Atlântica (BA/ES) | 1999 |
| Complexo de Áreas Protegidas do Pantanal (MS/MT) | 2000 |
| Centro Histórico da Cidade de Goiás (GO) | 2001 |
| Chapada dos Veadeiros e Parque Nacional das Emas (GO) | 2001 |
| Reservas de Fernando de Noronha e Atol das Rocas (RN) | 2001 |

**PATRIMÔNIO IMATERIAL**

✦ Desde 2003, a Unesco define como "patrimônio cultural imaterial" da humanidade todas as "práticas, representações, expressões, conhecimentos e técnicas – junto com os instrumentos, objetos, artefatos e lugares culturais que lhes são associados – que as comunidades, os grupos e, em alguns casos, os indivíduos reconhecem como parte integrante de seu patrimônio cultural".

✦ A Unesco mantém atualizada uma lista de "obras-primas" do patrimônio cultural imaterial. Atualmente, são 76 elementos de 27 países, incluindo o Brasil.

✦ A "Expressão oral e gráfica dos Wajãpi" e o "Samba de roda do recôncavo baiano" são os dois patrimônios imateriais brasileiros considerados "obras-primas".

1. Ofício das Paneleiras de Goiabeiras
2. Arte Kusiwa – Pintura Corporal e Arte Gráfica Wajãpi
3. Círio de Nossa Senhora de Nazaré
4. Samba de Roda do Recôncavo Baiano
5. Modo de Fazer Viola de Cocho
6. Ofício das Baianas de Acarajé
7. Jongo no Sudeste
8. Cachoeira de Iauaretê – Lugar sagrado dos povos indígenas dos rios Uaupés e Papuri
9. Feira de Caruaru
10. Frevo
11. Tambor de Crioula
12. Matrizes do Samba no Rio de Janeiro: Partido Alto, Samba de Terreiro e Samba-enredo
13. Modo artesanal de fazer Queijo de Minas, nas regiões do Serro e das serras da Canastra e do Salitre
14. Roda de Capoeira e Ofício dos Mestres de Capoeira
15. O modo de fazer Renda Irlandesa produzida em Divina Pastora (SE)

Fonte: <www.unesco.org/culture>

# PARQUES TEMÁTICOS

## Quando eles foram inaugurados

| Zoo Safári (ex-Simba Safári) | São Paulo (SP) | 1972 |
|---|---|---|
| Playcenter | São Paulo (SP) | 1973 |
| Beach Park | Porto das Dunas (CE) | 1986 |
| Beto Carrero World | Penha (SC) | 1991 |
| Acquamania | Guarapari (ES) | 1995 |
| Wet'n Wild | Salvador (BA) | 1996 |
| Eco Parque Arraial D'Ajuda | Arraial D'Ajuda (BA) | 1997 |
| Paradise Water Park | Cabedelo (PB) | 1997 |
| Rio Water Planet | Rio de Janeiro (RJ) | 1998 |
| Terra Encantada | Rio de Janeiro (RJ) | 1998 |
| Wet'n Wild | Valinhos (SP) | 1998 |
| Hopi Hari | Valinhos (SP) | 1999 |
| Veneza Water Park | Recife (PE) | 1999 |
| Wet'n Wild | Rio de Janeiro (RJ) | 1999 |
| Parque Mundo da Xuxa | São Paulo (SP) | 2003 |

✦ Em 1968, o humorista José Vasconcelos sonhou em construir o que deveria ser a Disneylândia brasileira. Num parque de 500 mil metros quadrados em Guarulhos, na Grande São Paulo, ele começou a erguer a Vasconcelândia. Mas o projeto, bancado por 9 mil acionistas, sofreu um prejuízo incalculável e o empreendimento não foi adiante.

✦ Depois de anos de caçadas na África e na Ásia, onde a atividade é controlada, o caçador Francisco Luiz de Souza Correa Galvão, o Chico, fez um acordo com o Zoológico de São Paulo em 1972. Ocupou um espaço, ao lado do zoo, de 100 mil metros quadrados, onde dezenas de animais ficavam soltos. Foi batizado de Simba Safári. Porém, em maio de 2001, com o vencimento do contrato, a área foi reincorporada à Fundação Parque Zoológico de São Paulo, sendo reaberta ao público como Zoo Safári em julho do mesmo ano. Animais como girafas, zebras e macacos ainda ficam soltos. Mas, tigres, leões e ursos vivem em uma área protegida.

✦ O Beach Park tem o maior tobogã de água do mundo. Batizado de Insano, o brinquedo tem 41 metros de queda livre, cinco a mais que o Mount Gushmore, da Disney World, na Flórida, que até agora detinha o recorde mundial. O parque cearense é o maior do gênero na América Latina: ocupa uma área de 170 mil metros quadrados na praia do Porto das Dunas, a 30 quilômetros de Fortaleza.

✦ O Beto Carrero World, criado pelo publicitário João Batista Sérgio Murad, mais conhecido como Beto Carrero, é o quinto maior parque temático do mundo, e o maior da América Latina.

✦ Nascido em São José do Rio Preto (SP), Murad começou a trabalhar no rádio na década de 1960. Também foi apresentador e cantor em shows sertanejos. Criado nos anos 1970, o personagem Beto Carrero era uma espécie de caubói brasileiro, protetor dos animais. O nome foi inspirado no apelido de seu pai, dono de um carro de bois, conhecido como Antônio "Carrero". O eterno Beto Carrero faleceu em 2008, aos sessenta anos.

✦ O Terra Encantada, no Rio de Janeiro, ocupa uma área de 300 mil metros quadrados, o equivalente a quarenta campos de futebol. Sua principal atração é o Cabum, brinquedo que oferece uma queda de 65 metros, a altura de um prédio de 22 andares. Ele despenca a 100 quilômetros por hora.

```
                    APELIDOS
    Campo Grande ................... Cidade Morena
    Fernando de Noronha...... Esmeralda do Atlântico
    Manaus....................... Paris dos Trópicos
    Recife ........................ Veneza Brasileira
    Rio de Janeiro ............... Cidade Maravilhosa
    São Paulo ....................... Terra da Garoa
    Teresina ........................... Cidade Verde
```

| Quem nasce em... | é... |
|---|---|
| Alagoas | papa-sururu |
| Maranhão | papa-arroz |
| Natal | papa-jerimum |
| Olinda | papa-mamão |

## AS FORTIFICAÇÕES BRASILEIRAS

Existem hoje no Brasil vestígios de 109 construções defensivas, de um total estimado em 450. Quarenta fortes foram tombados pelo Patrimônio Histórico. As primeiras obras fortificadas no território nacional datam de 1502, na feitoria de Américo Vespúcio, provavelmente em Cabo Frio (RJ). Não restaram testemunhos dessa fase. No entanto, existem casos de outras fortificações erguidas nos locais dos antigos fortes do século XVI, como a fortaleza de Santa Cruz, no Rio de Janeiro. O forte dos Reis Magos, em Natal, construído em 1599, é a mais antiga fortificação remanescente e mantém sua configuração original. É um monumento tombado desde 1949.

## PRAIA PELADA

✦ Em 1950, a atriz Luz del Fuego criou o Partido Naturista Brasileiro, com o apoio de 50 mil naturistas. Luz del Fuego era o pseudônimo da capixaba Dora Vivacqua, que andava nua, com uma jiboia enrolada no corpo. Seis anos depois, na ilha do Sol, a poucos quilômetros de Paquetá (RJ), ela fundaria o primeiro clube de nudismo do país. Acabou sendo assassinada em 19 de julho de 1967 por dois pescadores que queriam roubar a pólvora guardada na ilha. A história de Luz del Fuego foi contada no cinema, com Lucélia Santos no papel principal, em 1980.

✦ O naturismo ganhou força no Brasil em 1988, quando foi criada a primeira praia de nudismo, a do Pinho (SC).

**Praias brasileiras em que o nudismo está oficialmente liberado**

| Praia | Cidade |
| --- | --- |
| Abricó | Rio de Janeiro (RJ) |
| Barra Seca | Linhares (ES) |
| Galheta | Florianópolis (SC) |
| Massarandupió | Entre Rios (BA) |
| Olho de Boi | Búzios (RJ) |
| Pedras Altas | Palhoça (SC) |
| Praia do Pinho | Camboriú (SC) |
| Tambaba | Conde (PB) |

✦ O Brasil foi o primeiro país fora da Europa e dos Estados Unidos a sediar o Congresso Internacional de Naturismo. A 31ª versão do evento aconteceu em setembro de 2008, na praia de Tambaba, litoral sul da Paraíba. Frequentada por naturistas desde os anos 1980, Tambaba tornou-se a primeira praia oficial de naturismo do Nordeste em 1991.

✦ A Orquestra de Violões da Paraíba foi convidada para animar o evento. Detalhe: esqueceram de avisar os músicos que a plateia estaria pelada. Os jovens músicos enfrentaram a situação inusitada com profissionalismo e bom humor: "Sempre dizem pra gente imaginar a plateia sem roupa na hora da apresentação para não ficar nervoso. Agora tá fácil".

✦ Cerca de 4 mil naturistas de 33 países diferentes compareceram ao evento, traduzidos por 50 intérpretes, ajudados por 100 seguranças e hospedados em 40 hotéis e pousadas da região.

> **Você sabia que...**
> ... andar de roupa em áreas destinadas à prática de nudismo pode ser considerado atentado ao pudor? Pois é. Quem afirma é Celso Rossi, presidente da Federação Brasileira de Naturismo. Essas áreas são criadas por decretos municipais. E a restrição serve para proteger os naturistas de "espertinhos".

✦ O Dia Nacional do Naturismo é comemorado em 21 de fevereiro, data de nascimento de Luz del Fuego.

# SERRA PELADA

✦ Na semana anterior ao Carnaval de 1980, Osvaldo Ferreira de Camargo descobriu que o ouro brotava do chão de sua fazenda, a Três Irmãos, no sudeste do Pará. Tentou guardar segredo, mas a história se espalhou. Apenas uma semana depois, já havia mil garimpeiros em suas terras. Nos três primeiros meses de garimpo, Osvaldo recebia uma porcentagem de 10% a 30% sobre todo o ouro retirado. O negócio era tão bom que o governo não perdeu tempo em expropriar as terras. No auge do garimpo, em 1985, cerca de 40 mil garimpeiros trabalhavam ali, das 8 às 18 horas, o horário permitido. Serra Pelada, chamada de Formigueiro Humano, era o maior garimpo manual do mundo. O número de pousos e decolagens de táxis aéreos na pista do lugar era superior ao movimento do Aeroporto Internacional do Galeão, no Rio de Janeiro.

✦ A quantidade de ouro extraída oficialmente durante os nove anos de exploração da jazida foi de 70 toneladas e gerou uma riqueza estimada em 1,5 bilhão de dólares. Calcula-se, no entanto, que ela tenha sido cinco vezes maior. O declínio de Serra Pelada teve início em 1988, quando a profundidade de 100 metros da cava começou a dificultar o trabalho. Como os garimpeiros não se organizaram para retirar a água da chuva com o auxílio de bombas, o buraco virou uma enorme lagoa. O garimpo foi fechado em 1990. Seis anos depois, a posse da área foi entregue à Companhia Vale do Rio Doce.

> **O que são bamburrados?**
> Na língua dos garimpeiros, são os homens que acham ouro e enriquecem.

# TRANSPORTES

**ESTRADAS**

**1.** A construção da Transamazônica foi iniciada em 9 de outubro de 1970 para "rasgar" o Brasil de um extremo a outro, de João Pessoa (PB) até Cruzeiro do Sul (AC), num total de 5.296 quilômetros. Uma obra para ser visível de uma espaçonave, a olho nu. O primeiro trecho, com 1.070 quilômetros, ligando Itaituba a Humaitá (PA), foi aberto ao tráfego em 31 de janeiro de 1974. Só foram asfaltados cerca de mil quilômetros de estrada, entre a capital paraibana e Floriano (PI). Outros 750 quilômetros são cobertos apenas de cascalho e não vão além de Lábrea (AM). Ao todo, pouco mais dos seus 1.400 quilômetros são trafegáveis.

**2.** A Transpantaneira (MT-060) foi projetada para ser uma rota de ligação entre o Norte e o Sul. Mas ficou nos 145 quilômetros de terra que ligam as cidades de Poconé e Porto Jofre (MT). Jacarés, capivaras, veados e onças vivem cruzando a pista deserta.

**3.** Inaugurada em 1951, a Via Dutra — ligação entre São Paulo e Rio de Janeiro — tem exatos 402 quilômetros.

## As maiores rodovias brasileiras

| Prefixo da rodovia | Extensão | Por onde passa |
|---|---|---|
| BR-116 (Régis Bittencourt, Dutra, Rio-Bahia) | 4.489 km | Fortaleza (CE), Feira de Santana (BA), Vitória da Conquista (BA), Teófilo Otoni (MG), Teresópolis (RJ), Rio de Janeiro (RJ), São Paulo (SP), Curitiba (PR), Lages (SC), Porto Alegre (RS), Pelotas (RS) e Jaguarão (RS) |
| BR-101 | 4.125 km | Touros (RN), Natal (RN), João Pessoa (PB), Recife (PE), Maceió (AL), Aracaju (SE), Feira de Santana (BA), Vitória (ES), Campos dos Goitacazes (RJ), Niterói (RJ), Rio de Janeiro (RJ), Angra dos Reis (RJ), Caraguatatuba (SP), Santos (SP), Iguape (SP), Joinville (SC), Florianópolis (SC), Osório (RS) e Rio Grande (RS) |
| BR-364 | 4.099 km | Limeira (SP), Matão (SP), Frutal (MG), São Simão (GO), Jataí (GO), Rondonópolis (MT), Cuiabá (MT), Porto Velho (RO), Rio Branco (AC), Sena Madureira (AC) e Cruzeiro do Sul (AC) até a divisa Brasil-Peru |
| BR-153 (Transbrasiliana) | 3.898 km | Marabá (PA), Araguaína (TO), Gurupi (TO), Ceres (GO), Goiânia (GO), Frutal (MG), São José do Rio Preto (SP), Ourinhos (SP), Irati (PR), Porto União (SC), Erechim (RS), Passo Fundo (RS), Bagé (RS) e Aceguá (RS) |

| | | |
|---|---|---|
| BR-230 | 3.203 km | Cabedelo (PB), João Pessoa (PB), Campina Grande (PB), Picos (PI), Balsas (MA), Carolina (MA), Marabá (PA), Altamira (PA), Humaitá (AM) e Benjamin Constant (AM) |
| BR-163 | 2.112 km | Tenente Portela (RS), São Miguel d'Oeste (SC), Guaíra (PR), Dourados (MS), Campo Grande (MS), Cuiabá (MT), Santarém (PA) e Alenquer (PA) |
| BR-316 (Capitão Pedro Teixeira, Bernardo Sayão, Rio-Bahia) | 2.053 km | Belém (PA), Capanema (PA), Teresina (PI), Picos (PI), Petrolândia (PE), Palmeira dos Índios (AL) e Mossoró (RN) |
| BR-158 | 1.942 km | Altamira (PA), São Félix do Araguaia (MT), Barra do Garças (MT), Jataí (GO), Paranaíba (MS), Dracena (SP), Presidente Venceslau (SP), Paranavaí (PR), Campo Erê (SC), Iraí (RS), Santa Maria (RS), Cruz Alta (RS) e Santana do Livramento (RS) |
| BR-401 | 1.828 km | Boa Vista (AC) até a fronteira com a Guiana |
| BR-242 | 1.583 km | Seabra (BA), Ibotirama (BA), Barreiras (BA), São Félix do Araguaia (MT) e BR-163 |
| BR-135 | 1.507 km | São Luís (MA), Bertolínia (PI), Corrente (PI), Barreiras (BA), Januária (MG), Cordisburgo (MG) e Belo Horizonte (MG) |
| BR-222 | 1.421 km | Fortaleza (CE), Piripiri (PI), Santa Inês (MA), Marabá (PA) e BR-158 |
| BR-020 | 1.386 km | Brasília (DF), Posse (GO), Picos (PI) e Fortaleza (CE) |
| BR-070 | 1.321 km | Brasília (DF), Aragarças (GO), Cuiabá (MT), Cáceres (MT) e fronteira com a Bolívia |

## E as menores

| Prefixo da rodovia | Extensão | Por onde passa |
|---|---|---|
| BR-488 (Padroeira do Brasil) | 3 km | Dutra – Santuário Nossa Senhora Aparecida (SP) |
| BR-363 | 8 km | Fernando de Noronha (PE) |
| BR-498 | 15 km | BR-101 – monte Pascoal (BA) |
| BR-499 | 15 km | BR-040 – Cabangu (BA) |
| BR-485 | 24 km | BR-116 – Parque Nacional de Itatiaia (RJ) |
| BR-469 | 29 km | Foz do Iguaçu (PR) – Parque Nacional do Iguaçu (PR) |
| BR-495 (Philuvio Cerqueira Rodrigues) | 30 km | Teresópolis (RJ) – Itaipava (RJ) |
| BR-465 | 31 km | BR-116 – Santa Cruz (RJ) |
| BR-410 | 34 km | Tucano (BA) – Ribeira do Pombal (BA) |

**Como se dá nome às estradas?**
Além de receberem nomes de figuras ilustres da história ou mesmo da região por onde passam, as rodovias são batizadas com letras e números.

As estaduais são indicadas pela sigla do estado onde se localizam, seguidas de números. Se o número for par, ela é uma estrada radial – passa pela capital. O número mostra a quantos graus ela está de uma linha imaginária Norte-Sul traçada a partir da capital. Se for ímpar, o número mostra quantos quilômetros a rodovia dista da capital.

As rodovias federais usam a sigla BR, de Brasil. As numeradas de 010 a 080 são radiais, partindo de Brasília em direção aos estados. As rodovias de 100 a 199 são as longitudinais, que cruzam o país de Norte a Sul. As de 200 a 299 são as transversais, que cortam o Brasil de Leste a Oeste. As diagonais, de 300 a 399, passam pelo interior ou pelo litoral. Aquelas cujos números estão acima de 400 são rodovias de pequeno porte, que ligam uma estrada a outra.

**Quando se estabeleceu um limite máximo de velocidade em estradas brasileiras?**
Foi em 28 de janeiro de 1941, quando foi promulgado o primeiro Código Nacional de Trânsito. Para os veículos de passeio, os limites eram: 40 quilômetros por hora na zona urbana, 60 nas grandes avenidas e 80 nas estradas de rodagem. Velocidades superiores só eram permitidas em estradas especiais, a critério da autoridade competente.

Em 25 de setembro de 1941, o limite nas áreas urbanas foi alterado para 50 quilômetros por hora, enquanto o de 60 nas grandes avenidas e o de 80 nas estradas de rodagem foram mantidos.

## CARROS

✦ Henrique Santos Dumont, irmão de Alberto, foi quem trouxe o primeiro automóvel para o Brasil em 1893, um Daimler a vapor. O primeiro acidente foi causado pelo poeta Olavo Bilac. Ele atropelou uma árvore em 1897.

✦ A Ford Motor Company do Brasil foi a primeira montadora de automóveis a se instalar no país. Em 1919, a fábrica de São Paulo começou a produzir os Ford T, modelo importado dos Estados Unidos desde 1908.

✦ A Romi-Isetta, o primeiro veículo automotor nacional, começou a ser fabricada em 1955. Três anos depois, seria feito o primeiro carro de passeio no país: o Sedan-Turismo, da DKW-Vemag, tinha metade de suas peças produzidas no Brasil.

✦ Nos anos 1980, o empresário João do Amaral Gurgel apresentou o primeiro carro totalmente brasileiro, o BR-800. Foi um desastre. O veículo era caro e seu desempenho sofrível. O fracasso arrastou para o buraco a fábrica de jipes instalada em Rio Claro, no interior de São Paulo, que chegou a ter 1.150 funcionários. Em 1994, Gurgel faliu, depois de tentar abrir uma segunda fábrica.

✦ O Brasil tem uma frota de 26,6 milhões de veículos. Se um parasse atrás do outro, teríamos uma linha de 106.400 quilômetros, quase duas voltas e meia ao redor da Terra. Só o estado de São Paulo conta com dez milhões de veículos, metade apenas na capital.

✦ Nas horas de pico, 3 milhões de veículos circulam na cidade de São Paulo. Em um ano, os paulistanos passam 198,43 milhões de horas no trânsito e gastam 198,53 milhões de litros de combustível. A velocidade média de cada carro nas horas de pico, no período da manhã, é de 27 quilômetros por hora. À tarde, diminui para 17 quilômetros por hora.

✦ O primeiro Salão do Automóvel aconteceu em 1960 no Pavilhão da Bienal, no Parque do Ibirapuera, na cidade de São Paulo. As maiores atrações foram o Candango, da Gurgel, e o Saci, um protótipo conversível que não chegou a ser fabricado.

## AEROPORTOS

✦ O Aeroporto de Congonhas, em São Paulo, é o campeão da América Latina em pousos e decolagens. Em 2009, os pousos e decolagens chegaram a 550 por dia, 23 por hora e – nos horários de pico – um a cada dois minutos.

✦ Em 1937, começou a ser construído o primeiro aeroporto civil do país – o Santos Dumont, no Rio de Janeiro. O terminal civil do Aeroporto do Galeão, também no Rio de Janeiro, foi aberto em 1952.

✦ O Aeroporto Santos Dumont foi consumido pelo fogo em 13 de fevereiro de 1998. O incêndio começou por volta das 2 horas da madrugada e só foi debelado ao meio-dia. A reforma consumiu 133 dias. A primeira operação do novo Santos Dumont foi o embarque de passageiros do voo 420 da Rio-Sul com destino a Campinas. A ponte aérea Rio-São Paulo voltou a funcionar no dia 15 de agosto de 1998.

## OS PRINCIPAIS AEROPORTOS

| | |
|---|---|
| **Afonso Pena** | Curitiba (PR) |
| **Augusto Severo** | Natal (RN) |
| **Campo dos Palmares** | Maceió (AL) |
| **Confins/ Tancredo Neves** | Belo Horizonte (MG) |
| **Congonhas** | São Paulo (SP) |
| **Guarulhos/ Governador André Franco Montoro** | São Paulo (SP) |
| **Eduardo Gomes** | Manaus (AM) |
| **Galeão/ Antonio Carlos Jobim** | Rio de Janeiro (RJ) |
| **Guararapes** | Recife (PE) |
| **Hercílio Luz** | Florianópolis (SC) |
| **Juscelino Kubitschek** | Brasília (DF) |
| **Luiz Eduardo Magalhães (antigo Dois de Julho)** | Salvador (BA) |
| **Marechal Rondon** | Cuiabá (MT) |
| **Pampulha/ Carlos Drummond de Andrade** | Belo Horizonte (MG) |
| **Pinto Martins** | Fortaleza (CE) |
| **Presidente Castro Pinto** | João Pessoa (PB) |
| **Presidente Médici** | Rio Branco (AC) |
| **Salgado Filho** | Porto Alegre (RS) |
| **Santa Genoveva** | Goiânia (GO) |
| **Santa Maria** | Aracaju (SE) |
| **Santos Dumont** | Rio de Janeiro (RJ) |
| **Val-de-Cans** | Belém (PA) |
| **Viracopos** | Campinas (SP) |

### PERGUNTINHA AÉREA

**Quais os critérios usados para a escolha do prefixo de um avião?**
O prefixo é composto de duas partes, separadas por traço. A primeira indica o país de origem. O Brasil usa as letras PP e PT. Nos Estados Unidos, a letra do país é N, na Inglaterra G, e na Argentina LQ e LV. As identificações são escolhidas pelo próprio país, que precisa depois registrá-las na Organização Internacional de Aviação Civil. Os outros signos (que vêm após o traço) são próprios de cada aparelho. Quem distribui as sequências de três letras que identificam os aviões no Brasil é o Ministério da Aeronáutica.

# PIONEIROS DA AVIAÇÃO BRASILEIRA

## 1. ALBERTO SANTOS DUMONT (1873-1932)

Santos Dumont, sexto filho de Henrique Dumont e Francisca Santos, nasceu em 20 de julho de 1873, no sítio Cabangu, no distrito de Palmira (MG), cidade que passou a se chamar Santos Dumont. Seu pai, filho de imigrantes franceses, era um engenheiro ousado, que rasgou estradas e túneis pelos sertões antes de se tornar o "Rei do Café" em São Paulo. Alberto era franzino (media entre 1,52 e 1,58 metro, e pesava 50 quilos) e bastante sensível. Usava sapatos de sola grossa e chapéu-panamá de copa alta para parecer maior. Uma queda deixou o patriarca Henrique paralítico. Em 1891, ele levou toda a família para Paris em busca de tratamento médico. Pouco antes de morrer, naquele mesmo ano, Henrique emancipou os filhos menores (Alberto estava perto de completar 18 anos) e entregou a cada um sua parte na herança. "O futuro do mundo está na mecânica", aconselhou o pai numa carta.

Santos Dumont foi pioneiro das corridas de automóvel na França. Mesmo antes de inventar o avião, em 1906, já era recebido como herói no Brasil. Em 1903, ao chegar ao Rio de Janeiro, seu navio foi escoltado por embarcações embandeiradas. Mas logo Alberto se fartou de tudo. Não tirou patente de seus inventos; preferiu entregá-los à humanidade e permitir que outros comercializassem seus aviões. Em 1909, no auge de sua criatividade, ele já se sentia cansado e envelhecido. Começou a apresentar os sintomas de uma doença grave, a esclerose múltipla. Nos oito anos seguintes, sofrendo dos nervos, dedicou-se a inúmeras viagens. Durante a Primeira Guerra Mundial, ele ficou preso uma noite numa delegacia francesa, acusado de ser um espião alemão. Entrou em estado de choque. Também se sentia culpado pelas mortes causadas por sua invenção. Ao voltar para casa, o Pai da Aviação queimou todos os seus arquivos. Em 1924, refugiou-se num sanatório na Suíça. Quatro anos depois, no Rio de Janeiro, ele foi convidado para uma homenagem na baía de Guanabara. Um grupo de intelectuais embarcou em um hidroavião batizado com o nome do inventor; tratava-se do voo inaugural. Mas, numa de suas manobras, a asa do aparelho tocou na água e o hidroavião se espatifou, afundando e matando todos os tripulantes. Arrasado, Alberto declarou:

"Quantas vidas sacrificadas por minha humilde pessoa...". Em 1931, um sobrinho foi buscá-lo e o levou para o hotel de luxo La Plage, no Guarujá, a 70 quilômetros da capital paulista. No dia 9 de julho de 1932, explodia a Revolução Constitucionalista contra o governo de Getúlio Vargas. Santos Dumont não suportou saber que os aviões federais iam bombardear forças paulistas em Santos, bem perto de seu refúgio. No dia 23, encontraram-no enforcado com uma gravata no banheiro do quarto do hotel.

> **Pé direito**
> Entre outras tantas excentricidades, Santos Dumont construiu um chalé em Petrópolis (RJ) com um modelo de escada bem original. Ela obriga o visitante a começar a subir sempre com o pé direito.

## 2. BARTOLOMEU DE GUSMÃO (1685-1724)

O jesuíta Bartolomeu Lourenço de Gusmão entra nessa galeria por suas experiências no campo da aviação. Criou um aerostato a que chamou de máquina de voar. Em 5 de agosto de 1709, diante da corte portuguesa, ele realizou a primeira tentativa de voo, que fracassou. Fez mais duas tentativas e, numa delas, o balão chegou a 4 metros de altura. O invento seria apelidado pelo povo de passarola. Natural de Santos, no litoral paulista, Gusmão estudou em Coimbra (Portugal). Quando se ordenou padre, passou a estudar física e matemática. Por ser um grande pregador, foi nomeado capelão da Casa Real pelo rei d. João V. Muitos brasileiros gostam de chamá-lo de Avô da Aviação.

## 3. JOÃO RIBEIRO DE BARROS (1900-1947)

O piloto João Ribeiro de Barros ficou famoso ao cruzar o oceano Atlântico a bordo de um hidroavião, o Jahu. Embora tenha realizado a travessia intercontinental 22 dias antes do americano Charles Lindbergh, Barros não conseguiu o mesmo reconhecimento. Paulista de Jaú, ele vendeu sua herança familiar aos irmãos para comprar a aeronave da fábrica Savoia Marchetti. Tratava-se de um hidroavião que fora utilizado pelos italianos numa frustrada tentativa de voar da Itália ao Brasil.

A primeira vez que tentou cruzar o Atlântico, em 13 de outubro de 1926, o Jahu sofreu sabotagem no aeroporto de Gênova, na Itália: na noite anterior à partida, alguém pôs água e sabão no tanque de combustível. O piloto fez um pouso forçado em Alicante, no litoral da Espanha, e toda a tripulação (o navegador Newton Braga, o copiloto João Negrão e o mecânico Vasco Cinquini) acabou na cadeia. O Jahu prosseguiu seu voo, aterrissando em Gibraltar, e depois em Cabo Verde, na costa africana. Daí decolou na manhã do dia 28 de abril de 1927. Voando a 190 quilômetros por hora, velocidade que se manteve recorde na aviação durante mais de dez anos, ele chegou ao litoral do Rio Grande do Norte em 12 horas, mesmo tendo perdido parte da hélice perto de Fernando de Noronha. Lindbergh levou 39 horas para voar de Nova York a Paris, entre 19 e 20 de maio daquele ano. Barros tinha 27 anos quando completou o voo de 2,4 mil quilômetros sobre o Atlântico.

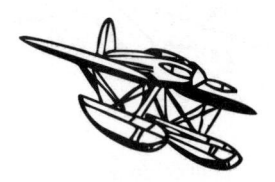

O aviador paulista tentaria outra façanha dois anos depois – voar do Brasil para a Europa –, mas não conseguiu realizá-la. Levantou voo da praia Grande, na Baixada Santista, a bordo de um Breguet francês batizado com o nome de sua mãe, Margarida, e pousou no Campo dos Affonsos, no Rio, de onde pretendia voar novamente sobre o Atlântico. Seus planos foram frustrados. Arrebentara a Revolução de 1930 e o governo confiscou o avião. O piloto, que lutou como voluntário na Revolução de 1932, morreu em 1947, em sua terra natal.

Em 2009, o escritor Ivan Jaf publicou o livro infantojuvenil *Jahú - Sonho com asas*, em homenagem ao herói João Ribeiro de Barros.

### 4. ANÉSIA PINHEIRO MACHADO (1904-1999)

Foi a primeira mulher a realizar um voo sozinha no Brasil. Isso aconteceu em 17 de março de 1922, quando Anésia tinha 17 anos. Recebeu o brevê número 77, da Federação Aeronáutica Internacional, pelo Aeroclube do Brasil no mês seguinte. Em setembro do mesmo ano, durante o centenário da Independência, ela foi homenageada e condecorada pelo próprio Santos Dumont.

Paulista de Itapetininga, Anésia colecionou uma série de outros feitos: foi a primeira aviadora a conduzir passageiros no Brasil; a primeira brasileira a realizar voo acrobático; a primeira aviadora a realizar um voo transcontinental ligando as três Américas (de Nova York ao Rio de Janeiro, pela costa do Pacífico), e a primeira a voar num monomotor pelo passo do Aconcágua, nos Andes.

## O AVIÃO BANDEIRANTE

Na manhã de 22 de outubro de 1968, o major-engenheiro José Mariotto Ferreira e o engenheiro de ensaios de voo Michel Cury levaram ao ar pela primeira vez o IPD-6504, protótipo de avião de transporte projetado no Centro Técnico Aeroespacial (CTA) da Aeronáutica, em São José dos Campos (SP), que receberia o nome de Bandeirante. Foi um voo histórico: primeiro avião brasileiro produzido em série e exportado com sucesso.

O protótipo, um bimotor turboélice de asa baixa, com capacidade para oito pessoas, mais bagagem, resultava de um projeto iniciado em 1965, sob a orientação do engenheiro francês Max Holste, que envolveu cerca de trezentas pessoas. Cético quanto à possibilidade de se produzir um avião em série no Brasil, Holste deixou a equipe em 1969. No mesmo ano, em 19 de agosto, o governo criava a Embraer (Empresa Brasileira de Aeronáutica S.A.), para fabricar e vender aquele avião.

Depois de construir o terceiro protótipo, que voou em 1970, a Embraer decidiu reformular o projeto. Foi quando surgiu o BEM-110 Bandeirante, com espaço para até 15 pessoas. O novo Bandeirante atendia mais adequadamente à necessidade brasileira de um avião robusto e de transporte rápido, capaz de operar em pistas curtas e não pavimentadas – o que também convinha à Força Aérea Brasileira e seus serviços de integração, como o Correio Aéreo Nacional.

Em 1972, deixou a fábrica o primeiro modelo de série, destinado à FAB. Seguiram-se as encomendas civis: as seis primeiras unidades foram contratadas pela Transbrasil e começaram a operar em abril de 1973 em linhas do Sul. Em agosto de 1975 houve a primeira venda internacional: cinco aparelhos para a Força Aérea Uruguaia.

# 8

Buchada de bode é uma delícia.
Vocês estão assim (surpresos)
porque nunca moraram em Paris,
onde esse é um prato sofisticado.

**FERNANDO HENRIQUE CARDOSO**
(1931-), presidente do Brasil de 1994 a 2002.

## Comida

## PRATOS TÍPICOS

A culinária brasileira é uma das mais ricas e variadas do mundo inteiro. Vamos conhecer alguns de seus pratos:

**Abará** – Massa de feijão-fradinho moído, temperada com cebola, sal, camarão seco e azeite de dendê (extraído do coco do dendezeiro, palmeira comum na Bahia). A massa é embrulhada em folhas verdes de bananeira e cozida no vapor.

**Acarajé** – Bolinho de pasta de feijão-fradinho e cebolinha ralada, frito no azeite de dendê e servido com camarão seco moído e molho de pimenta-malagueta. Na Bahia, são consumidos cerca de 12 milhões desses bolinhos por mês.

**Afogado** – Prato típico da Festa do Divino Espírito Santo. É feito com acém, toucinho fresco picado, couro de porco afervendado no sal, cebola, tomate, alho, louro, pimenta-do-reino, colorau, salsa, cebolinha e sal.

**Ambrosia** – Creme feito com leite, ovos cozidos e açúcar. Originário de Minas Gerais, é preparado também em São Paulo.

**Angu** – Os escravos misturavam uma polenta de fubá com restos de porco (carne, coração, fígado, língua e banha), azeite de dendê, quiabo, pimentão e folhas de nabo.

**Arroz de capote** – Arroz preparado com pedacinhos de galinha-d'angola.

**Arroz de carreteiro** – Arroz feito com carne de charque (a do gado bovino, salgada e seca). Era o alimento das carreatas que cruzavam o interior do Rio Grande do Sul.

**Arroz de hauçá** – Provavelmente foi primeiro preparado pelos escravos africanos da tribo dos hauçás. Trata-se de arroz branco coberto por carne-seca frita no dendê, camarão seco e coentro.

**Arroz de pequi** – Iguaria goiana, em que o arroz é feito com pequi, uma frutinha amarela típica do cerrado. O pequi, muito rico em proteínas, é conhecido em Goiás como carne dos pobres e tem fama de ser afrodisíaco.

**Arroz de viúva** – Também chamado de arroz de coco. Nele se troca a água do cozimento do arroz pelo leite de coco. Acompanha moquecas ou pratos feitos com peixe.

**Arroz-doce** – Tradicional no Norte de Portugal, logo ocupou os tabuleiros nos mercados e feiras das maiores cidades. A sobremesa é preparada com arroz, leite e açúcar, e perfumada com casca de limão e canela. Algumas receitas adicionam ingredientes como essência de flor de laranjeira, gema de ovo, uva-passa e pedacinhos de chocolate.

> **Você sabia que...**
> ... o arroz-doce já foi chamado de arroz de festa? Entre as famílias ricas de Portugal, ele era presença obrigatória em dias de festa. Depois a expressão passou a ser usada para aquela pessoa que não falta em nenhum evento.

**Arrumadinho** – Especialidade paraibana. Leva feijão verde, carne-seca, tomate, cebola, pimentão, coentro e farinha de mandioca.

**Azul-marinho** – Ensopado de peixe com banana-nanica bem verde. Antes de amadurecer, a fruta solta uma substância, o tanino, que em contato com a água dá ao líquido um tom azul-escuro. O prato faz sucesso no litoral paulista.

**Baião de dois** – Prato em que o feijão e o arroz são cozidos ao mesmo tempo e na mesma panela. Também é chamado de Rubacão.

**Barreado** – É preparado em panela de barro, com charque, toucinho e temperos. A panela é toda vedada com farinha de mandioca umedecida. Isso impede que o cozido perca vapor, já que ele fica no fogo por 10 horas, até que a carne desfie. O barreado é servido com banana assada, batata, farinha e pirão preparado com o caldo.

**Barriga de freira** – Doce português feito de gemas, também chamado de Umbigo de freira. As freiras usavam clara de ovo para engomar o véu do hábito e, com as gemas que sobravam, criavam algumas delícias.

**Beijo de mulata** – Docinho de leite condensado, chocolate em pó, nozes moídas e creme de leite.

**Beiju** – Prato de origem indígena. É uma panqueca feita de massa de mandioca.

**Bobó de camarão** – Teve origem na Bahia, mas difundiu-se até o Sudeste. É um prato de camarão refogado, preparado com massa de mandioca cozida.

**Bolinho de chuva** – A massa é feita com ovos, açúcar, farinha de trigo, leite e fermento em pó. Algumas receitas incluem banana. O bolinho é frito e depois polvilhado com açúcar e canela.

**Bolo de rolo** – Um tipo de rocambole formado por camadas finas de pão de ló e recheio de goiabada.

**Bolo-podre** – Embora o nome não seja nada animador, o bolo-podre é uma das delícias da região Norte. É preparado com tapioca, coco e leite.

**Bolo Luís Filipe** – Os portugueses batizavam receitas especiais com nomes próprios ou com nomes de suas famílias. Típico do Ceará, o bolo Luís Filipe leva açúcar, ovos, manteiga, leite de coco, coco ralado, farinha de trigo e queijo de coalho ralado.

**Bolo Sousa Leão** – Durante muito tempo, a receita foi guardada a sete chaves pela família pernambucana Sousa Leão. Hoje sabe-se que leva mandioca e coco.

**Brigadeiro** – Foi criado no Brasil logo depois da Segunda Guerra Mundial. Era quase impossível conseguir leite fresco, ovos, amêndoas e açúcar para os doces. Alguém descobriu que a mistura de leite condensado com chocolate dava um doce gostoso. O nome foi uma homenagem ao brigadeiro Eduardo Gomes, político e candidato à Presidência.

🧁 🧁 🧁 🧁 🧁 🧁 🧁 🧁 🧁 🧁

**Buchada de bode** – As vísceras do bode são lavadas, aferventadas, cortadas, temperadas e cozidas durante horas no próprio bucho (estômago) do animal. Prato típico do Rio Grande do Norte. Veja receita na página 123.

**Cabidela** – É a galinha ao molho pardo, preparada com o sangue da ave.

**Caldeirada** – Peixe cozido em grande quantidade de água, temperado com cebola, tomate, pimentão e cheiro-verde.

**Caldo verde** – Sopa portuguesa que foi trazida pela família real e se tornou um prato típico do Rio de Janeiro. Leva couve, batata, paio, sal e pimenta-do-reino.

**Canjica** – Milho amassado e aferventado, com adição ou não de açúcar e leite.

**Carne louca** – Lagarto bovino fatiado, previamente temperado com tomate, pimentão, cebola, azeitona, molho inglês, azeite e sal.

**Carne-seca** – Por volta de 1700, os fazendeiros da Paraíba e do Rio Grande do Norte tinham carne em excesso para vender. Seus concorrentes do Ceará pensaram numa maneira de oferecer um produto diferenciado. Começaram a preparar a carne em mantas conservadas em sal; desse modo, ela resistiria a viagens longas. Também pode ser chamada de carne de sol, carne de vento, carne do sertão e jabá. No Rio Grande do Sul, é conhecida como charque.

**Caruru** – Delícia da culinária baiana que leva quiabo, camarão e farinha de mandioca, entre outros ingredientes. A palavra vem do tupi-guarani *cáa-reru* (comida de folhas).

**Casquinha de siri** – Servida numa concha (casquinha). O recheio é um refogado de temperos, azeite e carne de siri. Depois de pronto, é polvilhado com farinha de rosca.

**Chapéu de couro** – Doce típico do Piauí, feito com mamão, rapadura e coco ralado.

**Churrasco** – Carne assada no espeto sobre brasas. No Sul, o rodízio de churrasco é chamado de espeto corrido.

**Cozido** – É uma instituição carioca. Diversos tipos de carne (toucinho, lombo de porco, linguiça, paio, peito), juntamente com abóbora, cenoura, cebola, tomate, vagem, batata e mandioca são cozidos na mesma panela – daí o nome.

**Cuca** – Bolo trazido pelos imigrantes alemães para o Sul do país. Recebe sempre uma cobertura de farofa preparada com manteiga, farinha de trigo e açúcar. Tanto a massa do bolo como a farofa podem ser feitas com várias frutas, como laranja, maçã ou banana.

**Cuscuz** – Em São Paulo, é uma iguaria preparada com farinha de milho e de mandioca, ovo cozido, ervilha, tomate e frango ou sardinha. No Nordeste, a receita é bem diferente: o cuscuz leva tapioca cozida no vapor e pode ser doce (com coco) ou salgado (servido com manteiga).

**Doce de leite** – Leite e açúcar são cozidos lentamente até dar o ponto: mole (para comer com colher), pastoso ou duro (para cortar).

**Empadão goiano** – Torta salgada fartamente recheada de queijo, carne de frango e de porco, guariroba (palmito típico de Goiás) e temperos.

**Feijão verde** – Feijão natural da África que foi trazido ao Brasil pelos escravos. É o acompanhamento mais típico para a carne de sol.

**Feijão-de-azeite** – Prato baiano à base de feijão-fradinho, temperado com azeite de dendê, cebola, sal e camarão moído.

**Feijão-de-corda** – É um tipo de feijão que cresce em trepadeiras (vem daí a expressão "de corda"). Seus grãos são maiores do que os do feijão normal e ele é muito usado em pratos de Minas Gerais, do Nordeste e do interior de São Paulo.

**Feijão-tropeiro** – É preparado com farinha de mandioca e couve. Os acompanhamentos são torresminho e bisteca de porco. Típico de Minas Gerais.

**Feijoada** – Nasceu nas senzalas que abrigavam os escravos no Rio de Janeiro em fins do século XIX. Quando os senhores matavam um porco, os restos indesejados – pés, orelhas, rabo e tripas – eram deixados para os criados. Eles misturavam tudo isso ao feijão durante o cozimento e punham farinha assada por cima antes de comer.

**Furrundu** – Doce de mamão verde, coco e rapadura.

**Galinha de parida** – O cozido de galinha caipira, com pouco tempero, é servido com um pirão de farinha de mandioca. Era o prato dado às mulheres no período pós-parto, daí o "de parida".

**Lambe-lambe** – Prato catarinense feito de mariscos com cascas, cozidos junto com arroz e temperos verdes.

**Manauê** – Bolo de fubá de milho e mel.

**Maniçoba** – Cozido que leva alguns ingredientes da feijoada, folhas de mandioca e goma de tapioca. A folha da mandioca precisa ser cozida por sete dias para perder o veneno. O prato fica com uma cor esverdeada.

**Manteiga de garrafa** – É uma manteiga derretida e engarrafada, para ser usada como tempero. Quando começa a se solidificar, é preciso pôr a garrafa numa vasilha de água quente para que seu conteúdo derreta.

**Maria-isabel** – Prato típico do Piauí. É um arroz misturado com pedacinhos de carne-seca.

**Maxixada** – Carne de sol temperada, picadinha, misturada com maxixe (primo do pepino) e servida com farinha de tapioca.

**Mexido** – No Rio Grande do Sul, é o feijão ou a carne picada que se faz na panela, com farinha de mandioca.

**Mocotó** – Prato preparado com as patas do boi.

**Moqueca** – A moqueca capixaba leva postas de badejo, pargo ou robalo, mais um molho de azeite de oliva, cebolinha verde, cebola e tomate. O óleo de urucum dá a cor vermelha e o toque indígena ao prato. Deve ser preparada numa panela de barro. Já a moqueca baiana troca o óleo de urucum pelo leite de coco ou pelo azeite de dendê.

**Moqueca de mapé** – Mapé é um marisco bem pequeno, do litoral baiano. Os pescadores garantem que ele é afrodisíaco. No Pará, o prato correspondente é a Moqueca de aviú, feita com um camarão bem pequeno.

**Muçuã** – Nome de um aperitivo típico do Pará. Era feito com a carne de uma tartaruga chamada muçuã. Como a tartaruga corria risco de extinção, hoje a receita é preparada com músculo de boi e servida em casquinha de caranguejo.

**Munguzá** – Espécie de mingau de milho e leite de coco, perfumado com cravo e canela.

**Não-me-toque** – Doce de goma de tapioca, leite de coco e açúcar, que se desmancha facilmente.

**Paçoca de pilão** – Carne de sol batida no pilão com farinha de milho, e servida com arroz, feijão verde e mandioca. Típica do Rio Grande do Norte.

**Paçoca de pinhão** – Carne desfiada com pinhão cozido e moído, refogados com toucinho e temperos verdes. Feita na região serrana de Santa Catarina.

**Paçoquinha** – A versão doce da paçoca de pilão leva amendoim moído, açúcar e manteiga bem misturados. É típica dos festejos juninos.

**Pamonha** – A receita foi trazida pelos escravos africanos. Junta-se milho ralado com leite e açúcar, o que dá um caldo grosso. A pamonha é acomodada na própria palha do milho, em forma de saquinho. Os goianos gostam da pamonha em versão salgada, recheada com queijo ou linguiça.

**Pão de queijo** – Iguaria mineira criada no século XVIII. A tradicional receita leva leite, ovos, queijo de minas curado e ralado, além de polvilho, que é a farinha feita da parte nobre da mandioca.

**Pato no tucupi** – É considerado um prato de festas (Natal, Páscoa e Círio de Nazaré) na Região Norte. O pato é assado e servido com tucupi (sumo da mandioca-brava ou da mandioca amarela). O toque especial fica por conta do jambu (planta também conhecida como nhambu ou agrião-do--pará) cozido, cuja principal característica é a leve dormência que provoca nos lábios. Pode vir acompanhado de arroz e farinha-d'água (Pará) ou farinha do arini (Amazonas).

**Pé de moleque** – Doce feito com rapadura e amendoins inteiros. Depois de frio, é cortado em losangos. Servido nas Festas Juninas do interior paulista.

**Pirarucu de casaca** – Prato amazônico que mistura o pirarucu, desfiado, com azeitonas, ovos cozidos e banana frita, sempre acompanhado de frutas regionais, como o cupuaçu. Pode ser preparado também com surubim ou tucunaré.

**Puchero** – Sopão gaúcho com muitos legumes e verduras, carne com osso, ossos com tutano e rabada.

**Queijadinha** – Apesar do nome, esse doce não leva queijo. Ele é feito com coco.

**Queijo coalho** – O coalho é a parte do estômago da ovelha ou da cabra que se retira e se usa para coalhar o leite.

**Quibebe** – Pirão de abóbora, temperado com cebola e salsa picada.

**Quindim** – Herança portuguesa, o doce foi adotado pelas baianas, e vendido em seus tabuleiros. É feito com gemas, coco e açúcar, e assado em banho-maria.

**Rabada** – É preparada com rabo de boi, mais tempero verde, tomate, pimentão, pedacinhos de mamão, vinagre e suco de limão.

**Revirado cuiabano** – Carne picadinha com molho.

**Romeu e Julieta** – Doce que mistura goiabada e queijo fresco.

**Roupa-velha** – Típico do Rio Grande do Sul, o prato é feito com charque desfiado, cebola picada, e farinha de mandioca para engrossar.

**Sarapatel** – A receita é preparada com tripas e miúdos cozidos de porco, aos quais se acrescenta o sangue do suíno na hora de servir.

**Sarrabulho** – Variação do sarapatel em que o sangue e os miúdos cozidos de porco são misturados com temperos verdes e fervidos num caldeirão com água. Um bom punhado de farinha acompanha o prato na hora de servir. O nome veio de Portugal e foi adotado pelos maranhenses.

**Sopa de piranha** – Prato da Região Centro-Oeste. As piranhas são cozidas em água com suco de limão, vinagre e sal. Depois, as espinhas são retiradas e a carne é desfiada. Acrescentam-se o azeite, o alho, a cebola, o pimentão e o caldo. A sopa é engrossada com farinha de mandioca.

**Sururu** – Espécie de molusco muito apreciado em todo o Nordeste. É usado em vários pratos, mas também pode ser comido cru, com limão e sal.

**Tacacá** – Sopa de goma de mandioca, temperada com tucupi, camarão e uma planta chamada jambu. O prato, típico da Região Norte, é servido em cuia, como manda a tradição indígena.

**Tapioca** – É feita com goma de mandioca, coco ralado e queijo. Pode ser acompanhada de manteiga ou queijo coalho assado.

**Topada** – Picadinho cearense de carne-seca e arroz da terra.

**Torta capixaba** – É, na verdade, uma "reunião" de moquecas. O recheio consiste em peixes e frutos do mar (caranguejo, siri, ostra, sururu, camarão e peixes), que depois são colocados numa vasilha de barro, cobertos por ovos batidos e levados ao forno para assar. No início, o prato era feito na Sexta--Feira Santa, mas acabou conquistando os habitantes do Espírito Santo nos outros dias do ano também.

**Tubalhau** – O prato típico de Fernando de Noronha. É feito com carne de 13 espécies de tubarão. Costuma ser servido apenas cozido ou em forma de bolinhos com macaxeira.

**Tutu à mineira** – Originário da culinária de Minas Gerais, o nome vem do quimbundo (*kitutu*) e significa "feijão cozido, refogado e engrossado com farinha de mandioca ou de milho e com linguiça". Em São Paulo, recebeu o nome de virado paulista. Integrou o menu do último almoço de d. Pedro I (1798-1834) antes de ele proclamar a nossa Independência.

**Vaca atolada** – Ensopado de costela de boi com mandioca em pedaços. Leva uma série de temperos e é um prato típico da cozinha mineira.

**Vatapá** – Existem várias versões. De modo geral, o vatapá baiano é preparado com leite de coco e camarão, e temperado com sal, cebola e pimenta. O amendoim dá um toque especial. A farinha utilizada no vatapá pode ser de trigo, de flor de milho ou de pó de arroz.

**Xinxim de galinha** – Guisado de galinha, com sal, cebola e alho ralados, que leva ainda azeite de dendê e camarões secos, amendoim e castanha de caju moídos.

## CALORIAS

| | | |
|---|---|---|
| Acarajé | 1 unidade | 450 cal |
| Baião de dois | 100 g | 140 cal |
| Barreado | 100 g | 280 cal |
| Buchada de bode | 100 g | 200 cal |
| Cabidela | 100 g | 182 cal |
| Camarão na moranga | 300 g | 187 cal |
| Canja | 100 g | 59 cal |
| Carne de sol | 100 g | 513 cal |
| Caruru | 100 g | 270 cal |
| Casquinha de siri | 1 unidade | 100 cal |
| Cuscuz | 100 g | 206 cal |
| Feijão verde | 100 g | 172 cal |
| Feijão-tropeiro | 100 g | 186 cal |
| Feijoada | 100 g | 248 cal |
| Frango à passarinho | 100 g | 250 cal |
| Frango com quiabo | 100 g | 131 cal |
| Mandioca frita | 100 g | 232 cal |
| Milho verde cozido | 1 espiga | 108 cal |
| Munguzá | 100 g | 100 cal |
| Pão de queijo | 1 unidade | 210 cal |
| Pato no tucupi | 100 g | 290 cal |
| Sarapatel | 100 g | 177 cal |
| Tapioca | 100 g | 293 cal |
| Tutu à mineira | 100 g | 277 cal |
| Vatapá | 100 g | 126 cal |
| Virado paulista | 1 prato | 1.300 cal |
| Xinxim de galinha | 100 g | 385 cal |

## Doces

| | | |
|---|---|---|
| Bananada | 100 g | 296 cal |
| Brigadeiro | 1 unidade | 53 cal |
| Canjica | 100 g | 120 cal |
| Cocada | 100 g | 369 cal |
| Curau | 100 g | 132 cal |
| Doce de abóbora | 100 g | 406 cal |
| Doce de leite | 100 g | 316 cal |
| Goiabada | 100 g | 249 cal |
| Maria-mole | 100 g | 375 cal |
| Paçoca | 1 unidade | 125 cal |
| Pamonha | 100 g | 132 cal |
| Pé de moleque | 1 unidade | 83 cal |
| Queijadinha | 100 g | 326 cal |
| Quindim | 1 unidade | 190 cal |
| Sagu | 100 g | 150 cal |

## Bebidas

| | | |
|---|---|---|
| Cachaça | 1 dose | 116 cal |
| Caipirinha | 200 ml | 230 cal |
| Guaraná | 200 ml | 31 cal |
| Quentão | 200 ml | 245 cal |

Fonte: S. T. Philippi; S. C. Szarfarc; A. R. Latterza; *Virtual nutri* (software), versão 1.0 for Windows; Departamento de Nutrição da Faculdade de Saúde Pública da Universidade de São Paulo, 1996.

## ACEITA UMA BEBIDA?

**Aluá (ou Aruá)** – Bebida fermentada de cascas de abacaxi, milho ou arroz. É feita com 2 litros de água em recipiente de barro, 200 gramas de cascas, uma rapadura de 250 gramas e 80 gramas de gengibre picadinho. Após três a cinco dias de fermentação, coar e servir. No século XIX, a bebida era vendida por ex-escravas nas ruas.

**Café** – O café é originário da África e chegou à América no século XVIII. Os franceses iniciaram plantações na Guiana. A saída de sementes do país era proibida. Naquela época, quem tivesse maior controle sobre uma cultura poderia estabelecer seu monopólio comercial. Até que um sargento paraense chamado Francisco de Melo Palheta foi enviado à Guiana para resolver uma questão diplomática. Na volta, ele deveria contrabandear mudas de café para o Brasil. Palheta cumpriu as duas missões. Os franceses reconheceram as fronteiras brasileiras e ele, depois de seduzir a esposa de um governador, conseguiu algumas sementes, trazendo-as para cá no bolso. O café passou a ser cultivado no Norte do Brasil em 1722 e espalhou-se pelas demais regiões.

**Capeta** – Em 1988, Édson Teixeira, dono do Bar Jazzmania, em Arraial d'Ajuda (BA), andava muito cansado. Um amigo sugeriu que ele tomasse guaraná em pó. Teixeira dissolveu o guaraná em água e não gostou do resultado. Tentou então substituir a água por aguardente e, aí sim, aprovou. Certa vez, Teixeira ficou resfriado e se recusava a tomar qualquer medicamento. Sua mulher adicionou mel e suco de limão ao seu "remédio" sem que ele soubesse. Um cliente do bar acabou experimentando a mistura, gostou, e espalhou a novidade: "Essa bebida é do capeta!". Foi assim que nasceu o Capeta, bebida típica da região de Porto Seguro (BA). Hoje a receita leva guaraná em pó, leite condensado, canela, groselha, abacaxi, vodca e gelo.

◆ A propósito, Porto Seguro é pródiga em novos drinques com nomes curiosos. No Carnaval de 1999, um dos mais consumidos foi apelidado de Monica Lewinsky, a estagiária que viveu um tórrido relacionamento com o presidente americano Bill Clinton. A bebida leva catuaba, conhaque, amendoim, leite condensado e outros segredos. Foi criada por Liamara dos Santos. "A bebida é como a Monica. Primeiro levanta, depois derruba."

◆ Havia também o Superviagra (mel, cacau, cravo, canela, guaraná em pó e cachaça) e o Guaraná Axé (guaraná em pó, refrigerante sabor guaraná, leite condensado, limão e gelo).

**Cauim** – É sagrado para os índios, que o consomem em cerimônias festivas ou religiosas. As índias preparavam bebidas de baixo teor alcoólico e sabor adocicado. Elas mascavam as frutas ou os cereais e a seguir cuspiam a pasta numa panela de barro, com água pela metade, colocada no fogo. Deixavam a mistura fermentar por alguns dias. Depois retiravam a borra e guardavam o líquido em potes de barro.

**Chimarrão** – Mate amargo, sem açúcar, que se toma numa cuia por uma bomba de metal. Soldados espanhóis chegaram à foz do rio Paraguai em 1536 e fundaram a cidade de Assunção. Com saudade de casa e das mulheres, eles tomavam porres homéricos. E, no dia seguinte, naturalmente, acordavam com uma ressaca terrível. Até que os militares perceberam que a ressaca sumia depois que bebiam um estranho chá de ervas preparado pelos índios guaranis. Era o chimarrão. Nas margens do rio havia taquaras, que eles cortavam em forma de copo. A bomba de chimarrão que se conhece hoje também era feita com um pequeno canudo dessas taquaras.

> ### A LÍNGUA DO CHIMARRÃO
>
> **A vida é como o mate: cura cevando.**
> É vivendo que se aprende.
>
> **Andar com cara de mate fervido.**
> Andar sem graça, triste.
>
> **Andar de canjo aceso.**
> Fazer qualquer coisa para arrumar um namorado.
>
> **Aquentar água para outro tomar mate.**
> Preparar um negócio para outra pessoa colher os lucros.
>
> **Como o mate do João Cardoso.**
> Expressão usada para algo que nunca acontece.
>
> **Fulano anda tomando mate com rapadura.**
> Fulano anda muito feliz.
>
> **Mate pra estribo.**
> É o último mate com que se brinda um visitante que está pronto para ir embora.
>
> **Primeiro os encargos, depois os amargos.**
> Primeiro as obrigações, depois o prazer.

**Garapa** – É o nome dado ao sumo da cana-de-açúcar, que chegou ao Brasil em 1553 pelas mãos de Martim Afonso de Sousa. Ele também implantou o primeiro engenho de açúcar em São Paulo. O Brasil é o maior produtor de cana do planeta. Dos 13 milhões de hectares de plantações no mundo, 4,5 milhões estão em território nacional. Isso significa cerca de 8% da área cultivada do país.

**Jacuba** – Leite com farinha de mandioca.

**Meladinha** – Cachaça com mel de abelha.

**Mujangué** – Ovo batido com farinha e açúcar. É bastante apreciada no Acre.

**Netuno** – Conhaque de caju, muito popular na Bahia.

**Pau de índio** – É a bebida do Carnaval de Olinda. Mistura secreta de dezenas de ervas, cascas de árvores e cachaça. Dizem que tem poder afrodisíaco.

**Quentão** – Aguardente de cana com açúcar, que leva ainda gengibre e canela. É servida bem quente, em especial na época das Festas Juninas.

**Tiquira** – Nome de uma aguardente feita de mandioca no Maranhão.

**Xiboquinha** – Bebida típica do Forró Jovem, a xiboquinha reúne pinga, cravo, canela, limão, gengibre e ervas. Pura ou com gelo, pode ser misturada a bebidas gasosas acompanhadas de fatias de limão ou de laranja. Foi inspirada no drinque Schepöken, criado por um alemão radicalizado no Brasil no início do século. Hans Wolfgang Mehster (esse era seu nome) adaptou a receita original, que antes era feita de aguardente de frutas e cereais, e adicionou ervas e especiarias. Um auxiliar de Mehster passou a vender o produto no litoral capixaba na década de 1960. A bebida começou a se popularizar entre os jovens no fim dos anos 1990.

**Cachaça** – Na Europa do século XVII uma bebida nova fez grande sucesso: era o rum, trazido da Jamaica. Consistia na fermentação e destilação do mel da cana-de-açúcar. Os portugueses já faziam uma bebida utilizando borra de vinho, mas decidiram aproveitar o mel de cana, abundante por aqui. A ideia era ter uma bebida própria também de cana-de-açúcar, para competir com o rum. Nascia assim a cachaça, conhecida ainda como garopa e jeribita. No início, a cachaça era a bebida do brasileiro pobre. Mas logo conquistou todas as classes sociais.

### UMA BEBIDA DE MUITOS NOMES

| | | |
|---|---|---|
| Água que passarinho não bebe | Homeopatia | Quebra-goela |
| Aguardente | Junça | Retrós |
| Aguarrás | Maçangana | Sipia |
| Amansa-corno | Mamãe de aluana | Teimosa |
| Azuladinha | Mamãe-sacode | Tira-teimas |
| Azulzinha | Mandureba | Zuninga |
| Borbulhante | Manjopina | |
| Branquinha | Mata-bicho | |
| Canha | Mé | |
| Caxixi | Meladinha | |
| Dengosa | Miscorete | |
| Engasga-gato | Patrícia | |
| Filha de senhor de engenho | Perigosa | |
| Gás | Pindaíba | |
| | Pinga | |
| | Porongo | |

◆ A cidade de Sabará (MG) promove o Festival da Cachaça no mês de junho.

**Água de coco** – A água de coco é rica em minerais como sódio e potássio. Deve ser tomada logo depois de se abrir a fruta. No Brasil, consomem-se anualmente 90 milhões de cocos. A polpa do coco faz bem para o estômago e para o intestino graças à sua quantidade de fibras.

◆ Um coqueiro vive sessenta anos e gera um cacho com cerca de 15 cocos todo mês. Os coqueiros têm, em média, 30 metros de altura.

**Calorias**
Água de coco (100 ml) – 18,1 cal
Polpa de coco (100 g) – 589,8 cal

**COMO ABRIR UM COCO**
Não é nada complicado. O único cuidado que se deve tomar antes de abrir a fruta é retirar de seu interior toda a água – nunca a desperdice, pois é altamente nutritiva. Para isso, faça dois furos no coco, sempre naqueles "olhinhos" escuros, onde a casca é bem mais mole. Um saca-rolhas de canivete cumpre bem essa tarefa. Depois de retirada a água, basta abrir o coco ao meio, batendo nele com um facão ou batendo-o contra algo bem duro – uma pedra, por exemplo.

**Cerveja** – Boicotada pelos portugueses, que viam na bebida um forte concorrente para o real vinho da Metrópole, a cerveja só começou a aparecer no início do século XIX, no reinado de d. João VI, por iniciativa dos ingleses, que a importavam. Já no final do século, surgiam nossas duas primeiras cervejarias: em 1888, foi fundada a Brahma e, em 1891, a Antarctica, respectivamente a sexta e a quinta cervejarias mais antigas do mundo.

## VOCÊ JÁ COMEU FORMIGA?

A içá (formiga mestra do formigueiro) tem cerca de 30% de gordura e 15% de proteína. Prato comum entre os índios e adotado sobretudo pelos habitantes do Vale do Paraíba, no interior de São Paulo, ela é consumida pura ou com farinha. Uma das brincadeiras das crianças é justamente caçar a içá durante suas revoadas de acasalamento. O escritor Monteiro Lobato era um apreciador da formiga e comparava seu gosto ao do caviar (prato típico da Rússia, feito de ovas de esturjão).

> **RECEITA DE IÇÁ**
> Ferver apenas o bumbum das formigas por cerca de 30 minutos. Depois de escorrê-las, levar ao fogo com gordura, mexendo sempre, até torrar. Em seguida, polvilhar com farinha de mandioca ou de trigo.

## QUER COMER UM CACETINHO?

O pão de 50 gramas é vendido em qualquer padaria brasileira. Pãozinho francês é seu nome mais comum. Um levantamento da agência de publicidade Propeg, porém, registrou 19 denominações diferentes para o mesmo pãozinho nas cinco regiões do país. Uma placa oferecendo "um cacetinho para começar bem o dia" seria recebida com naturalidade num bar do Nordeste, mas causaria espanto no Sudeste ou no Centro-Oeste. Já uma que dissesse "café, só com um carequinha" seria compreendida de imediato por um cidadão do Norte e não significaria absolutamente nada para os brasileiros do resto do país.

> **Esses são todos os nomes do pãozinho:**
>
> | | | |
> |---|---|---|
> | Bengala | Filãozinho ou filão | Pãozinho de 50 gramas |
> | Broa | Francesinho | Português |
> | Brotinho | Mamão | Pão de massa grossa |
> | Cacetinho | Massa-fina | Pão de sal |
> | Carequinha ou careca | Média | Pão de trigo |
> | Carioquinha ou carioca | Pão d'água | Pão francês |

◆ Os brasileiros consomem 750 mil toneladas de pão por ano.

# FRUTAS

◆ Novembro de 1768. Numa expedição ilegal, um grupo de cientistas ingleses, a bordo do navio *Endeavour*, embrenha-se num trecho da Mata Atlântica próximo à cidade do Rio de Janeiro, em busca de plantas e animais exóticos. Eles conseguiram levar grande quantidade de sementes de laranja, melão, limão e lima, que seriam mais tarde plantadas no Taiti.

◆ Fruta nativa, a jabuticaba foi chamada pelos tupis de *iapoti'kaba*, que quer dizer "frutas em botão", numa referência a sua forma arredondada.

◆ Por que a fruta-do-conde tem esse nome? A fruta foi trazida das Antilhas em 1692 pelo conde de Miranda, na época governador da Bahia. Daí a origem do nome. Também é chamada de ata ou pinha.

◆ O açaí, típico do Pará, é uma frutinha roxa, do tamanho de uma bola de gude, que dá numa palmeira das várzeas do baixo Amazonas. Tem alto teor calórico, e é rica em ferro, fósforo, cálcio, potássio, vitaminas $B_1$ e $B_2$. Na Região Norte, a receita preferida leva a polpa pura com açúcar a gosto. O toque especial é polvilhar tudo com farinha de tapioca. Uma tigela dessas tem em torno de 1.500 calorias. No Sul, os consumidores diluem 200 gramas de açaí em $1/2$ xícara de granola, 1 colher (sopa) de mel, 1 colher (sopa) de xarope de guaraná e 1 banana média.

◆ O que é chichá? Uma frutinha da caatinga do Nordeste. Essa noz brasileira da família do cacau é boa fonte de proteínas e de fósforo. O chichá engorda bem menos do que outras nozes.

◆ Em 1918, durante a epidemia de gripe espanhola no Rio de Janeiro, o limão passou a ser disputadíssimo, a ponto de seu preço alcançar cifras astronômicas.

◆ O sapotizeiro fornece a goma para a fabricação do chiclete. Segundo a medicina popular, o sapoti tem sementes milagrosas: elas ajudam a dissolver cálculos renais e ainda abrem o apetite.

◆ Um pé de abacaxi pode atingir 80 centímetros de altura e produz 20 quilos de fruta por ano. Seu nome vem da palavra guarani *ibacati*, que significa "fruta cheirosa".

◆ Um cajueiro demora quatro anos para começar a dar frutos. A média é de 100 a 150 quilos de caju por ano.

◆ Os primeiros figos apareceram no Brasil entre 1910 e 1920 na região de Poços de Caldas (MG).

◆ Um cacho de banana pode pesar entre 5 e 40 quilos.

◆ *Jenipapo* em tupi-guarani significa "fruta que serve para pintar". Os índios usavam o suco da fruta para pintar o corpo. A tinta permanecia por vários dias e ainda os protegia contra os insetos.

◆ A graviola é uma fruta bem grande. Algumas chegam a pesar 3 quilos. Ela tem outros dois nomes: coração-de-índio e jaca-do-pará.

◆ O cajá é uma fruta bastante popular na Região Nordeste. Mas, no Amazonas, ele tem outro nome: tapereba.

◆ A castanha-do-pará é indicada no tratamento de pessoas desnutridas por seu alto valor nutritivo: 17% de sua composição é pura proteína. Rica em fósforo, cálcio e vitamina B, ela é recomendada também para mulheres que amamentam. Duas castanhas têm o mesmo valor nutritivo de um ovo.

◆ Existem aproximadamente 312 frutas nativas no Brasil. Apesar disso, algumas das mais tradicionais, como a banana e a laranja, não nasceram por aqui. A banana é originária do Sudeste Asiático e a laranja é chinesa.

Entre as centenas de frutas brasileiras, existem algumas com nomes bastante exóticos:

Banana-de-macaco (*Porcelia macrocarpa*)
Castanha-de-galinha (*Couepia longipendula*)
Falsa-saborosa (*Epiphyllum phyllanthus*)
Mané-velho (*Bactris ferruginea*)
Marmelada-de-cavalo (*Alibertia edulis*)
Sete-capotes (*Campomanesia guazumifolia*)
Sombra-de-touro (*Acanthosyris spinescens*)

# TESTE
## As três frutas falsas

O Brasil é um país riquíssimo em frutas. Veja a relação abaixo e descubra os três nomes que não designam frutas:

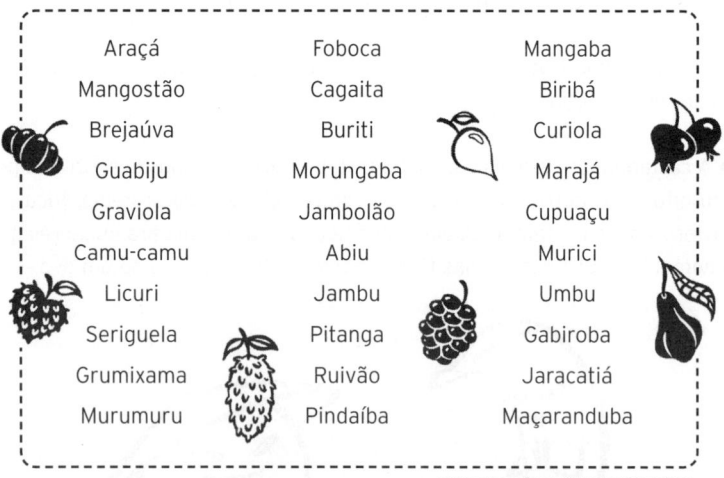

| | | |
|---|---|---|
| Araçá | Foboca | Mangaba |
| Mangostão | Cagaita | Biribá |
| Brejaúva | Buriti | Curiola |
| Guabiju | Morungaba | Marajá |
| Graviola | Jambolão | Cupuaçu |
| Camu-camu | Abiu | Murici |
| Licuri | Jambu | Umbu |
| Seriguela | Pitanga | Gabiroba |
| Grumixama | Ruivão | Jaracatiá |
| Murumuru | Pindaíba | Maçaranduba |

Resposta: foboca, morungaba e ruivão.

**O que significa a expressão "chorar as pitangas"?**
O nome pitanga vem de *pyrang*, que, em tupi, quer dizer "vermelho". Portanto, a expressão significa "chorar muito, até o olho ficar vermelho".

# Mandioca

Quando Pedro Álvares Cabral chegou ao Brasil, a mandioca já era um dos principais alimentos de nossos índios. Ela é originária do Nordeste e das regiões centrais do país. O Brasil é o maior produtor mundial de mandioca. Existem dois tipos:

◆ A mandioca-doce, também chamada de aipim ou macaxeira, é usada na alimentação. Depois de cozida em água e sal, ela está pronta para ser consumida. Pode servir de ingrediente para bolos, pães e salgadinhos. Sua farinha é insubstituível em receitas típicas brasileiras, como o tutu à mineira e os pirões de peixe. Na hora da compra, espete a unha na mandioca. A melhor é aquela que pode ser perfurada com facilidade.

◆ A mandioca-brava ou amarga é usada na produção de polvilho ou de farinha. Ela tem uma quantidade de ácido cianídrico, um veneno, maior que a mandioca-doce. Provoca náuseas, vômitos e sonolência. Se a pessoa não for tratada logo, pode morrer. Enquanto se elimina essa substância tóxica da mandioca-doce por meio do cozimento, a amarga precisa das altas temperaturas industriais para eliminar seu veneno. Não há como distinguir uma da outra. É preciso ser especialista.

A mandioca é de origem brasileira. Outras raízes e tubérculos que fazem sucesso em nossa mesa vieram de outras partes do mundo. A batata-doce, por exemplo, era cultivada no Peru e no México antes de Cristóvão Colombo aportar na América. O inhame era plantado no Egito há mais de 4 mil anos. A mandioquinha, que não é parente da mandioca e sim da cenoura, foi trazida das regiões andinas, o mesmo berço das batatas. O cará, que já existia no Brasil na época do descobrimento, é originário da América Central.

### A LENDA DE MANDI

Segundo a lenda indígena, um casal de índios esperou por muito tempo a chegada de uma filha mulher. Quando ela nasceu, recebeu o nome de Mandi, que significa "branca", por ter a pele muito clara. Um belo dia, Mandi ficou gravemente doente e morreu, apesar de todos os esforços da tribo em salvá-la. Os pais resolveram enterrá-la no centro de uma oca para que pudessem estar sempre perto de seu corpo. Despejaram tantas lágrimas sobre o túmulo da menina que nasceu ali uma planta. Sua raiz era clara como a pele de Mandi. Por isso, a novidade foi batizada de Mandioca.

> **Você sabia que...**
> ... no século XVII, a mistura de feijão com farinha de mandioca era mais popular que arroz com feijão?

## Galinhas e ovos

◆ As primeiras galinhas chegaram ao Brasil em 1532. Foram trazidas por Martim Afonso de Sousa para a capitania de São Vicente.

◆ As granjas brasileiras produzem 13,6 bilhões de ovos por ano.

### O QUE É UM OVO CAIPIRA?

Enquanto o ovo caipira é fecundado e pode dar origem a uma nova ave, o ovo de granja é estéril. As galinhas de granja vivem isoladas em pequenas gaiolas, em galpões dotados de tecnologia especial para aumentar a produção. Já as caipiras têm vida mais livre e recebem alimentação variada, como ração balanceada e capim. O ovo caipira apresenta um tom amarelo mais forte e bonito porque contém 50% a mais de carotenoides, substâncias que previnem o envelhecimento precoce das células.

### CALORIAS DOS OVOS

| | |
|---|---|
| Codorna ........... 161 cal | Pata ............ 188 cal |
| Galinha .......... 163 cal | Perua ........... 171 cal |
| Gansa ............ 185 cal | Tracajá-fêmea .... 222 cal |

## Aonde a vaca vai

O Brasil possui hoje o segundo maior rebanho bovino do mundo, com 180 milhões de cabeças. Perde apenas para a Índia, que tem 282 milhões. Mas, como na Índia não se abatem vacas por motivos religiosos, é o Brasil que conta com o maior rebanho comercial. Vêm depois a China (139 milhões), os Estados Unidos (97 milhões) e a União Europeia (89 milhões). O consumo *per capita* de carne bovina entre os brasileiros é também um dos dez maiores do mundo: 36,6 quilos por ano, contra 23 quilos de frango e 9 quilos de carne suína. Os americanos, para efeito de comparação, consomem anualmente 44 quilos de carne bovina.

Em segundo lugar ficam os suínos, com 34,5 milhões de cabeças; em terceiro, os ovinos, com 20 milhões, e em quarto, os caprinos, com 12 milhões. Os equinos não se destacam pela quantidade: são apenas 6,3 milhões. Seguem-se os muares, com 2 milhões, e os asininos, com 1,5 milhão. Os bufalinos, metade dos quais se encontra na região Norte, já chegam a 1,5 milhão.

| Calorias de carnes comuns (100 g) | |
|---|---|
| Boi | 225 cal |
| Frango | 246 cal |
| Porco | 276 cal |

### Calorias de espécies selvagens (100 g)

| | |
|---|---|
| Avestruz | 97 cal |
| Capivara | 135 cal |
| Cateto | 147 cal |
| Cervo | 126 cal |
| Jacaré | 108 cal |
| Javali | 126 cal |
| Perdiz | 118 cal |
| Queixada | 147 cal |
| Rã | 88 cal |
| Tartaruga | 82 cal |

## Doenças animalescas

**GRIPE AVIÁRIA**

A doença causada pelo vírus *Influenza H5N1* apareceu pela primeira vez em Hong Kong, em 1997. A gripe foi chamada de "aviária" porque o contágio se dava pelo contato direto com aves afetadas. A gripe aviária não é transmitida de pessoa para pessoa ou através da ingestão de carne de frango. Em 2003, um surto da doença no sudeste da Ásia matou pelo menos 246 pessoas.

**GRIPE SUÍNA**

Isolado pela primeira vez na década de 1930, o vírus da atual gripe suína é o *Influenza A (H1N1)*. As formas de transmissão da gripe suína acontecem por via aérea, de pessoa para pessoa. De acordo com a Organização Mundial de Saúde, cerca de 6.250 pessoas morreram em 206 países em consequência da doença, em 2009.

**MAL DA VACA LOUCA**

O nome técnico da doença é Encefalopatia Espongiforme Bovina (EEB). O mal da vaca louca é uma doença neurológica transmissível, caracterizada pela degeneração esponjosa do cérebro. Uma das causas apontadas para a doença é a alimentação do gado com ração de origem animal.

# 9

Nunca usei bombacha, não gosto
de chimarrão e nem de me lembrar da
última vez que subi num cavalo.
Aliás, o cavalo também não gosta.

LUÍS FERNANDO VERÍSSIMO
(1936-), escritor

## Folclore

# PEQUENO DICIONÁRIO DO FOLCLORE

**Auto dos Quilombos** – Encenação dramática feita em diferentes datas religiosas, frequentemente no Natal, em estados do Nordeste. Com danças e cânticos, procura-se reconstituir os quilombos, núcleos povoados por escravos fugitivos no século XVII. São representadas duas guerrilhas: uma de índios, outra de negros aquilombados. Levam-se os negros, vencidos, em folia pelas ruas, onde são vendidos ou trocados por balas e doces.

**Axé** – A palavra é muito usada pelas pessoas que moram na Bahia para desejar boa sorte. Ela surgiu do próprio folclore baiano, mas suas raízes estão na África. Axé é cada um dos objetos sagrados do orixá (divindade africana) – pedras, ferros, recipientes etc. – que ficam no peji (santuário) das casas de candomblé (religião dos negros iorubas, grupo sudanês da África Ocidental). Isso significa que o axé é uma energia positiva que permite que todas as coisas existam.

**Banda de pífaros** – Conjunto instrumental de percussão e sopro, com destaque para os tocadores de pífaros (flautins de madeira com seis buracos, que produzem som estridente). A banda executa marchas e valsas nas cerimônias religiosas e nas procissões rurais pelos sertões do Nordeste.

**Boi de mamão** – É a versão do Bumba meu boi em Santa Catarina. Os personagens são o Boi malhado (dois homens sob a armação), o vaqueiro Mateus, Urubu, Cavalinho, Cabra, Feiticeiro e Bernúncia (um animal fantástico). O boi é derrubado por Mateus e bicado pelo Urubu. O Feiticeiro vem benzê-lo, com danças, chocalho, reco-reco e pandeiros. No final acontece a dança da Bernúncia, movimentada sob armação.

**Bom Jesus dos Navegantes** – Festa realizada em Salvador, no primeiro dia do ano. A imagem de Cristo, em embarcação ornamentada e acompanhada por centenas de outras, cruza a baía de Todos os Santos.

> No Brasil, o Dia do Folclore é comemorado em 22 de agosto.

**Bumba meu boi** – Teatro popular, com danças e desafio, que se originou no Nordeste e se disseminou pelo país. O público forma uma roda em volta dos intérpretes. A encenação conta a história da grávida Catirina, que tem um desejo estranho: comer a língua do boi mais bonito que existe. Seu marido, Francisco, rouba o boi do patrão e, com a ajuda de um menino, corta-lhe a língua. O fazendeiro descobre tudo e manda os índios prendê-lo. Chamado pelo povo, um curandeiro vem em seu socorro e o ensina a ressuscitar o boi. Outros nomes do Bumba meu boi são: Calemba e Bumbá (PE), Boi de reis (AM, PA e MA), Três pedaços (AL), Folguedo, Reis de boi (Cabo Frio, RJ).

**Caboclinhos** – Dançarinos usando vistosos cocares de penas de avestruz e de pavão, saias e adereços, fazem uma série de evoluções. A manifestação, de origem indígena, não tem enredo específico e, no interior paulista, apresenta uma variedade chamada Caiapós. No Carnaval de Pernambuco há também a evolução das tribos de caboclinhos. Com fantasias e estandartes, eles contam a glória de seus antepassados.

**Capelinha** – Grupo de pessoas enfeitadas com grinaldas de folhagens que vão cantar de casa em casa em troca de doces na época de São João. O refrão das músicas é sempre o mesmo: "Capelinha de melão/ É de São João./ É de cravo, é de rosa,/ É de manjericão".

**Cavalhada** – Encenação que lembra o tempo das Cruzadas. Os personagens são Roldão e Oliveiros. Roldão é líder da coluna de cavaleiros de faixa vermelha; Oliveiros, líder dos de faixa azul. Os dois grupos desfilam, disputam corridas e o jogo das argolinhas: o cavaleiro, a galope, trata de acertar com sua lança uma argolinha pendente de um arco ou de um poste. É uma cena típica de lutas medievais.

**Chegança** – Evoca a luta entre cristãos e mouros durante a Idade Média. Ao abordar um navio cristão, os mouros são derrotados e batizados. Essa encenação acontece no Nordeste, na época do Natal.

**Congada** – No Dia de São Benedito, 26 de dezembro, os negros comemoram a coroação de um rei do Congo (Congo se refere aos negros bantos e sudaneses). A encenação, originária da África e da Península Ibérica, tem três atos: 1º) o casal real vai à igreja para receber o manto e a coroa, cerimônia seguida de desfile com danças, cantos, acrobacias, simulação de guerra e banquete; 2º) chegada de uma missão diplomática estrangeira com declaração de guerra, e há luta; 3º) bailados de guerra para evocar a rainha Njinga Nbandi (Angola), que morreu em 1663 resistindo à invasão portuguesa na África. As congadas mais conhecidas são as da Lapa (PR), as de algumas cidades de Santa Catarina e as das antigas regiões do ouro de Minas Gerais. Na Paraíba, elas são realizadas na primeira semana de outubro, em homenagem a Nossa Senhora do Rosário, padroeira dos negros.

**Corpus Christi** – Dia santo de celebração do corpo de Cristo e feriado nacional. Em muitas cidades, enfeitam-se as faixas centrais das ruas com figuras coloridas da liturgia católica feitas de flores, plantas, folhagens, serragem, pó de café e areia. Florianópolis (SC), Cabo Frio e Petrópolis (RJ), Matão, Ibitinga e São Manuel (SP) destacam-se por ornamentações esmeradas.

**Divino Espírito Santo** – Celebra a descida do Espírito Santo sobre os apóstolos, com missa cantada, procissão, quermesse, cavalhada e comilanças, sob as ordens do Imperador do Divino, que é escolhido anualmente pela comunidade e pode ser um adulto ou um menino. A festa é precedida pela Folia do Divino: um grupo de músicos-cantores, paramentado de branco e enfeitado com laçarotes coloridos, percorre durante meses as fazendas e vilas arrecadando dinheiro e prendas para sustentar a festa. Levam consigo a bandeira encarnada do Divino, cujo mastro é guardado por uma pomba, que representa o Espírito Santo. O prato típico da festa é o afogado, feito com acém, toucinho fresco picado, couro de porco afervendado no sal e outros temperos.

**Fandango** – Também recebe o nome de Marujada, no Norte e no Nordeste. No período do Natal, personagens vestidos de marinheiros cantam e dançam ao som de instrumentos de corda. No Sul, é festa típica dos caboclos e pescadores do litoral paranaense. Trata-se de cerca de trinta danças rurais regionais divididas em dois grupos: as batidas, exclusivas para homens, marcadas por sapateado forte e barulhento, e as valsadas ou bailadas, nas quais os casais arrastam os pés no chão.

**Farra do Boi** – Misto de tourada e malhação de Judas, que antes acontecia somente na Semana Santa nas cidades do litoral catarinense, se tornou um programa semanal. Todo sábado, centenas de moradores de Florianópolis e municípios vizinhos saem às ruas atrás de um boi. A multidão persegue o animal com pedras e pedaços de pau, quebra seus chifres, torce-lhe o rabo e o tortura durante horas. Quando já não oferece resistência, o boi é sacrificado e sua carne repartida entre os farristas. Essa brincadeira de mau gosto, herdada dos imigrantes açorianos que colonizaram o litoral de Santa Catarina no século XVIII, ganhou novos inimigos nos últimos tempos. Grupos ecológicos protestaram e a Farra do Boi foi proibida, apesar de continuar a ser realizada clandestinamente.

**Festa da Uva** – Imigrantes italianos começaram a chegar ao Rio Grande do Sul em 1875. Eles trouxeram mudas de videiras e desenvolveram o setor vinícola. Foi por isso que se decidiu fazer uma exposição de uvas em Caxias do Sul. A primeira Festa da Uva aconteceu em 7 de março de 1931. Durou apenas um dia. No ano seguinte, o evento cresceu. Houve até desfiles de carros alegóricos, puxados por carros de bois, no centro da cidade. Em 1933, a Festa da Uva passou a escolher sua rainha. Adélia Eberle ganhou o primeiro concurso, com 5.934 votos, ficando os outros 5.500 divididos entre as demais candidatas.

**Festa de Iemanjá** – Realiza-se na madrugada do primeiro dia do ano no Sul e no Sudeste, e no dia 2 de fevereiro em Salvador. Homenageia Iemanjá, "rainha das águas e sereia do mar", principal orixá feminino do candomblé, mãe de Xangô, Iansã e Oxóssi. Oferendas como flores, perfumes, espelhos e sabonetes são postas em barcos e jangadas. A entrega é feita no mar. A festa foi trazida pelos escravos africanos no início do século XVII. A tradição diz que Iemanjá aparece rodeada por espuma para apanhar os presentes.

**Festa do Camarão de Muaná** – Acontece na ilha de Marajó (PA), no último fim de semana de maio, em um enorme tablado de madeira, com conjuntos tocando ao vivo, dança, e pratos de camarão e copos de cerveja correndo das barraquinhas para as mesas.

**Festa do Pescador** – É realizada no dia 29 de junho em Fernando de Noronha. Os participantes têm direito a peixada, cachaça e forró, além de assistirem a uma procissão de barcos que acompanha a imagem de São Pedro, padroeiro dos pescadores. Outra festa popular ali é a que se faz em homenagem a Nossa Senhora dos Remédios, no dia 29 de agosto. São quatro dias de quermesse em frente à igreja.

**Festa do Sairé** – A cidade de Alter do Chão, a 30 quilômetros de Santarém (PA), foi o berço dos índios borarís. Eles é que criaram essa festa, para reproduzir o ritual de boas-vindas aos portugueses, que chegaram no século XVI. São quatro dias de comemoração no mês de setembro. Para receber quase 60 mil turistas, a prefeitura construiu a praça do Sairé, apelidada pela população de Sairódromo.

**Festa dos Navegantes** – Tem lugar em Porto Alegre, no dia 2 de fevereiro. A caminhada inicia-se na igreja do Rosário, no centro da cidade, e vai até a igreja dos Navegantes, às margens do rio Guaíba. No final da manhã, há uma missa campal no largo em frente, durante a qual os fiéis recebem as bênçãos da santa protetora dos navegantes e padroeira da cidade. A tradição, de 1871, veio junto com os imigrantes portugueses que se estabeleceram na capital do Rio Grande do Sul. Ao longo de sua história, a procissão sempre foi fluvial; porém, a partir de 1988, por razões de segurança, passou a acontecer em terra. A cidade de Laguna (SC) também comemora a data.

**Festival de Inverno** – Evento de música erudita que se realiza todo ano, no mês de julho, em Campos do Jordão (SP), desde 1970. O sucesso dos concertos foi tão grande que se construiu o Auditório Campos do Jordão, inaugurado em 12 de julho de 1979, especialmente para o evento.

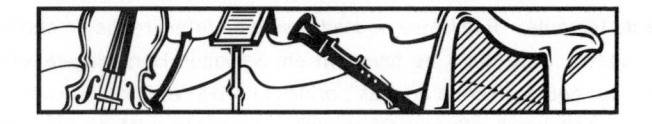

**Festival do Folclore** – No segundo domingo de agosto, a cidade de Olímpia (SP) abre o mais importante Festival do Folclore no Brasil. Durante uma semana, apresentam-se cerca de cinquenta grupos de todo o país.

**Festival Nacional da Mentira** – O Festival Nacional da Mentira é realizado, desde 1982, na cidade de Nova Bréscia (RS). O primeiro aconteceu no dia 22 de maio e contou com vinte candidatos. O vencedor foi José Calvi, do município vizinho de Encantado, com a seguinte mentira:
"Um dia, uma porca chamada Redemona fugiu de casa e o velho mandou que seus 27 filhos a procurassem. Nós a achamos perto do mato.
De início, achávamos que era uma enorme pedra, mas vimos que era uma grande abóbora e, dentro dela, estava a porca com 27 leitões mamando: a porca se alimentava da abóbora e amamentava os leitões.
Quando a porca viu os rapazes, começou a rolar e a abóbora foi cair perto de uma estrumeira. Com o baque, abriu um buraco no chão. O veterinário explicou que perto do buraco havia um pé de mandioca com 17 metros de altura.
Pois não é que os leitões foram comendo a raiz da mandioca e o pai entrou no buraco à procura dos leitões e desapareceu?
Sabe quando encontramos o velho?
Depois de três meses a imprensa nos informou que ele tinha aparecido nas ilhas Malvinas".

**Folia de Reis** – É um auto popular natalino que relembra a visita dos três Reis Magos ao Menino Jesus. Homens fantasiados de reis saem em cortejos pelas ruas das cidades do interior. Eles param nas casas que têm presépios para cantar, dançar e abençoar a família com uma bandeira representando a divulgação da notícia do nascimento de Jesus. Suas visitas às casas, onde ganham ceia ou café, são feitas só à noite. A festa vai de 24 de dezembro a 2 de fevereiro, embora o Dia de Reis seja comemorado em 6 de janeiro.

**Lapinha** – Grupo de pessoas reunido diante de um presépio para cantar músicas natalinas na noite de Natal, simbolizando a visita dos Reis Magos ao Menino Jesus. É uma tradição que remonta a Portugal do século XIII.

**Mamulengo** – Teatro popular de fantoches do Nordeste. A tradição começou no século XVI em Olinda (PE). Os manipuladores de bonecos faziam encenações em presépios. Hoje, os bonecos interpretam cenas do cotidiano do homem sofrido da região. Os mamulengueiros não escrevem as peças; os diálogos são improvisados durante a apresentação e vão se alterando de acordo com a reação do público. Em dezembro de 1996, foi inaugurado em Olinda o Teatro Mamulengo Só-Riso, o primeiro construído especialmente para esse tipo de fantoche.

**Maracatu** – Folguedo de origem afro-brasileira. O **Maracatu Nação** (ou de Baque Virado) foi inspirado nas coroações de reis negros, a exemplo das congadas. Era festejado no Dia de Reis e depois passou para o Carnaval. Os blocos saem pelas ruas, divididos em alas que representam nações africanas. Instrumentistas com tambores, chocalhos, agogôs, acompanham o grupo, que é aberto por duas negras trazendo os calungas (bonecos) do príncipe d. Henrique e da princesa dona Clara. O **Maracatu Rural** (ou de Baque Solto) surgiu na metade do século XIX e tem forte presença na região rural de Pernambuco. Na época do Carnaval, seus integrantes fazem peregrinações pelas cidades vizinhas e realizam um grande encontro dos maracatus no Recife.

A palavra *maracatu* deriva-se de uma senha para anunciar a chegada dos policiais que vinham reprimir a brincadeira a mando dos donos de engenhos. Essa senha consistia em toques de tambores que emitiam quatro vezes o som "maracatu". Na linguagem popular, o termo é empregado para expressar confusão, bagunça ou algo fora de ordem.

**Marujada** – Dança de mulheres, que formam duas colunas, comandadas pela capitoa e subcapitoa. As colunas caminham com passos ligeiros e curtos, voltando-se para a direita e para a esquerda. Os homens fazem apenas o acompanhamento musical, com viola, rabeca, violino, tambor, cavaquinho. As mulheres usam blusa branca rendada, chapéu emplumado, contas e medalhas, fitas coloridas e saias compridas rodadas, nas cores azul, encarnado ou branco. A festa vai do Natal ao primeiro dia do ano.

**Natal de Luz** – É um espetáculo que acontece em Curitiba desde 1991. Das 116 janelas do Palácio Avenida, sede do banco HSBC, um coral de 136 crianças carentes, com idades entre 8 e 13 anos, interpreta músicas natalinas e clássicos da Música Popular Brasileira (MPB).

**Nossa Senhora Aparecida** – O dia 12 de outubro é feriado nacional desde 1980. A data é dedicada a Nossa Senhora Aparecida, padroeira do Brasil. A cidade de Aparecida (SP) atrai romeiros para missas, procissão e visita à basílica.

**Nossa Senhora das Dores** – Juazeiro do Norte (CE) tem duas grandes romarias anuais: a de Nossa Senhora das Dores, padroeira da cidade, na segunda semana de setembro, e a do Padre Cícero Romão Batista, nos dias 1º e 2 de novembro.

**Páscoa** - O coelho e o ovo de Páscoa chegaram ao Brasil com os imigrantes alemães, em 1913. Na madrugada da quinta para a Sexta-Feira Santa, Goiás Velho (GO) faz uma festa bastante tradicional. Todas as luzes da cidade são apagadas. Homens encapuzados, representando soldados romanos, carregam tochas numa marcha que lembra a caminhada de Jesus pelas ruas de Jerusalém, antes da crucificação.

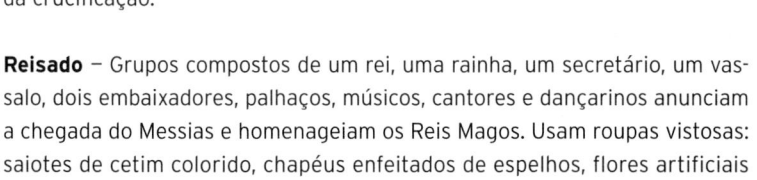

**Reisado** – Grupos compostos de um rei, uma rainha, um secretário, um vassalo, dois embaixadores, palhaços, músicos, cantores e dançarinos anunciam a chegada do Messias e homenageiam os Reis Magos. Usam roupas vistosas: saiotes de cetim colorido, chapéus enfeitados de espelhos, flores artificiais e fitas.

**Repente** – Cantores nordestinos discutem por meio de versos, criativos e improvisados. Os autores desses versos são chamados repentistas.

**São Genaro** – Desde 1973, no mês de setembro, a cidade de São Paulo presta uma homenagem ao padroeiro de Nápoles, na Itália. A colônia italiana do bairro da Mooca comemora com uma procissão, missa, músicas e danças típicas na rua, em torno de barraquinhas com comidas. Outra festa que os italianos realizam, esta desde o início do século, é a de Nossa Senhora Achiropita, devoção dos imigrantes da Calábria. Acontece em agosto, na rua principal do bairro da Bela Vista.

**Taieiras** – Grupo de canto e dança formado por mulheres vestidas de baianas que acompanham procissões e festejos em homenagem a São Benedito, no mês de janeiro.

**Terno de Reis** – Trio de cantores-dançarinos devidamente fantasiados que visita casas de amigos no período que vai do Natal ao Dia de Reis, tocando pistão, bombardino e clarinete.

**Vaquejada** – Nesse folguedo, o vaqueiro deve dar prova de habilidade e força ao perseguir o touro a cavalo e procurar derrubá-lo agarrando sua cauda. Esse gesto chama-se mucica ou saiada. Quando o animal cai, diz-se que "o mocotó passou". Se o vaqueiro não consegue derrubá-lo, é vaiado estrondosamente e diz-se que "botou o boi no mato". Os participantes competem em dupla. A cada três bichos dominados, o público festeja com fogos e gritos. A vaquejada foi criada pelos homens que reuniam o gado no campo no final do inverno para castrá-lo, pôr-lhe ferradura ou curar suas feridas. A mais famosa é a de Orós (CE).

**Varrição** – É uma cerimônia que faz parte das festas de São Benedito (PA). Os festeiros saem em grupo e batem de casa em casa pedindo cabeças de porco, toucinho, fressuras e mocotó, para consumir durante a comemoração. Após o banquete, realiza-se um baile em que se dançam coreografias típicas, como o carimbó. A festa acontece de 21 de dezembro a 6 de janeiro.

# AS MAIORES FESTAS

## 1. CÍRIO DE NAZARÉ
♦ Procissão realizada em Belém, no segundo domingo de outubro, desde 1793. Sua história está ligada ao lenhador Plácido José de Sousa. Por volta de 1700, ele achou uma imagem de 30 centímetros de Nossa Senhora de Nazaré num matagal nos arredores de Belém e decidiu levá-la para casa. Mas a estátua teria voltado ao local onde fora encontrada.

♦ A festa começa 15 dias antes. Imagens da santa passam pelas casas dos fiéis em novenas. Na manhã de sábado, uma procissão de barcos percorre 30 quilômetros da baía do Guajará seguindo uma imagem de Nossa Senhora de Nazaré, que é carregada pela primeira embarcação. No mesmo dia, acontece a tradicional feira de brinquedos de miriti (madeira de uma palmeira da região). A grande procissão do domingo relembra o caminho de Nossa Senhora até seu local de origem, onde foi construída a basílica. Cerca de 1,5 milhão de romeiros acompanham o cortejo, muitos tentando segurar um pedaço dos 420 metros da corda que cerca o oratório.

♦ Os paraenses dão ao Círio de Nazaré importância equivalente à do Natal. Preparam ceia com pratos típicos (pato no tucupi, maniçoba, tacacá e açaí) e trocam presentes; os trabalhadores costumam receber gratificação.

## 2. DRAMA DA PAIXÃO
♦ O espetáculo da cidade teatro de Nova Jerusalém foi criado em 1951, quando os proprietários de um hotel em Brejo da Madre de Deus (PE) imaginaram que encenar a Paixão seria uma boa maneira de atrair hóspedes na Semana Santa. O governo do estado bancou a construção dos cenários, numa área de 70 mil metros quadrados apresentada como o "maior teatro a céu aberto do mundo". Tem uma muralha de 3 metros de altura, 70 torres de 7 metros, palácios, templos e edifícios de granito. São sessenta cenas sobre o martírio e a morte de Cristo, das quais participam mais de quinhentos intérpretes.

♦ Em 1992, o casal Letícia Sabatella e Ângelo Antônio, no auge do prestígio por causa da novela *O dono do mundo*, esteve em Nova Jerusalém. Letícia encarnou Verônica, personagem bíblica que limpa o rosto de Jesus Cristo a caminho da cruz. Ângelo Antônio vestiu a roupa de um dos apóstolos. A partir daí, atores globais passaram a fazer parte do elenco do espetáculo. Em 1997, Fábio Assunção tornou-se Jesus, e Silvia Pfeifer, a Virgem Maria. Em 1999, Miguel Fallabela fez o papel de Pôncio Pilatos.

## 3. FESTA DO PEÃO DE BOIADEIRO

♦ Rodeios, no estilo dos americanos, tornaram-se cada vez mais populares nos últimos anos, em especial no interior paulista. Têm origem nas viagens de boiadeiros, que levavam gado para corte ou para invernada. A maior e mais antiga Festa do Peão de Boiadeiro acontece em Barretos (SP). Em 1913, o primeiro frigorífico da América Latina se instalou na cidade, atraindo para o abate boiadas de São Paulo, Mato Grosso, Goiás e Minas Gerais. A grande quantidade de peões reunida no lugar, sem nenhum tipo de lazer, originou desafios, como os rodeios, que passaram a fazer parte da rotina de Barretos. No ano de 1955, um grupo de rapazes da cidade criou o clube Os Independentes, que idealizava festividades para homenagear as raízes populares, artísticas e culturais da região, com a intenção de gerar recursos para obras de caridade. No ano seguinte, eles realizaram a primeira Festa do Peão de Boiadeiro.

♦ Na década de 1980, foi construído o Estádio Uebe Rezek, cujo projeto leva a assinatura de Oscar Niemeyer, dentro de um parque com 1 milhão de metros quadrados. Só a arena, em formato de ferradura, tem capacidade para abrigar 35 mil pessoas sentadas. É o maior estádio de rodeio do mundo.

♦ A Festa do Peão de Boiadeiro é a segunda maior do gênero, só perdendo para a de Las Vegas (Estados Unidos). Trata-se também da única competição do circuito mundial de rodeio de touros que acontece fora de um país de língua inglesa.

## Dicionário do peão

**Abeia braba** – peão que não consegue ficar em cima do animal
**Apelo** – falta cometida pelo peão durante a montaria
**Barreira** – fita que marca o início da prova
**Barrigueira** – parte da sela que envolve a barriga do cavalo
**Brete** – cercado onde o animal (boi ou cavalo) permanece antes de entrar na arena
**Cabeceiro** – peão de primeiro time
**Carote** – tonel de madeira onde se guarda a cachaça
**Cernelha** – parte do cavalo, entre a crina e o dorso, que define o tamanho do animal
**Coité** – copinho de cabaça para pinga ou café
**Crioulo** – estilo de montaria sem sela, típica dos gaúchos, em que o peão agarra a crina do cavalo
**Dirrubada** – rodeio muito ruim
**Escorpião de bolso** – peão pão-duro
**Faiado** – caubói de araque
**Fantasma** – peão que assusta os adversários mas não é de nada
**Hoje a banana vai comer o macaco** – a coisa está boa
**Lagarta no algodão** – expressão usada nos momentos de risco para o peão
**Mala de louco** – peão que consegue ficar em cima do animal mas sem qualquer estilo
**Manta** – pedaço bem grosso de carne
**Peia** – corda usada para amarrar o bezerro ou boi no chão
**Pezeiro** – peão que laça os pés do animal
**Sedém (ou "sedenho")** – espécie de corda atada na virilha dos cavalos para fazê-los pular mais
**Tralha** – a roupa do peão

## 4. FESTA JUNINA

♦ Na Europa antiga, bem antes do descobrimento do Brasil, já aconteciam festas populares no mês de junho, as quais marcavam o início da colheita. Nelas, ofereciam-se comidas, bebidas e animais aos vários deuses em que o povo acreditava. As pessoas dançavam e faziam fogueiras para espantar os maus espíritos. Tais celebrações coincidiam com a festa em que a Igreja Católica comemorava a data do nascimento de São João, um anunciador da vinda de Cristo. Como o catolicismo ganhava cada vez mais adeptos, nesses festejos acabou se homenageando também São João. É por isso que no início as festas eram chamadas de joaninas, e os primeiros países a comemorá-las foram França, Itália, Espanha e Portugal.

♦ Os jesuítas portugueses é que trouxeram os festejos joaninos para o Brasil. As festas de Santo Antônio e de São Pedro só começaram a ser comemoradas mais tarde, mas como também aconteciam em junho, passaram a ser chamadas de juninas.

♦ As mais tradicionais festas juninas do Brasil acontecem em Campina Grande (PB) e Caruaru (PE). Para cobrir os 134 quilômetros que separam o Recife de Caruaru, existe o Trem do Forró. Nos vagões, cantadores regionais, sanfoneiros e artistas divertem o público durante todo o trajeto.

## OS SANTOS DAS FESTAS

### Santo Antônio (13 de junho)
Santo Antônio é chamado de santo casamenteiro. Muitas pessoas fazem promessas a ele para conseguir se casar. Dizem até que algumas mulheres colocam a imagem do santo de cabeça para baixo: é uma forma de forçá-lo a arranjar um marido para elas o mais rápido possível. Santo Antônio foi um padre que viveu no século XII e morreu muito jovem.

---

**Superstições para Santo Antônio**

Corte a tampa de uma maçã vermelha e retire o miolo. Escreva o nome do amado em um papel, coloque-o dentro da maçã e cubra-o com uma colherada de mel. Feche a maçã com a tampa e amarre-a com uma fita de cetim vermelha. Faça o pedido a Santo Antônio e guarde a maçã até ela apodrecer.

Ponha uma imagem pequena de Santo Antônio num saquinho de tecido. Mantenha-a presa à sua roupa (com um alfinete) durante três dias.

Essa é para mulheres que já tentaram de tudo: corte três palmos de fita branca e amarre em uma imagem de Santo Antônio. Depois leve a imagem para o seu quarto e peça ao santo que lhe arrume um marido.

## São João (24 de junho)
São João era filho de Isabel, prima de Maria (mãe de Jesus). De acordo com a Igreja Católica, foi por milagre que ela e Zacarias, já com idade avançada, geraram um filho. Quando adulto, São João preparou a vinda de Cristo e batizou-o no rio Jordão.

## São Pedro (29 de junho)
São Pedro tem as chaves do céu. Como foi um dos pescadores que se tornou discípulo de Jesus, é o santo padroeiro dos pescadores. Dizem que foi viúvo; então ele é também o santo cultuado pelas viúvas. São Pedro é conhecido como o fundador da Igreja Católica, o primeiro papa. Jesus teria dito: "Tu és Pedro [pedra] e sobre esta pedra construirei minha igreja".

## O ARRAIAL
O espaço onde têm lugar todos os festejos do período é chamado de arraial ou, segundo o modo de falar do homem do campo (o caipira), "arraiá". Geralmente é decorado com bandeirinhas de papel colorido, balões e palha de coqueiro. Nos arraiais acontecem as quadrilhas, os forrós (bailes), leilões, bingos e os casamentos caipiras.

## A DANÇA DOS CASAIS
A quadrilha é uma dança de pares, de origem francesa, introduzida no Brasil em 1808 pela corte portuguesa, que se instalou no Rio de Janeiro. A formação tem de 8 a 12 casais. Em geral é acompanhada por instrumentos típicos da época, como sanfona, triângulo e zabumba. O ritmo alegre foi incorporado pelas populações rurais e hoje ela é dança obrigatória nas festas juninas. Só que a marcação das suas evoluções, que nos salões era pronunciada em francês, ganhou um sabor bem matuto, como "Caminho da roça" e "Olha a onça", inspirando-se no dia a dia do campo.

## PUXADA DO MASTRO

Cerimônia de levantamento do mastro de São João, com banda e foguetório. Além da bandeira de São João, o mastro pode ter as de Santo Antônio e São Pedro, muitas vezes com frutas, fitas de papel e flores penduradas. O ritual tem origem em cultos pagãos, comemorativos da fertilidade da terra, que eram realizados no solstício de verão, na Europa.

> **Fique ligado!**
> A tradição diz que os balões levam os pedidos dos homens até São João. Acontece que soltar balões pode causar incêndios. Por isso, a brincadeira virou crime em 1965, segundo o artigo 26 do Código Florestal. Também está no artigo 28 da Lei das Contravenções Penais, de 1941. Quem for apanhado soltando balões pode ir para a cadeia.

## 5. FESTIVAL DE PARINTINS

O Festival Folclórico de Parintins tem lugar desde 1913 na ilha de Tupinambarana, no rio Amazonas, a 420 quilômetros de Manaus, mas só virou atração turística no início dos anos 1990. Ele é anual e se realiza nos dias 28, 29 e 30 de junho. Trata-se de uma mistura do bumba meu boi com lendas indígenas. Cerca de 35 mil pessoas lotam o Bumbódromo – passarela em forma de boi – para ver o desfile dos blocos Boi Garantido, que veste roupas vermelhas, e Boi Caprichoso, cujas roupas são azuis. A torcida fica separada e é proibida de vaiar os adversários. Os cantores, em vez de roupas coloridas, usam penas e cocares.

**Como foi que surgiram os nomes Garantido e Caprichoso?**
O poeta Emídio Vieira se apaixonou pela mulher do repentista Lindolfo Monteverde. Emídio resolveu fazer um desafio: "Se cuide que este ano eu vou caprichar no meu boi". Monteverde retrucou: "Pois caprique no seu que eu garanto o meu". O confronto chamou tanto a atenção que os bois menores foram desaparecendo e apenas os dois ficaram.

## O glossário da festa

**Amo do boi** – repentista que entoa o enredo tradicional da festa
**Batucada** – músicos do Boi Garantido
**Contrário** – o simpatizante de determinado boi nunca pronuncia o nome do boi adversário; este sempre é o "contrário"
**Cunhã poranga** – moça bonita, que é a rainha da festa
**Galera** – torcidas organizadas dos bumbás (blocos)
**Marujada** – músicos do Boi Caprichoso
**Treme-treme** – instrumento de percussão
**Tripa** – é o brincante que fica embaixo do boi e o movimenta; são 20 quilos de fibra de vidro, espuma, vidro e isopor

### Os campeões (a partir de 1980)

| Ano | Campeão | Ano | Campeão |
|---|---|---|---|
| 1980 | Garantido | 1995 | Caprichoso |
| 1981 | Garantido | 1996 | Caprichoso |
| 1982 | Garantido | 1997 | Garantido |
| 1983 | Garantido | 1998 | Garantido |
| 1984 | Garantido | 1999 | Garantido |
| 1985 | Caprichoso | 2000 | Caprichoso/ Garantido |
| 1986 | Garantido | 2001 | Garantido |
| 1987 | Caprichoso | 2002 | Garantido |
| 1988 | Garantido | 2003 | Caprichoso |
| 1989 | Garantido | 2004 | Garantido |
| 1990 | Caprichoso | 2005 | Garantido |
| 1991 | Garantido | 2006 | Garantido |
| 1992 | Caprichoso | 2007 | Caprichoso |
| 1993 | Garantido | 2008 | Caprichoso |
| 1994 | Caprichoso | 2009 | Garantido |
|  |  | 2010 | Caprichoso |

## 6. LAVAGEM DO BONFIM

♦ É o maior evento popular de Salvador antes do Carnaval. A lavagem realiza-se desde o ano de inauguração da igreja, 1754, e seu significado histórico remonta aos tempos coloniais, quando os senhores, integrantes da Irmandade da Igreja do Bonfim, ordenavam que os escravos fizessem uma grande faxina no templo, preparando-o para os festejos solenes do segundo domingo após o Dia de Reis.

♦ Todo ano, o cortejo de quinhentas baianas que abre a festa é acompanhado por mais de sessenta blocos carnavalescos, com instrumentos de percussão e sopro, num trajeto de 8 quilômetros entre a cidade baixa e a igreja. As baianas vestem-se de branco: é a cor de Oxalá, divindade do candomblé associada ao Senhor do Bonfim. Elas representam os terreiros de candomblé de Salvador e levam na cabeça jarras de água com flores. Como manda a tradição, seguida desde o começo do século XIX, é com essa água perfumada que as escadarias da igreja do Bonfim devem ser lavadas.

♦ Com o passar dos anos, a festa popularizou-se e transformou-se num grande carnaval, o que desagradou à Arquidiocese de Salvador. Por isso, ela mantém as portas da igreja fechadas durante a lavagem.

### Quem inventou as fitinhas de Nosso Senhor do Bonfim?

A "medida" é uma fita que representa o comprimento de uma imagem, da cabeça aos pés. Serve de amuleto e varia de acordo com o santo. A medida de Santa Luzia, por exemplo, é usada para curar doenças dos olhos. A de São Roque, para curar feridas. A fita do Senhor do Bonfim, que apareceu pela primeira vez em 1809, representa o comprimento da chaga do peito à chaga da mão esquerda do Senhor do Bonfim. As medidas eram vendidas nas festas religiosas, por pessoas autorizadas, em benefício ao santo homenageado.

A maneira tradicional de usar a fita é pendurá-la no pescoço. Amarrá-la no pulso com três nós foi inovação dos turistas.

## 7. OKTOBERFEST

♦ A Oktoberfest, a maior e mais conhecida festa popular da Alemanha, nasceu em 1811. Tudo começou com uma corrida de cavalos em homenagem ao casamento do príncipe-herdeiro Ludwig da Baviera com a princesa Therese von Sachsen--Hildburghausen. O príncipe decidiu compartilhar sua alegria e deu uma festa para o povo. O evento fez tanto sucesso que passou a ser realizado anualmente e virou tradição em Munique. Hoje, a festa já é imitada em diversas cidades do mundo. No Brasil, ela foi promovida pela primeira vez no ano de 1983 em Blumenau (SC), a maior cidade brasileira de colonização alemã. A ideia era ajudar na reconstrução da cidade, castigada por uma enchente do rio Itajaí-Açu.

♦ Além da Oktoberfest de Blumenau, o estado de Santa Catarina promove outras sete festas no mês de outubro, para manter as tradições de seus imigrantes alemães, açorianos, austríacos, poloneses e italianos. Todas juntas atraem 2 milhões de pessoas. Em 2009, as 731.934 pessoas consumiram 450.514 litros de cerveja.

**Polski Festyn**
Cidade: São Bento do Sul

**Schutzenfest**
Cidade: Jaraguá do Sul

**Fenachopp**
Cidade: Joinville

**Tirolerfest**
Cidade: Treze Tílias

**Marejada**
Cidade: Itajaí

**Oktoberfest**
Cidade: Itapiranga

**Fenarreco**
Cidade: Brusque

## CURIOSIDADES

♦ Bierwagen é o nome do caminhão de chope que percorre as ruas durante a Oktoberfest distribuindo muitos litros do precioso líquido. A quantidade de bebida varia em cada edição da festa. O recorde de consumo da festa, em Blumenau, por exemplo, foi de 774.672 litros (o suficiente para encher quase 26 piscinas de 30 mil litros), em 1990.

♦ No campeonato Chope em dúzia, o desafio é entornar, no menor espaço de tempo possível, 600 mililitros de chope distribuídos em 12 copos tulipa.

♦ Submarino é o nome que se dá a um cálice de steinhäger imerso em uma caneca de chope.

♦ Nas festas, o marreco é servido à moda antiga: com repolho roxo, e recheado de miúdos, carne moída e farinha de rosca.

♦ A cerimônia do quebra-gelo é outra tradição. Quatro dias antes da festa, uma garrafa de vodca é congelada em um balde de água. O ritual consiste em liberar a garrafa do gelo, utilizando um machado, e fazer o primeiro brinde do baile.

# CARNAVAL

## A ORIGEM

Na Roma antiga, havia festas para homenagear o deus Saturno; eram as chamadas saturnais. As escolas ficavam fechadas, os escravos eram soltos e as pessoas saíam às ruas para dançar. Carros denominados *carrum navalis*, por serem semelhantes aos navios, levavam homens e mulheres nus em desfile. Muitos dizem que pode ter vindo daí o termo *carnavale*.

## O ENTRUDO

O Carnaval brasileiro é descendente do entrudo português. No século XVII, os foliões se armavam de baldes e latas cheios de água, e todos acabavam molhados. Até d. Pedro II se divertia jogando água nos nobres. Aqui, acontecia antes do início da Quaresma e durava três dias, do domingo até a Terça-Feira Gorda. Com o passar dos anos, a brincadeira foi ficando mais agressiva. Água suja, farinha e talco lambuzavam as roupas dos brincalhões. Limões, laranjas e ovos eram atirados em quem estivesse na rua. Logo surgiu uma lei proibindo o entrudo. Em 1854, um chefe de polícia do Rio de Janeiro determinou que a partir daquela data o entrudo teria que "ser seco para não estragar as roupas mais custosas e cuidadas e não provocar desordens e confusão". O entrudo a seco se transformou no Carnaval.

> No dicionário, entrudar significa "molhar com água", "empoar de goma ou talcos", "fazer peça". Mesmo depois de extinto, o entrudo virou expressão. Quando alguém queria dizer que o outro tinha sido grosseiro, falava apenas: "Parece até que você é da época do entrudo".

## O PRIMEIRO BAILE

O Hotel Itália, no Rio de Janeiro, foi o local escolhido para o primeiro baile de salão. Num recinto fechado, os foliões mais ricos podiam se divertir longe da sujeira dos entrudos. As músicas que animavam o baile foram *habaneras*, valsas e quadrilhas.

## OS CORSOS

Entre 1907 e 1930, as famílias usavam seus carros para se divertir. Montados nos capôs e nas capotas dos veículos, homens e mulheres mascarados e fantasiados se atiravam confetes e serpentinas. Essas carreatas eram chamadas de corsos.

## OS BLOCOS

Em 1848, o sapateiro português José Nogueira de Azevedo Prates, o Zé Pereira, saiu pelas ruas tocando bumbo e várias pessoas se juntaram a ele. Foi assim que surgiram os blocos de rua. Aquele que foi considerado o primeiro desfile de Carnaval ocorreu em 1855. Uma comissão de intelectuais formou um bloco chamado Congresso das Sumidades Carnavalescas. Os participantes foram até o Palácio de São Cristóvão pedir à família real que assistisse ao desfile. D. Pedro II aceitou o convite. A polícia do Rio de Janeiro autorizou o desfile de blocos nas ruas em 1889.

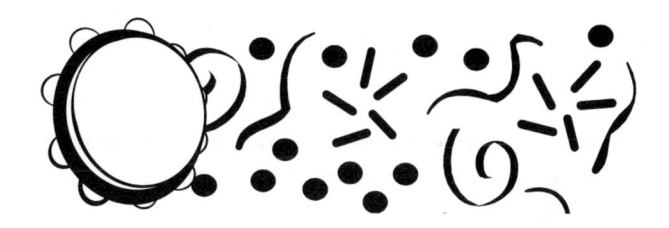

## O SAMBA

Foi no morro da Saúde, a primeira favela carioca, que nasceu o samba. Uma roda de amigos costumava improvisar versos na casa de uma das moradoras do morro, a "tia Ciata" (Hilária Batista de Almeida). Em 6 de agosto de 1916, uma música os entusiasmou; eles a chamaram de *O roceiro*. Depois que a canção foi repetida outras noites, sempre com muito sucesso, Donga, um dos participantes das reuniões, resolveu registrá-la em seu nome, com o título de *Pelo telefone*. Quando ela foi gravada, em 1917, os outros integrantes do grupo – Germano Lopes da Silva, Hilário Jovino Ferreira, João da Mata, Sinhô e tia Ciata – reivindicaram direitos sobre a composição.

## A PRIMEIRA ESCOLA DE SAMBA

Em 1928, o compositor Ismael Silva chamou os principais sambistas do bairro carioca do Estácio. Eles formavam uma roda de samba em frente à antiga Escola Normal. Foi por isso que o grupo se autodenominou escola de samba. Fundada oficialmente em 12 de agosto daquele ano, ela foi batizada de Deixa Falar. Seus integrantes se apresentavam como os "professores do samba".

## OS DESFILES DAS ESCOLAS DE SAMBA

♦ No dia 28 de abril de 1928, sete homens se reuniram na casa de Euclides da Joana Velha para fundar a escola de samba Mangueira. Menos de um ano depois, um desses homens, Zé Espinguela, organizou o primeiro concurso de escolas de samba. O evento aconteceu em 20 de janeiro de 1929, em sua casa, na rua Engenho de Dentro. Como é que os carros alegóricos entraram ali? Calma! Naquele tempo, julgava-se apenas a música e a letra do samba. Participaram a Mangueira, a Portela e a Estácio. O júri era formado por um único membro: o próprio Zé Espinguela. Ele deu a vitória à Portela, cujo samba *Não adianta chorar* era de autoria de Heitor dos Prazeres. No ano de 1930, o desfile das escolas de samba foi para as ruas, e acabou sendo legalizado pela prefeitura do Rio de Janeiro cinco anos mais tarde.

♦ O primeiro desfile com arquibancada aconteceu em 1962, na avenida Rio Branco. Antes, o público alugava caixotes de madeira e ficava na calçada. No ano seguinte, o desfile passou a se realizar na avenida Presidente Vargas.

> **Por que o nome completo da Mangueira é Grêmio Recreativo Escola de Samba Estação Primeira de Mangueira?**
> Mangueira é o nome do morro onde ela foi fundada. Em 1935, o chefe de polícia do Rio de Janeiro, Dulcídio Gonçalves, baixou uma portaria determinando que todas as escolas de samba fossem chamadas de Grêmio Recreativo. Cartola sugeriu as cores verde e rosa, as mesmas do Rancho dos Arrepiados, que acompanhou na infância. Mangueira não era a primeira estação de trem depois da d. Pedro II, como se falou tantas vezes. A primeira era São Cristóvão. Ou Cartola usou a expressão para dizer que Mangueira era a primeira estação a ter samba ou pretendia proclamar que a Mangueira era a líder – a primeira, a melhor – das estações em matéria de samba.

## Confetes e serpentinas

♦ A primeira música composta especialmente para o Carnaval foi a marchinha *Ô abre alas*, de Chiquinha Gonzaga, em 1899.

♦ Vida e morte. Num desfile especial, promovido pelo jornal *A Manhã*, na madrugada de 1º de janeiro de 1950, uma passista da Portela deu à luz uma menina. No desfile das campeãs de 1970, Nair Pequena, integrante da ala das baianas da Mangueira, morreu em plena avenida.

♦ O que significa *Bum bum paticumbum prugurundum*? O título do samba-enredo da Império Serrano é uma expressão criada pelo compositor Ismael Silva que mostra como deve ser a batida do surdo. Com esse samba, a escola foi campeã do Carnaval em 1982.

♦ Em 1969, a Salgueiro anunciou o enredo *Bahia de todos os deuses*. Os torcedores entraram em desespero, pois dizia-se naquela época que enredos sobre a Bahia davam azar. Pior ainda: a escola iria se concentrar do lado direito da igreja da Candelária, o que os sambistas também acreditavam dar azar. As superstições foram por água abaixo. A Salgueiro foi a campeã.

♦ No Carnaval de 1983, a Caprichosos de Pilares desfilou às escuras. Faltou luz durante uma hora. Suas notas não foram computadas e a escola continuou no Grupo Especial. O mesmo aconteceu com a Santa Cruz um ano antes. Depois disso, o regulamento estabeleceu que, no caso de faltar energia elétrica, as escolas devem continuar o desfile. Para as notas valerem, os jurados têm que descer das cabines e permanecer na pista.

♦ Luma de Oliveira desfilou pela primeira vez em 1987 como rainha de bateria da Caprichosos de Pilares e, a partir de então, virou quase uma instituição do Carnaval carioca. Em 1998, a ex-modelo surgiu na avenida com o pescocinho ornado com uma coleira que trazia bordado o nome do marido, Eike Batista. "É para mostrar que tenho dono", explicou. No ano seguinte, Luma brilhou com seus novos seios recheados de silicone.

♦ Dercy Gonçalves causou grande alvoroço em 1991 ao desfilar pela Viradouro com os seios nus. Na época, Dercy estava com 84 anos.

♦ Valéria Valenssa estreou como Mulata Globeleza em 1990 e assumiu o posto até 2005. Ela tem 1,68 metro, 80 centímetros de busto, 90 de quadris e 60 de cintura. O trabalho de aplicação da purpurina que "cobria" seu corpo levava sete horas. Depois disso, Valéria passava 20 horas se requebrando para gravar as vinhetas que iam ao ar.

♦ A bateria de uma escola de samba é formada basicamente por 13 instrumentos de percussão: surdo de primeira marcação, surdo de segunda marcação, surdo de terceira marcação, repique, repinique, caixa de guerra (ou tarol), tamborim, pandeiro, cuíca, reco-reco, agogô, chocalho e apito.

♦ No Carnaval de 1999, Luíza Brunet não perdeu o rebolado. Mesmo grávida de sete meses, foi rainha de bateria da Imperatriz Leopoldinense, a campeã.

♦ Maria da Penha Ferreira, a Pinah, da escola de samba Beija-flor de Nilópolis, ganhou fama internacional em 1978, quando sua ginga conquistou o príncipe Charles, da Inglaterra, levando-o a sambar desajeitadamente ao seu lado.

♦ Às vésperas do Carnaval de 1912, morreu o barão do Rio Branco, ministro das Relações Exteriores. Para homenageá-lo, o governo determinou que o Carnaval fosse adiado para abril. Não adiantou. O povo brincou os dois carnavais. O jornal A *Noite* gozou o episódio: "Com a morte do barão/ Tivemos dois carnavá./ Ai que bom, ai que gostoso,/ Se morresse o marechá". O "marechá", no caso, era o presidente – marechal Hermes da Fonseca.

## Sambódromos

♦ A Passarela do Samba da Marquês de Sapucaí, projetada por Oscar Niemeyer, foi inaugurada em 1984. Tem 85 mil metros quadrados, 650 metros de comprimento e capacidade para 88.500 pessoas.

♦ Manaus também ganhou um suntuoso sambódromo em 1984 (146 mil metros quadrados, pista de 480 metros de comprimento e arquibancadas para 68 mil pessoas). No primeiro desfile, o governo chegou a pagar um cachê de 7 mil dólares para a mulata Valéria Valenssa aparecer como madrinha da Sem Compromisso, escola local. A cobertura do sambódromo manauense desabou em 1994.

♦ Em São Paulo, o sambódromo recebeu o nome de Polo Cultural e Esportivo Grande Otelo. A pista, com 530 metros, foi inaugurada em 1991. A partir daí, o local passou a ganhar arquibancadas. Hoje, acomoda 32.500 pessoas.

> A Cidade do Samba foi inaugurada em 17 de setembro de 2005. O espaço de 130 mil metros quadrados abriga 14 barracões onde ficam instaladas as escolas de samba do grupo especial do Rio de Janeiro. O projeto é uma parceria da prefeitura da cidade do Rio de Janeiro com a Liga Independente das Escolas de Samba (Liesa). A Cidade do Samba custou 100 milhões de reais e demorou dois anos para ser construída. A escolha dos barracões foi feita por ordem de colocação no desfile de 2004. A então campeã Beija-flor foi a primeira a escolher seu barracão (o de número 11).

# Dicionário da folia

**Ala das baianas**
Na década de 1930, era formada por homens que saíam nas laterais das escolas. Eles levavam navalhas presas às pernas para serem usadas em caso de brigas. A ala das baianas, como se conhece agora, só viria a ser criada pela Mangueira nos anos 1960.

**Comissão de frente**
A polícia perseguia os negros e eram inúmeros os casos de prisão por vadiagem nos anos 1930. Para evitar que isso acontecesse durante os desfiles de Carnaval, o compositor mangueirense Cartola sugeriu que os primeiros foliões da escola a entrar na avenida vestissem terno e gravata. A ideia deu certo, e Cartola tinha acabado de criar a comissão de frente.

**Confetes**
Era a munição usada na disputa entre os cordões. Chegaram ao Brasil em 1892. As serpentinas serviram para substituir as flores que eram atiradas para saudar a passagem dos carros alegóricos.

**Desfiles de fantasias**
Inspirados nos bailes de máscaras do Carnaval de Veneza, os desfiles de fantasias do Teatro Municipal do Rio de Janeiro surgiram em 1937. Clóvis Bornay foi o vencedor do primeiro concurso, com a fantasia Príncipe Hindu. Caçula de 12 irmãos, Bornay nasceu em 1916 em Nova Friburgo (RJ). O concurso durou até 1972. O maior adversário de Bornay era o costureiro baiano Evandro de Castro Lima.

**Lança-perfume**
O lança-perfume foi trazido da França em 1906. Era feito com perfume e cloreto de etila. Até o final dos anos 1950, o máximo da ousadia era espirrar um jato gelado nas pernas das moças. Não se sabe quem inventou a moda de cheirá-lo, mas em 1961 o presidente Jânio Quadros proibiu seu uso, porque a substância nele contida estava sendo aspirada como uma droga. Cinco anos depois, o presidente Castelo Branco assinou a lei que bania definitivamente o lança-perfume dos bailes de Carnaval.

**Rei Momo**

O deus zombeteiro, do sonho e da noite, na mitologia grega, virou Rei do Carnaval no Brasil, depois que a Monarquia acabou por aqui. Por isso é que se fala em Reinado de Momo para designar o Carnaval. O primeiro Rei Momo foi instituído pelo jornal carioca *A Noite*, em 1933. O escolhido foi o (magérrimo) compositor Silvio Caldas.

**CARNAVAL DO RIO DE JANEIRO – CAMPEÃS OFICIAIS**

| | |
|---|---|
| 1930 | Mangueira |
| 1931 | (não houve concurso) |
| 1932 | Mangueira (desfile extraoficial) |
| 1933 | Mangueira |
| 1934 | (não houve concurso) |
| 1935 | Vai Como Pode (Portela) |
| 1936 | Unidos da Tijuca |
| 1937 | Vizinha Faladeira |
| 1938 | (não houve concurso) |
| 1939 | Portela |
| 1940 | Mangueira |
| 1941 | Portela |
| 1942 | Portela |
| 1943 | Portela |
| 1944 | Portela |
| 1945 | Portela |
| 1946 | Portela |
| 1947 | Portela |
| 1948 | Império Serrano |
| 1949 | Império Serrano |
| 1949 | Mangueira (desfile extraoficial) |
| 1950 | Império Serrano |
| 1950 | Mangueira (desfile extraoficial) |
| 1951 | Império Serrano |
| 1951 | Portela (desfile extraoficial) |
| 1952 | (não houve concurso) |
| 1953 | Portela |
| 1954 | Mangueira |
| 1955 | Império Serrano |
| 1956 | Império Serrano |
| 1957 | Portela |

| | |
|---|---|
| 1958 | Portela |
| 1959 | Portela |
| 1960 | Império Serrano, Portela, Salgueiro, União da Capela e Mangueira |
| 1961 | Mangueira |
| 1962 | Portela |
| 1963 | Salgueiro |
| 1964 | Portela |
| 1965 | Salgueiro |
| 1966 | Portela |
| 1967 | Mangueira |
| 1968 | Mangueira |
| 1969 | Salgueiro |
| 1970 | Portela |
| 1971 | Salgueiro |
| 1972 | Império Serrano |
| 1973 | Mangueira |
| 1974 | Salgueiro |
| 1975 | Beija-flor |
| 1976 | Beija-flor |
| 1977 | Beija-flor |
| 1978 | Beija-flor |
| 1979 | Mocidade Independente |
| 1980 | Imperatriz Leopoldinense, Portela e Beija-flor |
| 1981 | Imperatriz Leopoldinense |
| 1982 | Império Serrano |
| 1983 | Beija-flor |
| 1984 | Portela (desfile de domingo) e Mangueira (desfile de segunda-feira e supercampeã) |
| 1985 | Mocidade Independente |
| 1986 | Mangueira |
| 1987 | Mangueira |
| 1988 | Unidos da Vila Isabel |
| 1989 | Imperatriz Leopoldinense |
| 1990 | Mocidade Independente |
| 1991 | Mocidade Independente |
| 1992 | Estácio de Sá |
| 1993 | Salgueiro |
| 1994 | Imperatriz Leopoldinense |
| 1995 | Imperatriz Leopoldinense |
| 1996 | Mocidade Independente |
| 1997 | Unidos do Viradouro |
| 1998 | Beija-flor e Mangueira |

| | |
|---|---|
| 1999 | Imperatriz Leopoldinense |
| 2000 | Imperatriz Leopoldinense |
| 2001 | Imperatriz Leopoldinense |
| 2002 | Mangueira |
| 2003 | Beija-flor |
| 2004 | Beija-flor |
| 2005 | Beija-flor |
| 2006 | Vila Isabel |
| 2007 | Beija-flor |
| 2008 | Beija-flor |
| 2009 | Salgueiro |
| 2010 | Unidos da Tijuca |

## AS FICHAS DAS PRINCIPAIS ESCOLAS DO RIO DE JANEIRO

**Acadêmicos do Grande Rio**
**Data de fundação:** 22 de setembro de 1988
**Cores oficiais:** Vermelho, verde e branco
**Cidade:** Duque de Caxias - RJ

**Beija-flor**
**Data de fundação:** 25 de dezembro de 1948
**Cores oficiais:** Branco e azul
**Bairro:** Nilópolis

**Caprichosos de Pilares**
**Data de fundação:** 19 de fevereiro de 1949
**Cores oficiais:** Branco e azul
**Bairro:** Pilares

**Imperatriz Leopoldinense**
**Data de fundação:** 6 de março de 1959
**Cores oficiais:** Verde e branco
**Bairro:** Ramos

**Império Serrano**
**Data de fundação:** 23 de março de 1947
**Cores oficiais:** Verde e branco
**Bairro:** Madureira

**Mangueira**
**Data de fundação:** 28 de abril de 1928
**Cores oficiais:** Verde e rosa
**Bairro:** Mangueira

### Mocidade Independente de Padre Miguel
**Data de fundação:** 10 de novembro de 1955
**Cores oficiais:** Verde e branco
**Bairro:** Padre Miguel

### Portela
**Data de fundação:** 11 de abril de 1923
**Cores oficiais:** Azul e branco
**Bairro:** Madureira

### Salgueiro
**Data de fundação:** 3 de abril de 1953
**Cores oficiais:** Vermelho e branco
**Bairro:** Andaraí

### São Clemente
**Data de fundação:** 5 de outubro de 1961
**Cores oficiais:** Amarelo e preto
**Bairro:** São Cristóvão

### Tradição
**Data de fundação:** 1º de outubro de 1984
**Cores oficiais:** Azul royal, azul-turquesa, branco, ouro e prata
**Bairro:** Campinho

### União da Ilha do Governador
**Data de fundação:** 7 de março de 1953
**Cores oficiais:** Vermelho, azul e branco
**Bairro:** Ilha do Governador

### Unidos do Viradouro
**Data de fundação:** 24 de junho de 1946
**Cores oficiais:** Vermelho e branco
**Cidade:** Niterói

### Vila Isabel
**Data de fundação:** 4 de abril de 1946
**Cores oficiais:** Branco e azul
**Bairro:** Vila Isabel

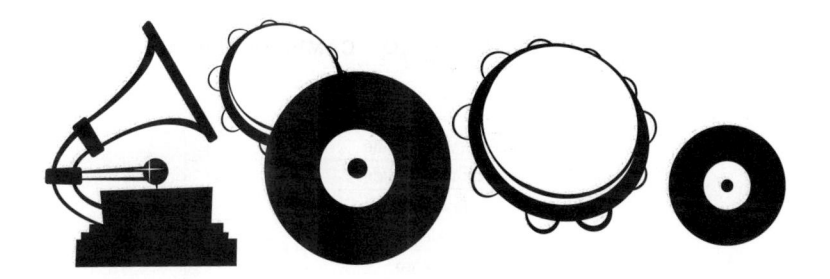

## São Paulo

♦ As primeiras notícias do Carnaval de São Paulo datam de 1857. O Grupo Carnavalesco Os Zuavos, formado por membros do Clube de Família e da Sociedade Emancipadora Piratininga, saiu às ruas do bairro da Liberdade para pedir o fim da escravatura. O primeiro samba paulistano foi *Isto é bom*, de Xisto Bahia (1841-1894), gravado pela primeira vez em 1902. Foi com essa canção, na voz de Baiano (Manuel Pedro dos Santos), que a Casa Edison se tornou pioneira na gravação de discos para gramofone no Brasil.

♦ Em 1914, um bloco carnavalesco chamado Grupo Barra Funda desfilava de camisa verde. Logo, os integrantes passaram a ser conhecidos como "o bloco dos rapazes de camisa verde". Para não serem confundidos com os integralistas, grupo fascista liderado por Plínio Salgado, eles mudaram o nome do bloco para Camisa Verde e Branco. Desapareceram por um bom tempo, voltando às ruas em 1953. O cordão se transformou em escola de samba em 1971.

♦ Dois integrantes do bloco Cai-Cai foram expulsos aos gritos de "Vai, vai, vai embora daqui". Para ironizar, os dissidentes criaram a Vai-Vai, uma das principais escolas de samba da cidade.

♦ Alberto Alves da Silva é o nome de "seu" Nenê de Vila Matilde, o mitológico fundador da escola de samba que leva seu apelido; trata-se de uma das mais antigas, premiadas e tradicionais de São Paulo.

♦ Em 1969, moradores do bairro do Ipiranga queriam chamar a atenção das autoridades para o problema das enchentes. Criaram a Imperador do Ipiranga, com carros alegóricos que imitavam barcos.

## CARNAVAL DE SÃO PAULO – CAMPEÃS OFICIAIS

|  |  |
|---|---|
| 1968 | Nenê de Vila Matilde |
| 1969 | Nenê de Vila Matilde |
| 1970 | Nenê de Vila Matilde |
| 1971 | Mocidade Alegre |
| 1972 | Mocidade Alegre |
| 1973 | Mocidade Alegre |
| 1974 | Camisa Verde e Branco |
| 1975 | Camisa Verde e Branco |
| 1976 | Camisa Verde e Branco |
| 1977 | Camisa Verde e Branco |
| 1978 | Vai-Vai |
| 1979 | Camisa Verde e Branco |
| 1980 | Mocidade Alegre |
| 1981 | Vai-Vai |
| 1982 | Vai-Vai |
| 1983 | Rosas de Ouro |
| 1984 | Rosas de Ouro |
| 1985 | Nenê de Vila Matilde |
| 1986 | Vai-Vai |
| 1987 | Vai-Vai |
| 1988 | Vai-Vai |
| 1989 | Camisa Verde e Branco |
| 1990 | Rosas de Ouro e Camisa Verde e Branco |
| 1991 | Rosas de Ouro e Camisa Verde e Branco |
| 1992 | Rosas de Ouro |
| 1993 | Camisa Verde e Branco e Vai-Vai |
| 1994 | Rosas de Ouro |
| 1995 | Gaviões da Fiel |
| 1996 | Vai-Vai |
| 1997 | X-9 Paulistana |
| 1998 | Vai-Vai |
| 1999 | Gaviões da Fiel e Vai-Vai |
| 2000 | Vai-Vai e X-9 Paulistana |
| 2001 | Nenê da Vila Matilde e Vai-Vai |
| 2002 | Gaviões da Fiel |
| 2003 | Gaviões da Fiel |
| 2004 | Mocidade Alegre |
| 2005 | Império da Casa Verde |
| 2006 | Império da Casa Verde |
| 2007 | Mocidade Alegre |
| 2008 | Vai-Vai |

| 2009 | Mocidade Alegre |
| 2010 | Rosas de Ouro |

## AS ESCOLAS DE SÃO PAULO

**Acadêmicos do Tucuruvi**
Data de fundação: 1º de fevereiro de 1976
Cores oficiais: Vermelho, amarelo, azul e branco
Bairro: Tucuruvi

**Águia de Ouro**
Data de fundação: 9 de maio de 1976
Cores oficiais: Azul e branco
Bairro: Lapa

**Camisa Verde e Branco**
Data de fundação: 4 de setembro de 1953
Cores oficiais: Verde e branco
Bairro: Barra Funda

**Gaviões da Fiel**
Data de fundação: 1º de julho de 1969
Cores oficiais: Preto, branco, amarelo e vermelho
Bairro: Bom Retiro

**Império de Casa Verde**
Data de fundação: 27 de fevereiro de 1994
Cores oficiais: Azul e branco
Bairro: Casa Verde

**Imperador do Ipiranga**
Data de fundação: 27 de setembro de 1968
Cores oficiais: Verde, amarelo, azul e branco
Bairro: Ipiranga

**Leandro de Itaquera**
Data de fundação: 3 de março de 1982
Cores oficiais: Vermelho, branco, verde e azul
Bairro: Itaquera

**Mancha Verde**
Data de fundação: 18 de outubro de 1995
Cores oficiais: Verde, branco e vermelho
Bairro: Barra Funda

## Mocidade Alegre
**Data de fundação:** 24 de setembro de 1967
**Cores oficiais:** Verde e vermelho
**Bairro:** Casa Verde

## Nenê de Vila Matilde
**Data de fundação:** 1º de janeiro de 1949
**Cores oficiais:** Azul e branco
**Bairro:** Vila Matilde

## Pérola Negra
**Data de fundação:** 7 de agosto de 1973
**Cores oficiais:** Vermelho e azul
**Bairro:** Vila Madalena

## Rosas de Ouro
**Data de fundação:** 18 de outubro de 1971
**Cores oficiais:** Azul, rosa e branco
**Bairro:** Freguesia do Ó

## Tom Maior
**Data de fundação:** 14 de fevereiro de 1973
**Cores oficiais:** Vermelho, amarelo e branco
**Bairro:** Pinheiros

## Unidos do Peruche
**Data de fundação:** 4 de janeiro de 1956
**Cores oficiais:** Verde, amarelo, azul e branco
**Bairro:** Casa Verde

## Unidos de Vila Maria
**Data de fundação:** 10 de janeiro de 1954
**Cores oficiais:** Azul, verde e branco
**Bairro:** Vila Maria

## Vai-Vai
**Data de fundação:** 1º de janeiro de 1930
**Cores oficiais:** Preto e branco
**Bairro:** Bela Vista

## X-9 Paulistana
**Data de fundação:** 12 de fevereiro de 1975
**Cores oficiais:** Verde, vermelho e branco
**Bairro:** Santana

## É Carnaval em Salvador

São 19 quilômetros de ruas e praças bloqueadas para os festejos. Um dia antes do início oficial da folia, o Rei Momo recebe as chaves da cidade e desfila em carro aberto ao lado de suas rainhas e princesas. No centro histórico da cidade, no Terreiro de Jesus e na praça da Sé, a festa é afro. Olodum, Ilê Aiyê e Filhos de Gandhy são alguns dos blocos que reúnem seus foliões em locais próprios. Na Quarta-Feira de Cinzas, todos se encontram na praça Castro Alves.

### AFOXÉ

É um cortejo que surgiu nas ruas de Salvador em 1895. O primeiro afoxé chamava-se Embaixada Africana. Era formado por negros da etnia nagô, que usavam batas. Na língua ioruba, da Nigéria, *afoxé* significa "encenação ritual". O segundo foi o Pândegos da África, que apareceu no ano seguinte. Os grupos vestem roupas luxuosas e cantam em dialetos africanos. Eles tocam instrumentos de percussão, como atabaques, agogôs e cabaças. Têm origem religiosa, ligada ao candomblé. Atualmente o mais famoso chama-se Filhos de Gandhy. O grupo foi criado em 1949, em Salvador, por estivadores impressionados com o assassinato do líder indiano Mahatma Gandhi, ocorrido um ano antes. Eles fizeram uma oferenda a Oxalá, no largo do Pelourinho, para pedir a paz no mundo. Desfilaram enrolados em lençóis e com toalhas brancas torcidas imitando turbantes. Os lençóis e as toalhas foram emprestados pelas prostitutas da região. Seus 3 mil integrantes são todos homens.

**Você conhece o...**

**... Olodum?**
O Olodum foi o primeiro bloco afro a desfilar num trio elétrico. Moradores do centro histórico de Salvador criaram o bloco em 1979. O Olodum ganhou fama internacional em 1990, quando o cantor norte-americano Paul Simon foi ao Pelourinho gravar a canção *The obvious child* (CD "The rhythm of the saints"). Outro bloco afro, o Ilê Aiyê, nasceu em 1974. A Timbalada, orquestra de percussão inventada por Carlinhos Brown, usa os timbaus, um tambor derivado do atabaque. Surgiu em 1993.

**... Didá?**
Antonio Luís de Souza, conhecido como Neguinho do Samba, foi o fundador do Olodum. Depois de algumas divergências com a cúpula do bloco, ele saiu e fundou o Didá, um bloco só para mulheres. O belo sobrado do Pelourinho que serve de sede para o Didá foi doado pelo músico americano Paul Simon.

**... Ara Ketu?**
O famoso grupo musical nasceu como bloco carnavalesco, em 1981, em Periperi, subúrbio de Salvador. Assim como os grandes blocos (Olodum, Filhos de Gandhy e Ilê Aiyê), ele surgiu sob a inspiração do candomblé. Em ioruba, *Ara Ketu* significa "povo de Ketu". Foi Ketu, localizada na Nigéria, a nação que mandou para a Bahia o maior número de escravos.

---

**Acredite, se quiser**
No século XIX, quando ainda não existia a música carnavalesca, o Carnaval baiano era embalado por trechinhos de óperas.

---

**TRIOS ELÉTRICOS**

♦ Tudo começou com um calhambeque, um velho Ford T 1929, equipado com dois alto-falantes. Seus donos eram Osmar Macedo e Adolfo do Nascimento. Dodo (apelido de Adolfo) e Osmar saíram, em 1950, pelas ruas de Salvador tocando os frevos de Pernambuco no último volume. A galera aprovou e foi dançando atrás. Nascia o primeiro trio elétrico. Em 1951, o calhambeque foi substituído por uma caminhonete e, em 1952, uma fábrica de refrigerantes ofereceu-lhes um caminhão. Nas décadas seguintes, outros trios foram surgindo e, hoje, dispõem de instrumentos modernos. Tocam do reggae à música clássica e animam muitos outros eventos além do Carnaval.

♦ "Atrás do trio elétrico só não vai quem já morreu." Mas cuidado com os ouvidos! A intensidade sonora dos trios elétricos chega a uma média de 108 decibéis. Seu som altíssimo pode ser ouvido a 1 quilômetro de distância. Só não prejudica a audição se for escutado durante 15 a 20 minutos, no máximo. A prefeitura de Salvador limitou o nível de ruído a 115 decibéis, embora os trios tenham potência para atingir 150. Se essa potência fosse usada, arrebentaria os tímpanos e os vidros que se encontrassem num raio de 100 metros.

♦ Uma das atrações do Carnaval de Porto Seguro é o jegue elétrico, criado pelo mineiro Reginálvaro Oliveira da Vitória. O jegue Kojak, todo fantasiado, puxa 400 quilos de aparelhagem de som.

♦ O cantor e percussionista baiano Carlinhos Brown foi acusado de ter violado o artigo 233 do Código Penal (ato obsceno em público). Segundo a polícia, ele ficou pelado em cima do trio elétrico da Timbalada na madrugada de 25 de fevereiro de 1998, em Salvador. A pena de três meses a um ano de prisão foi convertida numa multa de 1.950 reais em cestas básicas para orfanatos.

### Para entrar na folia

**Abadá** – camisão sem mangas usado pelos integrantes dos blocos de rua na Bahia. Junto com o boné, o short e o mamãe-sacode, ele completa o kit fantasias, vendido como ingresso para o bloco.
**Bloco** – espaço em torno do trio elétrico, isolado por cordas e seguranças, onde os foliões fantasiados brincam com comodidade.
**Carro de apoio** – caminhão que vem sempre atrás do trio elétrico e dispõe de banheiro, bar e serviço de primeiros socorros.
**Corda** – o que separa o bloco da pipoca.
**Cordeiro** – segurança responsável por levar a corda e impedir a entrada de quem não está fantasiado.
**Mamãe-sacode** – adereço feito de um bastão com fitas de náilon, semelhante aos das torcidas organizadas do futebol americano, que se agita com a mão.
**Pipoca** – quem pula fora da corda.

## CARNAVAL FORA DE HORA

Os carnavais fora de época nasceram em Feira de Santana (BA). Em 1937, chuvas torrenciais adiaram a folia oficial da cidade para depois da Semana Santa. O sucesso foi tão grande que ele logo passou a acontecer todos os anos, recebendo o nome de micareta – mistura do francês *mi-carême* (festa popular do Sábado de Aleluia ou da Quinta-feira Santa) com *careta* (nome dos foliões que usam máscara).

### As maiores micaretas do país

**Janeiro**
Micaroa – João Pessoa (PB)
Pré-caju – Aracaju (SE)

**Abril**
Micarande – Campina Grande (PB)

**Maio**
Carnasampa – São Paulo (SP)

**Junho**
Carnabelô – Belo Horizonte (MG)

**Julho**
Micarina – Teresina (PI)
Fortal – Fortaleza (CE)

**Agosto**
Micarecandanga – Brasília (DF)

**Setembro**
Carnagoiânia – Goiânia (GO)

**Outubro**
Marafolia – São Luís (MA)
Recifolia – Recife (PE)

**Novembro**
Vital – Vitória (ES)
Carnabelém – Belém (PA)

**Dezembro**
Carnatal – Natal (RN)
Maceiófest – Maceió (AL)

# Pernambuco

**O Galo da Madrugada**

O Clube de Máscaras Galo da Madrugada, fundado oficialmente em 24 de janeiro de 1978 por Enéas Freire, abre o Carnaval na manhã de sábado (ou Sábado do Zé Pereira). No seu primeiro desfile, que começou às 5 da madrugada, eles só conseguiram juntar 75 foliões. Hoje, o desfile do Galo arrasta 1,5 milhão de pessoas por 4 quilômetros nas ruas centrais do Recife durante o dia inteiro. Foi por isso que ele entrou para o livro dos recordes *Guinness Book* como o maior bloco de Carnaval do mundo.

**Noite dos Tambores Silenciosos**
Na segunda-feira, o Carnaval recifense apresenta a Noite dos Tambores Silenciosos em frente à igreja do Terço, no centro da cidade. A cerimônia, de tradição africana, foi trazida pelos escravos. À meia-noite em ponto, os instrumentos de percussão dos maracatus são silenciados durante um minuto. Os negros evocam seus ancestrais, pedem proteção aos deuses e celebram a coroação dos reis do Congo.

**Os bonecos gigantes**
Em Olinda, o frevo começa uma semana antes do Carnaval. O povo sobe e desce suas ladeiras estreitas, seguindo os tradicionais bonecos de 3 metros de altura, a marca registrada da folia na cidade. O encontro dos bonecos acontece, desde 1990, no largo de Guadalupe, e é organizado pelo bonequeiro Silvio Botelha. Os bonecos mais tradicionais são o Homem da Meia-noite (criado em 1932), a Mulher do Meio-dia (1967), o Filho do Homem da Meia-noite (1980), e o Menino e a Menina da Tarde (1974 e 1977).

**O desfile dos blocos**
Na Quarta-feira de Cinzas, os blocos Bacalhau do Batata e Urso Maluco Beleza saem às ruas. O Bacalhau do Batata foi criado pelo garçom Isaías Ferreira da Silva, o Batata, em 1962. No primeiro desfile, ele saiu com um bacalhau na mão, acompanhado de mais 15 amigos. O Urso Maluco Beleza, de Alceu Valença, nasceu em 1992.

**Papangus**
Festa que tem lugar no interior pernambucano. A maior delas é a da cidade de Bezerros, a 107 quilômetros do Recife. O papangu é um folião que veste uma túnica bem comprida e usa uma máscara de papel machê. Por ficar completamente coberto, ninguém o reconhece. Desse modo, ele pode brincar à vontade. Antes da festa, o folião costuma comer um prato de angu. Essa é a origem do nome.

## CAPIBA

O pernambucano Lourenço da Fonseca Barbosa, o "Capiba" (1904- -1997), foi um dos maiores divulgadores do frevo e do maracatu. Ele trabalhou como pianista de cinema, foi funcionário concursado do Banco do Brasil e jogou futebol profissionalmente. Formou-se em direito.

Em 1929, ele compôs o tango *Flor das ingratas*, que venceu um concurso promovido pela revista *Vida Doméstica*, do Rio de Janeiro.

No começo da carreira, usou o pseudônimo José Pato.

Capiba lançou-se como compositor de frevos em 1934. O primeiro foi *É de amargar*.

É de sua autoria a música *Maria Betânia*, que ficou nacionalmente conhecida ao ser gravada por Nélson Gonçalves em 1944.

Sua família era chamada de Capiba ("jumento", no Nordeste), por causa do avô de Lourenço, um sujeito baixinho que tinha a fama de ser muito teimoso.

**Você sabia que...**
... em Olinda existe a Banda do Pente? O único instrumento que o pessoal toca é um pente coberto por um pedaço de plástico, como se fosse uma gaita.

### DANÇA DAS CALORIAS

Cálculo feito para uma pessoa que pesa entre 50 e 70 quilos:

Axé .................... 400 calorias por hora
Forró ................. 300 calorias por hora
Frevo ................. 400 calorias por hora
Gafieira .............. 300 calorias por hora
Lambada ............. 300 calorias por hora
Samba ................ 240 calorias por hora

# RITMOS

## AXÉ OU SAMBA-REGGAE
Surgiu na década de 1980, em Salvador, nos carnavais de rua. Para acompanhar as novas batidas de samba e os sons que eram criados todo ano, os blocos foram incrementando cada vez mais suas coreografias.

## BOSSA NOVA
A expressão nasceu nos anos 1940, mas só ganharia força quase uma década depois. Influenciados pelo jazz, rapazes e moças que tocavam violão participavam de reuniões musicais no Rio de Janeiro. O cantor e compositor João Gilberto é considerado seu pioneiro. Em 1958, ele gravou seu primeiro disco simples, com as músicas *Chega de saudade* e *Bim-bom*.

## CALANGO
Dança de Minas Gerais, em passos de samba ou de tango, na qual se destaca um cantador que faz quadras de improviso, seguidas de um refrão cantado por todos os presentes.

## CARIMBÓ
Dança de roda ao ritmo do reco-reco, do pandeiro e do carimbó, um atabaque de cerca de 1 metro de comprimento, cavado num tronco. Nesta dança, uma bailarina se coloca no centro da roda e, com movimentos rápidos e trejeitos, procura encobrir o parceiro mais próximo com sua ampla saia. Se não consegue, cede o lugar a outra. É típica da ilha de Marajó e do Nordeste em geral.

## CATERETÊ
Remonta à época colonial, tendo surgido na zona rural do Sul do país. Duas colunas de homens sapateiam e batem palmas ritmadas, comandadas por violeiros. Também é conhecido como catira.

## CIRANDA
Dança de roda para crianças. Mas no interior paulista também é um bailado de adultos, que termina em duas rodas de pares – os homens na de dentro e as mulheres na de fora.

## CHORO
Em meados do século XIX, músicos amadores começaram a formar conjuntos baseados no violão e no cavaquinho. Com o tempo, a flauta foi admitida. O trio de instrumentos deu origem ao choro.

## CHULA
Dança típica do Rio Grande do Sul, com origens portuguesas. À base de sapateado, ela exige habilidade no corpo e força nos pés.

## COCO DE RODA
O coco, dança das regiões praieiras do Nordeste, tem uma forte influência dos batuques africanos. Ele é guiado pelo canto e por palmas rítmicas dos componentes, ganzá e cuícas. Na coreografia, existem ainda as marcações dos bailados indígenas dos tupis. O coco nasceu como um folguedo do mês de junho, mas é dançado também em outras épocas do ano.

## DANÇA DO BOI
Foi a resposta dos estados do Norte para o sucesso do axé, embora já fosse executada pelos povos nativos da região há pelo menos um século. Procura retratar alguns elementos da natureza, entre eles os animais. Os movimentos de braços e quadris e as coreografias peculiares a cada tipo de música são as marcas registradas desta dança. O grupo Carrapicho foi o responsável por sua popularização.

## FORRÓ
♦ Surgiu no início do século XX nas casas de dança das cidades nordestinas. Existem três estilos, marcados pelo som de zabumbas, triângulos e sanfonas. O xote, de origem europeia e ideal para os iniciantes, é o mais lento; consiste em dar dois passos (pulinhos) para um lado e dois para o outro. O baião é o mais rápido e exige um pouco de deslocamento. Ele foi criado no final da década de 1940 por violeiros que queriam recuperar o lundu, ritmo africano que fez

sucesso no Brasil no século XVIII. No xaxado, os movimentos são marcados por um dos pés batendo no chão.

♦ Sobre a origem do nome, existem duas versões. Segundo o escritor, crítico musical e historiador José Ramos Tinhorão, a palavra forró vem de forrobodó, que significa "confusão", "bagunça". Agora, a outra versão. Durante a Segunda Guerra, os Estados Unidos instalaram uma base militar em Natal. Quinze mil soldados americanos influenciaram a vida da população da cidade, com seus costumes e eletrodomésticos. Dizem que os locais em que havia bailes eram conhecidos como *for all* ("para todos", em inglês). A população, no entanto, pronunciava "forrol", que virou "forró".

## FREVO

♦ O nome vem da expressão "eu fervo". O frevo nasceu de marchas, maxixes e dobrados executados por bandas militares e civis existentes no Recife na segunda metade do século XIX e no começo do século XX, bem como das quadrilhas de origem europeia. A dança surgiu das acrobacias dos capoeiristas, preocupados em camuflar seus golpes, pois a prática da capoeira era proibida.

♦ Na década de 1930, houve a divisão do frevo em frevo de rua, frevo de bloco e frevo-canção. O frevo de rua não tem letra. É feito exclusivamente para ser dançado. Um dos mais famosos é *Vassourinhas*, de Matias da Rocha. O frevo-canção, ou marcha-canção, é semelhante em vários aspectos às marchinhas dos carnavais cariocas. O de bloco tem origem nas serenatas, preparadas por grupos de jovens que participavam, simultaneamente, dos carnavais de rua da época. Um dos mais conhecidos é *Evocação nº 1*, de Nelson Ferreira.

## FRICOTE

O som lembra o da lambada, mas a marcação de ritmo se destaca mais; tem mais batucada e menos teclado, além de *sopros* e fraseados musicais típicos da América Central. Não se dança de corpo colado. O fricote nasceu no Nordeste.

## GAFIEIRA

Apareceu na década de 1920, nos salões cariocas de dança. Esses lugares eram conhecidos como gafieiras, palavra que vem de gafe (segundo os mais tarimbados, muitos frequentadores dançavam de qualquer jeito, cometendo uma série de gafes). O ritmo é uma mistura de samba com chorinho.

## LAMBADA

Inspirada no carimbó, dança folclórica do Pará, a lambada surgiu na década de 1970 e obteve grande sucesso na Bahia. Sofreu influência de vários ritmos, como o zouk (dança típica das Antilhas francesas), a salsa e o merengue, entre outros ritmos caribenhos.

O grupo Kaoma, depois de uma consagradora temporada na Europa, no final da década de 1980, fez o país inteiro dançar de pernas coladas.

## LUNDU

De origem angolana e com influência hispano-árabe, o lundu é uma atração da ilha de Marajó. Trata-se de uma dança extremamente sensual, que esteve perto de desaparecer porque era considerada um "diabólico folguedo" de escravos.

## MAXIXE

Surgiu nos salões cariocas por volta de 1875. A execução dessa dança cheia de malícia é difícil. Na primeira metade do século XIX, os inventores do choro importaram um ritmo de sucesso na Europa, a polca tcheca, mas não a mantiveram tal e qual. Nos tempos da República Velha, os casais se balançavam para a frente e para trás, de barriga colada, aos acordes de Chiquinha Gonzaga e de Pixinguinha.

## MODINHA

Tudo o que era canção recebia o nome de "moda" no final do século XVIII. Até que começou a se destacar uma melodia cuja letra continha versos bem curtos, de quatro ou sete sílabas, típicos da poesia popular.

## PAGODE

Baseando-se no samba, o carioca criou a gafieira, e o paulistano inventou o pagode. É uma reunião com muita música, dança e comida, que apareceu pela primeira vez em 1873. Mas ela ficou esquecida, só voltando com força em 1980, durante as reuniões de boteco ou de fundo de quintal. Os ritmistas se encontravam para fazer um sambinha cadenciado e sempre havia aqueles que ensaiavam alguns passinhos a dois.

## PARTIDO ALTO
Roda de samba em que se distingue um dançarino solista. A música tem um refrão que é repetido por todos a cada quadra improvisada. Ganhou destaque principalmente no Rio de Janeiro, para onde foi levado por negros da Bahia.

## SAMBA
A palavra é de uma língua africana chamada banto, falada em Angola. Deriva, ou do termo samba (bater umbigo com umbigo), ou de *sam* (pagar) e de *ba* (receber). Nas antigas rodas de escravos se praticava a umbigada, dança em que dois participantes davam bordoadas um no baixo-ventre do outro.

> O Dia Nacional do Samba é comemorado em 2 de dezembro.

## XAXADO
Bailado masculino em que os dançarinos formam fila indiana e dançam em círculo. Movimentos: sapateia-se três a quatro vezes com o pé direito, deslizando-se em seguida para o esquerdo, ao som da zabumba. Foi popularizado pelos cangaceiros de Lampião, que o dançavam para comemorar vitórias. Típico do interior pernambucano.

## A CIDADE DOS SERESTEIROS
Conservatória é o nome de uma cidade do interior do Rio de Janeiro. Seu apelido é Cidade da Seresta e dos Seresteiros. A música romântica está em todo canto. A padaria da esquina se chama Luz Branca; a drogaria, Harmonia; o restaurante é Dó-Ré Mi. Na década de 1960, os irmãos Joubert e José Borges criaram ali o Museu da Seresta. Os primeiros seresteiros foram os tropeiros, que expressavam por meio do violão e dos versos a saudade do lar. Os habitantes da cidade gostam tanto de música que penduram uma placa na frente de casa com o título de sua canção preferida.

> **Qual é a diferença entre serenata e seresta?**
> A serenata acontece ao ar livre e é um verdadeiro culto ao amor. Já a seresta é feita em ambientes fechados.

# DATAS (MUITO) CURIOSAS

Em Belo Horizonte, 17 de dezembro é o Dia Municipal do Coveiro. Conheça outras datas bastante inusitadas que se comemoram em algumas partes do país:

**14 de janeiro**
Dia do Lavador e Manobrista de Carro (BH)

**5 de fevereiro**
Dia do Cartunista (MG)

**3 de março**
Dia do Careca

**19 de março**
Dia do Contínuo (RJ)

**13 de abril**
Dia do *Office Boy*

**1º de maio**
Dia Municipal do Baile da Saudade (SP)

**18 de maio**
Dia das Girafas

**21 de maio**
Dia da Cachaça (MG)

**29 de junho**
Dia dos Atores em Dublagem (SP)

**27 de julho**
Dia do Jogador de Gatebol (SP)

**1º de agosto**
Dia da Desfiadeira de Siri (Vitória)

**17 de agosto**
Dia do Camelô (BH)

**27 de agosto**
Dia do Peão Boiadeiro (SP)

**27 de agosto**
Dia da Luta de Braço (BH)

**11 de setembro**
Dia do Árbitro Esportivo

**25 de setembro**
Dia do Cadáver Desconhecido

**5 de outubro**
Dia do Boia-fria (SP)

**25 de novembro**
Dia da Baiana do Acarajé (BA)

**3 de dezembro**
Dia do Casal

**15 de dezembro**
Dia do Jardineiro

Conheça outras datas curiosas no livro *A origem de datas e festas* escrito por Marcelo Duarte (Panda Books, 2005).

# O MAIOR FOLCLORISTA DO BRASIL

"Aos cantadores e violeiros, analfabetos e geniais; às velhas contadeiras de histórias maravilhosas, fontes perpétuas da literatura oral do Brasil, ofereço, dedico e consagro este livro que jamais hão de ler."
Dedicatória de *Antologia do folclore brasileiro*

Luís da Câmara Cascudo (1899-1986) foi o maior folclorista brasileiro de todos os tempos. Foi também etnólogo, etnógrafo, antropólogo, geógrafo, historiador, romancista, poeta e professor de música. Cascudo escreveu 166 livros sobre costumes, superstições, festas e canções brasileiras. Nasceu em Natal, onde viveu toda a sua vida. Viajou inúmeras vezes pelo mundo. Além de português e de latim, falava outras seis línguas (inglês, francês, alemão, espanhol, italiano e grego).

Começou a escrever em 1915: era repórter no jornal do pai, *A Imprensa*. Foi o fundador da Academia Norte-grandense de Letras. Ficou com a cadeira número 13. Mas recusou uma vaga na Academia Brasileira de Letras ("De fardão, espadim de lado e chapéu de bico, eu ficaria parecendo o rei do Congo") e também os convites de Getúlio Vargas para candidatar-se ao Senado.

Cascudo lutou pela tradição até quando era homenageado. O prefeito de Natal resolveu mudar o nome da rua em que ele havia nascido. "A rua tinha um nome lindo." O folclorista fez questão de incluir na placa: "ex-rua das Virgens".

# LENDAS E ASSOMBRAÇÕES

## ALEMOA
Assombração do arquipélago de Fernando de Noronha. Aparece como uma loira linda e nua, atraindo pescadores e viajantes, até se transformar, de repente, num esqueleto. Aparece também como uma luz ofuscante, perseguindo quem foge dela. Sua residência é o morro do Pico, uma evolução rochosa de mil metros de altura, totalmente inacessível. Nas noites de sexta-feira ela seduz ilhéus e soldados, levando-os ao morro e induzindo-os ao suicídio. A lenda diz que a misteriosa mulher teria realmente existido e que se tratava de uma holandesa que viera para cá na época da invasão.

## ALMA PENADA
Alma de pessoa morta que continua vagando na terra. Geralmente, essa pessoa cometeu algum crime hediondo e sua alma está pagando por isso. Existe uma variação conhecida como **angoera**, alma de uma pessoa muito má que não foi para o outro mundo. Ficou morando em ruínas e sai para assombrar e assaltar os viajantes.

No folclore paulista, a **Porca dos Sete Leitões** é a alma penada da mãe que provocou o aborto de sete fetos. Ela persegue maridos que ficam na rua fora de hora.

## ANA JANSEN
Em São Luís do Maranhão não há ninguém que nunca tenha ouvido falar na figura de Ana Jansen, comerciante que no início do século passado acumulou riquezas e exerceu forte influência na vida social da cidade. Dizem que ela cometia atrocidades contra os escravos, como sessões de tortura que muitas vezes terminavam com a morte do castigado. Os maranhenses afirmam que, nas noites de sexta-feira, na região da praia Grande, onde fica o casarão em que Ana morava, é comum deparar com uma apavorante carruagem puxada por cavalos brancos sem cabeça, conduzindo o fantasma da falecida, que ainda paga por seus pecados.

## ANHANGA
É um dos mitos mais antigos do Brasil colonial. Ele traz para aquele que o vê, ouve ou pressente certo prenúncio de desgraça. Os lugares que se sabe ser frequentados por ele são mal-assombrados. O Anhanga tem várias formas, tanto de homens como de animais. Mas a figura pela qual as tradições o representam é a de um veado-branco com olhos de fogo. Algumas vezes, ele chega a ser confundido com o Jurupari.

## ANTA CACHORRO
Na Amazônia, existe a lenda da Anta Cachorro, um animal enorme que tem forma de onça e patas de anta. Se estiver perseguindo alguém e esse alguém subir numa árvore, o bicho escava a terra até a árvore cair. No Rio Grande do Norte houve também o caso da Anta Esfolada, animal que teria sido exorcizado por um missionário capuchinho nas primeiras décadas do século XIX.

## ARRANCA-LÍNGUA
Monstro gigantesco, parecendo um macaco de 10 metros de altura, que atacava os rebanhos bovinos de Goiás. Tudo o que fazia era arrancar a língua das vacas.

## ÁRVORE DO HOMEM MORTO
Um dos principais atrativos da trilha de Jacuba, dentro do Parque das Emas, é a Árvore do Homem Morto. Os goianos da região costumam contar a lenda de que dentro da árvore existe o corpo de um rapaz que foi petrificado ao tentar matar o próprio pai. Quando ele apontou a espingarda para o pai, seu corpo virou pedra e, com o passar dos anos, a vegetação em volta foi crescendo até cobri-lo completamente.

## BARBA-RUIVA
Figura do folclore piauiense. Uma jovem jogou seu filho recém-nascido na lagoa de Paraná. A Mãe-d'Água salvou a criança. Em certas ocasiões, porém, um homem ruivo e barbudo sai das águas. É o Barba-ruiva, que representa o espírito do filho rejeitado.

### BICHO-PAPÃO

Monstro dos contos infantis que assusta e vem comer as crianças. Apenas elas conseguem ver seu corpo peludo e seus olhos de um tom vermelho fogo. O Bicho-papão parece ter parentes bem próximos. A **Cabra-cabriola** é outro monstro de contos populares. Tem dentes enormes e solta fogo pelos olhos, pela boca e pelo nariz. Mete medo nas crianças e não as deixa fazer travessuras. No folclore de João Pessoa, existe também o **Mingusoto**, um fantasma que amedronta crianças.

### BOITATÁ

Mito de origem indígena, é chamado também de *Mbaê-tatá*, que significa "coisa de fogo". Gigantesca cobra de fogo, com dois grandes chifres e apenas um olho no meio da testa, que protege os campos contra aqueles que os incendeiam. Vive nas águas e pode se transformar também numa tora em brasa, para queimar os que põem fogo nas matas. É o nome dado pelos índios ao fenômeno do fogo-fátuo, gases que saem de túmulos e de pântanos e pegam fogo, causando medo em quem não sabe sua origem.

### BOIUNA

Serpente muito escura que vive nos rios do Amazonas. Pode ganhar várias formas, como a de uma canoa ou a de um barco. Solta fogo pelos olhos e come pessoas. Sua lenda se confunde com a da Cobra-grande. Na região do rio São Francisco, o monstro é conhecido como **Minhocão**. Pode ser tanto fluvial como subterrânea. Quando está debaixo da terra, ela vai solapando cidades, e as casas desmoronam.

### BOTO-TUCUXI

Espírito demoníaco da Amazônia, transforma-se num rapaz sedutor e formoso, hábil dançarino, que conquista mulheres para depois engravidá-las. Usa sempre roupas brancas e nunca tira o chapéu, pois este esconde o orifício que ele tem na cabeça para respirar. Antes de nascer o dia, ele vira boto novamente e mergulha nos rios. A lenda serve de pretexto para moças solteiras justificarem a gravidez: "Foi o Boto", dizem.

## CABOCLO-D'ÁGUA

Criatura monstruosa que habita o rio São Francisco, no Nordeste, e domina a água e os peixes. É conhecido também como Pai dos Peixes e Terror dos Barqueiros. Quem pesca só para o sustento, ele deixa em paz. Mas o pescador que enche a rede e não devolve o excesso de peixes à água, precisa enfrentá-lo. Ele vira sua embarcação e o pescador inimigo nunca mais volta. Aparece à tardinha ou em noites de luar. Para evitar o ataque do Caboclo d'Água, quem viaja sozinho deve fincar uma faca no fundo da canoa. Recomenda-se também oferecer-lhe fumo.

## CAIPORA

Em tupi-guarani, *caa-pora* significa "habitante do mato". É um pequeno índio de pele escura, que tem cabelos de fogo, o corpo inteiro coberto de pelos e fuma cachimbo (também é descrito como uma indiazinha feroz ou uma criança com uma perna só e a cabeça muito grande). Vive montado numa espécie de porco-do-mato e carrega uma vara. Aparentado do Curupira, protege os animais da floresta. Os índios acreditavam que o Caipora temia a claridade, por isso se defendiam dele andando com tições durante a noite. Em Mato Grosso, o duende **Kilaino** é uma variante do Caipora.

## CAPELOBO

Animal monstruoso, todo peludo, com corpo de homem e focinho de anta ou de tamanduá. Sai à noite para rondar os acampamentos e barracões do interior do Maranhão e do Pará, devorando cães e gatos recém-nascidos. Só pode ser morto com um tiro na região do umbigo. Dizem que é a versão indígena do lobisomem.

## CARRANCAS

Os barqueiros do alto São Francisco tradicionalmente colocam nas embarcações figuras de proa cujo estilo é grotesco e original. Suas fisionomias são leoninas e humanas ao mesmo tempo. Segundo os pescadores, as carrancas ajudam a espantar os maus espíritos dos rios.

## CAVALO DE TRÊS PÉS

Animal que aparece nas encruzilhadas de estradas desertas durante a noite, correndo, dando coices e voando. Não tem nem cabeça nem uma das patas dianteiras, mas possui asas. Quem pisar em suas pegadas, será bastante infeliz. Existe também o **Cavalo-fantasma**, que ninguém vê; ele pode apenas ser sentido pelas passadas firmes e pela luz clara que emana. Segundo a lenda, costuma passear por algumas ruas de Angra dos Reis (RJ).

## CHUPA-CABRA

O primeiro caso conhecido de um animal encontrado morto e mutilado em circunstâncias misteriosas foi o da égua Lady, em setembro de 1967, numa fazenda da cidade de Denver (Estados Unidos). Oito anos depois, uma onda de casos de bichos mutilados foi registrada em Porto Rico, no distrito de Moca, causando pânico nas regiões rurais. Como os animais apareciam sem sangue, os jornais criaram a figura do Vampiro de Moca. Em 1995, mais mutilações misteriosas aconteceram em Porto Rico e no México. Ovelhas, bois, cabras, cachorros, galinhas e gansos eram achados mortos, e todos tinham feridas através das quais haviam sido extraídos órgãos internos, como o coração e o fígado. E também estes eram encontrados praticamente sem sangue. O jornalista porto-riquenho Arnaldo Garcia, da rádio Cumbre, apresentou relatos e depoimentos impressionantes em seu programa. Como a maior parte dos animais mortos era cabras, o próprio Garcia inventou o nome de "chupa-cabra". Veterinários investigaram alguns casos e os atribuíram a cachorros-do-mato e pequenas onças.

As histórias do Chupa-cabra começaram a chegar ao Brasil em 1996, mas o fenômeno só ganhou as manchetes no ano seguinte, na cidade paulista de São Roque.

## COBRA-GRANDE

Mito da região amazônica. Sua forma é a de uma jiboia comum. Com o tempo, ela cresce, abandona a floresta e vai para a parte mais funda do rio. A Cobra-grande tem o hábito de perseguir pescadores. Seus olhos são duas tochas e ela aparece sempre à noite. Há também a **Cobra-Maria,** que habita o rio Solimões (Amazonas) e tem poderes mágicos. A filha de um pajé se apaixonou por um imigrante. Teve um casal de gêmeos: José e Maria. Quando nasceram, o pajé soube do caso. Matou a filha e atirou as crianças na água. Maria foi salva por Iara, a Mãe-d'Água, e se transformou na Cobra-Maria.

## CURUPIRA

Esse anão peludo, de cabelos vermelhos e dentes verdes, é o demônio da floresta amazônica. Em 1560, ele já era mencionado pelo padre Anchieta. Seus pés virados ao contrário (calcanhar para a frente e dedos para trás) confundem os caçadores nas matas, e estes acabam se perdendo. O Curupira só permite que eles matem os bichos que vão comer. Aparece e desaparece de repente. Quando uma tempestade está para cair, ele bate no tronco das árvores para testar sua resistência. Às vezes anda montado num veado, acompanhado de seu cachorro, Papamel. O cão emite o som "currupaco", que os papagaios teriam imitado. Os índios deixavam presentes (penas de aves e flechas) pelo caminho para o Curupira, assim ele não lhes faria mal.

## DAMA DE BRANCO

Assombração que aparece aos garimpeiros do rio das Garças (MT). Ela passeia à noite pelas estradas e desaparece na sombra de uma curva do caminho. Vê-la é um sinal de sorte. Em alguns países da Europa, a aparição da Dama de Branco anunciava a morte de um príncipe soberano ou algum acontecimento notável.

## ET DE VARGINHA

Na noite de 19 de junho de 1996, um casal que morava a 10 quilômetros de Varginha (MG) disse ter visto um Ovni (Objeto voador não identificado) esfumaçado sobrevoando um pasto. No dia seguinte, três garotas garantem ter deparado com um ET (extraterrestre) agachado junto a um muro. Segundo elas, o alienígena tinha pele marrom, veias saltadas, olhos vermelhos enormes e crânio grande, com três protuberâncias. Os ufólogos da cidade afirmam que o Corpo de Bombeiros e o Exército teriam capturado o intruso espacial. Depois este teria passado por dois hospitais e, morto, teria sido levado para autópsia em Campinas (SP). As autoridades negaram tudo.

## EXU

É o diabo na tradição afro-brasileira. Quem quer conseguir alguma coisa, faz antes um despacho para Exu, a fim de que ele não atrapalhe. Por isso, Exu também é chamado de Homem das Encruzilhadas. O bode, o galo e o cachorro são animais que as pessoas sacrificam a ele. Suas cores são o vermelho e o preto.

## HUENIQUE HARIPONA

Entre os indígenas da floresta amazônica, o Huenique Haripona é um espírito vampiresco de dupla personalidade. Primeiro, ele fica igualzinho àquele que escolheu como vítima. Mata o eleito, sugando-lhe todo o sangue. Depois, toma o lugar dele e mata, um a um, todos os membros da sua família. Só o poder dos pajés consegue afastar essa terrível criatura.

## IARA

Trata-se da lenda da sereia, adaptada ao folclore brasileiro. Metade mulher e metade peixe, Iara vive nas águas doces do rio Amazonas, em cujas pedras vem se exibir nas noites de lua. Penteia os longos cabelos verdes com um pente de ouro e tem o poder de cegar quem a admira. Atrai para seu palácio, no fundo das águas, os jovens com quem deseja casar. Ali eles morrem afogados. Na Europa, contam-se também histórias de damas dos rios. Lá, elas são chamadas de ondinas.

## ILHA DO MEDO

Recoberta por uma restinga e cercada de grandes manguezais retorcidos, a ilha do Medo tem uma aparência aterrorizante. Para completar, lendas fantásticas e histórias verídicas se mesclam, a fim de justificar a lugubridade do local. Por causa de seu completo isolamento, no século XVII ela foi utilizada para abrigar os doentes de lepra, que foram levados para lá em exílio forçado, e, na grande epidemia de 1855, como destino de doentes terminais de cólera. Dezenas de vítimas, a maior parte escravos, foram enterradas em valas comuns cavadas na areia, transformando a ilha num cemitério de desvalidos. Embora se situe a menos de 4 quilômetros de Itaparica (BA), ela não teve a mesma sorte. Passou de mão em mão, e ali todos os empreendimentos fracassaram e os responsáveis por eles acabaram invariavelmente falidos ou envolvidos em histórias trágicas.

Ninguém sabe ao certo quando o lugar começou a ser considerado maldito. Uma das lendas mais difundidas, porém, põe a culpa num padre que teria se recusado a celebrar uma missa em Itaparica, mesmo tendo sido pago antecipadamente pelo serviço. Amaldiçoado pelos moradores, ele teria naufragado diante da ilha e se tornado um fantasma condenado a expiar sua heresia pela eternidade. Certas noites, dizem os crédulos, ele surge da bruma e convida os pescadores para assistir à missa que desgraçadamente não quis rezar em vida.

## IPUPIARA
É um dos mais antigos mitos indígenas. Trata-se de um monstro misterioso que habita o fundo das águas e persegue os pescadores, os mariscadores e as lavadeiras. Para matar, ele abraça a vítima com tanta força que a deixa em pedaços.

## JURUPARI
Espírito indígena que invade as casas à noite e provoca pesadelos em quem está dormindo. Segundo os índios, segura a garganta das pessoas para que não gritem de medo enquanto ele as leva a ter sonhos horríveis.

## LABATUT
É um monstro com forma humana, antropófago, que vive na fronteira entre o Ceará e o Rio Grande do Norte. Ele mora, como dizem os cidadãos mais antigos da região, no fim do mundo e todas as noites percorre as cidades para saciar a fome. Gosta mais de crianças, porque são menos duras que os adultos. Os pés de Labatut são redondos; as mãos, compridas, e os cabelos longos. Seu corpo é igual ao de um porco-espinho; ele tem só um olho, que se localiza na testa, e dentes idênticos a presas de elefante.

## LOIRA DO BONFIM
Na década de 1950, a Loira do Bonfim pôs Belo Horizonte em pânico. Por volta das 2 da madrugada, ela conquistava os boêmios no ponto do bonde, no centro da cidade, em frente a uma drogaria. Dizia que morava no Bonfim e os chamava para um programa. Ninguém resistia a seu convite. Ela levava as vítimas para o cemitério do Bonfim. Assustados com a lenda, os motorneiros e os cobradores de bonde se recusavam a trabalhar à noite.

## MÃO DE CABELO

Em Minas Gerais existe a lenda do Mão de Cabelo. Essa entidade fantástica, com jeito de espantalho, atormenta crianças que fazem xixi na cama. Também em Minas, um fantasma chamado **Chibamba** assusta crianças que choram.

## MÃOZINHA-PRETA

Nada a ver com a mãozinha da Família Addams. A assombração surgiu em São Paulo. A pequenina mão negra aparece sem mais nem menos andando pelo ar. Às vezes, ajuda no serviço da casa, com muita rapidez. Outras vezes, fica brava e sai perseguindo, puxando e beliscando as pessoas. Por ser negra, ela não costumava castigar os escravos.

## MAPINGUARI

Uma espécie de preguiça gigante extinta há 8.500 anos. Segundo as lendas indígenas, a criatura de quase 2 metros ainda habita as matas do Pará, do Amazonas e do Acre. É semelhante ao homem, mas é todo coberto de pelos, o que o torna invulnerável a balas (exceto na região do umbigo). É inimigo de caçadores de animais da floresta amazônica e, ao capturá-los, devora suas cabeças.

## MULA SEM CABEÇA

A mulher que faz algum mal se transforma em Mula Sem Cabeça na noite de quinta para sexta-feira; é seu castigo. No passado, diziam que mulher que namorasse padre tinha esse destino. Ela sai pelos campos soltando fogo pelas... narinas (o que ninguém explica é como ela pode soltar fogo pelas narinas se não tem cabeça!) e relinchando. Seu encanto, diz a lenda, somente será quebrado se alguém conseguir tirar o freio de ferro que ela carrega na cabeça (que cabeça?). No lugar dela, surgirá uma mulher arrependida.

## MULHER DE DUAS CORES
Nas estradas da divisa entre Minas Gerais e São Paulo, uma assombração feminina aparece durante o dia. Veste sempre roupas de duas cores: ou branco e preto, ou azul e vermelho, ou azul e amarelo. Não fala e não canta. Apenas cruza a estrada com passos leves, sem pôr o calcanhar no chão.

## MULHERES DO PONTAL
O navio a vapor inglês *Harlingen* afundou em Arraial do Cabo (RJ), em 1906. Diz-se que ele trazia várias mulheres holandesas para o Rio de Janeiro quando foi surpreendido pelo mau tempo. Muitos contam que os pescadores socorreram as belas mulheres e deixaram toda a tripulação masculina morrer. Já segundo outros, não houve sobreviventes e nas noites de lua cheia mulheres claras como o luar aparecem caminhando pelas pedras do Pontal.

## NEGRINHO DO PASTOREIO
O negrinho vaqueiro perdeu um cavalo baio e foi cruelmente torturado e morto pelo patrão, que depois o atirou em carne viva num formigueiro. Resgatado por Nossa Senhora, é considerado o protetor de pessoas que tenham perdido algo. Mito bastante popular na Região Sul.

## ONÇA-BOI
Trata-se de mais um animal fantástico do folclore amazônico. É uma onça-pintada cujas patas são como as de um boi. Esses seres andam sempre em dois. Quando um seringueiro consegue escapar subindo numa árvore, uma onça monta guarda, enquanto a outra vai comer e dormir. E assim vão se revezando, até o homem ficar esgotado e cair. Então, ele é devorado.

## PAPA-FIGO
Terrível monstro do folclore pernambucano. Tem orelhas de morcego, unhas de gavião e dentes de vampiro. Anda esfarrapado e sujo. Mata meninos e meninas mentirosos para chupar o sangue e comer o fígado deles. O Papa-figo acredita que esses são os únicos remédios capazes de curar a lepra (doença muito comum no início do século XX) que lhe destrói aos poucos.

## PÉ DE GARRAFA
É um monstro que assombra o sertão nordestino. Por onde passa, deixa pegadas redondas que lembram o fundo de uma garrafa. Vive nas matas e solta gritos amedrontadores. Multiplicando-se em várias direções, eles atordoam e enlouquecem quem os ouve. Os caçadores acabam se perdendo para sempre.

## PINTO PELADO
Pinto depenado, esquelético e horroroso. Invade as casas, derrubando tudo, fazendo bagunça e zombando dos moradores. Em São Paulo, tem a forma de um galo sem penas e é conhecido como Domingos Pinto Colchão. Persegue as pessoas avarentas e lhes rouba tudo.

## SACI-PERERÊ
O mais famoso personagem de nosso folclore tem apenas a perna esquerda, usa uma carapuça vermelha e vive pitando um cachimbo. Gosta de assustar quem passeia pelas florestas com intenção de destruí-las. Protege os seres humanos contra cobras e aranhas. Sua brincadeira predileta é se esconder dentro de um redemoinho ou se fingir de vaga-lume para espionar as pessoas. Faz travessuras também dentro das casas. Mas detesta entrar na água. Diz a lenda que usando uma peneira com uma cruz em cima é possível prender o Saci; então, deve-se guardá-lo numa garrafa de vidro escuro e, para soltá-lo, exigir que ele entregue a carapuça. Para ter a carapuça de volta, o Saci é capaz de fazer tudo o que lhe pedirem.

## TUPÃ
Entre os índios tupis, ele é o senhor dos raios e das tempestades. Pode destruir uma maloca, um homem ou toda uma plantação com uma simples faísca.

## ZUMBI
É um dos nomes que se dá aos mortos-vivos, humanos condenados a, depois da morte, assombrar alguns lugares onde viveram. Pode ser também um negrinho (às vezes confundido com o Saci), que é companheiro do Caipora no estado de Sergipe. Gosta de pedir fumo e bate em quem não o atende. É pequeno e anda pelado. Procura as crianças que vão apanhar frutas silvestres, para desnorteá-las.

# O BRASIL ESOTÉRICO

Quer fazer um contato imediato? É só escolher um destes lugares:

**Aiuruoca (MG)**
Distante 394 quilômetros de Belo Horizonte, a cidade é chamada de Sétimo Chacra da Terra. Por isso, recebe inúmeros visitantes em busca de paz espiritual.

**Alto Paraíso de Goiás (GO)**
Grupos esotéricos acreditam que a região, na entrada da Chapada dos Veadeiros, poderá abrigar uma nova civilização no terceiro milênio.

**Chapada dos Guimarães (MT)**
O que atrai os místicos ao Parque Nacional da Chapada dos Guimarães é sua localização. Ele fica bem no centro da América do Sul.

**Iporanga (SP)**
Muitos habitantes garantem que já viram luzes misteriosas no fundo do vale. O mirante do Gurutuva, um dos pontos turísticos da cidade, foi apelidado de mirante dos Óvnis.

**Joanópolis (SP)**
Os próprios moradores batizaram a cidade de Capital dos Lobisomens.

### Paraúna (GO)
Segundo os esotéricos, a serra das Galés seria o local escolhido para a chegada de discos voadores.

### São Tomé das Letras (MG)
Fica no sul de Minas Gerais, exatamente na metade do caminho entre Belo Horizonte e São Paulo, e vive do esoterismo. Ela é considerada pelos místicos uma das sete cidades sagradas do mundo.

### Visconde de Mauá (RJ)
É considerada base para a descida de discos voadores.
Só não se sabe se a lenda se deve a alucinações dos hippies que frequentavam o lugar nos anos 1970.

> **CONTATOS IMEDIATOS**
> Numa entrevista ao jornal *O Pasquim*, em 1973, o compositor e cantor Raul Seixas disse que conheceu Paulo Coelho, que viria a ser seu parceiro em várias composições, na Barra da Tijuca, no Rio de Janeiro. Ele estava lá meditando, assim como Paulo. De repente, ambos teriam visto um disco voador. A versão oficial, no entanto, diz que Raul Seixas procurou Paulo Coelho depois de ter lido numa revista um artigo de sua autoria sobre discos voadores.

# 10

A bênção, João de Deus,
Nosso povo te abraça,
Tu vens em missão de paz,
Sê bem-vindo
E abençoa este povo que te ama!

**MOACYR GERALDO MACIEL E
PÉRICLES BRANDÃO DE BARROS**
Compositores da música para a primeira visita
do papa João Paulo II ao Brasil, em 1980

✝

## Religião

# CATOLICISMO

Segundo o último censo do IBGE, realizado em 2000, 125 milhões de brasileiros (74% da população) são católicos. O país é o maior rebanho da Igreja Católica no mundo. O censo mostrou que aproximadamente 600 mil pessoas por ano têm trocado o catolicismo por outras religiões.

### Os números da Igreja Católica no Brasil

| | |
|---|---|
| Igrejas | 10.218 |
| Cardeais | 8 |
| Arcebispos | 68 |
| Bispos | 368 |
| Padres | 20.561 |
| Freiras | 33.333 |

Fonte: Ceris e Promocat

## A padroeira do Brasil

Imaculada Conceição, também chamada de Nossa Senhora Aparecida, é a padroeira do Brasil. Em 12 de outubro de 1717, os pescadores Domingos Garcia, Filipe Pedroso e João Alves foram encarregados de garantir o almoço do conde de Assumar, então governador da província de São Paulo, que visitava a vila de Guaratinguetá. Os três lançavam as redes no rio Itaguaçu (hoje rio Paraíba) sem muito sucesso. De repente, recolheram uma peça, em barro cozido, de 36 centímetros. Na segunda tentativa, veio a cabeça da imagem: era uma santa. Depois disso, dizem que os peixes começaram a aparecer em quantidade. Durante 15 anos, Pedroso ficou com a imagem em sua casa, onde recebia vários peregrinos para rezas e novenas. Mais tarde, a família fez um oratório para a santa, até que, em 1743, o vigário de Guaratinguetá, José Alves, deu início à construção de uma capela no alto do morro dos Coqueiros. A primeira missa foi celebrada em 26 de julho de 1745. Em torno da capela, surgiu a cidade de Aparecida.

Depois de várias reformas, a capela dos Coqueiros foi substituída por uma maior, inaugurada em 8 de dezembro de 1888. A imagem, até então chamada de Aparecida, por ter aparecido nas águas do rio, ganhou o nome de Nossa Senhora da Conceição Aparecida, em homenagem ao dia de Nossa Senhora da Conceição. Em 8 de setembro de 1904, a imagem de Nossa Senhora Aparecida foi coroada com autorização papal e, quatro anos mais tarde, o santuário elevou-se à categoria de basílica. O ano de 1928 marcou a passagem do povoado a município e, um ano depois, o papa Pio XI proclamava a santa Rainha do Brasil e sua padroeira oficial.

> **Por que a cidade ficou conhecida como "Aparecida do Norte"?**
> De acordo com a professora Zilda Ribeiro, a culpa é dos romeiros que saíam de São Paulo. Para chegar até a cidade de Aparecida, era preciso tomar um trem na estação da Estrada de Ferro do Norte (E. F. do Norte), construída em 1877. A expressão "Vou para a Aparecida da Estação do Norte" acabou reduzindo-se a "Vou para a Aparecida do Norte". O apelido pegou.

# A Basílica Nova

Em 11 de novembro de 1955, teve início a construção da Basílica Nova, que em tamanho só perde para a de São Pedro, no Vaticano. O arquiteto Benedito Calixto idealizou um edifício em forma de cruz grega, com 173 metros de comprimento por 168 metros de largura, naves com 40 metros e cúpula com 70 metros de altura, capaz de abrigar 45 mil pessoas.

> Em 2008, a basílica de Aparecida recebeu 9,5 milhões de romeiros. Desse total, 1,8 milhão de fiéis comungou e pelo menos 500 foram atendidos pelo ambulatório médico. Os 272 mil metros quadrados de estacionamento comportam 4 mil ônibus e 6 mil carros. Trabalham no Santuário de Aparecida 30 padres e outros 1.200 funcionários. O santuário conta com 996 sanitários e 245 bebedouros.

A Igreja desembolsou 17 milhões de reais para construir o Centro de Apoio aos Romeiros, também chamado de Shopping da Fé, que fica ao lado da basílica. São 366 pequenas lojas e uma praça de alimentação com 22 estabelecimentos. Também há um aquário e um parque de diversões.

> O feriado nacional em homenagem a Nossa Senhora Aparecida, em 12 de outubro, foi instituído em 1980.

### A IMAGEM EM PEDAÇOS

No dia 15 de maio de 1978, Rogério Marcos de Oliveira, um rapaz com problemas mentais, entrou na basílica e destruiu a imagem de Nossa Senhora Aparecida. Os 165 pedacinhos foram cuidadosamente recolhidos. A artista plástica Maria Helena Chartuni, do Museu de Arte de São Paulo (Masp), levou dois meses para restaurar a imagem. A santa voltou à cidade num carro do Corpo de Bombeiros, seguida por um grande corso de fiéis, no dia 19 de agosto.

O avião de um milionário, que acompanhava a caravana, caiu a 300 metros do viaduto que liga a via Dutra à cidade de Aparecida.

Depois disso, a imagem passou a ficar protegida numa redoma de vidro à prova de bala.

# FREI GALVÃO

Em 25 de outubro de 1998, numa missa solene na basílica de São Pedro, em Roma, o papa João Paulo II beatificou o paulista Antônio de Sant'Anna Galvão (1739-1822). Nascido em Guaratinguetá (SP), Antônio Galvão de França mudou o nome ao fundar em São Paulo, em 1774, a Ordem Recolhimento da Nossa Senhora da Conceição da Divina Providência, hoje mosteiro da Luz. Na mesma cerimônia, também foram beatificados o italiano Zeferino Agostini, o espanhol Faustino Míguez e a francesa Teodora Guerin. Frei Galvão foi o primeiro beato e o primeiro santo nascido no Brasil.

## A VIDA DE FREI GALVÃO

**1739**
Nasce em Guaratinguetá, interior de São Paulo. É o quarto dos nove filhos do português Antônio Galvão França e Isabel Leite de Barros. Seu pai era comerciante e emprestava dinheiro. Foi dono de uma das maiores fazendas da região.

**1752**
Vai estudar num colégio de jesuítas em Vila Cachoeira (BA). É aí que recebe sua formação religiosa. Faz voto de pobreza.

**1755**
Perde a mãe de apenas 38 anos.

**1760**
Decide se tornar padre e entra no noviciado da Ordem Franciscana, no Rio de Janeiro. Dois anos depois, ordena-se sacerdote.

**1768**
Começa a atividade apostolar em São Paulo. Viaja pelo interior do estado, sempre a pé.

**1774**
Dá início à construção do mosteiro da Luz, em São Paulo. O local seria utilizado pelas freiras da Ordem Recolhimento da Nossa Senhora da Conceição da Divina Providência, que vivem enclausuradas. As paredes do mosteiro foram feitas de taipa de pilão (mistura de cascalho, barro, estrume, sangue de animais e outros materiais, socados entre tábuas).

**1780**
É expulso de São Paulo pelo governador da capitania porque se opôs à ordem de condenação à forca de um soldado que havia esbofeteado o filho do governador. Diante da ameaça de uma rebelião popular, o governador volta atrás.

**1802**
Inaugura a igreja da Luz, que foi projetada por ele. Passa a morar num cubículo localizado atrás do altar dessa igreja.

**1822**
Morre no dia 23 de dezembro.

## OS MILAGRES

- O primeiro milagre atribuído a frei Galvão data de 1774, quando ele tinha 35 anos. Procurado no mosteiro da Luz por um rapaz com forte crise de vesícula, frei Galvão escreveu num papel uma oração louvando a Virgem Maria. Dobrou o papel e o entregou ao doente. Depois de engoli-lo, o rapaz teria se curado.

- O milagre mais notável de frei Galvão teria acontecido com a menina Daniela Cristina da Silva. Desenganada pelos médicos aos quatro anos, Daniela sofria de hepatite aguda do tipo A. Como muitos fiéis de frei Galvão, a família dela a fez tomar, durante vinte dias, as pílulas às quais são atribuídas as ações milagrosas do frei. Após esse período, a menina saiu totalmente curada do Hospital Emílio Ribas, em São Paulo. Ao todo, foram 28 dias hospitalizada entre a UTI (Unidade de Terapia Intensiva) e a enfermaria. Isso foi em 1990.

- Diz-se que frei Galvão é responsável por cerca de 24 mil graças.

### AS PÍLULAS MILAGROSAS

As famosas "pílulas de frei Galvão" são feitas de papel. Nelas, está escrita uma oração em latim à Virgem Maria. *Post partum Virgo inviolata permansisti, Dei Genitrix intercede pro nobis.* Significa: "Depois do parto permanecestes virgem, Mãe de Deus, intercedei por nós". Os papéis são recortados e enrolados na forma de cápsulas bem pequenas. Aí é só tomar.

**Como virar santo**

**1.** Os trabalhos para beatificação só podem ter início cinco anos após a morte do candidato e dependem da aprovação do bispo local.

**2.** Aprovado em Roma, o candidato, agora oficialmente um "servo de Deus", será investigado com rigor.

**3.** Testemunhos e provas devem demonstrar pelo menos um milagre para que o servo passe à condição de beato.

**4.** A santificação depende de um segundo milagre, após a beatificação, e da aprovação do papa. Pode demorar décadas e até séculos. A partir daí, sua imagem pode ocupar o altar de qualquer igreja.

## Outros santos

- Padre José de Anchieta é espanhol, originário das ilhas Canárias. Seu processo de beatificação foi iniciado em 1602 e acabou aprovado apenas em 28 de março de 1980.

- Madre Paulina do Coração Agonizante de Jesus (Amabile Lucia Visintriner), beatificada em 1991, é italiana e foi a fundadora, no Brasil, da Congregação das Irmãzinhas da Imaculada Conceição.

**OS HERÓIS DE CRISTO**
No dia 21 de dezembro de 1998, o papa João Paulo II reconheceu como "heróis da cristandade" trinta católicos brasileiros que morreram em 1645 em luta contra os holandeses calvinistas e os índios.

A primeira matança aconteceu em Cunhaú, uma das regiões mais prósperas da capitania do Rio Grande do Norte. Um grupo de índios tapuias e potiguares invadiu a igreja e fechou todas as portas. Um a um, os portugueses foram retalhados por espadas afiadas. O padre André de Soveral, de 73 anos, que rezava a missa, foi atacado com uma adaga e feito em pedaços. Quatro meses depois, na cidade vizinha de Uruaçu, os índios ordenaram que católicos se despissem e ajoelhassem no chão. Foi uma chacina pavorosa. Morreram oitenta pessoas. Segundo um relato da época, "os índios tiraram as entranhas das vítimas, depois de cortar-lhes a cabeça, as pernas e os braços. Das cabeças, arrancaram as partes que lhes dão forma: olhos, língua, nariz e orelhas. Dos braços, as mãos. Das mãos, os dedos".

**E O SÃO LONGUINHO?**
É um santo de devoção popular dos brasileiros. Quando perde alguma coisa, a pessoa pede ajuda ao santo e promete dar três pulinhos falando o nome dele se encontrar o que perdeu.

**BISPO PRIMAZ**
A arquidiocese de Salvador é a mais antiga do Brasil. Ela foi criada em 1551. Por isso, seu prelado é considerado o bispo primaz (o principal bispo) do país. A nomeação dele é feita pelo papa.

**CNBB**
A Conferência Nacional dos Bispos do Brasil (CNBB) foi criada em 14 de outubro de 1952.

**Todos os seus presidentes**

| | |
|---|---|
| 1952-1958 | Cardeal d. Carlos Carmelo de Vasconcelos |
| 1959-1963 | Cardeal d. Jaime de Barros Câmara |
| 1964-1971 | d. Agnelo Rossi |
| 1972-1978 | d. Aloísio Lorscheider |
| 1979-1986 | d. José Ivo Lorscheiter |
| 1987-1994 | d. Luciano Mendes de Almeida |
| 1995-1998 | d. Lucas Moreira Neves* |
| 1998-2003 | d. Jayme Henrique Chemello |
| 2003-2011 | Cardeal d. Geraldo Majella Agnelo |

(*) Com a nomeação de d. Lucas para prefeito da Congregação para os bispos, em junho de 1998, a presidência da CNBB passou a ser ocupada pelo vice, d. Jayme Henrique Chemello.

**Você sabia que...**
... o primeiro bispo do Brasil, d. Pero Fernandes Sardinha, foi devorado pelos índios caetés, em 16 de junho de 1556? O azarado bispo estava a bordo da nau Nossa Senhora da Ajuda, com outros cem tripulantes. A embarcação naufragou na região de Coruripe, no Alagoas. A tripulação foi atacada e devorada em um ritual antropofágico pelos índios caetés, que habitavam toda a costa e as margens do rio Coruripe. Em represália, o governo português lançou uma verdadeira "guerra santa" contra os indígenas, apoiada pela Igreja Católica. Em cinco anos, os caetés foram extintos.
Séculos depois, o escritor modernista Oswald de Andrade resgatou a memória do bispo e de seus algozes no "Manifesto Antropofágico". No final, em vez de colocar a data "1º de maio de 1928", Oswald assinou "Ano 374 da Deglutição do Bispo Sardinha".

## O CRIME DO PADRE HOSANÁ

O padre Hosaná de Siqueira e Silva, da cidade de Quipapá (PE), cometeu um crime que abalou os católicos pernambucanos em 1º de julho de 1957. O bispo, d. Expedito Lopes, denunciou numa emissora de rádio que resolvera suspender o padre de suas funções porque Hosaná tinha um caso com uma moça. O padre o matou com três tiros em frente à casa paroquial de Garanhuns. Hosaná escapou de um linchamento, mas não se livrou de uma pena de 11 anos, dois meses e dois dias de prisão. Ele também foi excomungado.

# A ORIGEM DAS EXPRESSÕES

**Conto do vigário**
Uma imagem de Nossa Senhora dos Passos foi doada pelos espanhóis para a cidade de Ouro Preto (MG) e começou a ser disputada pelos padres de duas igrejas: a de Nossa Senhora do Pilar e a de Nossa Senhora da Conceição. O padre de Pilar sugeriu, então, que a imagem fosse colocada em cima de um burro, no meio do caminho entre as duas. O rumo que o animal tomasse decidiria quem ficaria com a imagem. Quando foi solto, o burro se dirigiu à igreja de Pilar. Mais tarde, soube-se que ele pertencia ao padre de lá.

**Vá se queixar ao bispo!**
No Brasil do século XVIII ter filhos era muito importante. Precisando mostrar ao homem que era fértil, a mulher engravidava antes do casamento. A regra era aprovada pela própria Igreja, desde que depois o casamento se consumasse. Muitas vezes, o noivo ia embora e a mulher grávida ia reclamar ao bispo, que mandava alguém atrás do fujão.

**Santo do pau oco**
A expressão surgiu no século XVIII, em Minas Gerais, do método usado para sonegar os impostos cobrados pelo rei de Portugal, que eram elevadíssimos no auge da mineração. Para escapar ao tributo, os proprietários de minas e os grandes senhores de terras da Colônia colocavam parte de suas riquezas no interior de imagens ocas de santos, feitas de madeira. Algumas delas, em geral as maiores, eram enviadas a parentes de outras províncias, e até de Portugal, como se fossem presentes.

# VISITAS DOS PAPAS AO BRASIL

**João Paulo II foi o primeiro papa a visitar o Brasil**

**1.** A primeira vez, ele chegou ao meio-dia de 30 de junho de 1980 e percorreu 13 cidades em apenas 12 dias. No total, a maratona teve 30 mil quilômetros. João Paulo entrou por Brasília e foi embora por Manaus. A música *A bênção, João de Deus*, composta por Moacyr Geraldo Maciel e Péricles Brandão de Barros, virou *hit* nacional.

> **A bênção, João de Deus**
>
> A bênção, João de Deus,
> Nosso povo te abraça,
> Tu vens em missão de paz,
> Sê bem-vindo
> E abençoa este povo que te ama!
> A bênção, João de Deus!
>
> João Paulo, aqui estamos,
> A família reunida
> Em torno de ti, ó Pai,
> Reafirmando
> A esperança no amor que une a todos!
> A bênção, João de Deus!

**2.** A segunda visita aconteceu entre 10 e 19 de outubro de 1991. O papa não costumava beijar o solo de um país que já tivesse visitado, mas no Brasil ele quebrou a tradição. Visitou sete cidades e fez 31 discursos e homilias.

**3.** Entre 2 e 5 de outubro de 1997, João Paulo II esteve no Rio de Janeiro para tomar parte no II Encontro Mundial das Famílias. No dia 4, ele participou do Encontro do Testemunho, no estádio do Maracanã. Depois de cantar *Ave Maria*, Fafá de Belém quebrou o protocolo e foi beijar o papa. Uma missa campal no aterro do Flamengo reuniu 2 milhões de pessoas. O papa condenou o divórcio e o aborto, e pediu o fortalecimento dos lares. Roberto Carlos, que cantou para o público, ganhou uma bênção do papa, ao lado de Maria Rita, sua terceira mulher.

## Papa Bento XVI

**1.** O papa Bento XVI visitou o Brasil entre os dias 9 e 13 de maio de 2007. Na ocasião, ele passou pela capital do estado de São Paulo e pelas cidades de Aparecida do Norte, Guaratinguetá e Potim.

**2.** Em comemoração à visita, a Igreja lançou um CD especial com o hino oficial de boas-vindas ao papa. A música *Bento, bendito o que vem* foi gravada em duas versões, uma delas cantada pela dupla Gian e Giovani.

> **Bento, bendito o que vem**
>
> Bento, "bendito o que vem em nome do Senhor"!
> Bem-vindo! Bem-vindo! nosso povo te acolhe com amor!
> Bem-vindo! Bem-vindo! nosso povo te acolhe com amor!
> Tu que recordaste ao povo: Deus é amor!
> Vens anunciar de novo: Deus é amor!
> Com a mãe Aparecida nos confirmas: Deus é amor!
> Tu proclamas para a América Latina: Deus é amor!
>
> Na diversidade, unidos: Deus é amor!
> Proclamamos decididos: Deus é amor!
> Nós queremos ser discípulos de Cristo: Deus é amor!
> Missionários para todos terem vida: Deus é amor!
>
> Entre sombras e esperanças: Deus é amor!
> Caminhamos na confiança: Deus é amor!
> Novos rumos, novos tempos esperamos: Deus é amor!
> Nesta quinta conferência celebramos: Deus é amor!

**3.** Cerca de 10 mil fiéis apareceram para receber Bento XVI em São Paulo, em frente ao mosteiro de São Bento.

**4.** Bento XVI ficou três dias e duas noites no mosteiro de São Bento, localizado no centro da cidade de São Paulo. Acompanhado de sua comitiva de 13 pessoas, o papa ocupou o primeiro andar inteiro do prédio.

**5.** O Brasil foi o sexto país que o papa visitou desde o começo do seu pontificado. Sua primeira visita foi à Turquia, entre 28 de novembro e 1º de dezembro de 2006.

# OS RELIGIOSOS QUE ESCREVERAM A HISTÓRIA DO BRASIL

**1. Padre José de Anchieta (1534-1597)**

• Nascido em Tenerife, uma das ilhas Canárias (Espanha), José de Anchieta tinha 19 anos quando chegou a Salvador, em 13 de julho de 1553, depois de dois meses e meio de viagem. Logo foi chamado por Manuel da Nóbrega, vice-provincial da capitania de São Vicente, onde se situava a pequena aldeia de Piratininga. Os jesuítas necessitavam urgentemente de tradutores e intérpretes para falar o tupi, língua dos índios do litoral brasileiro. Foram mais dois meses de viagem para ir da Bahia ao planalto paulista.

• Um mês depois de sua chegada, em 25 de janeiro de 1554, foi inaugurado o colégio jesuíta da Vila de Piratininga, data hoje comemorada como a da fundação de São Paulo. Escreveu Anchieta: "Celebramos em paupérrima e estreitíssima casinha a primeira missa, no dia da conversão do apóstolo São Paulo, e por isso dedicamos a ele nossa casa". Ali moravam 13 jesuítas que tinham a seu cargo duas aldeias de índios com quase mil pessoas. Ele viu Piratininga ser atacada pelos tupis numa luta que durou dois dias. Com a ajuda dos índios convertidos, a vila resistiu e os tupis acabaram fugindo.

• Anchieta se aplicava em escrever a primeira gramática "da língua mais usada na costa do Brasil", o tupi-guarani, que seria publicada em Coimbra, Portugal, no ano de 1595.

• Alguns biógrafos dizem que ele sofria de dores na coluna vertebral e que, ao tornar-se noviço, já andava arqueado. Outros garantem que uma escada da biblioteca do colégio caiu-lhe nas costas e, com o correr dos anos, as consequências do acidente o deixaram quase corcunda.

• O jesuíta era um homem habituado a longas caminhadas. Percorria a pé, em menos de 24 horas, o trajeto de 100 quilômetros entre a aldeia de Reritiba, ponto remoto do litoral da capitania do Espírito Santo, onde morava, e o Colégio São Tiago, residência oficial dos jesuítas em Vitória, na segunda metade do século XVI. Andava tão rápido que os índios o apelidaram *caraibebe*, ou "homem de asas", em tupi.

• Quando morreu, em 9 de junho de 1597, aos 63 anos, na aldeia de Reritiba (hoje Anchieta), fundada por ele, os índios disputaram com os portugueses a honra de carregar o corpo dele até a igreja de São Tiago. Seus restos mortais ficaram lá até 1609. Na cidade foi criado o Santuário Nacional do Beato, que engloba a igreja Nossa Senhora de Assunção e o Museu de Anchieta.

Em 1560, Anchieta escreveu uma longa carta com suas observações a respeito da fauna e da flora do Brasil. Leia alguns trechos:

"As onças são 'boas para se comerem', a carne de macaco faz bem aos doentes e a dos papagaios, embora também recomendada, em alguns casos provoca prisão de ventre."

"Não é fácil acreditar-se na extraordinária corpulência das sucuris. Engolem um veado inteiro e até animais maiores."

"Os jacarés, lagartos que vivem do mesmo modo em rios, cobertos de escamas duríssimas e armados de agudíssimos dentes, também são enormes, de modo que podem engolir um homem."

**Jesuítas**
Eram os padres da Companhia de Jesus, ordem fundada por Santo Inácio de Loyola. Eles começaram a chegar ao Brasil em 1549. Manuel da Nóbrega estava no primeiro grupo.

### 2. Padre Antônio Vieira (1608-1697)

• Antônio Vieira nasceu em Lisboa, no dia 6 de fevereiro de 1608. Veio para o Brasil com seis anos, quando seu pai foi nomeado servidor do governo colonial na Bahia. Estudou num colégio jesuíta. Aos 15 anos, fugiu de casa e entrou para a Companhia de Jesus. Tornou-se sacerdote em 1635.

- Pregou contra as invasões holandesas na Bahia (1638). Mais tarde, porém, foi o criador da Companhia Geral do Comércio do Brasil (1649), que unia Portugal e Holanda contra os interesses britânicos. Vieira foi o responsável pelas negociações com o governo holandês e judeus da Holanda e de Roma. Mas a ideia não vingou, pois a Igreja se opôs à mistura de dinheiro católico com dinheiro judeu.

- Catequizou índios no Pará e no Maranhão (1653-1661), aprendendo sete línguas diferentes. Quando defendeu os índios do Maranhão contra a escravidão, os proprietários de terra passaram a atacá-lo. Acabou condenado como herege pelo Santo Ofício e ficou dois anos na prisão (1666 e 1667).

- Ao ser anistiado, foi para Roma e passou a pregar em italiano contra a Inquisição. Voltou para Lisboa em 1675 e, seis anos depois, para o Brasil. Na fase final de sua vida, dedicou-se à revisão de seus famosos sermões, que se transformaram em obra-prima da língua portuguesa.

### 3. Padre José Maurício Nunes Garcia (1767-1830)
Antes mesmo de se ordenar padre, ele mostrava interesse pela música. Tocava viola e cravo, além de cantar em coros de igrejas. Celebrou sua primeira missa em 1792. Abriu um curso de música, que teve alunos como Francisco Manuel da Silva, autor da música do *Hino Nacional* brasileiro. Com a chegada de d. João VI ao Brasil, padre José Maurício tornou-se mestre de capela, organista e compositor da Capela Imperial. Sua composição mais famosa foi a *Missa de réquiem*, de 1816. Muitas de suas obras se perderam.

### 4. Frei Caneca (1779-1825)
- Joaquim do Amor Divino ordenou-se padre pela Ordem dos Carmelitas aos vinte anos. Virou frei Caneca porque seu pai era fabricante de canecas. Deu aulas de retórica e geometria para noviços. Começou a se interessar pelos problemas do país e lutou incansavelmente pela independência. Participou da Revolta Pernambucana em 1817. Ficou preso durante quatro anos e acabou sendo anistiado. Depois da proclamação da Independência, no entanto, Caneca passou a fazer duras críticas a d. Pedro I no jornal *Typhis Pernambucano*, que ele mesmo fundou. Mais tarde, foi um dos principais líderes da Confederação do Equador, sufocada pelo governo de Pernambuco. Preso e condenado, ele foi levado à forca em 13 de janeiro de 1825.

> **QUEM VAI MATAR O FREI CANECA?**
> Os monges o despiram do hábito da Irmandade da Madre de Deus e frei Caneca recebeu a excomunhão para poder enfrentar a forca. Na hora da execução, no entanto, o carrasco disse ter visto a Virgem Maria ao lado do condenado e se recusou a enforcá-lo. O ajudante do carrasco também se esquivou. Foram chamados dois escravos que, mesmo recebendo chibatadas, não quiseram proceder à execução. As autoridades mandaram vir dois presos e lhes prometeram a liberdade se enforcassem o frei. Mais uma negativa. O juiz se decidiu pelo fuzilamento, mas os soldados tremiam. Diante do pavor coletivo, frei Caneca disse: "Vamos, meus amigos. Não me façam sofrer muito. Virgem Maria há de compreender os vossos temores. Tenham fé. Ela já os perdoou". Só então os soldados atiraram.

- Em homenagem a frei Caneca, o poeta pernambucano João Cabral de Melo Neto escreveu o *Auto do frade*, lançado em 1983.

### 5. Regente Feijó (1784-1843)

- Filho de pais desconhecidos, o paulista Diogo Antônio Feijó foi adotado e criado por dois padres, Fernando Lopes de Camargo e, depois, João Gonçalves de Lima. Ordenou-se padre em 1809 e começou a se interessar por política. Em 1821, foi deputado em Lisboa.

- Voltou no ano seguinte a São Paulo, onde se opôs à política do primeiro-ministro José Bonifácio. Eleito deputado em 1826, ele formou a Regência Trina Permanente, que cuidou do país até a maioridade de d. Pedro II. Como ministro da Justiça, criou a Guarda Nacional e impediu os motins de oficiais e soldados na capital. Armou um golpe contra o Senado em 1832, e fracassou. Por isso, renunciou ao cargo.

- Feijó apoiou uma moção que permitia o casamento dos padres brasileiros. A Igreja foi contra.

- Foi eleito regente único em 1835, mas também renunciou dois anos depois. Apoiou a Revolta de Sorocaba, iniciada pelos membros do Partido Liberal de São Paulo, em 1842. Foi preso, processado e exilado no Espírito Santo. Morreu no ano seguinte, logo após sua libertação.

### 6. Padre Cícero (1844-1934)

- Em abril de 1872, Jesus apareceu no sonho do padre cearense Cícero Romão Batista e recomendou sua ida a Juazeiro do Norte para cuidar da aldeota com apenas cinco casas de telha, trinta casas de palha e uma capelinha, a 10 quilômetros de Crato, sua terra natal. Zelando pelos pobres, padre Cícero ganhava fama de benfeitor em toda a região.

- Numa missa, em 1º de março de 1889, um milagre começaria a transformar o homem em lenda: no momento da comunhão, a hóstia teria se transformado em sangue na boca da beata Maria de Araújo. Legiões de pessoas vinham de longe para assistir ao fenômeno, que se repetiria dezenas de vezes, sempre e apenas com a mesma beata. A cada milagre, o padre limpava o sangue com um paninho, escrevia a data no tecido e assinava. O caso foi parar no Palácio Episcopal de Fortaleza. O bispo Joaquim José Vieira criou uma comissão para desmascarar o suposto milagreiro, e até o Vaticano foi convidado a se manifestar acerca do assunto. Mas jamais se provou se a transformação da hóstia em sangue era de fato uma farsa.

- Irritado com o crescente fanatismo pelo *padim* Cícero, d. Joaquim formou uma nova comissão, cujo parecer foi desfavorável aos milagres. A Igreja ameaçou o padre Cícero de excomunhão, a qual não foi concretizada, pois temeu-se uma reação popular. Proibido de celebrar atos religiosos, Cícero recuperou o direito de oficiar depois de expor pessoalmente os fenômenos em Roma.

- O bispo Francisco de Assis Pires, de Crato, mandou revirar as casas e queimar todos os paninhos que fossem encontrados. Isso apenas fortaleceu o mito. Hoje, resta um único paninho, propriedade de dona Dalva Mendonça. Ela conta que, um dia, padre Cícero apareceu em sonho para sua mãe e disse que o último paninho de cambraia de linho, datado de 15 de maio de 1891, estava na casa da beata Bichinha, debaixo da estátua do Menino Jesus de Praga. No dia seguinte, Dalva foi até lá, levantou a estátua e achou a relíquia.

- Acusado de continuar estimulando o fanatismo, Cícero foi suspenso da ordem e entrou para a política. Foi o primeiro prefeito de Juazeiro, tomando posse em 4 de outubro de 1911. Acabou sendo destituído pelo governador Franco Rabelo. Padre Cícero lutou, então, ao lado dos rebeldes contrários a Rabelo, num movimento conhecido como Guerra da Sedição. Rabelo foi deposto e Cícero reassumiu sua posição em 1927.

- A estátua do padre Cícero, em Juazeiro do Norte, tem 17 metros, além dos 8 metros de pedestal. É a terceira maior obra de concreto do mundo, perdendo somente para a estátua da Liberdade (Nova York, Estados Unidos) e para o Cristo Redentor (Rio de Janeiro). Foi esculpida em 1969 pelo artista nordestino Armando Lacerda. O túmulo do padre Cícero localiza-se na igreja matriz de Nossa Senhora das Dores.

- Os admiradores do padre Cícero contavam que, entre seus milagres, ele costumava pendurar o chapéu num prego imaginário.

- Seu enterro foi acompanhado por uma multidão de 80 mil fiéis.

- Em terras herdadas do padre Cícero, o beato José Lourenço (1872-1946) construiu a Comunidade do Caldeirão. Durante o Estado Novo, a Comunidade, considerada um foco de comunismo, foi destruída. Cerca de mil seguidores de José Lourenço organizaram uma nova comunidade na serra do Araripe, mas foram perseguidos e massacrados.

### 7. Padre Donizetti (1882-1961)

Até hoje seu nome arrasta inúmeras romarias à cidade de Tambaú, no interior de São Paulo, onde foi pároco durante 35 anos. Donizetti Tavares de Lima nasceu em 3 de janeiro de 1882, em Santa Rita de Cássia (MG). Ele iniciou o curso de direito na faculdade do largo São Francisco, mas abandonou os estudos para entrar num seminário. Ordenou-se sacerdote em 12 de julho de 1908, em Pouso Alegre (MG). Entre 1909 e 1926, foi vigário de Vargem Grande do Sul (SP). Chegou a Tambaú em 13 de junho de 1926. Milhares de curas foram atribuídas a ele, incluindo-se a da gagueira de um menino chamado Joelmir Betting, hoje famoso jornalista econômico. Padre Donizetti morreu em 16 de junho de 1961.

## 8. Frei Damião (1898-1997)

Filho de agricultores da região de Bozzano, no Norte da Itália, Pio Gianotti – nome de batismo de frei Damião – foi soldado e lutou na Primeira Guerra Mundial antes de se tornar religioso. Quando voltou da guerra, entrou para a Ordem dos Capuchinhos no Convento de Lucca. Chegou ao Brasil em maio de 1931, depois de ter se doutorado em direito canônico, teologia dogmática e filosofia pela Universidade Gregoriana, em Roma. Nunca se naturalizou brasileiro. A formação moralista sempre norteou suas pregações. Morreu dia 31 de maio de 1997, aos 98 anos.

## 9. Irmã Dulce (1914-1992)

- Maria Rita de Souza Brito Lopes Pontes nasceu em 26 de maio de 1914, em Salvador. Era a segunda dos cinco filhos do casal Augusto Lopes Pontes e Dulce Maria de Souza Brito Lopes Pontes. Com apenas 13 anos, já atendia pessoas carentes na sua própria casa. No ano de 1933, depois de receber o diploma de professora, Maria Rita ingressou na Congregação das Irmãs Missionárias da Imaculada Conceição da Mãe de Deus, do Convento de São Cristóvão, em Sergipe. Numa homenagem à mãe, adotou o nome de irmã Dulce, quando fez os votos de profissão de fé religiosa em 15 de agosto de 1934. Voltou a Salvador para trabalhar como enfermeira voluntária no Sanatório Espanhol por três meses. Tentou dar aulas de Geografia, mas sentiu não ter vocação para professora.

- Passou a se dedicar integralmente ao trabalho social. Em 1935, fundou a União Operária São Francisco, primeiro movimento cristão operário de Salvador. A Associação Obras Sociais Irmã Dulce foi criada em 26 de maio de 1959. Tanta dedicação aos pobres, menores carentes e idosos lhe valeu o título de Anjo Bom da Bahia. Entre suas muitas obras, encontra-se a Fundação Irmã Dulce (1981). Foi ela também que iniciou a reforma do novo Hospital Santo Antônio, com quatrocentos leitos (1983).

Irmã Dulce morreu às 16h45 do dia 13 de março de 1992, no Convento Santo Antônio, depois de ter ficado internada durante 16 meses. O seu processo de beatificação começou em 1998.

### 10. Frei Leonardo Boff (1938-)

O frei catarinense Genézio Darci Boff, que ficou conhecido como Leonardo Boff, foi um dos formuladores da Teologia da Libertação. Estudioso de religiões, escreveu mais de sessenta livros sobre teologia, evangelização e filosofia, sempre com a marca da erudição e da preocupação social. Em 1984, suas reflexões sobre a Igreja Católica, publicadas no livro *Igreja, carisma e poder*, desagradaram o Vaticano. Por causa disso, o papa João Paulo II o condenou a permanecer em silêncio por 11 meses. Em 1992, insatisfeito com a condenação a um novo período de silêncio, Boff renunciou ao sacerdócio.

> **O que é a Teologia da Libertação?**
> Na década de 1960, um grupo de Igreja Católica da América Latina iniciou esse movimento para associar o cristianismo às questões político-sociais. Os sacerdotes, portanto, deveriam lutar ao lado dos fiéis por justiça social como um compromisso cristão. A cúpula da Igreja Católica não aprovou a ideia e entrou em choque com os membros da Teologia da Libertação.

### 11. Dom Hélder Câmara (1909-1999)

- Natural do Ceará, Hélder Câmara foi matriculado pela família num seminário aos oito anos. Ordenou-se padre aos 22 anos e conseguiu uma permissão especial de Roma para celebrar missas dois anos antes do estabelecido pelas regras da Igreja. Virou bispo em 1952. Ele foi um dos fundadores da CNBB e da Celam (Conferência Episcopal Latino-Americana). Em março de 1964, dom Hélder apoiou o golpe militar que derrubou o presidente João Goulart.

- Assumiu, logo depois, o arcebispado de Olinda e Recife, que só deixaria aos 76 anos. Grande adversário da ditadura, ele acabaria sendo uma das grandes vozes que denunciou a ocorrência de tortura durante o regime militar. "Dom Hélder é meu bispo vermelho", diz o papa Paulo VI. Recebeu duas indicações para o prêmio Nobel da Paz, em 1971 e 1974.

- Morreu no dia 27 de agosto de 1999, aos 90 anos, vítima de uma parada cardiorrespiratória enquanto dormia. Seu corpo foi enterrado no mausoléu dos bispos, na igreja da Sé, em Olinda.

> **O que é a Renovação Carismática?**
> É um movimento dentro da Igreja Católica. A Renovação Carismática nasceu em 1967, nos Estados Unidos, e chegou ao Brasil em 1971, pelas mãos do jesuíta Eduardo Dougherty. Inspirou-se nos televangelistas. As músicas ganharam arranjos mais modernos e são executadas por pequenas bandas nos cultos.
>
> **O que é o terço bizantino?**
> Rosário de tradição oriental que possui 110 contas, 55 a menos que o terço tradicional.

## PADRES CANTORES

**Padre Zezinho**

- Pioneiro entre os "padres cantores", José Fernandes de Oliveira – o Padre Zezinho – nasceu no dia 8 de junho de 1941, em Machado (MG). Ordenado em 1966, o padre apresenta programas na rádio e na televisão.

- O padre já teve uma de suas músicas, *Oração da família*, interpretada pelo cantor Roberto Carlos.

**Padre Marcelo Rossi**

• A agitação da missa do padre Marcelo Rossi assemelha-se a uma aula de aeróbica – é o que ele mesmo chama de "aeróbica do Senhor". Nascido no dia 20 de maio de 1967 e ordenado em 1º de dezembro de 1994, o padre paulistano ficou famoso no final dos anos 1990 por suas missas animadas e pelo sucesso do álbum "Músicas para louvar ao Senhor", que vendeu 4 milhões de cópias.

• Padre Marcelo Rossi é formado em Educação Física e tem 1,96 metro de altura. Sua ordenação religiosa foi motivada em grande parte por tragédias pessoais. Em 1988, um primo morreu em um acidente de carro e, pouco depois, foi descoberto um tumor maligno no cérebro de uma tia.

• Participações no cinema também fazem parte da carreira do padre: *Maria, mãe do filho de Deus* (2003) e *Irmãos de fé* (2004).

• Fã confesso de Roberto Carlos, padre Marcelo Rossi recebeu permissão para regravar as músicas religiosas do cantor. "Padre, acredite, eu tenho certeza de que você vai fazer um trabalho muito lindo", disse o rei. As músicas de Roberto Carlos saíram no disco "Paz" (2001).

• Em 2008, a juíza Cristina de Araújo Góes Lajchter não aceitou o pedido do cantor Belo de sair da prisão para participar de um show do Padre Marcelo Rossi. A saída encontrada foi a gravação de um vídeo em que Belo cantou a música *Noites traiçoeiras*.

**Padre Fábio de Melo**

• Padre Fábio de Melo nasceu no dia 3 de abril de 1971, em Formiga, Minas Gerais. É o caçula de oito filhos. Além da vida religiosa, acumula as funções de escritor, poeta, músico e professor universitário.

• Padre Fábio foi ordenado no dia 15 de dezembro de 2001. Além de músicas religiosas, seu repertório inclui músicas de Geraldo Vandré e da dupla Toquinho e Mutinho.

**Padre Antônio Maria**
Descendente de portugueses, padre Antônio Maria nasceu no dia 17 de agosto de 1945, no Rio de Janeiro. Quando era adolescente, frequentava os programas de auditório da rádio Nacional e era fã da jovem guarda de Roberto Carlos, que mais tarde participou do álbum ao vivo do padre, "A festa da fé". Conhecido como "Padre dos Artistas", Antônio Maria celebrou o casamento de Alexandre Pires e do casal Angélica e Luciano Huck.

**Padre Zeca**
Carioca do Leblon, padre Zeca ficou conhecido pelo movimento Deus é Dez, famoso entre a juventude católica do Rio de Janeiro. Padre Zeca entrou no seminário com 18 anos e foi ordenado padre aos 25. Voltou a ser conhecido como José Luiz Jansen de Mello Neto em janeiro de 2007, quando pediu licença das suas funções sacerdotais pela primeira vez em 12 anos.

**Padre Hewaldo Trevisan**
• Padre Hewaldo Trevisan gosta de dizer que "eu sou o contrário, primeiro gravei discos como músico, para depois virar padre". Ele explica: "Sou um cantor profissional. Me formei em música e já cantei muito em bailes. Adorava bolero, música romântica, Gilberto Gil, Caetano Veloso".

• O padre Hewaldo nasceu no interior de São Paulo, na cidade de Campo Limpo Paulista. Aluno do também cantor padre Zezinho, foi ordenado em 19 de janeiro de 1991.

• O Padre da Família Sertaneja já gravou discos com Edson e Hudson, Rick e Renner, Bruno e Marrone e é conhecido por fazer shows de abertura de rodeios e festas agropecuárias.

- Ator e amigo do diretor Jayme Monjardim, padre Hewaldo participou da minissérie Maysa – Quando fala o coração, no papel do jesuíta padre Moutinho. Na vida real, padre Hewaldo celebrou o casamento do diretor com a cantora Tânia Mara.

**Padre Juarez de Castro**
Nascido em Lavras (MG), Juarez de Castro se tornou padre em 1995. Seu primeiro CD, "Deus está aqui", foi indicado ao prêmio Grammy Latino, para a categoria Melhor Música Cristã.

**Padre Reginaldo Manzotti**
- Reginaldo Manzotti é o caçula de seis filhos, e nasceu em 25 de abril de 1970, em Paraíso do Norte (PR). Ele é formado em filosofia e teologia.

- Com três CDs lançados, padre Manzotti vendeu 180 mil cópias. "Tenho uma missão que é a de atingir as ovelhas que não vão à igreja. Por isso, produzo um jornal de 75 mil exemplares, minha página da internet teve 100 mil visitas no último mês, falo para 400 emissoras de rádio em todo o Brasil, e para 144 emissoras de televisão", disse o padre em 2008.

- Apesar de fazer muitos shows, o padre cantor não cobra cachê pelas apresentações. Apenas os músicos que o acompanham recebem dinheiro.

## TRADIÇÃO, FAMÍLIA E PROPRIEDADE
A Sociedade Brasileira de Defesa da Tradição, Família e Propriedade, a TFP, é uma organização católica ultraconservadora. Seus membros costumam sair à rua carregando estandartes em campanha contra a reforma agrária ou contra a pornografia na televisão. A organização foi criada por Plínio Corrêa de Oliveira (1908-1995) em 1960.

## OPUS DEI

- A organização tem cerca de 85 mil seguidores, entre leigos e sacerdotes, com bases em 62 nações. Entre os seus membros, a Opus Dei é chamada de "Obra".

- A seita católica ficou conhecida do grande público em 2003 com o livro *O código Da Vinci*, escrito por Dan Brown. O livro foi adaptado para o cinema em 2006 com Tom Hanks no papel principal.

- Em *O código Da Vinci*, o monge membro da Opus Dei, Silas, se autoflagela com um chicote e usa um objeto chamado cilício amarrado na coxa.

- O flagelo existe entre os membros, mas de maneira mais leve – é usada uma pequena corda, conhecida como "disciplina". Os numerários utilizam o cilício – uma espécie de arame com pontas que pressionam a coxa – pelo menos duas horas por dia.

- Em 2006, o matemático Antônio Carlos Brolezzi, ex-membro da Opus Dei, lançou um livro em que conta os segredos mais obscuros da organização. A obra se chama *Memórias sexuais no Opus Dei*. No mesmo ano, Viviane Lovatti Ferreira, esposa de Brolezzi, organizou depoimentos de mulheres que participam e participaram do Opus Dei. Os relatos estão no livro *O Opus Dei e as mulheres*.

## IGREJA CATÓLICA APOSTÓLICA BRASILEIRA

D. Carlos Duarte Costa (1888-1961), bispo de Botucatu (SP), foi excomungado por insubordinação ao catolicismo romano. Criou uma nova sociedade religiosa em 1945 e se autodenominou bispo de Maura. Sua doutrina admite o divórcio, abole o celibato e rejeita a confissão auricular.

# RELIGIÕES AFRO-BRASILEIRAS

## CANDOMBLÉ

- Entre as religiões brasileiras de origem africana, o candomblé é a mais pura. Ele foi trazido pelos escravos negros. Para os colonizadores portugueses, porém, as danças e os rituais eram feitiçaria e, portanto, deveriam ser proibidos. A solução encontrada pelos escravos foi rezar para um santo e acender velas para os orixás. Por isso, o candomblé apresenta traços superficiais do catolicismo.

- Até a década de 1930, o candomblé era perseguido pela polícia e operava na clandestinidade. Em 1930, a Mãe Aninha, uma das mais conhecidas mães de santo de Salvador, agendou uma audiência com o presidente. Getúlio Vargas a recebeu no Palácio do Catete, no Rio de Janeiro. Aninha pediu que a polícia os deixasse em paz e foi atendida. Quando Mãe Aninha morreu, em 1938, seu enterro foi acompanhado por 5 mil pessoas.

- Da mesma forma que os católicos julgam ter um anjo da guarda particular, os adeptos do candomblé acreditam que cada pessoa tem seu orixá, ou "santo", e com ele se identifica.

- Os deuses manifestam as mesmas paixões dos seres humanos e se comportam bem ou mal como eles. Não existe o conceito de pecado no candomblé. Seus seguidores fazem oferendas de comidas ou sacrificam animais em honra dos orixás para receber a proteção destes na vida terrena. O único pecado é deixar de cumprir esses rituais.

- Para descobrir o orixá, o pai de santo usa o *ifá* (jogo de búzios, conchas utilizadas como oráculo). Ele também orienta a solução dos problemas. Na África, existem mais de duzentos orixás, mas no Brasil eles foram reduzidos a 16. Doze deles são os mais cultuados:

**Ogum**
Deus da guerra, do fogo e da tecnologia. No Brasil é conhecido como deus guerreiro. Sabe trabalhar com metal e, sem sua proteção, o trabalho não pode ser proveitoso. Filho de Iemanjá e irmão de Exu.

**Elemento:** ferro
**Símbolo:** espada prateada
**Personalidade:** impaciente, obstinado, conquistador e volúvel
**Dia da semana:** terça-feira
**Colar:** azul-marinho
**Roupa:** azul, verde-escura, vermelha ou amarela
**Sacrifício:** galo e bode avermelhados
**Oferendas:** feijoada, xinxim, acarajé e inhame

**Exu**
- Orixá mensageiro entre o homem e os deuses, guardião da porta da rua, das esquinas e das encruzilhadas. Todas as cerimônias começam com uma louvação a ele. Só assim é possível invocar os orixás.

- O lado feminino de Exu é a **Pombajira**, que dança freneticamente, com os cabelos soltos, saias rodadas e flores na cabeça.

**Elemento:** fogo
**Personalidade:** atrevido e agressivo
**Símbolo:** ogó (bastão adornado com cabeças e búzios)
**Dia da semana:** segunda-feira
**Colar:** vermelho e preto
**Roupa:** vermelha e preta
**Sacrifício:** bode e galo preto
**Oferendas:** farofa com dendê, feijão, pimenta, inhame, charutos, água, mel e aguardente

**Oxóssi (ou Odé)**
Deus da caça, da fartura e da colheita. Está sempre descobrindo algo novo. É o grande patrono do candomblé brasileiro.

**Elemento:** florestas
**Personalidade:** intuitivo e combativo
**Símbolo:** rabo de cavalo e chifre de boi
**Dia da semana:** quinta-feira
**Colar:** azul-claro
**Roupa:** azul ou verde-clara
**Sacrifício:** galo e bode avermelhados e porco
**Oferendas:** milho branco e amarelo, peixe de escamas, arroz, feijão e abóbora

**Obaluaê (ou Omolu)**
Deus da peste e das doenças contagiosas. É o orixá das pessoas que parecem estar sempre sofrendo.

**Elemento:** terra
**Personalidade:** tímido e vingativo
**Símbolo:** xaxará (feixe de palha e búzios)
**Dia da semana:** segunda-feira
**Colar:** preto e vermelho, ou vermelho, branco e preto
**Roupa:** vermelha e preta, coberta por palha
**Sacrifício:** gato, pato, bode e porco
**Oferendas:** pipoca, feijão-preto, farofa e milho, com muito dendê

**Ossain**
Deus das folhas e ervas medicinais. Conhece seus usos e as palavras mágicas (ofós) que despertam seus poderes.

**Elemento:** matas
**Personalidade:** instável e emotivo
**Símbolo:** lança com pássaros na forma de leque e feixe de folhas
**Dia da semana:** quinta-feira
**Colar:** branco rajado de verde
**Roupa:** branca e verde-clara
**Sacrifício:** galo e carneiro
**Oferendas:** feijão, arroz, milho vermelho e farofa de dendê

## Oxumarê

Deus da chuva e do arco-íris. É, ao mesmo tempo, de natureza masculina e feminina. Transporta a água entre o céu (orum) e a terra (alê). Filho de Nanã, passa metade do ano na forma masculina, e a outra metade na forma feminina; neste último período, seu nome é Bessém.

**Elemento:** água
**Personalidade:** sensível e tranquilo
**Símbolo:** cobra de metal
**Dia da semana:** quinta-feira
**Colar:** amarelo e verde
**Roupa:** azul-clara e verde-clara
**Sacrifício:** bode, galo e tatu
**Oferendas:** milho branco, acarajé, coco, mel, inhame e feijão com ovos

## Xangô

Deus do fogo e do trovão. Diz a tradição que foi rei de Oyó, cidade da Nigéria. É viril, conquistador, violento e justiceiro. Roubou a sensual orixá Iansã de Ogum, seu marido. Encanta-se facilmente com o sexo oposto. Castiga os mentirosos e protege advogados e juízes.

**Elemento:** fogo
**Personalidade:** atrevido e prepotente
**Símbolo:** machado duplo (oxé)
**Dia da semana:** quarta-feira
**Colar:** branco e vermelho
**Roupa:** branca e vermelha, com coroa de latão
**Sacrifício:** galo, pato, carneiro e cágado
**Oferendas:** amalá (quiabo com camarão seco e dendê)

## Oxum

Deusa das águas doces (rios, fontes e lagos). É também deusa do ouro, da fecundidade, do jogo de búzios e do amor. Vaidosa, anda sempre com um espelho para ficar se observando. Quando se incorpora, dança como se estivesse tomando banho num rio. As mulheres de Oxum apreciam joias e roupas caras. São graciosas e elegantes. Mãe Menininha do Gantois era uma de suas filhas.

**Elemento:** água
**Personalidade:** maternal e tranquila
**Símbolo:** abebê (leque espelhado)
**Dia da semana:** sábado
**Colar:** amarelo-ouro
**Roupa:** amarelo-ouro
**Sacrifício:** cabra, galinha e pomba
**Oferendas:** milho branco, xinxim de galinha, ovos e peixes de água doce

### Iansã (Oiá)

Deusa dos ventos e das tempestades. É a senhora dos raios e o único orixá capaz de enfrentar os eguns (espíritos dos mortos). Irrequieta e voluptosa, deu origem à palavra *assanhada*. Apesar de muito ciumenta, sente-se atraída por romances extraconjugais. É uma das mulheres de Xangô, mas não rompeu totalmente os laços com seu ex-marido, Ogum.

**Elemento:** fogo
**Personalidade:** impulsiva e imprevisível
**Símbolo:** espada e rabo de cavalo (representando a realeza)
**Dia da semana:** quarta-feira
**Colar:** vermelho ou marrom escuro
**Roupa:** vermelha
**Sacrifício:** cabra e galinha
**Oferendas:** milho branco, arroz, feijão e acarajé. Ela detesta abóbora!

### Nanã

Deusa da lama (com a qual os homens foram modelados) e do fundo dos rios, associada à fertilidade, à doença e à morte. É o orixá mais velho de todos e, por isso, recebeu o apelido de Vovó. Quando se incorpora, dança bem devagar. Pode ser chamada também de Nanã Burucu ou Anemburoquê.

**Elemento:** terra
**Personalidade:** vingativa e mascarada
**Símbolo:** ibiri (cetro de palha e búzios)
**Dia da semana:** sábado
**Colar:** branco, azul e vermelho
**Roupa:** branca e azul
**Sacrifício:** cabra e galinha
**Oferendas:** milho branco, arroz, feijão, mel e dendê

**Iemanjá**
Entidade feminina mais respeitada do candomblé. Deusa dos mares e dos oceanos, recebe muitas oferendas, que são lançadas ao mar no seu dia, 2 de fevereiro. Mãe de todos os orixás, é representada com seios volumosos, simbolizando a maternidade e a fecundidade. Também pode ser chamada de Janaína, Princesa do Mar, Sereia do Mar, Sereia Oloxum, Rainha do Mar e Dandalunda.

**Elemento:** água
**Personalidade:** maternal e tranquila
**Símbolo:** leque e espada
**Dia da semana:** sábado
**Colar:** transparente, verde ou azul-claro
**Roupa:** branca e azul
**Sacrifício:** porco, cabra e galinha
**Oferendas:** peixes do mar, arroz, milho e camarão com coco

**Oxalá**
Deus da criação. É o orixá que criou os homens. Obstinado e independente, é representado de duas maneiras: Oxaguiã (jovem) e Oxalufã (velho).

**Elemento:** ar
**Personalidade:** equilibrado e tolerante
**Símbolo:** oparoxó (cajado de alumínio com adornos)
**Dia da semana:** sexta-feira
**Colar:** branco
**Roupa:** branca
**Sacrifício:** cabra, galinha, pomba, pata e caracol
**Oferendas:** arroz, milho branco e massa de inhame

Fontes: revistas *Superinteressante* e *Claudia*

Os outros quatro orixás são Obá, Logunedé, Ewa e Iroco. Eles raramente se manifestam nas festas e nos rituais.

## A HIERARQUIA DO TERREIRO

O *abiã* é o iniciante, uma espécie de noviço. Ele participa de rituais até se tornar um *iaô*, filho de santo. Depois de pelo menos sete anos, o iaô chega ao posto de *ebomim*. Ao atingir esse posto, ele pode ser indicado para algum dos cargos do terreiro:

### Iabassê
Mãe das comidas, responsável pela cozinha. Não recebe santo.

### Agibonã
Responsável pela iniciação dos iaôs. Não recebe santo.

### Ialaxê
Cuida das oferendas e dos objetos de culto aos orixás. Toma conta do terreiro quando o cargo de pai de santo ou de mãe de santo fica vago. Não recebe santo.

### Babaquererê ou iá-quererê
Pai-pequeno ou mãe-pequena, que ajuda no comando do terreiro. Recebe santo.

### Babalorixá e ialorixá
É outra forma usada para se referir ao pai de santo e a mãe de santo, respectivamente. São os únicos que jogam búzios.

## OS AJUDANTES

**Equedes** – Mulheres que cuidam dos orixás incorporados e os ajudam em suas danças rituais. Não recebem santo.

**Iamorô** – Cuida das cerimônias de Exu, um ritual fechado ao público. Exu convoca os orixás para a festa dos humanos. Oferece-se comida e bebida para ele.

**Ogãs** – Ajudantes que não recebem santo. São divididos em alabês (tocadores de atabaque), axoguns (responsáveis pelo sacrifício dos animais, que são oferecidos aos orixás) e pejigãs (tomam conta dos quartos dos santos).

## UMA VELA PARA O SANTO, OUTRA PARA O ORIXÁ

Para fugir da perseguição da polícia, os praticantes do candomblé associavam um orixá a um santo católico

- Iemanjá .............. Nossa Senhora da Conceição ou Nossa Senhora do Rosário
- Iansã ..................................................... Santa Bárbara
- Oxóssi ..................... São Jorge (Bahia) e São Sebastião (Rio de Janeiro)
- Oxum ...... Nossa Senhora das Candeias, Nossa Senhora da Conceição e Virgem Maria
- Xangô ..................................................... São Jerônimo
- Oxalá ..................................................... Senhor do Bonfim
- Obaluaê ............................................. São Lázaro e São Bento
- Oxumarê .................................................. São Bartolomeu
- Ogum .......................................................... São Jorge
- Nanã .......................................................... Santa Ana

**A macumba** é uma derivação do candomblé. Tem elementos de religiões africanas, de religiões indígenas e do cristianismo. É mais temida porque a magia negra está presente em seus despachos.

## MÃE MENININHA DO GANTOIS

Maria Escolástica da Conceição Nazaré (1894-1986), filha de Oxum, foi a mais famosa de todas as mães de santo brasileiras. Foi sagrada em 1922 e deve parte de sua fama à música *Oração de Mãe Menininha* (1972), de Dorival Caymmi, frequentador de seu terreiro em Salvador. O terreiro sagrado do Gantois nasceu de uma dissidência do Candomblé do Engenho Velho, casa fundada no século XVIII por três tias africanas (iyá Dêta, iyá Calá e iyá Nassô). Duas filhas de santo disputavam o poder. Maria Júlia Figueiredo venceu e Maria Júlia Conceição, a derrotada, foi embora. Arrendou um terreno de alguns franceses, os Gantois, para abrir o seu próprio terreiro. Ela foi sucedida por Mãe Pulquéria, que cedeu o comando a sua sobrinha, Mãe Menininha. Falecida em 1986, ela deixou seu legado para a filha, Mãe Cleusa Millet. Cleusa morreu em 15 de outubro de 1998, aos 67 anos.

O terreiro mais antigo do Brasil é o Casa Branca, em Salvador, fundado em 1830.

## UMBANDA

- O universo está cheio de entidades espirituais, os chamados guias, que entram em contato com os homens por meio dos médiuns. Na umbanda, os orixás do candomblé são cultuados, mas não baixam. Os guias se apresentam na forma de espíritos indígenas, os pretos velhos ou a pombajira, que dão conselhos e passes, explicam como a pessoa pode se livrar de uma doença e fazem pregações exortando os fiéis à caridade e às boas ações.

- Surgida no Rio de Janeiro na década de 1920, a umbanda é uma mistura de elementos religiosos afro-brasileiros com o espiritismo (que acredita no contato entre vivos e mortos). Por isso, também é chamada de espiritismo de umbanda por seus seguidores, e de baixo espiritismo pelos espíritas kardecistas. O sacrifício de animais não é obrigatório.

- Existem dois grupos dentro da umbanda. Um só faz trabalhos para o bem, enquanto o outro realiza qualquer tipo de pedido.

**O que é mandinga?**
Refere-se a feitiços. A palavra deriva dos negros mandingas, habitantes dos vales dos rios Senegal e Níger, no continente africano, que, apesar da influência muçulmana, tinham fama de serem poderosos magos e feiticeiros.

# IGREJAS PROTESTANTES

Também chamados de evangélicos, os protestantes representam hoje 15,4% da população brasileira.

**Anglicanos**
**Quando chegaram ao Brasil:** 1818
**Onde:** Rio de Janeiro
Os norte-americanos, que chamam a religião de episcopal, vieram em 1890 para Porto Alegre e fundaram a Igreja Episcopal do Brasil.

**Batistas**
**Quando chegaram ao Brasil:** 1871
**Onde:** Santa Bárbara d'Oeste (SP)
Imigrantes norte-americanos que fugiram da Guerra Civil trouxeram a religião para o interior paulista. A primeira igreja, no entanto, foi fundada em 1892 na cidade de Salvador.

**Luteranos**
**Quando chegaram ao Brasil:** 1824
**Onde:** Nova Friburgo (RJ), São Leopoldo (RS) e Três Forquilhas (RS)
A religião foi trazida por imigrantes alemães. O primeiro templo foi erguido em Campo Bom (RS) no ano de 1829.

**Metodistas**
**Quando chegaram ao Brasil:** 1867
**Onde:** oeste do estado de São Paulo
Quem trouxe a religião foi o missionário Junnius Newman, depois de uma tentativa frustrada em 1835. A primeira igreja foi construída em 1876 no Rio de Janeiro. A Igreja Metodista Livre apareceria em 1936, na cidade de São Paulo.

**Presbiterianos**
**Quando chegaram ao Brasil:** 1863
**Onde:** Rio de Janeiro
A Igreja Presbiteriana do Brasil, fundada por Ashbel Simonton, gerou ainda duas ramificações: a Igreja Presbiteriana Independente do Brasil (São Paulo, 1903) e a Igreja Presbiteriana Conservadora (São Paulo, 1940).

# IGREJAS PARAPROTESTANTES

### Adventistas
**Quando chegaram ao Brasil:** 1879
**Onde:** Brusque (SC)
A Igreja Adventista do Sétimo Dia, o seu principal ramo, surgiu na cidade catarinense de Gaspar, em 1896.

### Mórmons
**Quando chegaram ao Brasil:** 1928
**Onde:** São Paulo
Os mórmons se instalaram oficialmente em 1935 com a fundação da Igreja de Jesus Cristo dos Santos dos Últimos Dias.

### Testemunhas de Jeová
**Quando chegaram ao Brasil:** 1923
**Onde:** Rio de Janeiro
A religião foi trazida por marinheiros norte-americanos, que pregavam quando os navios ancoravam nos portos.

# IGREJAS PENTECOSTAIS

- Pentecostal é o nome que se dá a todas as Igrejas que evocam o Dia de Pentecostes (descida do Espírito Santo sobre os apóstolos, cinquenta dias depois da Páscoa) como ponto de partida da religião. No Brasil, são popularmente chamados de crentes.

- A primeira a surgir no país foi a Congregação Cristã, em 1910, pelas mãos do italiano Luigi Francescon, que começou a pregar em São Paulo e em Santo Antônio da Platina (PR). No início, os membros da igreja eram apenas imigrantes italianos e seus parentes. Até hoje, homens e mulheres ficam separados durante os cultos.

### ASSEMBLEIA DE DEUS
É a maior igreja pentecostal do país, com mais de 4 milhões de fiéis. Ela foi fundada pelos suecos Daniel Berg e Gunnar Vingren, em 1911, em Belém. São 150 mil casas de oração, que vão de salas alugadas em cidades do sertão nordestino a templos enormes em São Paulo. É ainda uma igreja tradicional: as mulheres não podem usar calças compridas.

**DEUS É AMOR**
A igreja foi criada em 1962 pelo pastor David Miranda na cidade de São Paulo.

**EVANGELHO QUADRANGULAR**
Em 1952, os missionários norte-americanos Harold Williams e Raymond Boatright fizeram uma longa pregação por todo o país na chamada Cruzada Nacional de Evangelização. No ano seguinte, eles fundaram a Igreja do Evangelho Quadrangular em São Paulo.

## IGREJAS NEOPENTECOSTAIS

**RENASCER EM CRISTO**
- Criada em 1986, é a precursora do movimento gospel, baseado nos quatro primeiros livros do Novo Testamento, que tratam da vida, morte e ressurreição de Jesus, e seus ensinamentos.

- É uma igreja liberal e predominantemente jovem. Os cultos são acompanhados por muita música e os pastores usam até gírias para se comunicar com os fiéis. A expressão "Deus é dez!" nasceu dentro da Igreja Renascer em Cristo.

- O teto da sede da igreja desabou por volta das 18h50, no dia 18 de janeiro de 2009. Localizada na avenida Lins de Vasconcelos, em São Paulo, a construção abrigava cerca de quatrocentas pessoas, que acompanhavam um culto. Ao todo, 106 ficaram feridas e 9 morreram. A igreja era a mesma em que o jogador de futebol Kaká havia se casado, em 23 de dezembro de 2005.

- O casal Estevam e Sônia Hernandes teve sua prisão preventiva decretada em 1º de dezembro de 2006. O juiz Paulo Antônio Rossi tomou a decisão porque nenhum dos dois compareceu à audiência de um processo em que eram acusados de lavagem de dinheiro, estelionato e falsidade ideológica. Estevam e Sônia ficaram foragidos até o dia 19 de dezembro – quando a ministra Laurita Vaz, do Superior Tribunal de Justiça (STJ), concedeu *habeas corpus* a ambos. Poucos dias depois, em 9 de janeiro de 2007, Estevam e Sônia foram presos no aeroporto de Miami, Estados Unidos, acusados de evasão de divisas. O casal havia declarado 10 mil dólares, quando na verdade estava com 56 mil dólares escondidos na bagagem – havia dinheiro até dentro de uma bíblia. A pena total, expedida em janeiro de 2008, foi de 140 dias de reclusão, 5 meses de prisão domiciliar, 2 anos de liberdade condicional e fiança de 60 mil dólares.

## UNIVERSAL DO REINO DE DEUS

- É a igreja dos grandes cultos e tem no exorcismo um de seus pontos fortes. Ela foi criada por Edir Macedo Bezerra, em 1977, numa antiga agência funerária no largo da Abolição, no Rio de Janeiro. Apesar de todos os fundadores de instituições pentecostais se autointitularem missionários, Macedo adotou o nome de bispo em 1988.

- Antes de montar a Igreja, Edir Macedo foi funcionário da Lotérica do Rio de Janeiro (Loterj), emprego conseguido pelo ex-governador Carlos Lacerda em troca de um favor político. Em 1989, a Igreja Universal do Reino de Deus comprou a TV Record por 45 milhões de dólares.

- O bispo Edir Macedo foi preso no dia 24 de maio de 1992, acusado de charlatanismo, curandeirismo e envolvimento com o tráfico de drogas. Preso por 11 dias, o religioso foi posteriormente inocentado.

### O CHUTE NA SANTA

"Deus me mandou falar o que falei." Assim o bispo Sergio von Helde, da Igreja Universal do Reino de Deus, justificou sua atitude do dia 12 de outubro de 1995. Durante o programa Palavra de Vida, da TV Record, ele chutou uma imagem de Nossa Senhora Aparecida e disse: "Será que Deus pode ser comparado a esse boneco feio, horrível? Isso aqui não é santo coisa nenhuma". As imagens chocaram os católicos. Helde foi indiciado por prática de discriminação, indução e incitação a discriminação e preconceito religioso. "Não chutei", defendeu-se. "Apenas toquei nela, e foi para provar que era de gesso, não tinha vida. Não cometi crime nenhum."

# RELIGIÕES ORIENTAIS

**Quando elas desembarcaram no Brasil**
Seicho-no-Iê .................... 1930
Igreja Messiânica Universal ....... 1955
Perfect Liberty ................. 1958
Hare Krishna ................... 1974

**O BUDA BRASILEIRO**

- O budismo nasceu por volta de 525 a.C., na Índia, tendo sido criado por um príncipe hindu chamado Sidarta Gautama, que depois mudou seu nome para Buda ("Sábio", "Iluminado"). O primeiro templo budista no Brasil foi construído em Cafelândia, no interior de São Paulo, em 1932.

- Michel Lenz Cesar Calmanowitz foi a primeira criança brasileira a ser reconhecida como lama, um alto sacerdote da religião budista. Ele mora na Índia desde 1994 e é conhecido como lama Gangchen Lobsang Nyentrag Djangtchub Choepel Michel Rimpoche. *Lama* quer dizer "professor"; Gangchen é um lugar do Tibete; Lobsang, "mente pura"; Nyentrag, "famosa"; Djangtchub quer dizer "mente iluminada"; Choepel, "o que transmite o darma", e Rimpoche, "precioso". Michel significa, no budismo, "Homem de Cristal".

- O primeiro contato de Michel e de sua família com o budismo aconteceu em 1987, quando o garoto tinha apenas cinco anos. Na época, a mãe de Michel ajudou um amigo a trazer o lama Gangchen Rimpoche ao Brasil. Para ser um lama é preciso ser reconhecido pelos outros lamas por meio de alguns rituais ou testes. O teste de Michel aconteceu quando ele tinha sete anos.

| Os primeiros no Brasil | | | |
|---|---|---|---|
| Templo | igreja ortodoxa | 1903 | São Paulo |
| Sinagoga | judaísmo | 1910 | Rio de Janeiro |
| Mesquita | islamismo | 1929 | São Paulo |

# SANTO DAIME

- É uma seita religiosa que ficou mais conhecida por seu chá com poderes alucinógenos, o *ayahuasca*, que leva os seus praticantes a fazer uma reavaliação da própria vida e a se aproximar de Deus. A bebida é resultado da mistura de um cipó (*Banisteriopsis caapi*) com uma folha (*Psychotria virids*) existentes na Amazônia; é usada milenarmente pelas populações indígenas da Amazônia em rituais terapêuticos e religiosos. A beberagem é conhecida também pelos nomes de Daime, Vegetal, Cipó e Yage. No Brasil, a seita foi criada no Acre, na década de 1920, e chama-se Santo Daime porque o fundador, Raimundo Serra, rezava empregando as palavras "**Dai-me** força, **dai-me** luz".

- O preparo da bebida envolve um ritual solene que demora de três a dez dias. No início do século XX, durante o ciclo da borracha, seu uso começou a se espalhar em meio à população cabocla da Região Norte. A partir dos anos 1970, a *ayahuasca* foi descoberta pelas populações urbanas e se expandiu, sobretudo no Sul do país. Foi quando a legalização de seu uso e das seitas que a adotam se tornou polêmica.

- O ritual é caracterizado por um grande sincretismo, que incorpora elementos indígenas com práticas da religiosidade popular e do catolicismo. Nos cultos, são realizadas sessões de cura, e seus adeptos cantam e dançam, às vezes por 12 horas seguidas.

# 11

Sigam-me os que forem brasileiros.

LUÍS ALVES DE LIMA E SILVA,
(1803-1880), o duque de Caxias

Guerras

Desde seu descobrimento, o Brasil já viveu 2 mil batalhas, revoltas, e conflitos armados. Participou também das duas guerras mundiais. Conheça os principais conflitos.

## 1563
## Batalha de Iperoig

✤ Aos trinta anos, Anchieta rumou para Iperoig, uma praia de Ubatuba (SP), a fim de negociar com 20 mil índios tamoios, aliados dos franceses. Para defender seu território, os índios atacavam as aldeias portuguesas do litoral e simplesmente devoravam os prisioneiros. Ele passou dois meses numa choça de palha tentando a paz. Quando as negociações chegaram a um impasse, o padre chegou a receber ameaças de morte.

✤ Anchieta escreveu na areia de Iperoig as principais estrofes dos 5.786 versos de um poema em latim contando a história de Maria.

# 1599-1680
## Invasões holandesas

Os holandeses iniciaram a invasão pelo forte São Marcelo, em Salvador, de onde atiraram balas incendiárias que assustaram a capital da Colônia. Depois de serem expulsos dali, eles foram para a costa pernambucana com setenta navios e duzentos canhões. Enfrentaram alguma resistência, mas logo ocuparam Olinda e Recife, desembarcando 4 mil soldados na praia do Pau Amarelo. As tropas portuguesas recuperaram as cidades em 1654. É verdade que a população estava contente com o domínio dos holandeses. De 1637 a 1644, Maurício de Nassau tinha realizado um governo elogiado pelos comerciantes, donos de engenho e até pelos escravos, que tiveram direito a assistência médica.

# 1597-1694
## Quilombo dos Palmares

✣ Os escravos que trabalhavam na colheita de cana eram muito maltratados. Qualquer sinal de rebeldia significava o castigo das chibatadas. Conseguiam trabalhar, no máximo, cinco anos. Por isso, faziam de tudo para fugir. Quando escapavam, os escravos fundavam pequenos agrupamentos que eram chamados de quilombos. O mais famoso de todos foi o Quilombo dos Palmares, erguido em 1597, numa faixa de 150 quilômetros entre os atuais estados de Alagoas e Pernambuco. Palmares chegou a ter nove cidades (também denominadas mocambos) e sua capital era Cerca Real do Macaco, na serra do Barriga. Em 1644, esse quilombo contava com mais de 10 mil habitantes. Além dos fugitivos, abrigava índios e brancos pobres. Ali, plantava-se milho, fumo, batata e mandioca, que eram trocados com os vizinhos por munições, armas, sal, tecidos e ferramentas. Cada mocambo tinha um chefe. Os chefes, reunidos, elegiam o rei do quilombo. Era uma espécie de estado independente dentro do território brasileiro.

✣ Zumbi (1655-1695) foi o último líder de Palmares. Capturaram-no ainda menino e o entregaram ao padre Antônio Melo, que o batizou de Francisco. Aprendeu português e latim, e se tornou coroinha. Não aceitou a escravidão e fugiu. Antes de Zumbi, Palmares era liderada por Ganga Zumba. Em 1678, Ganga assinou um acordo com os portugueses. Receberia liberdade, terras e autorização para fazer comércio na região. Em troca, os habitantes dos quilombos se renderiam. Revoltado com a traição, Zumbi envenenou Ganga Zumba.

❖ Quando dominavam a região, os holandeses tentaram destruir o quilombo, sem sucesso. Em 1694, após tentativas frustradas dos portugueses, um grandioso exército de 9 mil homens foi enviado para exterminar Palmares. Eram bandeirantes paulistas, mercenários, civis recrutados nas proximidades do local, presidiários que tinham sido libertados, e soldados de Pernambuco. Os ataques a Cerca Real do Macaco começaram em 23 de janeiro. As tropas, comandadas pelo bandeirante Domingos Jorge Velho, usaram canhões e conquistaram a vitória final em 6 de fevereiro. Cerca de quinhentos negros acabaram presos. Nos meses seguintes, os outros mocambos também foram devastados.

❖ Apesar de ferido, Zumbi sobreviveu à destruição de Cerca Real do Macaco. Continuou lutando contra os portugueses ao lado de um pequeno grupo. Traído por um de seus lugares-tenentes, ele morreria numa emboscada em 20 de novembro de 1695. Sua cabeça foi cravada em praça pública. Nessa data, comemora-se, hoje, o Dia da Consciência Negra.

**Você sabia que...**
... o governo português considerava quilombo qualquer agrupamento de "mais de seis escravos, escapados ao senhor, vivendo juntos e ao revés da lei"? O primeiro quilombo surgiu na Bahia em 1575.

## 1684
## Revolta de Beckman

Manuel Beckman, um próspero homem de negócios, estava descontente com os privilégios concedidos à Companhia de Comércio do Maranhão. Usando seu prestígio como líder, Beckman depôs o governador e acabou com o monopólio. Mas não recebeu apoio de Lisboa e teve que se esconder no interior. Foi preso e decapitado com outro líder do movimento, Jorge Sampaio. O curioso é que o governador Freire de Andrade, que ordenou a sua execução, extinguiu a Companhia de Comércio pouco tempo depois.

## 1687
## Confederação dos Cariris

Em 1633, os holandeses se uniram aos índios cariris para invadir o Rio Grande do Norte. Bombardearam o forte dos Reis Magos, em Natal, durante uma semana, mas sem resultados. Depois disso, em 1687, os ferozes indígenas se rebelaram seriamente contra a escravidão. O conflito durou até o final do século XVII.

## 1708
## Guerra dos Emboabas

✣ A descoberta de metais preciosos em Minas Gerais, e o surto de desenvolvimento resultante, desencadeou uma grande crise. A que capitania pertencia aquela rica região?

✣ Mineradores paulistas trabalhavam em Minas Gerais. Em 1708, eles entraram em confronto com portugueses (chamados de emboabas) e mineradores vindos de várias regiões do país que também queriam explorar o ouro dali. Descobridores das minas, os paulistas pretendiam ter exclusividade na extração. Os emboabas invadiram Sabará. Os trezentos paulistas investiram contra os portugueses, mas terminaram se rendendo. Bento do Amaral Coutinho, chefe dos emboabas, desrespeitou o acordo de rendição e matou os paulistas em fevereiro de 1709. No mesmo ano, Portugal criou a capitania de São Paulo das Minas de Ouro, mas a agitação continuou. Em 1720, Minas tornou-se capitania independente.

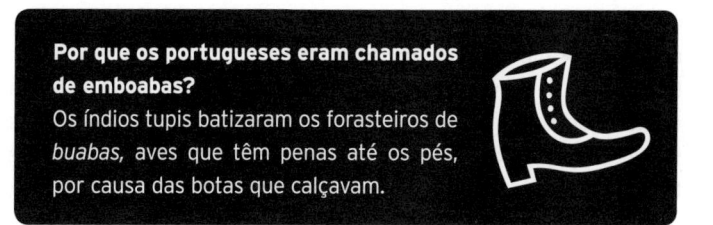

---

**Por que os portugueses eram chamados de emboabas?**
Os índios tupis batizaram os forasteiros de *buabas*, aves que têm penas até os pés, por causa das botas que calçavam.

## 1709-1711
## Guerra dos Mascates

Em 1709, a povoação do Recife tornou-se vila. Construiu a sua Câmara Municipal e o seu pelourinho. Os fazendeiros, estabelecidos em Olinda, ficaram assustados com a possibilidade de os comerciantes recifenses, chamados de mascates, transformarem o Recife em capital. Em novembro de 1710, forças olindenses invadiram a vila e derrubaram o pelourinho. Os recifenses deram o troco invadindo Olinda em junho de 1711. Um novo governador foi enviado pelos portugueses e interveio em favor do Recife. O que os fazendeiros de Olinda não queriam acabou acontecendo.

## 1711
## O ataque dos corsários franceses

No dia 21 de setembro de 1711, uma expedição francesa comandada pelo corsário René Duguay-Trouin tomou o Rio de Janeiro depois de nove dias de sítio à cidade. Ele se aproveitou de um nevoeiro para passar pelos fortes da entrada da baía de Guanabara. O navegante exigiu o equivalente a 2 milhões de libras francesas. Se não fosse atendido, queimaria a vila inteira, então com 12 mil habitantes. Por fim, em 28 de outubro, os portugueses cederam, embora não pagassem tudo o que os bandidos haviam pedido. Os franceses levaram 600 quilos de ouro, 610 mil cruzados, 100 caixas de açúcar, 200 bois, escravos e dezenas de outros itens. O ataque foi financiado com dinheiro oficial francês.

**QUAL É A DIFERENÇA ENTRE UM PIRATA E UM CORSÁRIO?**
Os piratas assaltavam por conta própria, ao contrário dos corsários, que agiam em nome de um rei. Atacavam navios de países inimigos e dividiam o saque com o monarca, que ficava com a maior parte. Duguay-Trouin tinha o apoio do rei Luís XIV, que lhe concedeu uma carta de corso – documento que o autorizava a roubar os navios inimigos. A frota de 17 barcos de Duguay-Trouin capturou mais de trezentos navios mercantes e vinte de guerra.

# 1720
## Revolta de Filipe dos Santos

No ano de 1720, as autoridades proibiram a circulação de ouro em pó em Vila Rica. O ouro só poderia ser negociado depois de passar pelas casas de fundição, que eram controladas pelo governo português. A medida servia para que o ouro fosse devidamente "quintado" ($1/5$ dele era descontado como pagamento de imposto) e acabou provocando problemas no dia a dia da província. Afinal, o ouro em pó era usado como moeda corrente. Os mineiros, liderados por Filipe dos Santos, iniciaram uma revolta contra as tropas portuguesas, mas foram reprimidos rapidamente. Preso, Filipe (1691-1720) foi enforcado e esquartejado.

# 1729
## Revolta de Pitangui

Também ficou conhecida como Revolta da Pinga. O conde de Assumar proibiu a entrada de aguardente na capitania de Minas Gerais. A lei seca mineira revoltou o povo e gerou uma série de protestos, que só tiveram fim quando o veto foi revogado.

# 1754-1756
## Guerra Guaranítica

Os jesuítas vieram para o Brasil no início do século XVI, seguindo a política de colonização já adotada pelos espanhóis. Eles encontraram aldeias indígenas quase dizimadas por doenças e por falta de comida. Para acabar com essa situação, fundaram as reduções dos guaranis nos altos cursos dos rios Paraguai, Paraná, Uruguai e Jacuí. Só que os índios, agora pacíficos, bem alimentados e civilizados, atraíram a atenção de bandeirantes paulistas. Entre 1634 e 1640, os bandeirantes invadiram as aldeias para capturá-los. Os índios foram trabalhar como escravos nas fazendas de portugueses. Os sobreviventes fugiram para a Argentina e o Paraguai.

❖ Em 1680, os jesuítas voltaram ao Rio Grande do Sul e fundaram os chamados Sete Povos (São Borja, São Nicolau, São Miguel, São Luís Gonzaga, São Lourenço, São João Batista e Santo Ângelo). Durante um longo tempo, os Sete Povos não sofreram ataques e começaram a se desenvolver economicamente. A Companhia de Jesus exportava até para a Europa, enviando tributos à sede da ordem, em Roma. Foi aí que passaram a ser encarados como uma ameaça. Dizia-se que os jesuítas pretendiam fundar um império teocrático na América.

❖ Em 1750, os reis da Espanha e de Portugal assinaram o Tratado de Madri, que determinou a troca da Colônia do Sacramento pelas terras ocupadas pelos Sete Povos (também chamadas de Missões). Os índios se recusaram a obedecer aos novos limites. Iniciou-se então o confronto entre eles e as tropas portuguesas e espanholas. A chamada Guerra Guaranítica teve inúmeras batalhas entre 1754 e 1756. O combate final aconteceu na Batalha de Caiboaté. Os jesuítas foram expulsos logo depois. As Missões entraram em decadência e se transformaram em ruínas.

# 1791
## Inconfidência Mineira

❖ O primeiro movimento de brasileiros para conquistar a independência de Portugal nasceu na cidade de Vila Rica (hoje Ouro Preto, MG). Desde 1740, a Coroa portuguesa vinha cobrando um imposto de 100 arrobas (1,5 tonelada) de ouro por ano de Minas Gerais. Mesmo quando a produção de ouro começou a diminuir, o imposto continuou igual. A diferença teria que sair do bolso dos cidadãos. Isso revoltou a elite de Minas Gerais. No início de 1789, o governador do estado, visconde de Barbacena, anunciou a derrama, que permitia a cobrança das 100 arrobas ainda que a Colônia não atingisse esse patamar. Portugal precisava do ouro para pagar suas dívidas com a Inglaterra.

❖ Foi esse o momento escolhido pelos líderes da Inconfidência Mineira para a eclosão de uma grande revolta. Inspirados pela Revolução Francesa, eles defendiam:

1. a independência do Brasil e a instalação da República;
2. o retorno das atividades manufatureiras, proibidas desde 1785;
3. a fundação de uma universidade em Vila Rica;
4. a instituição de uma nova bandeira.

❖ O plano fracassou porque um de seus integrantes, Joaquim Silvério dos Reis, coronel do Exército português, delatou os companheiros. Silvério ganhou uma recompensa, teve suas dívidas perdoadas, recebeu um título de fidalgo e uma casa luxuosa.

❖ Tiradentes foi preso quando estava em viagem para o Rio de Janeiro. No dia 19 de abril de 1792, os oficiais de Justiça entraram na prisão com a sentença. Pela primeira vez desde a prisão dele os inconfidentes voltaram a se reunir. A sentença, que levou 18 horas para ser escrita, demorou 2 horas para ser lida. Após a leitura, houve muito choro. Os conspiradores jogaram a culpa em Tiradentes, que resolveu assumir a responsabilidade. No dia seguinte, todas as penas foram comutadas em degredo na África, menos uma. A Coroa fazia questão de enforcar ao menos um dos conspiradores para que servisse de exemplo. Dos 11 condenados à forca, Tiradentes foi o único cuja sentença se confirmou. Os outros (fazendeiros, mineiros e sacerdotes) acabaram expulsos do país e tiveram seus bens confiscados. Em meio à alegria dos outros, Tiradentes teria dito a seu confessor, o frei Raimundo de Penaforte: "Dez vidas eu daria se as tivesse, para salvar as deles".

### LIBERDADE AINDA QUE TARDIA
A bandeira usada pelo movimento da Inconfidência Mineira é a mesma usada hoje pelo estado de Minas Gerais. Só que o triângulo, em vez de ser vermelho, era verde. O lema *Libertas quae sera tamen* significa "Liberdade ainda que tardia".

**Você sabia que...**
... a senha dos inconfidentes era "hoje é dia de batizado"?

### OS ABUSOS DO POETA
❖ O poeta Tomás Antônio Gonzaga trabalhava como ouvidor em Vila Rica. O cargo de ouvidor era o segundo mais importante, abaixo apenas do governador. E ele abusou de sua autoridade. Manteve preso, sem julgamento, um de seus inimigos por quatro anos. Dispensou a licitação para obras na cadeia e utilizou para o serviço a mão de obra dos presos. Fraudou um balancete da Câmara Municipal para proteger o seu presidente, o também inconfidente Cláudio Manuel da Costa. Promoveu, ainda, um festival de distribuição

de propriedades rurais. Com o fracasso do movimento, foi enviado para a África. Virou juiz interino da alfândega de Moçambique e aceitava suborno para facilitar o tráfico de escravos. Depois de morto, Gonzaga foi enterrado lá mesmo, em Moçambique. No túmulo dele, em Ouro Preto, estão apenas os ossos de seu neto.

✤ O poeta Cláudio Manuel da Costa foi um dos participantes da Inconfidência Mineira. Apareceu morto em sua cela, em 4 de julho de 1789, num episódio jamais esclarecido. Cláudio utilizava também o pseudônimo de Glauceste Satúrnio.

## Tiradentes

✤ Tiradentes tentou várias profissões: dentista, tropeiro, minerador e engenheiro. Entrou, então, para a 6ª Companhia de Dragões de Minas Gerais, como alferes, uma espécie de segundo-tenente. Sua fama como dentista não era das melhores. Além de arrancar dentes estragados, ele também fabricava e colocava coroas artificiais, feitas de marfim e de osso de boi.

✤ Em sua sentença, Tiradentes foi tratado como "abominável réu".

✤ Após subir os 21 degraus da forca, disse ao carrasco Capitânea: "Seja rápido".

✤ Segundo relatos da época, Tiradentes era alto, magro e muito feio. Mas não se sabe se era branco ou mulato. Ele nunca usou barba e cabelos longos. Como militar, o máximo que se permitia era um discreto bigode. Na prisão, onde passou os últimos três anos de vida, os detentos eram obrigados a fazer a barba. Tiradentes foi enforcado com a barba feita e o cabelo raspado no dia 21 abril de 1792.

✤ Ninguém se preocupou em pintar um quadro de Tiradentes enquanto ele estava vivo. Apenas em 1890, o pintor Décio Vilares distribuiu uma litografia com o suposto rosto do mártir. Com a corda no pescoço, barba e cabelos longos, Tiradentes era representado como Jesus Cristo.

✤ Após o enforcamento, o corpo foi esquartejado. As quatro partes foram postas em alforjes com salmoura, para serem exibidas no caminho entre Rio de Janeiro e Minas Gerais; serviriam de exemplo a outros que ousassem se insurgir contra Portugal. Os locais escolhidos foram o Sítio das Cebolas, o Arraial da Igreja Nova (atual Barbacena), a Estalagem da Varginha e o Sítio das Bandeiras. A cabeça ficou exposta na praça da Cadeia (atual praça Tiradentes), no Rio de Janeiro, desaparecendo depois de alguns dias. A casa de Tiradentes em Vila Rica foi demolida, e o chão, salgado, para que mais nada brotasse naquele solo.

✤ No dia 4 de junho de 1792, a bolsa com os instrumentos odontológicos que Tiradentes usava foi a leilão. O comprador foi Francisco Xavier da Silveira, que pagou 800 réis pela relíquia.

✤ Aos quarenta anos, Tiradentes se apaixonou por Ana, uma menina de 15 anos, filha de um sargento. Mas ela já estava prometida a outro homem. Tiradentes nunca se casou, mas teve dois filhos – João, com a mulata Eugênia Joaquina da Silva, e Joaquina, com a viúva Antônia Maria do Espírito Santo, que vivia em Vila Rica.

✤ Tiradentes é o "patrono cívico da nação". É o único brasileiro cuja data de morte se comemora com um feriado nacional.

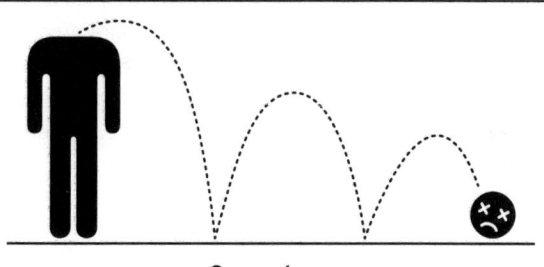

**Sem cabeça**
Além de Tiradentes, outros brasileiros foram degolados depois de serem derrotados em revoltas contra o regime:
✤ Antônio Conselheiro, líder da Guerra de Canudos
✤ Gumercindo Saraiva, líder da Revolução Federalista
✤ Lampião, o rei do cangaço
✤ Zumbi, chefe do Quilombo dos Palmares

# 1798
## Conjuração Baiana

Também conhecida como Revolta dos Alfaiates. Desde 1794, as ideias de liberdade e igualdade da Revolução Francesa vinham influenciando um grupo de intelectuais, estudantes, comerciantes, artesãos e soldados de Salvador. Em reuniões secretas, eles discutiam a aplicação dos mesmos princípios liberais no Brasil. No início de 1798, apareceram na cidade folhetos clandestinos anunciando a criação da República Baiense. As autoridades começaram rapidamente a caça aos rebeldes. Vários foram presos. Em 1799, seis acabaram sendo condenados à morte. Os soldados Lucas Dantas e Luís Gonzaga das Virgens e os alfaiates João de Deus Nascimento e João Faustino foram enforcados e esquartejados em praça pública. Os quatro eram mulatos.

# 1817
## Revolta Pernambucana

Donos de terras, comerciantes, padres e bacharéis iniciaram um movimento pela independência do Brasil. Os negócios relativos à exportação de açúcar estavam em baixa e eles culpavam a corte portuguesa, que, ao se instalar no Rio de Janeiro, enfraqueceu o poder das outras províncias. No dia 6 de março, o capitão José de Barros, um dos conspiradores, resistiu à prisão e acabou matando um brigadeiro português. Foi aí que a revolta se espalhou pelas ruas do Recife. Os rebeldes tomaram conta da cidade e proclamaram a República de Pernambuco. Em maio, as tropas legalistas cercaram e atacaram os pernambucanos. Sem a ajuda das províncias vizinhas, os rebeldes se entregaram no mês seguinte. Os líderes do movimento foram executados.

# 1817
## República de Crato

José Martiniano de Alencar, pai do escritor José de Alencar, declarou a cidade de Crato (CE) independente de Portugal. Chegou a derrubar o pelourinho. A República de Crato, no entanto, não teve vida longa. Preso, Alencar recebeu um severo castigo da Coroa portuguesa. Caminhou 100 léguas acorrentado a sua mãe e a seus irmãos, de Crato até Fortaleza.

# 1822
## Batalha dos Jenipapos

Quando d. Pedro I proclamou a Independência, os portugueses se revoltaram e começaram a combater os brasileiros em diversos pontos do país. A Batalha dos Jenipapos aconteceu no Piauí e teve a participação de 4 mil homens. Os portugueses foram os vitoriosos. O movimento se espalhou pelas regiões vizinhas, mas no geral os brasileiros se deram melhor.

# 1822-1823
## Guerra da Independência na Bahia

✤ Oito meses antes da proclamação da Independência, os baianos já lutavam com armas nas mãos contra o domínio de Portugal. O conflito se prolongou por mais dez meses, exatamente até o dia 2 de julho de 1823, quando as últimas tropas do Exército colonial português foram expulsas de uma vez por todas do território baiano.

✤ Depois de 7 de setembro de 1822, d. Pedro I resolveu intervir. Enviou à Bahia soldados recrutados no Rio de Janeiro, na Paraíba, em Pernambuco e Alagoas. Para comandá-los, contratou o general Pierre Labatut. Do lado dos portugueses, Madeira de Melo também recebeu o reforço de novos soldados e navios vindos de Portugal.

✤ Nos últimos meses da guerra, d. Pedro I enviou ao litoral baiano o almirante inglês Thomas Cochrane. Este trazia uma frota de cinco navios, dos quais apenas dois estavam em condições de combate. De sua parte, os portugueses dispunham de 13 navios em bom estado. Mesmo assim, não se aventuraram mais no mar, com medo de que alguma embarcação de Cochrane pudesse se infiltrar no porto e bombardear a cidade de Salvador. Os conflitos aproximavam-se cada vez mais do centro da cidade. Combatia-se no Engenho da Conceição (hoje largo do Tanque), na Lapinha, em Itapuã, na Pituba, no Rio Vermelho, em Brotas. Nas lutas de Itapuã, destacou-se Maria Quitéria de Jesus Medeiros, que, vestida de homem, lutou no batalhão dos Periquitos, comandado pelo avô de Castro Alves.

✤ Em meados de 1823, o domínio português dava seus últimos suspiros no país. Reunindo o conselho de guerra, o general Madeira de Melo fez um balanço da situação e concluiu que não lhes restava outra opção senão a retirada. No dia 2 de julho de 1823, sem que as forças brasileiras percebessem, Madeira de Melo embarcou 6 mil soldados, 4 mil marinheiros e 2 mil funcionários, comerciantes e empregados portugueses em 84 navios. No meio da madrugada, os colonialistas partiram para Portugal. Ao meio-dia, as tropas brasileiras entraram em Salvador, com Maria Quitéria à frente. Era a consolidação da Independência do Brasil.

## OS HERÓIS BAIANOS

✤ O jovem militar brasileiro **Manuel Pedro de Freitas Guimarães**, que conquistara o comando militar da província baiana, era partidário da Independência. Por isso, as Cortes de Lisboa decidiram se livrar dele e entregar o comando ao general português Madeira de Melo.

✤ Freitas Guimarães e os oficiais aquartelados no forte de São Pedro resolveram resistir. Madeira de Melo ordenou o ataque ao forte de São Pedro, próximo ao atual Campo Grande.

✤ Um grupo investiu contra o Convento da Lapa, alegando que havia soldados brasileiros escondidos no prédio. Foi aí que se deu um dos lances mais dramáticos da guerra. Golpeado a coronhadas, o portão do convento, hoje um dos prédios da Universidade Católica de Salvador, se quebrou. A abadessa, sóror **Joana Angélica de Jesus**, abriu a porta principal. Apesar dos seus sessenta anos, a voz dela impunha respeito: "Para trás, bárbaros! Respeitai a casa de Deus", bradou. "Ninguém entrará no convento, a menos que passe por cima de meu cadáver." Nesse instante, uma baioneta atravessou o peito da religiosa. Sóror Joana Angélica caiu morta. Pisando sobre seu corpo, os soldados invadiram o convento vazio.

✤ Filha de um rico fazendeiro português, **Maria Quitéria** nasceu em Feira de Santana, em 1792. Disfarçada de homem, alistou-se com o nome do cunhado, José Cordeiro de Medeiros, entre as forças que lutavam pela Independência. Na Batalha de Pirajá, o "soldado Medeiros" foi reconhecido por sua valentia. Em Itapuã, invadiu sozinha uma trincheira inimiga, levando dois prisioneiros para o acampamento.

✤ Quando sua identidade foi descoberta, Maria Quitéria se tornou a heroína mais respeitada da guerra baiana. Por seus atos de bravura, foi promovida ao posto de primeiro-cadete, recebendo do governo uma farda com saiote. Pôde assumir assim sua condição de mulher, continuando na luta até a vitória final. Outro hábito pouco compatível com o das mulheres de seu tempo era o de fumar um charuto após as refeições.

### Maria Quitéria é a Mulan brasileira
O desenho animado Mulan foi inspirado num poema chinês do século V, de autoria desconhecida. Os mongóis atacam as fronteiras da China antiga. Para evitar uma invasão, o imperador manda chamar o maior número de recrutas e reservistas. Um homem de cada família deve servir no Exército Imperial. Mulan se veste de homem e vai no lugar de seu velho pai. Os hunos parecem vencidos, mas é Mulan quem descobre que eles estão prontos para atacar a Cidade Imperial. Mulan salva o imperador, derrota Shan Yu, vira membro do conselho e ainda se casa com o capitão Shang Li.

Outras duas mulheres ficaram famosas por fazer o mesmo:

### 1. Maria Ursula de Abreu e Lencastre
Nasceu no interior da capitania do Rio de Janeiro. Saiu da casa dos pais aos 18 anos e virou soldado em Portugal. Vestia trajes masculinos e adotou o nome de Balthazar do Couto Cardoso. Deixou a vida militar para se casar com um tenente.

### 2. Maria Curupaiti
Acompanhou o marido na Guerra do Paraguai. Em vez de ficar no acampamento reservado às mulheres, ela preferiu combater no *front*. Para isso, vestiu-se de soldado. Depois da morte do marido, Maria foi ferida na cabeça por um golpe de espada. Acabou socorrida por companheiros, que só então descobriram sua real identidade.

> **Acredite se quiser**
> Era o dia 8 de novembro de 1822. No alto das colinas, os brasileiros resistiram durante cinco horas, até que os portugueses começaram a romper ferozmente a linha de defesa. E aconteceu uma das passagens mais engraçadas da Guerra da Independência na Bahia. O comandante das tropas mandou o corneteiro Luís Lopes dar o toque de retirada. Por trapalhada, o corneteiro Lopes soprou o toque de "cavalaria, avançar". Imaginando que os brasileiros haviam recebido reforços, os portugueses vacilaram. Logo em seguida, aproveitando-se da confusão nas linhas inimigas, o corneteiro tocou "cavalaria, degolar". Apavorados, os portugueses fugiram em debandada pelas encostas, com os brasileiros em seu encalço, até serem forçados a embarcar nas praias de Itacaranha e Plataforma.

❖ Na esquadra de *lord* Cochrane, um timoneiro de apenas 15 anos se destacou na luta contra os portugueses na Bahia. Ele se chamava Joaquim Marques Lisboa. Cochrane mandou um ofício para o imperador d. Pedro I pedindo a promoção do jovem marujo a segundo-tenente. No ofício, Cochrane escreveu: "Apesar da pouca idade, é um oficial de verdadeiro merecimento. E ainda há de ser, no futuro, uma honra para a Marinha deste Império". Cochrane acertou em cheio. Joaquim Marques Lisboa viria a ser o almirante Tamandaré.

## 1824
## Confederação do Equador

Em 1824, a elite pernambucana se revoltou contra a Constituição outorgada por d. Pedro I e sua política centralizadora. No dia 21 de julho, o presidente da província, Manuel Pais de Andrade, aderiu ao movimento e proclamou a Confederação do Equador. Eles defendiam a autonomia da região, inspirados no modelo federalista dos Estados Unidos. O imperador extinguiu o movimento rapidamente e seus líderes foram punidos. Frei Caneca recebeu a pena de enforcamento, mas nenhum carrasco aceitou enforcá-lo. Ele acabou sendo fuzilado em 1825.

## 1825-1828
## Guerra da Cisplatina

Foi a única vez que o Brasil perdeu uma guerra. Desde o século XVI, Portugal queria que a fronteira do Brasil fosse até o rio da Prata, incluindo o que hoje é o Uruguai. Mas quem ocupou de fato o território foi a Espanha. Com a independência das colônias espanholas, no início do século XIX, os portugueses viram a oportunidade de realizar o projeto expansionista. Em 1821, d. João VI anexou o Uruguai, chamando-o de Província Cisplatina. Em 1825, com o Brasil já independente, argentinos e uruguaios entraram em guerra para expulsar os brasileiros, o que conseguiram em 1828. Mais de mil soldados do Brasil e centenas de argentinos e uruguaios morreram na guerra.

## 1828
## Revolta dos Batalhões Estrangeiros

Em 1823, d. Pedro I iniciou a criação de regimentos de mercenários estrangeiros. Seu objetivo era invadir terras vizinhas e começar uma política imperialista na região do Prata. Trouxe 3 mil homens da Alemanha e da Irlanda, prometendo terras a todos eles. Acontece que os imigrantes não receberam nada e ficaram insatisfeitos. Entre 9 e 11 de junho de 1828, alguns se revoltaram, ocupando os quartéis de São Cristóvão. Depois que se renderam, foram repatriados. No ano seguinte, extinguiram-se os regimentos.

## 1831
## Setembrada

Foi um movimento que exigia a expulsão dos portugueses e dos jesuítas do Maranhão.

## 1835
## Revolta de Escravos Nagôs, Malês e Tapas

Os escravos muçulmanos foram responsáveis por uma série de revoltas na Bahia entre 1772 e 1887, mas essa foi a mais organizada de todas. Começou em 24 de janeiro entre os escravos nagôs, e depois foi apoiada pelos malês e pelos tapas. Eles pediam a abolição da propriedade e do catolicismo como religião oficial do país. Houve confrontos sangrentos. A revolta terminou com cinco escravos fuzilados e dezenas condenados ao açoite.

## 1835-1845
## Guerra dos Farrapos

✤ Começou no Rio Grande do Sul e se estendeu até Santa Catarina. Conhecidos como farrapos, os revoltosos defendiam maior autonomia política e econômica para as províncias. Eram a favor de um governo federativo e republicano. Queixavam-se ainda dos altos impostos cobrados sobre o charque, o couro e o trigo, os principais produtos da economia local. Os gaúchos também se sentiam abandonados pelo Império.

✤ O grande líder do movimento foi o deputado federalista e coronel de milícias Bento Gonçalves da Silva. Ele entrou em Porto Alegre e destituiu o presidente da província, Antônio Fernandes Braga, nomeado pelo governo regencial. Porto Alegre foi retomada pelas forças imperiais, mas os rebeldes aumentaram o controle de áreas e proclamaram a República Rio-grandense em 11 de setembro de 1836. A localidade de Piratini foi escolhida como capital.

✤ Pronto para atacar Porto Alegre, Bento Gonçalves foi preso na travessia do rio Jacuí em outubro de 1836 e acabou sendo mandado para a Bahia. Mesmo assim, os rebeldes continuaram avançando e chegaram à cidade de Lages (SC). Gonçalves fugiu da cadeia em abril de 1837 e voltou à região. O movimento não parava de crescer. Uma expedição, capitaneada pelo italiano Giuseppe Garibaldi, foi enviada a Laguna, no litoral catarinense, onde seria estabelecida a **República Juliana**. O contra-ataque das forças do governo, mais bem equipadas, se iniciou em 1840. Dois anos depois, Luís Alves de Lima e Silva, o futuro duque de Caxias, chegou para acabar com a rebelião. Inferiorizados após várias derrotas, os rebeldes aceitaram o armistício em 28 de fevereiro de 1845.

**ANITA GARIBALDI**

Ana Maria Ribeiro da Silva (1821-1849) era casada com um sapateiro e tinha uma vida pacata em Laguna (SC). Em 1835, ela conheceu o italiano Giuseppe Garibaldi, que viera lutar na Guerra dos Farrapos. Apaixonada, Anita largou tudo e resolveu seguir Garibaldi nas batalhas. Foi presa. Quando conseguiu fugir, ela teve de atravessar a nado o rio Canoas para encontrar Garibaldi em Vacaria (RS). Eles se casaram no Uruguai em 1842 e foram viver na Itália. Lá, vestida de homem, Anita continuou lutando ao lado do marido pela unificação do país.

## 1835-1840
## Cabanagem

Os revoltosos moravam em pequenas cabanas à beira dos rios no Pará. Chegaram ao poder três vezes. Na primeira, em janeiro de 1835, os cabanos derrubaram o governo de Belém, instalando um governo revolucionário. Foram combatidos por mercenários contratados por políticos legalistas. Num novo ataque, em agosto do mesmo ano, os revoltosos roubaram comerciantes e distribuíram alimentos aos pobres. Em abril de 1836, a armada do mercenário inglês John Taylor, contratado pelo governo para acabar com a insurreição, atacou e ocupou Belém. Os cabanos fugiram para o interior e ainda resistiram durante quatro anos. O saldo foi de 30 mil mortos, quase $1/3$ da população masculina da província.

## 1837-1838
## Sabinada

Sob a liderança do médico Francisco Sabino da Rocha Vieira, um movimento nasceu dentro do forte de São Pedro com a ideia de instaurar uma República Independente na Bahia em 1837. As autoridades fugiram de Salvador. Sabino conseguiu o apoio de parte da população. Surgiu, desse modo, a República Baiense, que dominou a capital da província durante cinco meses. Forças do governo reconquistaram a cidade em 13 de março de 1838.

# 1838-1841
# Balaiada

O mestiço Raimundo Gomes invadiu a prisão de Vila Manga, no Maranhão, para libertar seu irmão, mas acabou soltando todos os presos. Na fuga em massa, os prisioneiros receberam o apoio da população rural, liderada por Manuel Francisco dos Anjos Ferreira, cujo apelido era "Balaio", em função de uma espécie de cesto que ele fabricava. Eles se uniram a 3 mil escravos fugidos, comandados por um deles chamado Cosme. Fugitivos e escravos tomaram a cidade de Caxias, também no Maranhão, e nomearam uma junta provisória de governo. Eles venceram algumas batalhas contra as tropas governamentais, até que passaram a ser combatidos por Luís Alves de Lima e Silva (o futuro duque de Caxias). Raimundo Gomes se rendeu, Balaio foi morto e Cosme se tornou o líder do movimento, que começou a se dispersar. D. Pedro II ofereceu anistia e 2.500 rebeldes se entregaram. Cosme foi preso e morreu enforcado.

# 1848
# Rebelião Praieira

Durante o Segundo Reinado, o imperador substituiu o seu ministério, formado por políticos do Partido Liberal, por membros do Partido Conservador. Acontece que os conservadores mantiveram as mesmas leis que antes combatiam. Surgiu, assim, um foco de insatisfação com o governo imperial em Pernambuco. O governo da província estava nas mãos de Antônio Chichorro da Gama, um liberal radical ligado ao grupo do jornal *Diário Novo*, que ficava na rua da Praia. Por isso, eles eram chamados de Grupo da Praia. A rebelião estourou em 1848. Um ano depois, os revoltosos publicaram o *Manifesto ao Mundo*, pedindo voto livre e universal, liberdade de imprensa, trabalho como garantia de vida para o cidadão brasileiro, independência dos poderes constituídos e extinção do Poder Moderador. Embora fosse uma luta entre os partidos, a Rebelião Praieira movimentou forças populares, sob o comando de Pedro Ivo. Seus líderes foram presos e condenados à prisão perpétua. Foram anistiados em 1852.

**O que era o Poder Moderador?**
Você sabia que o Brasil já teve um poder chamado Moderador? Foi na época do Império, quando d. Pedro I era o imperador do Brasil. O Poder Moderador, que era a "chave de toda a organização política", foi criado na Constituição de 1824 para manter o equilíbrio dos demais poderes. Mas, na prática, servia para tornar o imperador absoluto: d. Pedro I podia nomear e destituir senadores e deputados, demitir juízes e fazer o que quisesse, já que ele era o Poder Executivo e o Poder Moderador ao mesmo tempo.

# 1864-1870
# Guerra do Paraguai

Em 11 de novembro de 1864, o Paraguai capturou o navio *Marquês de Olinda* e declarou guerra ao Brasil, justificada como reação à invasão do Uruguai pelos brasileiros no ano anterior. Brasil, Argentina e Uruguai formaram, em 1865, a Tríplice Aliança para enfrentar o líder paraguaio Francisco Solano López. Algumas batalhas se tornaram célebres, como a do Riachuelo, de Tuiuti e de Itororó. O confronto final aconteceu em 1º de março de 1870, na Batalha de Cerro Corá, e terminou com a morte de López. A guerra dizimou $3/4$ da população paraguaia (de 800 mil habitantes, sobraram 200 mil). O país perdeu ainda 140 mil quilômetros quadrados de seu território. Do Brasil, morreram 1.864 homens.

**Por que uma pessoa muito correta é chamada de *caxias*?**
Em 1866, o marechal Luís Alves de Lima e Silva (1803-1880), o duque de Caxias, assumiu o comando do Exército brasileiro na Guerra do Paraguai. Filho, neto e irmão de militares, Luís tornou-se cadete com apenas cinco anos. Já era capitão aos vinte anos e marechal de campo aos quarenta. Chefe bastante exigente, mandou os comandantes para a batalha na frente das tropas. Recebeu do imperador d. Pedro II o título de duque, o maior concedido no Brasil. Virou patrono do Exército, e o Dia do Soldado é comemorado em 25 de agosto, dia de seu nascimento. Caxias é o nome da cidade maranhense que sediou a Balaiada, vencida por ele em 1841. O comportamento exemplar do militar transformou *caxias* na palavra que serve para designar alguém que cumpre rigorosamente todas as suas tarefas.

**Quem foram os Voluntários da Pátria?**
O Brasil não tinha soldados suficientes para lutar na Guerra do Paraguai. Por isso, foram recrutados homens que formariam batalhões denominados Voluntários da Pátria. O apelo atraiu alguns jovens, mas não a quantidade desejada. E os voluntários deixaram de ser tão voluntários. O Exército convocou, em cada paróquia, dois homens a cada mil habitantes. Chamou também um grande número de escravos, tantos que, no campo de batalha, os paraguaios apelidaram os brasileiros de negros.

> Em 24 de maio, dia de Nossa Senhora Auxiliadora, algumas mulheres do interior gaúcho ainda mantêm a tradição de acender uma vela na janela em homenagem aos mortos da Guerra do Paraguai.

## 1872-1874
## Revolta dos Muckers

O casal de imigrantes alemães João Jorge e Jacobina Maurer liderou um movimento de fanáticos religiosos em São Leopoldo (RS). Entraram em guerra com a população da vizinhança, atacando as pessoas e provocando incêndios. A polícia foi chamada para enfrentá-los e perdeu o primeiro confronto. Só em 2 de agosto de 1874 os Muckers (santarrões) foram derrotados. Condenados a penas entre oito e trinta anos de prisão, os sobreviventes acabaram anistiados em 1883. Continuaram brigando com vizinhos, até a morte do último, em 1898.

## 1874
## Revolta dos Quebra-quilos

Em janeiro de 1874, o Brasil resolveu adotar o sistema métrico decimal de pesos e medidas, que era utilizado na maior parte do mundo. Antes disso, as medidas eram expressas em palmos, jardas, polegadas ou côvados, e o peso das mercadorias era calculado em libras e arrobas. O governo não deu maiores explicações à população, que ficou desconfiada e se rebelou contra a mudança. A chamada Revolta dos Quebra-quilos estourou em Pernambuco. Invasores entravam de surpresa em bares, armazéns e padarias e destruíam os novos pesos e as novas réguas.

# 1877-1940
# Cangaço

A pobreza e a injustiça social no Nordeste criaram um fenômeno chamado cangaço. Os bandoleiros carregavam os rifles sobre os ombros, e sua imagem lembrava a canga, peça de madeira que os bois levam no pescoço. Bandos armados assaltavam fazendas e saqueavam armazéns. Depois distribuíam o alimento para as vítimas da seca. Muitos coronéis, no entanto, se aproveitaram da situação e contrataram cangaceiros para matar seus inimigos. O primeiro cangaceiro a virar mito foi o pernambucano **Cabeleira**, que morreu enforcado. **Lucas da Feira**, outro cangaceiro, chegou a ser chamado ao Rio de Janeiro pelo imperador d. Pedro II, que queria conhecê-lo. **Antônio Silvino** atacava cidades, fazendas e tropas do governo. Foi apelidado de Governador do Sertão. Ele mobilizou a polícia de quatro estados (Ceará, Rio Grande do Norte, Paraíba e Pernambuco) para ser capturado. **Sinhô Pereira** abriu as portas de seu bando para um jovem de 24 anos chamado Virgulino Ferreira da Silva, que passaria a liderar o grupo em 1922.

### QUEM FOI LAMPIÃO?

✤ O pernambucano Virgulino Ferreira da Silva (1897-1938) era um dos nove filhos de uma respeitável família de criadores de gado. Nasceu em Vila Bela (atual Serra Talhada). Em 1915, acusou um empregado do vizinho José Saturnino de roubar bodes em sua propriedade. Começou, então, uma rivalidade entre as duas famílias. Quatro anos depois, Virgulino e dois irmãos se tornaram bandidos. Matavam o gado do vizinho e praticavam assaltos. Os irmãos Ferreira passaram a ser perseguidos pela polícia e a família fugiu da fazenda. A mãe de Virgulino morreu durante a fuga, e em seguida, num tiroteio, os policiais mataram seu pai. O jovem Virgulino jurou vingança.

✤ Existem duas versões para o seu apelido. Dizem que, quando ele matava alguém, o cano de seu rifle, em brasa, lembrava a luz de um lampião. Outros garantem que ele iluminou um ambiente com tiros para que um companheiro achasse um cigarro perdido.

✤ Seus atos de crueldade lhe valeram a alcunha de Rei do Cangaço. Para matar os inimigos, enfiava longos punhais entre a clavícula e o pescoço deles. Seu bando sequestrava crianças, botava fogo nas fazendas, exterminava rebanhos de gado, estuprava várias mulheres, torturava pessoas, marcava o rosto de mulheres com ferro quente. Antes de fuzilar um de seus próprios homens, obrigou-o a comer 1 quilo de sal. Assassinou um prisioneiro diante da mulher, que implorava perdão. Lampião arrancou olhos, cortou orelhas e línguas, sem a menor piedade. Perseguido, viu três de seus irmãos morrerem em combate e foi ferido seis vezes.

✤ Em 1929, conheceu Maria Dea, a Maria Bonita, a linda mulher de um sapateiro chamado José Neném. Maria tinha 19 anos e se disse apaixonada pelo cangaceiro havia muito tempo. Pediu para acompanhá-lo. Lampião concordou. Ela enrolou seu colchão e acenou um adeus para o incrédulo marido.

✤ Lampião levou sete tiros e perdeu a visão do olho direito. Mas há outra versão para essa história. O cangaceiro teria sido atingido por um espinho de cacto que um policial atirou com uma escopeta, em 1925. Lampião costumava brincar com a cegueira, dizendo que não precisava de dois olhos, já que sempre tinha que fechar um para atirar.

✤ Lampião andava sempre com livros de orações. Pregava na roupa diversos amuletos e até uma foto do padre Cícero.

✤ A música *Mulher rendeira* ("Olê mulher rendeira,/ Olê mulher rendá,/ Tu me ensina a fazer renda,/ Que eu te ensino a namorar") é de autoria de Lampião. Era essa canção que seu bando entoava quando entrava nas cidades.

✤ Apesar de perseguido, Lampião e seu bando foram convocados para combater a Coluna Prestes, marcha de militares rebelados. O governo se juntou ao cangaceiro em 1926, fornecendo-lhe fardas e fuzis automáticos.

✤ O governo baiano ofereceu 50 contos de réis pela captura de Lampião em 1930. Era dinheiro suficiente para comprar seis carros de luxo.

✤ Lampião morreu no dia 28 de julho de 1938, na Fazenda Angico, em Sergipe. Os trinta homens e cinco mulheres estavam se levantando quando foram vítimas de uma emboscada: o tenente João Bezerra comandava uma tropa de 48 policiais de Alagoas. O combate durou somente dez minutos. Os policiais tinham a vantagem de quatro metralhadoras Hotkiss. Lampião e nove cangaceiros foram mortos e tiveram as cabeças cortadas. Maria Bonita foi degolada viva. Os outros conseguiram escapar.

✤ O cangaço terminou em 1940, com a morte de Corisco, o "Diabo Loiro", o último sobrevivente do bando de Lampião.

## 1880
## Revolta do Vintém

Aconteceu no Rio de Janeiro por causa de um imposto de 20 réis que o governo resolveu incluir nas passagens de bonde e de trem.

## 1896-1897
## Guerra de Canudos

✤ O cearense Antônio Vicente Mendes Maciel (1830-1897), professor primário, comerciante e advogado, sofreu uma grande decepção que mudou sua vida. Sua mulher, Brasilina, fugiu de casa com outro homem. A partir daí, ele começou a perambular pelo sertão, reformando igrejas e cemitérios e anunciando a salvação de pobres e humildes. Ganhou primeiro o apelido de Antônio dos Mares e, depois, de Antônio Conselheiro. Pelo caminho, arregimentou uma série de seguidores fanáticos e montou um arraial chamado Belo Monte, em Canudos, numa fazenda abandonada do sertão da Bahia. A Igreja não aprovava seu comportamento.

✤ Quando a República foi proclamada, Antônio Conselheiro posicionou-se contra a separação entre Estado e Igreja e desaprovou a criação do casamento civil. Por isso, passou a defender a volta da Monarquia. O arraial de Canudos virou uma ameaça à República e um reduto de desordeiros. O governo baiano enviou três expedições entre 1896 e 1897 para acabar com o arraial. Todas foram derrotadas. A primeira tinha 104 homens; a segunda, 550, e a terceira, 1.300. Foi aí que o governo federal entrou em ação. Mandou 5 mil soldados e artilharia pesada para o local. Conselheiro morreu em 22 de setembro por razões jamais reveladas. Alguns historiadores dizem que ele teve uma crise de disenteria muito forte. Outros asseguram que sua morte foi causada por complicações decorrentes de um ferimento. O Exército liquidou com Canudos no dia 5 de outubro. Em um ano, calcula-se que a Guerra de Canudos contabilizou 15 mil mortos.

❖ Para acabar com Canudos, o governo usou até um canhão Withworth, de 32 milímetros. Era uma geringonça de 1,7 tonelada e precisava de quarenta bois para ser puxada. Os sertanejos apelidaram o canhão de Matadeira.

❖ No dia 6 de outubro, os soldados descobriram o local onde Antônio Conselheiro havia sido enterrado. Tiraram o corpo da cova, fizeram algumas fotos e cortaram sua cabeça. Ela foi levada até Salvador para ser estudada. O crânio ficou guardado na Faculdade de Medicina da Bahia até 1905, quando um incêndio destruiu tudo.

❖ O jornalista e engenheiro Euclides da Cunha cobriu a Guerra de Canudos como correspondente do jornal *O Estado de S. Paulo*. Ele anunciou a guerra como um massacre. As reportagens deram origem ao seu livro mais famoso, *Os sertões*, publicado em 1902.

❖ O local onde se instalou Canudos foi alagado pelo açude de Cocorobó em 1969. A atual cidade de Canudos fica a 10 quilômetros de distância da original.

## 1893
## Revolta da Armada

❖ O contra-almirante Custódio José de Melo liderou um movimento que eclodiu na cúpula da Marinha. A ideia era depor o vice-presidente Floriano Peixoto, que pretendia ficar no poder até o final do mandato de Deodoro da Fonseca, o qual havia renunciado. Custódio ordenou que todos os navios hasteassem bandeiras vermelhas e apontassem seus canhões contra a cidade do Rio de Janeiro. Floriano não se rendeu. Declarou o estado de intervenção. Transformou o Rio em cidade aberta (a que não pode atacar nem ser atacada). Desse modo, Floriano manteve a esquadra rebelde na inatividade por seis meses, período em que encomendou novos navios aos Estados Unidos. A revolta terminou no dia 13 de março de 1893.

❖ O almirante Luís Filipe Saldanha da Gama, defensor da monarquia, e outros 525 homens pediram asilo nos navios portugueses *Míndelo* e *Afonso de Albuquerque*. Por causa disso, as relações diplomáticas entre os dois países foram cortadas.

✣ Nessa revolta, o prédio do Observatório, instalado no morro do Castelo, no centro da cidade, foi destruído pelos canhões da esquadra opositora a Floriano Peixoto. Em 1913, o Observatório foi transferido para o morro de São Cristóvão, onde está instalado até hoje.

## 1893-1895
## Revolução Federalista

Guerra civil que estourou no Rio Grande do Sul em 15 de dezembro de 1893. O governo do republicano Júlio de Castilhos, apoiado por Floriano Peixoto, era considerado autoritário demais. A oposição a ele era formada por federalistas que queriam o parlamentarismo. Os revoltosos conseguiram uma série de vitórias sobre os homens de Castilhos, até que seus principais comandantes, Saldanha da Gama e Gumercindo Saraiva, foram mortos em combate. A resistência, no entanto, durou até julho de 1895. O novo presidente, Prudente de Morais, fez um acordo de paz. Júlio de Castilhos continuou no poder, mas o Congresso anistiou os participantes da Revolução.

### Ximangos e maragatos
Os homens de lenço branco, que apoiavam Júlio de Castilhos, eram chamados de ximangos ou pica-paus. Seus adversários, os parlamentaristas, usavam lenços vermelhos e receberam o nome de maragatos.

## 1904
## Revolta da Vacina

Em 1895, ao atracar no Rio de Janeiro, um navio italiano perdeu 234 de seus 337 tripulantes por causa da febre amarela. A situação na capital da República era mesmo dramática. Para modernizar o Rio, o presidente Rodrigues Alves criou uma grande campanha de saneamento. Alargou as ruas e ampliou as redes de água e esgoto. Mas usou de violência ao invadir e demolir cortiços. Grande parte da população pobre foi mandada para a periferia. Uma lei aprovada pelo Congresso Nacional em 31 de outubro de 1904 determinou que a vacinação contra a varíola deveria ser obrigatória. A varíola matou 3.500 pessoas naquele ano. Cinco dias depois, a oposição criou a Liga contra a Vacina Obrigatória, desafiando o cunho autoritário da medida. No dia 10 de novembro, um movimento popular no Rio de Janeiro entrou em choque com os policiais. Bondes foram tombados, trilhos arrancados e calçamentos destruídos. O presidente Rodrigues Alves revogou a lei em 16 de novembro. No dia seguinte, com o apoio do Exército e da Marinha, a polícia ocupou os morros do bairro da Saúde, reduto da insurreição, e acabou com o conflito. O saldo final foi de 30 mortos, 110 feridos e mil detidos.

## 1910
## Revolta da Chibata

✤ Em pleno início do século XX, a Marinha brasileira ainda previa o uso da chibata entre as punições para os marinheiros. Quando o marujo Marcelino Rodrigues Meneses recebeu 25 chibatadas como castigo, um grupo se revoltou. O principal líder da revolta foi João Cândido, conhecido como Almirante Negro. Os marinheiros sequestraram os navios *Minas Gerais*, *São Paulo*, *Deodoro* e *Bahia* e ameaçaram bombardear o Rio de Janeiro em 22 de novembro de 1910. Eles exigiam o fim dos castigos corporais, melhorias no sistema de treinamento e nas condições de trabalho, aumento do valor do soldo e anistia para os revoltosos. Foram atendidos pelo marechal Hermes da Fonseca e a revolta terminou no dia 26 de novembro.

✤ No dia 9 de dezembro, João Cândido lideraria um novo levante, ao lado dos soldados do Batalhão Naval da ilha das Cobras. Só que, dessa vez, o governo não quis saber de conversa. Alguns rebeldes foram mortos, e outros, enviados para trabalhos forçados na Amazônia. Preso na ilha das Cobras, João Cândido seria internado, como louco, algum tempo depois.

> Os compositores João Bosco e Aldir Blanc fizeram uma música em homenagem a João Cândido em 1974. Chamava-se *O mestre-sala dos mares*.

# 1912-1916
# Guerra do Contestado

✤ Em 1912, a região do Contestado — oeste de Santa Catarina, na divisa com o Paraná — era disputada pelos dois estados. Milhares de trabalhadores haviam sido atraídos para o local em virtude da construção de uma estrada de ferro que ligava o Rio Grande do Sul a São Paulo. Com o fim das obras, ficaram sem ter o que fazer e sem ter para onde ir. Nessa época, apareceu na região uma espécie de pregador chamado José Maria de Santo Agostinho. Ele dizia ter poderes divinos e queria o retorno da monarquia. Morreu em combate, mas seus seguidores fundaram uma irmandade e continuaram a pregar a volta de um rei português. Era o início do que eles chamaram de Guerra Santa, a qual envolveu mais de 20 mil pessoas. Os fazendeiros do lugar pediram a ajuda das forças militares e as lutas duraram até 1916. Os rebeldes foram afinal derrotados e o governo promoveu um acordo de fronteiras entre os estados. Mas o preço da paz foi muito alto: 3 mil mortos.

✤ Na Guerra do Contestado, pela primeira vez na história do Brasil, foi empregado em combate o avião.

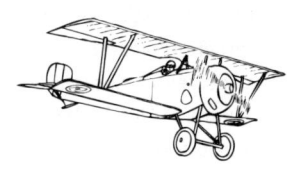

# 1922
# Os 18 do Forte

O presidente Epitácio Pessoa nomeou um civil para o Ministério da Guerra. Os jovens oficiais do Exército entraram em polvorosa. Quando os militares foram chamados para acabar com uma rebelião popular em Pernambuco, o então tenente Hermes da Fonseca decidiu intervir. Em 29 de junho de 1922, telegrafou aos colegas do Recife e pediu que o povo não fosse reprimido. Por causa disso, o governo mandou prendê-lo. Foi o estopim do movimento chamado Tenentismo. Os quartéis começaram uma conspiração para derrubar o governo. O forte de Copacabana, no Rio de Janeiro, virou palco do princípio da rebelião. Na madrugada de 5 de julho de 1922, o capitão Euclides Hermes, filho do marechal, disparou um dos canhões e iniciou a luta. O governo contra-atacou com disparos de seus navios de guerra. Euclides e Siqueira

Campos permitiram que todos os que não quisessem combater deixassem o forte. Dos 301 homens que se encontravam lá, 272 foram embora. Dezessete militares e um civil resolveram enfrentar a tropa de 3 mil soldados do governo federal, dispostos a lutar até a morte. No dia 6 de julho de 1922, os rebeldes saíram a pé pela avenida Atlântica, depois de amarrar pedaços da bandeira brasileira nos braços. Alguns debandaram pelo caminho. Na troca de tiros, apenas dois soldados sobreviveram: Eduardo Gomes e Siqueira Campos. O massacre ficou conhecido como Os 18 do Forte.

## 1924
## Revolta dos Tenentes

No dia 5 de julho de 1924, a cidade de São Paulo foi invadida por 4 mil militares que ali permaneceram durante todo o mês. Os rebeldes lutavam pela moralização do Poder Legislativo, pelo voto secreto e pelo ensino primário obrigatório. Estavam insatisfeitos com o jogo de cartas marcadas da República Velha e com sua política do café com leite, que revezava no poder oligarcas de São Paulo (cafeicultores) e de Minas Gerais (pecuaristas). Carlos de Campos, presidente de São Paulo (na época os estados tinham presidentes e não governadores), pediu socorro ao governo federal. As tropas de Artur Bernardes cercaram a capital e sugeriram que a população deixasse a cidade. Acuados, os revoltosos saíram de São Paulo naquela que ficou conhecida como Coluna Paulista. Seguiram em direção a Foz do Iguaçu para se encontrar com um grupo de revoltosos que vinha do Rio Grande do Sul.

## 1924-1927
## Coluna Prestes

Em outubro de 1924, o capitão Luís Carlos Prestes iniciou o mesmo movimento em Santo Ângelo (RS). Reuniu-se em abril de 1925 com os paulistas e criou a lendária Coluna Miguel Costa-Luís Carlos Prestes, ou apenas Coluna Prestes, um grupo de 2 mil pessoas que atravessou grande parte do interior do país de 1925 a 1927, percorrendo 25 mil quilômetros a pé e a cavalo. A maioria dos líderes foi presa por algum tempo. O tenentismo só foi terminar em 1927, quando os últimos integrantes da Coluna Prestes se exilaram na Bolívia.

> Alguns líderes do movimento tenentista se destacaram na história brasileira:
>
> **Eduardo Gomes (1896-1981)** – Foi brigadeiro da Aeronáutica. Concorreu duas vezes à Presidência da República, em 1945 e em 1950, perdendo as duas eleições.
>
> **Juarez Távora (1892-1975)** – Ministro do Interior e da Agricultura no governo eleito de Getúlio Vargas, entre 1951 e 1954. Disputou a Presidência da República em 1955, pela União Democrática Nacional, e foi derrotado por Juscelino Kubitschek.
>
> **Luís Carlos Prestes (1898-1990)** – Tornou-se a maior liderança do Partido Comunista Brasileiro.

# 1930
# Levante de Princesa

João Pessoa, presidente da Paraíba e candidato a vice-presidente da República na chapa de Getúlio Vargas, preparou uma lista de candidatos a cargos eletivos em que privilegiava os políticos da capital. Iniciou também uma operação para desarmar os coronéis do sertão. O coronel José Pereira, líder da cidade de Princesa e da oposição a Pessoa, armou um exército de dois mil homens para enfrentar o governo. Pereira venceu os primeiros confrontos, mas o assassinato de João Pessoa – no Recife e por razões pessoais – mudou toda a situação. A luta terminou.

# 1930
# Golpe de 1930

Getúlio Vargas se aproveitou do assassinato de João Pessoa, seu vice na eleição para a Presidência, e armou um golpe cuja aplicação teve início em 3 de outubro. Alegando fraude na votação, os getulistas promoveram rebeliões em vários estados. Vargas depôs o presidente Washington Luís e impediu a posse do presidente eleito, Júlio Prestes. Em 24 de outubro de 1930, os generais Tasso Fragoso e Mena Barreto e o almirante Isaías de Noronha intimaram Washington Luís a entregar a Presidência da República às Forças Armadas.

Washington recusou-se a fazê-lo. Em consequência, o general Tasso Fragoso pediu ao presidente, o qual se encontrava trancado no Palácio Guanabara, que renunciasse a fim de evitar derramamento de sangue. Mais uma negativa. Washington foi então deposto e saiu preso do palácio, escoltado pelo cardeal-arcebispo d. Sebastião Leme, rumo ao forte de Copacabana. Getúlio assumiu o poder em 3 de novembro.

# 1932
# Revolução Constitucionalista

✤ Após a vitória na Revolução de 1930, o presidente Getúlio Vargas não cumpriu as promessas que havia feito antes de assumir o cargo. Paulistas, mineiros e gaúchos exigiam uma nova Constituição, que devolvesse o país à legalidade política. O movimento foi crescendo até culminar na Revolução Constitucionalista de 1932.

✤ Os paulistas iniciaram a revolta depois que quatro rapazes foram mortos numa manifestação contra o governo no dia 23 de maio de 1932, na esquina da rua Barão de Itapetininga com a praça da República, na capital. MMDC foi a sigla formada com as iniciais de Miragaia, Martins, Dráusio e Camargo, as quatro vítimas.

✤ A revolução armada começou no dia 9 de julho, mas os mineiros e os gaúchos não mandaram tropas para ajudar os paulistas. Por isso, três meses depois o governo federal venceu os revolucionários. A rendição foi assinada na cidade de Cruzeiro (SP). Oficialmente, os paulistas contabilizaram 634 mortos.

✤ São Paulo realizou uma grande campanha entre a população para arrecadar joias e objetos de ouro. O objetivo era levantar fundos para equipar os 30 mil homens que foram à luta. As indústrias ajudaram fabricando capacetes e munição.

✤ Os aviões do governo federal que bombardearam São Paulo eram conhecidos como vermelhinhos.

✤ O professor Otávio Teixeira Mendes, do batalhão de Piracicaba, criou um instrumento chamado matraca. Ao rodar uma manivela, uma roda dentada tocava numa lâmina de aço, provocando um som parecido com o de uma metralhadora. Como o exército paulista tinha poucas armas, as matracas eram úteis para assustar os inimigos e retardar o seu avanço.

## 1932-1938
## Movimento Integralista

O escritor modernista Plínio Salgado, influenciado pelas ideias fascistas que vinham da Itália, fundou em 1932 a Ação Integralista Brasileira. Em 23 de abril do ano seguinte, milhares de homens fizeram uma marcha pelas ruas do centro de São Paulo para pregar suas ideias. O uniforme dos integralistas eram camisas verdes com a letra grega sigma maiúscula no braço. No auge de sua atuação, a Ação Integralista chegou a ter 400 mil militantes. Apoiou Getúlio Vargas na implantação do Estado Novo em 1937, mas acabaria sendo apunhalada pelas costas. Em 1938, um decreto do presidente dissolveu o grupo. No dia 10 maio, 1.500 integralistas revoltados elaboraram um plano para prender Getúlio e assumir o poder. Atacaram o Palácio Guanabara e mantiveram a família de Getúlio na mira de metralhadoras uma noite inteira. Descobriu-se que a guarda do palácio também fazia parte da conspiração. A polícia e o Exército demoraram horas para chegar. O golpe fracassou e os 1.500 participantes foram presos.

> A saudação integralista *anauê*, na língua tupi, significa "você é meu irmão".

## 1935
## Intentona Comunista

Foi uma revolta comunista chefiada por Luís Carlos Prestes que durou menos de uma semana. No Rio de Janeiro, o movimento foi uma quartelada sangrenta e sem chances de vitória. Em dois estados do Nordeste, Pernambuco e Rio Grande do Norte, os comunistas chegaram a destituir prefeitos e controlar pequenas cidades. Graças ao serviço secreto inglês, o governo Vargas ficou sabendo da revolta, que fora planejada pela Internacional Comunista, cinco meses antes de ela acontecer. O presidente, então, esperou apenas o início do levante para prender milhares de militantes de organizações de esquerda.

# 1935
## Comitê Popular Revolucionário

Em 23 de novembro, um governo comunista se instalou em Natal. Sem muita luta, o Comitê Popular Revolucionário, como se autodenominou o movimento, tomou a residência do governador e dirigiu um manifesto à população. Publicou o jornal *A Liberdade*, com seus planos de governo. Mas a farra durou apenas quatro dias. Quando souberam que tropas vindas de Pernambuco e da Paraíba estavam se aproximando, os rebeldes fugiram para o interior.

# 1938
## Plano Cohen

Getúlio Vargas marcou as eleições presidenciais para 3 de janeiro de 1938. A campanha já estava nas ruas. Um ano antes, porém, Vargas começou a armar um golpe para continuar no poder. O capitão Olímpio Mourão Filho forjou um documento, o chamado Plano Cohen, em que era apresentado um suposto esquema dos comunistas para tomar o poder. O governo decretou estado de guerra, com a suspensão dos direitos constitucionais. Em 10 de novembro de 1937, o Senado e a Câmara dos Deputados foram fechados, e uma nova Constituição outorgada. Começava, assim, a ditadura do Estado Novo de Getúlio Vargas, que duraria até 1945.

# 1964
## Revolução de 1964

Ao assumir a Presidência no lugar de Jânio Quadros, que renunciara ao cargo, o vice João Goulart – Jango – ganhou a desconfiança dos militares, que quase o impediram de tomar posse em 1961. Ex-aliado de Getúlio Vargas, ele tinha estreitas ligações com o movimento trabalhista. Por isso, Goulart era simpático aos grupos que pediam reformas agrária, política e bancária. E bateu de frente com os grupos mais tradicionais e poderosos. Com o mesmo discurso anticomunista, os militares depuseram João Goulart em 31 de março de 1964.

Nove dias depois, o Comando Supremo da Revolução (formado pelos comandantes em chefe do Exército, da Marinha e da Aeronáutica) editou o Ato Institucional nº 1, prometendo a "reconstrução econômica, política, social e moral do Brasil". No poder, os militares poderiam cassar mandatos ou os direitos políticos de opositores ao regime; suspender as garantias constitucionais; demitir funcionários públicos; decretar o estado de sítio; e enviar ao Congresso projetos de emenda à Constituição.

> **O que é estado de sítio?**
> Numa situação como essa, o governo determina que os cidadãos perca temporariamente alguns de seus direitos e garantias.

**Marcha da Família com Deus pela Liberdade**
Em 13 de março de 1961, o presidente João Goulart fez um discurso que mexeu com o país. Ele anunciou a encampação de refinarias de petróleo e a reforma agrária, além de pedir a formação de uma Constituinte. As forças mais conservadoras da sociedade fizeram em São Paulo a famosa Marcha da Família com Deus pela Liberdade seis dias depois para repudiar as ideias de Jango. A marcha foi organizada pela freira Ana de Lourdes, pelo deputado Cunha Bueno e pelo publicitário José Carlos Pereira de Souza. Reuniu 500 mil pessoas, o dobro da plateia conseguida por Jango quando fez seu discurso, e foi um dos estopins da Revolução de 1964. Os manifestantes gritavam: "Um, dois, três, Brizola no xadrez" e "Tá chegando a hora de Jango ir embora".

# 1972-1975
# Guerrilha do Araguaia

Movimento de luta armada organizado por 69 militantes do Partido Comunista do Brasil na divisa do Pará com o atual estado de Tocantins. Terminou com 59 guerrilheiros mortos; eram estudantes, trabalhadores e profissionais liberais. Também foram mortos os 19 agricultores que haviam sido recrutados para colaborar com o movimento. Dos 5 mil militares que participaram das três ofensivas para acabar com a guerrilha, estima-se que vinte morreram. Em abril de 1972, o hoje deputado federal José Genoíno foi preso por tomar parte na guerrilha. Ele passou um dia e uma noite amarrado a uma árvore. Levado a Brasília, Genoíno foi torturado.

# 1993
## República dos Pampas

Movimento totalmente pacífico iniciado em julho de 1993 pelo gaúcho Irthon Marx. Segundo seu projeto, a República dos Pampas seria um país independente, formado por Rio Grande do Sul, Santa Catarina e Paraná. A moeda em circulação se chamaria joia, e as línguas oficiais seriam o português, o alemão e o italiano. A Polícia Federal apreendeu todo o material de propaganda do movimento e abriu um inquérito de atentado contra a integridade nacional, que acabou sendo arquivado.

## O BRASIL NA PRIMEIRA GUERRA MUNDIAL

✤ Em 27 de outubro de 1917, o presidente brasileiro Venceslau Brás declarou guerra contra a Alemanha, que afundara três navios brasileiros – *Paraná* (no canal da Mancha, em abril), *Tijuca* (no litoral francês, em maio) e *Macau* (no litoral espanhol, em outubro). Os 46 navios alemães que se encontravam em nossos portos foram aprisionados. O presidente mandou erguer um muro no Palácio Guanabara, onde residia, para se proteger de ataques armados.

✤ O Brasil foi o único país sul-americano a participar da Primeira Guerra.

✤ O governo enviou, em agosto de 1918, uma esquadra com o objetivo de patrulhar a costa africana e a região de Gibraltar. Antes mesmo de entrar em combate, a frota perdeu 156 tripulantes, mortos em Dacar, por causa da gripe espanhola. Em meio à viagem, os navios brasileiros abriram fogo contra um cardume de toninhas, que seus artilheiros confundiram com submarinos alemães.

✤ Um dia depois de haver chegado a Gibraltar, nossa esquadra foi notificada do armistício. A guerra havia terminado.

❖ Durante o período em que o Brasil participou da Primeira Guerra, a cidade do Rio de Janeiro foi forrada de cartazes com a inscrição "Emudeçam todas as bocas". Era o medo do governo contra a espionagem alemã.

❖ Fernando Buschman, brasileiro de origem alemã, foi executado no dia 19 de outubro de 1915 em Londres, aos 25 anos, por praticar espionagem em favor da Alemanha durante a Primeira Guerra Mundial. Outros dez estrangeiros foram executados entre o fim de 1914 e o início de 1916, todos espiões amadores. Buschman nasceu em Paris, mas veio ainda bebê para o Rio de Janeiro, onde o pai, Francisco, alemão naturalizado brasileiro, tinha uma loja de instrumentos musicais. Estudou engenharia na Áustria até se formar, voltando ao Rio para trabalhar com o irmão na loja da família. Passou a viajar constantemente para a Europa, onde se casou com Valerie, filha de um milionário alemão.

## O BRASIL NA SEGUNDA GUERRA MUNDIAL

❖ Até 1942, o Brasil estava dividido. Osvaldo Aranha, ministro das Relações Exteriores, apoiava os Aliados. Enquanto isso, o ministro da Guerra, general Góis Monteiro, e o chefe da Polícia Política, Filinto Muller, preferiam os nazistas. O presidente Getúlio Vargas negociava seu apoio com os dois lados. Em 28 de janeiro de 1942, depois do final da Conferência de Chanceleres Americanos, o Brasil rompeu relações com o Eixo.

❖ Em março de 1941, no mar Mediterrâneo, o navio brasileiro *Taubaté* foi metralhado por aviões alemães. Foi o primeiro de uma série de ataques alemães a embarcações brasileiras.

| QUEM FOI ATACADO | NAVIOS | QUEM ATACOU |
|---|---|---|
| **1942** | | |
| 14 de fevereiro | Navio *Cabedelo* | Submarino alemão não identificado – 54 brasileiros mortos |
| 15 de fevereiro | Navio *Buarque* | Submarino alemão U-432 |
| 18 de fevereiro | Navio *Olinda* | Submarino alemão U-432 |
| 7 de março | Navio *Arabutam* | Submarino alemão U-155 |
| 8 de março | Navio *Cairu* | Submarino alemão U-94 |
| 1º de maio | Navio *Parnaíba* | Submarino alemão U-162 |
| 18 de maio | Navio *Comandante Lira* | Submarino italiano *Barbarigo* |
| 22 de maio | Em represália, um avião B-25, da Força Aérea Brasileira, atacou um submarino alemão. A tripulação do avião incluía instrutores norte-americanos. | |
| 24 de maio | Navio *Gonçalves Dias* | Submarino alemão U-502 |
| 1º de junho | Navio *Alegrete* | Submarino alemão U-156 |
| 5 de junho | Dois navios brasileiros | Submarino alemão U-159 |
| 26 de junho | Navio *Pedrinhas* | Submarino alemão U-203 |
| 26 de julho | Navio *Tamandaré* | Submarino alemão U-66 |
| 28 de julho | Navio *Piave* | Submarino alemão U-155 |
| | Navio *Barbacena* | Submarino alemão U-66 |
| 15 de agosto | Navio *Baependy* | Submarino alemão U-507 – 270 mortos |
| 16 de agosto | Navios *Aníbal Mendonça*, *Aníbal Benévolo* e *Araraquara* | Submarino alemão U-507 – 281 mortos |
| 17 de agosto | Navios *Arará* e *Itagiba* | Submarino alemão U-507 – 56 mortos |
| 19 de agosto | Barcaça *Jacira* | Submarino alemão U-507 |
| 27 de setembro | Navios *Osório* e *Lajes* | Submarino alemão U-514 |
| 28 de setembro | Navio *Antonico* | Submarino alemão U-516 |
| 3 de novembro | Navio *Porto Alegre* | Submarino alemão U-504 |
| 22 de novembro | Cargueiro *Apoloide* | Submarino alemão U-163 |
| **1943** | | |
| 18 de fevereiro | Navio *Alegrete* | Submarino alemão U-518 |
| 2 de março | Navio *Afonso Pena* | Submarino italiano *Barbarigo* |
| **1944** | | |
| 19 de julho | Navio *Vital de Oliveira* | Submarino alemão não identificado |

❖ Os 25.334 soldados da Força Expedicionária Brasileira (FEB) deveriam inicialmente combater na África, mas foram enviados para a Itália.

❖ Desse total, apenas 111 (entre eles 67 enfermeiras) viajaram de avião. O restante embarcou no porto do Rio de Janeiro em navios norte-americanos, em quatro datas diferentes. A primeira leva (5.081 soldados) saiu no dia 2 de julho de 1944 no navio norte-americano de transporte de tropas *W. A. Mann*. Chegou ao porto de Nápoles, na Itália, no dia 16, sob o comando do general João Batista Mascarenhas de Moraes.

❖ A campanha da Itália durou 239 dias (entre setembro de 1944 e maio de 1945). Os brasileiros chegaram a enfrentar temperaturas de 20 graus negativos nos Apeninos. Tiveram até aulas de esqui e ganharam capotes brancos para se camuflar na neve.

❖ A FEB foi encarregada de tomar o monte Castello. As quatro primeiras tentativas (24 e 25 de novembro, 29 de novembro e 12 de dezembro de 1944) foram malsucedidas. O monte Castello só foi tomado em 21 de fevereiro de 1945, com um ataque planejado pelo tenente-coronel Humberto de Alencar Castelo Branco (futuro presidente do Brasil) e a ajuda de uma tropa de elite do Exército norte-americano, especialista em sobrevivência em regiões altas. O pelotão brasileiro chegou ao topo do monte Castello às 18 horas e contabilizou 12 mortos.

❖ No dia 14 de abril de 1945, a FEB participou de sua maior batalha: a tomada da cidade de Montese. Libertados pelos brasileiros, os habitantes batizaram uma de suas praças de Piazza Brasile.

❖ No final de abril de 1945, em Fornovo di Taro, junto à cidade de Parma, a FEB conseguiu a rendição de um total de 15 mil homens da 148ª Divisão de Infantaria alemã, comandada pelo general Otto Fretter Pico, e da Divisão Itália, do general Mario Carloni.

❖ Os soldados brasileiros voltaram para casa entre 6 de julho e 19 de setembro de 1945. O primeiro grupo desembarcou no Rio de Janeiro em 18 de julho.

> **Os números da guerra**
>
> Divisões alemãs que lutaram contra a FEB: 9
>
> Divisões italianas que lutaram contra a FEB: 3
>
> Prisioneiros inimigos capturados pela FEB: 20.573 (2 generais, 892 oficiais e 19.679 praças)
>
> Soldados brasileiros aprisionados pelo inimigo: 35
>
> Soldados brasileiros mortos: 457 (13 oficiais e 444 praças)
>
> Soldados brasileiros feridos por armas de guerra: 1.557
>
> Soldados brasileiros feridos fora das linhas de combate: 658
>
> Batalhas vencidas pela FEB: Massarosa, Camaiore, monte Prano, monte Acuto, San Quirico, Gallicano, Barga, monte Castello, La Serra, Castelnuovo, Soprassasso, Montese, Paravento, Zocca, Marano Su Parano, Collecchio e Fornovo.
>
> A Força Expedicionária Brasileira apreendeu 80 canhões, 1.500 viaturas e 4 mil cavalos dos inimigos.

## O soldado pastelão

Isto não é uma piada. O comediante Stan Laurel, o Magro da dupla O Gordo e o Magro, lutou ao lado dos brasileiros em monte Castello. Ele era responsável pela "fábrica de fumaça", uma engenhoca que mantinha o local da batalha sempre nublado. Desse modo, mesmo do alto, os alemães tinham dificuldade em acompanhar a movimentação das tropas inimigas.

## OS SÍMBOLOS

**COBRA FUMANDO**

Alguns críticos diziam que seria mais fácil uma cobra fumar do que o Brasil entrar na guerra. Pois o Brasil entrou na guerra e a Força Expedicionária Brasileira escolheu a "cobra fumando" como símbolo.

**SENTA A PUA**

A unidade principal era o 1º Grupo de Aviação de Caça (GAC), equipado com aviões P-47 Thunderbolt e denominado por seus integrantes de Senta a Pua. Tinha um efetivo de 374 militares e 28 aviões. Teve 16 aviões abatidos; cinco pilotos foram mortos em combate e cinco caíram prisioneiros.

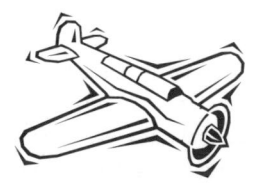

## Os brasileiros nos céus da Itália

❖ Os 44 pilotos brasileiros, treinados durante oito meses no Panamá e nos Estados Unidos, se integraram a outros três grupos de caça do 350º Regimento de Caça dos Estados Unidos em ação na Itália. A participação direta dos pilotos brasileiros, com caças P-47 Thunderbolt nas batalhas na Itália, durou de outubro de 1944 a abril de 1945, quando acabou a resistência alemã no vale do Pó. As missões principais eram de bombardeio a alvos em terra. O grupo Senta a Pua, pelo êxito de suas operações, foi um dos três únicos esquadrões não americanos a receber a medalha Citação Presidencial de Unidade, concedida pelos Estados Unidos.

❖ O grupo realizou 2.546 missões, lançando 4.432 bombas e 850 foguetes em 6.144 horas de voo; danificou 1.990 viaturas rodoviárias, 1.085 vagões de trem, 76 pontes, 105 locomotivas, cem posições de artilharia, 72 embarcações, 46 depósitos de combustível e munição, 11 aviões no solo, além de executar 412 cortes em ferrovias, prejudicando a linha de suprimentos dos nazistas.

> No livro *A minha Segunda Guerra*, o baterista do Paralamas do Sucesso, João Barone, conta sobre a sua entrevista com o "único brasileiro conhecido no Dia D". Pierre Henri Clostemann nasceu em 28 de fevereiro de 1921 em Curitiba, no Paraná. Seu pai, francês e diplomata, na época ocupava o cargo de cônsul-geral da França em São Paulo.
> Ainda criança, Clostermann voltou para a França, mas aprendeu a pilotar no Brasil, aos 16 anos, durante uma temporada de um ano no país.
> O piloto integrou a Real Força Aérea britânica (RAF) durante a Segunda Guerra Mundial e participou da patrulha aérea aliada em 6 de junho de 1944, o Dia D. Pierre morreu no dia 22 de março de 2006, aos 85 anos.

## O PILOTO HERÓI

❖ Piloto da campanha presidencial de Juscelino Kubitschek, o capitão-aviador Alberto Martins Torres é considerado o maior piloto da história da aviação brasileira. Participou de cem missões de guerra na Itália e de 76 missões de patrulhamento da costa brasileira. Ele era o piloto do avião *Catalina*, de onde foram jogadas as quatro bombas que afundaram um submarino alemão U-199, no Rio de Janeiro, em 31 de julho de 1943. O submarino iria atacar um comboio de brasileiros e norte-americanos que saíam do Rio.

❖ Alberto jogou boias para os 12 sobreviventes dos 66 tripulantes do submarino alemão. Estes 12, incluindo o comandante do barco, ficaram presos no Recife. Foram os únicos prisioneiros alemães de operações de guerra das Forças Armadas brasileiras em oceanos.

## OS PRISIONEIROS

❖ O segundo-tenente-aviador Marcos Coelho de Magalhães, ao pular de paraquedas depois da derrubada do seu avião, quebrou os tornozelos e se tornou prisioneiro de guerra. Virou diretor de um hospital alemão na Itália. Foi nomeado graças a um ato heroico. Os italianos que participavam da resistência contra Mussolini invadiram o hospital e Coelho impediu que os enfermeiros, feitos depois prisioneiros de guerra, fossem mortos.

❖ O major-brigadeiro Othon Correia Netto realizou 57 missões bem-sucedidas, mas na 58ª, quando chefiava uma esquadrilha num ataque à ponte Casarsa, na Itália, seu caça foi derrubado. Era dia 26 de março de 1945. Othon foi capturado e mantido num campo de concentração nazista na Alemanha até 29 de abril.

## CAMPO DE CONCENTRAÇÃO

❖ Durante a Segunda Guerra, existiram três campos de concentração para nazistas – dois no vale do Paraíba (SP) e um em Pernambuco. Localizado no município de Araçoiaba, a 60 quilômetros do Recife, o Campo Chã de Estevam foi criado em 22 de novembro de 1942 e funcionou até 1945, nas terras da Fábrica de Tecidos Paulista, da família Lundgren, fundadora das Casas Pernambucanas. Ao todo, os Lundgren tinham cerca de cem funcionários alemães e italianos, contratados para operar as máquinas importadas. Sabe-se que foram confinados pelo menos trinta estrangeiros e seus familiares, incluindo suas mulheres e filhos brasileiros. O campo de concentração pernambucano era muito diferente dos campos para judeus na Europa. Não há registro de que alguém tenha morrido ou sofrido maus-tratos por lá.

✣ Os confinados moravam com as famílias em pequenas casas de alvenaria com três cômodos. Recebiam visitas e tinham direito a manter correspondência com parentes na Alemanha. Continuavam até ganhando metade do ordenado de 2 contos de réis e iam à feira sem vigilância ostensiva.

## AS BASES NORTE-AMERICANAS

✣ Durante quatro anos, as Forças Armadas norte-americanas elegeram a cidade de Caravelas, no litoral baiano, como uma de suas bases na América do Sul. Para receber os aviões de guerra, os americanos ergueram um enorme aeroporto a 15 quilômetros do centro do município. Ao redor, montaram uma verdadeira cidade para saciar suas necessidades militares e sociais. Entre outras regalias, o batalhão de mil soldados tinha à sua disposição um cinema ao ar livre e um cassino que serviu de palco para um show do cantor americano Bing Crosby. Caravelas foi a primeira cidade brasileira a conhecer uma cerveja em lata.

✣ Natal tem o apelido de Trampolim da Vitória por ter sido base militar aliada na Segunda Guerra Mundial. Natal foi escolhida por ser a capital brasileira mais próxima da África. A capital do Rio Grande do Norte hospedou, na época, 40 mil soldados norte-americanos. Durante a guerra, a famosa orquestra de Glenn Miller tocou no Teatro Alberto Maranhão. Conta uma lenda local que os natalenses pintavam urubus de verde para vendê-los aos soldados como se fossem papagaios.

✣ Um enorme zepelim da Força Aérea norte-americana patrulhava os arredores de Cabo Frio em busca de submarinos nazistas. Ele se chocou contra os penhascos e caiu. Os tripulantes foram salvos pelos pescadores. Dezenas de canoas partiram em direção aos restos do zepelim. Dias depois, camisas, saias, velas de barcos, todos tinham aquele tecido dourado que antes servira de revestimento do heroico zepelim.

# OS TRATADOS

**Tratados de Tordesilhas – 1494**
Assinado na cidade espanhola de Tordesilhas, o tratado dividiu a América entre espanhóis e portugueses. Portugal ficou com as terras que fossem descobertas a até 370 léguas a oeste de Cabo Verde. Esse tratado jamais foi respeitado pelos outros países europeus; nem mesmo os próprios países signatários o respeitavam.

**Tratados de Utrecht – 1713**
Estabelecia os limites do Amapá dividido entre Brasil e França, mas os franceses não respeitaram o acordo. No século XIX, a descoberta do ouro e o aumento dos preços internacionais da borracha incentivaram o povoamento do Amapá. A disputa territorial continuou até 1900, quando a questão foi levada à Comissão de Arbitragem, em Genebra, que deu a posse ao Brasil.

**Tratado de Madri – 1750**
Declarou o estado do Amazonas e Mato Grosso (que compreendia os estados de Rondônia e Mato Grosso do Sul), assim como partes de Santa Catarina e Rio Grande do Sul como território português.

**Tratado de Ildefonso – 1778**
Pelo Tratado de Tordesilhas, a ilha de Santa Catarina ficava bem no meio da linha que separava os territórios pertencentes aos espanhóis dos pertencentes aos portugueses. Os espanhóis a invadiram em 1777. Eram 12 homens, 674 canhões e mantimentos para meio ano de guerra. Os portugueses nem reagiram. Pelo Tratado de Ildefonso, assinado no ano seguinte, os espanhóis receberam a província de Sacramento (atual Uruguai), enquanto os portugueses recuperaram Santa Catarina.

**Tratado de Comércio e Navegação – 1810**
Reduziu as tarifas aduaneiras dos produtos ingleses importados pelo Brasil a 15%; elas ficaram menores até do que as cobradas pelas mercadorias trazidas de Portugal. O acordo também proibia o funcionamento da Inquisição no Brasil e estabelecia a abolição gradual do tráfico de escravos.

**Tratado de Petrópolis – 1903**
Até meados do século XIX, o Acre era território boliviano. Mas foram os brasileiros que começaram a desbravar a região por causa da borracha. Por isso, eles não reconheciam o governo boliviano e tentaram criar um estado independente.

Foi proclamada a República do Acre em 14 de julho de 1899. Para contra-atacar, a Bolívia assinou em 1901 o Tratado de Aramayo, arrendando a região a uma empresa norte-americana. No ano seguinte, os brasileiros invadiram novamente o Acre, agora sob o comando de José Plácido de Castro, aclamado governador do Estado Independente do Acre em 24 de janeiro de 1903. Para acabar com o problema, Brasil e Bolívia assinaram o Tratado de Petrópolis, em 17 de novembro de 1903. O Brasil pagou 2 milhões de libras esterlinas à Bolívia, entregou-lhe um pedacinho do Mato Grosso e ainda se comprometeu a construir a Estrada de Ferro Madeira-Mamoré. O Estado Independente foi dissolvido e, em seu lugar, criou-se o território federal do Acre, em 25 de fevereiro de 1904.

## MOVIMENTOS ESTUDANTIS

### 28/3/1968

O estudante Édson Luis de Lima Souto foi morto num confronto com a Polícia Militar no restaurante estudantil Calabouço, no Rio de Janeiro. Seu enterro, três dias depois, foi acompanhado por uma multidão. No dia seguinte, a repressão a manifestações de estudantes em várias outras cidades resultou na morte de Aprígio de Paula, no Rio, e de Ivo Vieira, em Goiânia. No dia 4 de abril, durante a missa de sétimo dia de Édson, na igreja da Candelária, no Rio, aconteceu um novo confronto entre estudantes e policiais.

### 26/6/1968

O governo da Guanabara deu autorização para uma manifestação chamada de Passeata dos Cem Mil. Os estudantes pediam o fim da repressão policial. Em 5 de julho, mais de 300 mil estudantes saíram às ruas nas principais capitais brasileiras. Depois disso, o Ministério da Justiça proibiu passeatas e manifestações públicas.

### 12/10/1968

O XXX Congresso da UNE (União Nacional dos Estudantes) foi realizado clandestinamente em Ibiúna, interior de São Paulo. A polícia invadiu o local e prendeu 1.240 estudantes.

## A HISTÓRIA DA UNE

A União Nacional dos Estudantes nasceu em 11 de agosto de 1937. Em 1942, os estudantes se mobilizaram para exigir do governo uma posição contra o nazifascismo. O governo determinou o fechamento de clubes e agremiações de origem alemã, italiana e japonesa que fizessem propaganda do nazifascismo. Uma dessas agremiações era o Clube Germânia, que se localizava no número 132 da praia do Flamengo, no Rio de Janeiro. No dia 18 de agosto de 1942, os líderes estudantis invadiram e ocuparam o clube, transformando aquele espaço no QG antifascista e na sede da UNE.

Na madrugada de 1º de abril de 1964, os militares invadiram, saquearam e incendiaram o prédio. Em julho de 1980, a sede da UNE foi demolida, sob os protestos de estudantes, artistas e da sociedade carioca. O juiz Aarão Reis concedeu liminar proibindo a demolição do prédio, a qual, porém, não foi respeitada. O juiz, numa cena comovente, tentou de arma em punho impedir que a destruição acontecesse. Não adiantou. Restabelecida a democracia, em 17 de maio de 1994, a UNE voltou para o seu velho endereço, num novo edifício.

Sepúlveda Pertence, ex-ministro, presidente do Tribunal Superior Eleitoral, foi presidente da UNE em 1958 e em 1959.

> **Hino da UNE**
> (Vinicius de Moraes/ Carlos Lira)
>
> União Nacional dos Estudantes
> Mocidade brasileira
> Nosso hino é nossa bandeira
>
> De pé a jovem guarda
> A classe estudantil
> Sempre na vanguarda
> Trabalha pelo Brasil
>
> A nossa mensagem de coragem
> É que traz um canto de esperança
> Num Brasil em paz
>
> A UNE reúne futuro e tradição
> A UNE, a UNE, a UNE é união
> A UNE, a UNE, a UNE somos nós
> A UNE, a UNE, a UNE é nossa voz

# 12

Eu já vi país do Primeiro, do Segundo ou do Terceiro Mundo. Mas só o Brasil é um país do outro mundo.

FAUSTO SILVA
(1950-), apresentador de TV

## Listas

## MISS BRASIL

♦ Em 1900, um concurso elegeu a "mais bela moça do Rio de Janeiro" – Violeta Lima Castro, conhecida por "Bebê" Lima Castro, foi a vencedora. Antes dela, houve uma dançarina francesa chamada Aymèe, da qual só se tem notícia por uma crônica de Machado de Assis, que foi escolhida como a artista mais bela do Rio em 1865.

♦ O primeiro concurso de Miss Brasil foi realizado em 1922, para comemorar o Centenário da Independência, mas a ganhadora só seria coroada um ano depois: a santista Zezé Leone. A partir daí, o concurso passou a acontecer de forma irregular:

> **1929** Olga Bergamini Sá (RJ)
> **1930** Iolanda Pereira (RS)
> **1932** Ieda Telles de Meneses (RJ)*
> **1939** Vânia Pinto (SP)
> **1949** Jussara Marques (GO)
>
> (*) Não se sabe com certeza o seu estado de origem. Ela foi escolhida entre um grupo de estudantes brasileiras que morava em Paris para representar o país no Miss Universo. Não houve eleição.

♦ O Miss Universo aconteceu pela primeira vez em 1926. Mas, em 1935, o clima que antecedia a Segunda Guerra interrompeu o concurso, que voltou apenas em 1952, nos Estados Unidos. Os concursos de beleza voltaram então a ser notícia no Brasil. O jornal *Diário Carioca* organizou o primeiro certame dessa nova fase em 1954, quando foi eleita Martha Rocha, no Hotel Quitandinha, em Petrópolis (RJ). A partir de 1955 o concurso passou a ser feito pelos Diários e Emissoras Associados, de Assis Chateaubriand. De 1955 a 1957, ele foi realizado no Hotel Quitandinha; de 1958 a 1972, no Ginásio do Maracanãzinho, no Rio de Janeiro, e, de 1973 a 1980, no Ginásio de Esportes Presidente Médici, em Brasília. Até esse ano, só existia uma eleição de Miss Brasil no país, e as finalistas defendiam as cores nacionais no exterior. A primeira colocada era classificada para o Miss Universo. Em 1958 e 1959, as segundas colocadas disputaram o Miss Mundo, em Londres. De 1960 em diante, a segunda e a terceira colocadas eram enviadas para o Miss Mundo ou para o Miss Beleza Internacional.

♦ Em 1980, os *Diários e Emissoras Associados* deixaram de promover o certame. A partir do ano seguinte, surgiram diversos concursos nacionais de beleza.

## VENCEDORAS DO MISS BRASIL

**Miss Brasil 1954**
1º Maria Martha Hacker Rocha – Bahia (2º lugar no Miss Universo)
2º Zaida de Souza Saldanha – Rio de Janeiro
3º Lígia Beatriz Carotenuto – Rio Grande do Sul

**Miss Brasil 1955**
1º Emília Barreto Correia Lima – Ceará (semifinalista no Miss Universo)
2º Etel Chiaroni – São Paulo
3º Ingrid Schmidt – Rio de Janeiro

**Miss Brasil 1956**
1º Maria José Cardoso – Rio Grande do Sul (semifinalista no Miss Universo)
2º Regina Maura Vieira – São Paulo
3º Leda Brandão Rau – Distrito Federal

**Miss Brasil 1957**
1º Teresinha Gonçalves Morango – Amazonas (2º lugar no Miss Universo)
2º Maria Doroteia Antunes Neto – Minas Gerais
3º Sandra Hervê – Rio Grande do Sul

**Miss Brasil 1958**
1º Adalgisa Colombo – Distrito Federal (2º lugar no Miss Universo)
2º Sônia Maria Campos – Pernambuco
3º Denise Guimarães Prado – Minas Gerais

**Miss Brasil 1959**
1º Vera Regina Ribeiro – Distrito Federal (5º lugar no Miss Universo)
2º Dione Brito de Oliveira – Pernambuco
3º Maria Euthymia Manso Dias – Bahia

**Miss Brasil 1960**
1º Jean McPherson (apelidada de "Gina") – Guanabara (semifinalista no Miss Universo)
2º Magna Renate Pfrimer – Brasília (para Miss Beleza Internacional)
3º Maria Edilene Torreão – Pernambuco (para Miss Mundo)

**Miss Brasil 1961**
1º Stael Maria da Rocha Abelha – Minas Gerais
2º Vera Maria Brauner Menezes – Rio Grande do Sul (2º lugar no Miss Beleza Internacional)
3º Alda Coutinho de Morais – Guanabara (para Miss Mundo)

**Miss Brasil 1962**
1º Maria Olívia Rebouças Cavalcanti – Bahia (5º lugar no Miss Universo)
2º Julieta Strauss – São Paulo (para Miss Beleza Internacional)
3º Vera Lúcia Saba – Guanabara (para Miss Mundo)

**Miss Brasil 1963**
1º Ieda Maria Vargas – Rio Grande do Sul (Miss Universo 1963)
2º Tânia Maria Franco – Paraná (para Miss Beleza Internacional)
3º Vera Lúcia Ferreira Maia – Guanabara (para Miss Mundo)

**Miss Brasil 1964**
1º Angela Teresa Pereira Reis Vasconcelos – Paraná (semifinalista no Miss Universo)
2º Vera Lúcia Couto dos Santos – Guanabara (3º lugar no Miss Beleza Internacional)
3º Maria Isabel de Avelar Elias – Sergipe (4º lugar no Miss Mundo)

**Miss Brasil 1965**
1º Maria Raquel de Andrade – Guanabara (semifinalista no Miss Universo)
2º Sandra Penno Rosa – São Paulo (5º lugar no Miss Beleza Internacional)
3º Berenice Lunardi – Minas Gerais (para Miss Mundo)

**Miss Brasil 1966**
1º Ana Cristina Ridzi – Guanabara
2º Marluce Manvailler Rocha – Mato Grosso (4º lugar no Miss Mundo)
3º Francy Carneiro Nogueira – Ceará (desistiu de ir ao exterior)
4º Virgínia Barbosa de Souza – Minas Gerais (para Miss Beleza Internacional 1967)

**Miss Brasil 1967**
1º Carmen Silvia de Barros Ramasco – São Paulo (semifinalista no Miss Universo)
2º Wilsa de Oliveira Rainato – Paraná (para Miss Mundo)
3º Sônia Maria Ohana – Pará

**Miss Brasil 1968**
1º Martha Maria Cordeiro Vasconcelos – Bahia (Miss Universo 1968)
2º Angela Carmélia Stecca – Minas Gerais (para Miss Mundo)
3º Maria da Glória Carvalho – Guanabara (Miss Beleza Internacional 1968)

**Miss Brasil 1969**
1º Vera Fischer – Santa Catarina (semifinalista no Miss Universo)
2º Maria Lúcia Alexandrino dos Santos – São Paulo (para Miss Beleza Internacional)
3º Ana Cristina Rodrigues – Rio Grande do Sul (para Miss Mundo)

**Miss Brasil 1970**
1º Eliane Fialho Thompson – Guanabara (semifinalista no Miss Universo)
2º Sônia Yara Guerra – São Paulo (uma das sete finalistas no Miss Mundo)
3º Nara Rúbia Vieira Monteiro – Goiás
4º Maria Bernadete Heemann – Rio Grande do Sul (para Miss Beleza Internacional 1971)

**Miss Brasil 1971**
1º Eliane Parreiras Guimarães – Minas Gerais (5º lugar no Miss Universo)
2º Lúcia Tavares Petterle (Miss Mundo 1971)
3º Marize Meyer Costa – Paraná

**Miss Brasil 1972**
1º Rejane Vieira Costa – Rio Grande do Sul (2º lugar no Miss Universo)
2º Angela Maria Favi – São Paulo
3º Jane Vieira Macambira – Guanabara (4º lugar no Miss Beleza Internacional)

**Miss Brasil 1973**
1º Sandra Mara Ferreira – São Paulo (semifinalista no Miss Universo)
2º Denise Penteado Costa – Guanabara (para Miss Beleza Internacional)
3º Florence Gambogi Alvarenga – Minas Gerais (para Miss Mundo)

**Miss Brasil 1974**
1º Sandra Guimarães de Oliveira – São Paulo
2º Janeta Eleomara Hoeveler – Rio Grande do Sul (para Miss Beleza Internacional)
3º Mariza Sommer – Brasília (para Miss Mundo)

**Miss Brasil 1975**
1º Ingrid Budag – Santa Catarina (semifinalista no Miss Universo)
2º Lisane Guimarães Távora – Brasília (5º lugar no Miss Beleza Internacional)
3º Zaida Souza Costa – Bahia (para Miss Mundo)

**Miss Brasil 1976**
1º Kátia Celestino Moretto – São Paulo
2º Vionete Revoredo Fonseca – Rio de Janeiro (2º lugar no Miss Beleza Internacional)
3º Adelaide Fraga de Oliveira Filha – Brasília (para Miss Mundo)

**Miss Brasil 1977**
1º Cássyia Janys Moraes Silveira – São Paulo
2º Madalena Sbaraini – Rio Grande do Sul (4º lugar no Miss Mundo)
3º Patrícia Viotti de Andrade – Brasília (para Miss Beleza Internacional)

**Miss Brasil 1978**
1º Suzana Araújo dos Santos – Minas Gerais
2º Laura Angélica Viana de Oliveira Pereira – Bahia (para Miss Mundo)
3º Angela Soares Chichierchio – Rio de Janeiro (para Miss Beleza internacional)

**Miss Brasil 1979**
1º Martha Jussara da Costa – Rio Grande do Norte (4º lugar no Miss Universo)
2º Suzanne Ferreira de Andrade – Goiás (para Miss Beleza Internacional)
3º Léa Silvia Dall'Acqua – São Paulo (uma das sete finalistas no Miss Mundo)

**Miss Brasil 1980**
1º Eveline Didier Schroeter – Rio de Janeiro
2º Fernanda Bôscolo de Camargo – São Paulo (para Miss Beleza Internacional)
3º Loiane Rogéria Aiache – Brasília (para Miss Mundo)

**1981**
Miss Brasil/ Universo – Adriana Alves de Oliveira – Rio de Janeiro (4º lugar no Miss Universo)
Miss Brasil/ Mundo – Maristela Silva Grazzia – São Paulo (5º lugar no Miss Mundo)
Miss Brasil/ Beleza Internacional – Taiomara do Rocio Borchadt – Paraná (2º lugar no Miss Beleza Internacional)

**1982**
Miss Brasil/ Universo – Celice Pinto Marques da Silva – Pará (semifinalista no Miss Universo)
Miss Brasil/ Mundo – Mônica Januzzi – Paraná
Miss Brasil/ Beleza Internacional – Carmen Julia Rando Bonoldi – São Paulo

**1983**
Miss Brasil/ Universo – Mariza Fully Coelho – Minas Gerais
Miss Brasil/ Mundo – Cátia da Silveira Pedrosa – Rio de Janeiro (3º lugar no Miss Mundo)
Miss Brasil/ Beleza Internacional – Geórgia Marinho Ventura – São Paulo

**1984**
Miss Brasil/ Universo – Ana Elisa Flores da Cruz – São Paulo
Miss Brasil/ Mundo – Adriana Alves de Oliveira – São Paulo (uma das sete finalistas no Miss Mundo)
Miss Brasil/ Beleza Internacional – Anna Glitz – Rio de Janeiro

**1985**
Miss Brasil/ Universo – Márcia Giagio Canavezes de Oliveira – Mato Grosso (semifinalista no Miss Universo)
Miss Brasil/ Mundo – Leila Rosana Leal Bittencourt – Rio Grande do Sul
Miss Brasil/ Beleza Internacional – Kátia Nascimento Guimarães – São Paulo

**1986**
Miss Brasil/ Universo – Deise Nunes de Souza – Rio Grande do Sul (semifinalista no Miss Universo)
Miss Brasil/ Mundo – Roberta Pereira da Silva – Santa Catarina
Miss Brasil/ Beleza Internacional – Kátia Marques Faria – Rio Grande do Sul

**1987**
Miss Brasil/ Universo – Jacqueline Ribeiro Meirelles – Brasília
Miss Brasil/ Mundo – Simone Augusto da Silva – Pernambuco

**1988**
Miss Brasil/ Universo – Isabel Cristina Beduschi – Santa Catarina
Miss Brasil/ Beleza Internacional – Elizabeth Ferreira da Silva – São Paulo

**1989**
Miss Brasil/ Universo – Flávia Cavalcanti Rebello – Ceará
Miss Brasil/ Beleza Internacional – Ana Paula Ottani – São Paulo

**1990**
Miss Mundo/ Brasil – Karla Cristina Kwiatkowski – Paraná
Miss Brasil/ Beleza Internacional – Ivana Carla Hubsch – Paraná

**1991**
Miss Brasil/ Universo – Patrícia Maria Machado Franco de Godói – São Paulo
Miss Brasil/ Mundo – Cátia Cilene Kupssinski – Rio Grande do Sul
Miss Brasil/ Beleza Internacional – Lisiane Bolsani Braile – Rio Grande do Sul

**1992**
Miss Brasil/ Universo – Maria Carolina Portella Otto – Paraná
Miss Brasil/ Mundo – Priscila Maria Furlan – São Paulo
Miss Brasil/ Beleza Internacional – Cynthia de Cunto Moreira – Minas Gerais

**1993**
Miss Brasil/ Universo – Leila Schuster – Rio Grande do Sul (semifinalista no Miss Universo)
Miss Brasil/ Mundo – Liliá Virna Menezes Soriano – Alagoas
Miss Brasil/ Beleza Internacional – Tatiana Paula Alves – Minas Gerais

**1994**
Miss Brasil/ Universo – Valéria Melo Péris – São Paulo
Miss Brasil/ Mundo – Valquíria Melnick Blicharski – Paraná
Miss Brasil/ Beleza Internacional – Ana Paula Barrote – São Paulo

**1995**
Miss Brasil/ Universo – Renata Bessa Soares – Minas Gerais
Miss Brasil/ Mundo – Elessandra Cristina Dartora – Paraná
Miss Brasil/ Beleza Internacional – Débora Reis Moretto – Mato Grosso

**1996**
Miss Brasil/ Universo – Maria Joana Parizotto – Paraná
Miss Brasil/ Mundo – Anuska Prado (3º lugar no Miss Mundo) – Espírito Santo
Miss Brasil/ Beleza Internacional – Ana Carina Góis Homa – São Paulo

**1997**
1º Nayla Fernanda Affonso Micherif – Minas Gerais (desclassificada na primeira fase do Miss Universo)
2º Valéria Cristina Bohm – Rio Grande do Norte (semifinalista no Miss Beleza Internacional)
3º Mical Pinheiro Pacheco – Maranhão

**Miss Mundo/ Brasil 97**
Fernanda Rambo Agnes – Rio Grande do Sul (desclassificada no Miss Mundo)

**1998**
1º Michella Dauzacker Marchi – Mato Grosso do Sul (6º lugar no Miss Universo)
2º Adriana Luci de Souza Reis – Rondônia (semifinalista e Miss Fotogenia no Miss Mundo)
3º Luizeani Altenhofen – Rio Grande do Sul (ficou doente e não pôde disputar o Miss Beleza Internacional)

**1999**
1º Renata Bonfiglio Fan – Rio Grande do Sul (desclassificada no Miss Universo)
2º Paula de Souza Carvalho – Rio de Janeiro (para Miss Mundo)
3º Alessandra Ferreira do Nascimento – Minas Gerais (para Miss Beleza internacional)

**2000**
1º Josiane Kruliskoski – Mato Grosso
2º Francine Eickemberg – Santa Catarina
3º Maria Fernanda Schiavo – Rio Grande do Sul

**2001**
1º Juliana Borges – Rio Grande do Sul
2º Fernanda Pinto – Minas Gerais
3º Joyce Aguiar – São Paulo

**2002**
1º Joseane Oliveira* – Rio Grande do Sul
2º Taiza Thomsen – Santa Catarina
3º Milena Lira – Pernambuco

**2003**
1º Gislaine Ferreira – Tocantins
2º Lara de Brito – Goiás
3º Carlessa da Rocha – Pará

* Descobriu-se que ela era casada e, apesar de ter disputado o Miss Universo daquele ano, foi desclassificada, passando a faixa para a segunda colocada, Taiza Thomsen.

**2004**
1º Fabiane Niclotti – Rio Grande do Sul
2º Iara Coelho – Minas Gerais
3º Grazielli Massafera – Paraná

**2005**
1º Carina Beduschi – Santa Catarina
2º Patrícia Reginato – Paraná
3º Ariane Colombo – Espírito Santo

**2006**
1º Rafaela Zanella – Rio Grande do Sul
2º Maria Cláudia – Acre
3º Beatriz Neves – Santa Catarina

**2007**
1º Natália Guimarães – Minas Gerais
2º Carolina Prates Nery – Rio Grande do Sul
3º Vivian Noronha – Paraná

**2008**
1º Natália Anderle – Rio Grande do Sul
2º Vanessa Vidal – Ceará
3º Cynthia Cordeiro e Souza – Goiás

**2009**
1º Larissa Costa – Rio Grande do Norte
2º Rayanne Morais – Minas Gerais
3º Denise Ribeiro Aliceral – Distrito Federal

**2010**
1º Débora Moura Lyra – Minas Gerais
2º Lilian Lopes Pereira – Amazonas
3º Marylia Bernardt – Paraná

**DUAS POLEGADAS A MAIS**
Quando a brasileira Martha Rocha ficou em segundo lugar no Miss Universo de 1954, uma notícia caiu feito bomba no país. Os jurados escolheram a americana Myrian Stevenson porque ela teria 2 polegadas a menos nos quadris que a brasileira. No livro *O império de papel – Os bastidores de O Cruzeiro*, o jornalista Accioly Netto, ex-diretor de *O Cruzeiro*, garante que as polegadas não passaram de invenção do fotógrafo da revista, João Martins, inconformado com o resultado. Martins criou o boato e contou com a cumplicidade de outros jornalistas presentes em Miami naquela noite.

♦ Miss Brasil precisa ser solteira. Tanto que duas vencedoras renunciaram ao mandato de um ano para se casar: Adalgisa Colombo (1958) e Stael Abelha (1961). Outras duas não quiseram prosseguir no reinado e abriram mão da coroa e do cetro: Carmen Ramasco (1967) e Sandra Guimarães (1974).

# SIGLAS

| | |
|---|---|
| Abin | Agência Brasileira de Inteligência |
| ABNT | Associação Brasileira de Normas Técnicas |
| Aila | Aliança Internacional do Animal |
| ANA | Agência Nacional das Águas |
| Arena | Aliança Renovadora Nacional |
| BM&F | Bolsa de Mercados e Futuros |
| BNDES | Banco Nacional de Desenvolvimento Econômico e Social |
| Bovespa | Bolsa de Valores de São Paulo |
| BTN | Bônus do Tesouro Nacional |
| Cacex | Carteira de Comércio Exterior |
| Camex | Câmara de Comércio Exterior |
| CBTU | Companhia Brasileira de Trens Urbanos |
| CCBB | Centro Cultural Banco do Brasil |
| CDB | Certificado de Depósitos Bancários |
| CEP | Código de Endereçamento Postal |
| CGC | Cadastro Geral dos Contribuintes |
| CGT | Central Geral dos Trabalhadores |
| CIC | Cartão de Identificação do Contribuinte |
| CMN | Conselho Monetário Nacional |
| CNBB | Conferência Nacional dos Bispos do Brasil |
| CNH | Carteira Nacional de Habilitação |
| CNPJ | Cadastro Nacional das Pessoas Jurídicas |
| CNPq | Conselho Nacional de Desenvolvimento Científico e Tecnológico |
| Copom | Comitê de Política Monetária |
| CPD | Central de Processamento de Dados |
| CPF | Certidão de Pessoa Física |
| CPI | Comissão Parlamentar de Inquérito |
| CPMF | Contribuição Provisória sobre Movimentação Financeira |
| Cpor | Centro de Preparação dos Oficiais da Reserva |
| CSN | Companhia Siderúrgica Nacional |
| CST | Companhia Siderúrgica de Tubarão |
| CVRD | Companhia Vale do Rio Doce |
| CUT | Central Única dos Trabalhadores |

| | |
|---|---|
| DAC | Departamento de Aviação Civil |
| Darf | Documento de Arrecadação da Receita Federal |
| DDD | Discagem Direta a Distância |
| DDI | Discagem Direta Internacional |
| DER | Departamento de Estradas de Rodagem |
| Dersa | Desenvolvimento Rodoviário S.A. |
| Dieese | Departamento Intersindical de Estatística e Estudos Socioeconômicos |
| Dner | Departamento Nacional de Estradas de Rodagem |
| DOI-Codi | Destacamento de Operações de Informações-Centro de Operações de Defesa Interna |
| Dops | Departamento de Ordem Política e Social |
| EBCT | Empresa Brasileira de Correios e Telégrafos |
| Enem | Exame Nacional do Ensino Médio |
| Fapesp | Fundação de Amparo à Pesquisa do Estado de São Paulo |
| FGTS | Fundo de Garantia por Tempo de Serviço |
| Fiesp | Federação das Indústrias do Estado de São Paulo |
| Fipe | Fundação Instituto de Pesquisas Econômicas |
| Funai | Fundação Nacional do Índio |
| Funarte | Fundação Nacional das Artes |
| Fundef | Fundo de Manutenção e Desenvolvimento do Ensino Fundamental e de Valorização do Magistério |
| Gertraf | Grupo de Erradicação do Trabalho Forçado |
| GCM | Guarda Civil Metropolitana |
| Ibama | Instituto Brasileiro do Meio Ambiente e dos Recursos Naturais Renováveis |
| IBC | Instituto Brasileiro do Café |
| IBDF | Instituto Brasileiro de Desenvolvimento Florestal |
| IBGE | Instituto Brasileiro de Geografia e Estatística |
| Ibope | Instituto Brasileiro de Opinião Pública e Estatística |
| ICMS | Imposto sobre Circulação de Mercadorias e Serviços |
| IGP-M | Índice Geral de Preços do Mercado |
| IML | Instituto Médico Legal |
| Inamps | Instituto Nacional de Assistência Médica e Previdência Social |
| Incra | Instituto Nacional de Colonização e Reforma Agrária |
| Infraero | Empresa Brasileira de Infraestrutura Aeroportuária |
| Inmetro | Instituto Nacional de Metrologia, Normalização e Qualidade Industrial |
| INPC | Índice Nacional de Preços ao Consumidor |
| Inpe | Instituto Nacional de Pesquisas Espaciais |

| | |
|---|---|
| Inpi | Instituto Nacional de Propriedade Industrial |
| INPS | Instituto Nacional de Previdência Social |
| INSS | Instituto Nacional de Seguridade Social |
| IOF | Imposto sobre Operação Financeira |
| Ipem | Instituto de Pesos e Medidas |
| IPI | Imposto sobre Produtos Industrializados |
| IPTU | Imposto Predial e Territorial Urbano |
| IPVA | Imposto de Propriedade de Veículos Automotores |
| IR | Imposto de Renda |
| ISS | Imposto sobre Serviços |
| ITA | Instituto Tecnológico da Aeronáutica |
| IVC | Índice de Verificação de Circulação |
| MAM | Museu de Arte Moderna |
| Masp | Museu de Arte de São Paulo Assis Chateaubriand |
| Mobral | Movimento Brasileiro de Alfabetização |
| MST | Movimento dos Trabalhadores Rurais Sem-terra |
| OAB | Ordem dos Advogados do Brasil |
| Oban | Operação Bandeirante |
| ONG | Organização Não Governamental |
| PAC | Programa de Aceleração do Crescimento |
| PCC | Primeiro Comando da Capital (facção criminosa) |
| PIB | Produto Interno Bruto |
| PIS | Programa de Integração Social |
| PUC | Pontifícia Universidade Católica |
| RFFSA | Rede Ferroviária Federal S.A. |
| RG | Registro Geral |
| SBPC | Sociedade Brasileira para o Progresso da Ciência |
| SBT | Sistema Brasileiro de Televisão |
| Seade | Fundação Sistema Estadual de Análise de Dados |
| Sebrae | Serviço Brasileiro de Apoio às Micro e Pequenas Empresas |
| Senac | Serviço Nacional de Aprendizagem Comercial |
| Senai | Serviço Nacional de Aprendizagem Industrial |
| Serpro | Serviço Federal de Processamento de Dados |
| Sesc | Serviço Social do Comércio |
| SFH | Sistema Financeiro da Habitação |
| Simples | Sistema Integrado de Pagamento de Impostos e Contribuições das Microempresas e das Empresas de Pequeno Porte |
| SNI | Serviço Nacional de Informação |
| SPC | Serviço de Proteção ao Crédito |
| STF | Supremo Tribunal Federal |

| | |
|---|---|
| STJ | Superior Tribunal de Justiça |
| STJD | Superior Tribunal de Justiça Desportiva |
| STM | Supremo Tribunal Militar |
| Sudam | Superintendência do Desenvolvimento da Amazônia Legal |
| Sudene | Superintendência do Desenvolvimento do Nordeste |
| Suds | Sistema Unificado e Descentralizado de Saúde |
| Suframa | Superintendência da Zona Franca de Manaus |
| Sunab | Superintendência Nacional do Abastecimento |
| TFP | Tradição, Família e Propriedade |
| TFR | Tribunal Federal de Recursos |
| TRE | Tribunal Regional Eleitoral |
| TRT | Tribunal Regional do Trabalho |
| TSE | Tribunal Superior Eleitoral |
| UDR | União Democrática Ruralista |
| UEB | União dos Escoteiros do Brasil |
| Uipa | União Internacional Protetora dos Animais |
| UNE | União Nacional dos Estudantes |

## MEDIDAS DE SUPERFÍCIE MAIS USADAS NO BRASIL

| Medidas | Dimensões em m | Superfícies em m² | Hectares |
|---|---|---|---|
| Alqueire | 110 X 220 | 24.200 | 2,42 |
| Braça de sesmaria | 2,20 X 6.600 | 14.520 | 1,45 |
| Braça quadrada | 2,20 X 2,20 | 4,84 | – |
| Data de campo | 1.650 X 1.650 | 2.722.500 | 272,25 |
| Data de mato | 1.650 X 3.300 | 5.445.000 | 544,50 |
| Hectare | 100 X 100 | 10.000 | 1,00 |
| Légua de sesmaria | 6.600 X 6.600 | 43.560.000 | 4.356,00 |
| Metro quadrado | 1 X 1 | 1 | – |
| Milhão | 1.000 X 1.000 | 1.000.000 | 100,00 |
| Palmo de sesmaria | 0,22 X 6.600 | 1452 | – |
| Quadra de sesmaria | 132 X 6.600 | 871.200 | 87,12 |
| Quadra quadrada | 132 X 132 | 17.424 | 1,74 |
| Sesmaria de campo | 6.600 X 19.800 | 130.680.000 | 13.068,00 |
| Sesmaria de mato | 1.650 X 6.600 | 10.890.000 | 1.089,00 |

### PESOS E MEDIDAS BRASILEIRAS

1 alqueire do Norte .............. 27.225 m²
1 alqueire mineiro .............. 48.400 m²
1 alqueire paulista .............. 24.200 m²
1 arroba ........................ 14,689 kg
1 légua de sesmaria............... 6.600 m
1 légua marítima .............. 5.555,55 m
1 palmo .......................... 22 cm
1 quintal...................... 58.328 kg

## Medidas brasileiras antigas

### MEDIDAS DE COMPRIMENTO

1 braça (br) ......................................................... 2 varas (2,2 m)
1 côvado (cov) ..................................................... 3 palmos (0,66 m)
1 légua ..................................................... 3 milhas (5.555,55 m)
1 légua de sesmaria ................................. 3.000 braças (cerca de 6.600 m)
1 linha (li) ..................................................... 12 pontos (0,00229 m)
1 milha (mi) ................................................. 841,75 braças (1.851,85 m)
1 palmo (pm) ..................................................... 8 polegadas (0,22 m)
1 passo geométrico ............................................ 60 polegadas (1,65 m)
1 passo ordinário ............................................ 30 polegadas (0,825 m)
1 pé (pe) ......................................................... 1,5 palmo (0,33 m)
1 polegada (pol) ................................................... 12 linhas (0,0275 m)
1 ponto ................................................................................. 2 mm
1 vara ......................................................... 5 palmos (1,1 m)

### MEDIDAS DE ÁREA

1 alqueire mineiro................................10.000 braças quadradas (48.400 m²)
1 alqueire paulista ................................. 5.000 braças quadradas (24.200 m²)
1 braça quadrada ............................ 4 varas quadradas, 100 palmos quadrados
1 jeira ............................................... 400 braças quadradas (43,56 ha)
1 quadra gaúcha.................................... 3.600 braças quadradas (17.424 m²)
1 quadra de sesmaria .............................60 braças + 1 légua (871.200 m²)
1 quadra paraibana ............................... 2.500 braças quadradas (12.100 m²)
1 tarefa baiana ..................................... 900 braças quadradas (43,56 ha)
1 tarefa nordestina ................................. 625 braças quadradas (30,25 ha)
1 tarefa gaúcha........................................ 200 braças quadradas (9,68 ha)
1 tarefa cearense .................................... 750 braças quadradas (36,39 ha)

**NOMES ESQUISITOS**
A Lei nº 6.015, de 1973, determina que os oficiais de cartório estão proibidos de registrar crianças com nomes que possam expô-las ao ridículo ou a situações humilhantes.

## ALGUNS NOMES ESDRÚXULOS QUE FORAM REGISTRADOS NO BRASIL

Abc Lopes
Açafrão Fagundes
Bandeirante Brasileiro Paulistano
Benvindo o Dia do Meu Nascimento Cardoso
Bizarro Assada
Brilhantina Muratori
Cafiaspirina Cruz
Céu Azul do Céu Poente
Dignitário de Ordem Imperial do Cruzeiro
Domingão Sabatino Gomes
Durango Kid Paiva
Errata de Campos
Esparadrapo Clemente de Sá
Fologênio Lopes Utiguaçu
Garoto Levado Cruz
Grande Felicidade Virgínia dos Reis
Himalaia Virgulino
Janeiro Fevereiro de Março Abril
Japodeis da Pátria Torres
Lança-perfume de Andrade
Nascente Nascido Puro
Oceano Atlântico Linhares
Ocidentina de Fontoura Nunes
Restos Mortais de Catarina
Rolando Emídio da Torre da Igreja
Sandália de Oliveira Silva
Sherlock Holmes da Silva
Um Dois Três de Oliveira Quatro
Vercebúcio dos Santos
Zabumba Andrade Andreis

# FRASES

**"Eram pardos, todos nus, sem coisa alguma que lhes cobrisse as suas vergonhas."**
Trecho da carta de Pero Vaz de Caminha, em que ele descreve o primeiro encontro dos portugueses com os índios, em 1500.

**"Se o paraíso terrestre está localizado em alguma parte da Terra, julgo que não dista muito desta região."**
Américo Vespúcio (1454-1512), navegador italiano, numa expedição ao Brasil, em 1502.

**"Pedro, o Brasil, brevemente, haverá de se separar de Portugal. Que fique em tuas mãos, que me hás de respeitar. Põe a coroa sobre a tua cabeça, antes que algum aventureiro lance mão dela."**
D. João VI, ao deixar o Brasil e se despedir de seu filho, Pedro, em 1821.

**"Como é para o bem de todos e felicidade geral da nação, estou pronto: diga ao povo que fico."**
D. Pedro I, em 9 de janeiro de 1822, Dia do Fico.

**"Viva a Independência e a separação do Brasil. Pelo meu sangue, pela minha honra, pelo meu Deus, juro promover a liberdade do Brasil. Independência ou morte!"**
D. Pedro I, em 7 de setembro de 1822, Dia da Independência.

**"Ou o Brasil destrói a saúva, ou a saúva destrói o Brasil."**
Auguste de Saint-Hilaire, botânico que passou seis anos pesquisando no Brasil, em 1822.

**"Aqui tem a minha abdicação. Estimarei que sejam felizes. Retiro-me para a Europa e deixo um país que sempre amei e que amo ainda."**
D. Pedro I, em 7 de abril de 1831.

**"D. Pedro I não morreu. Só morrem os homens vulgares, e não os heróis."**
José Bonifácio relatando a morte do imperador, datada de 4 de dezembro de 1834.

**"Quero já."**
D. Pedro II, ao lhe perguntarem se gostaria de apressar a sua maioridade para assumir o trono brasileiro, em 1840.

**"O Brasil espera que cada um cumpra seu dever."**
Almirante Barroso (Francisco Manuel Barroso da Silva), na Batalha do Riachuelo, em 1865.

**"Se não fosse o imperador, eu não seria Carlos Gomes."**
Carlos Gomes, a respeito de d. Pedro II, que financiou sua estadia na Europa.

**"Era um homenzinho muito malcriado."**
D. Pedro II, ao saber da morte de seu adversário, o escritor José de Alencar, em 1877.

**"No tempo da Monarquia deixei-me prender porque reconhecia o governo. Hoje não, porque não reconheço a República."**
Antônio Conselheiro, líder de Canudos, em 1895.

**"É tempo de murici, cada um cuida de si."**
Coronel Pedro Nunes Tamarindo, mandando sua tropa debandar depois de ser derrotado pelo exército de Antônio Conselheiro, em 1897.

**"Hoje não morreu ninguém."**
Manchete de um jornal de Curitiba, em 1918, a respeito da gripe espanhola.

**"Assumo, provisoriamente, o governo da República."**
Getúlio Vargas, no discurso de posse do Governo Provisório, em 3 de novembro de 1930.

**"Ficam dissolvidos, nesta data, todos os partidos políticos."**
Decreto de Getúlio Vargas, no início do Estado Novo, em 2 de dezembro de 1937.

**"Um dia, pretendo construir livros nos quais as crianças possam morar."**
Monteiro Lobato, escritor (1882-1948).

**"Voltarei nos braços do povo."**
Getúlio Vargas, ao ser deposto em 1945.

**"Saio da vida para entrar na história."**
Final da carta-testamento de Getúlio Vargas, 1954.

**"Esta é a última seca que assola o Nordeste."**
Juscelino Kubitschek, em visita à região, em 1957.

**"O Brasil não é um país sério."**
Atribuída durante anos ao presidente francês Charles de Gaulle, a frase foi, na verdade, dita por um brasileiro: o embaixador Carlos Alves de Souza, que serviu em Paris entre 1956 e 1964. Durante a Guerra da Lagosta, um conflito pesqueiro entre Brasil e França em 1962, o embaixador brasileiro foi chamado por De Gaulle para uma conversa. Carlos Alves de Souza saiu da reunião convencido de que a França estava com a razão. Mais tarde, ao ser entrevistado por um jornalista brasileiro, desabafou seu descontentamento com a famosa frase. Por engano, espalhou-se que a frase havia sido dita por De Gaulle.

**"Na minha família não há mulheres separadas. Só solteiras ou viúvas."**
Tenório Cavalcanti, para o genro que queria se separar de sua filha, década de 1960.

**"Pênalti é uma coisa tão importante que deveria ser batido pelo presidente do clube."**
Neném Prancha (Antônio Franco de Oliveira), ex-técnico de futebol de praia e roupeiro dos infantojuvenis do Botafogo.

**"Rouba, mas faz."**
*Slogan* de Ademar de Barros, governador de São Paulo.

**"Sou o único homem no mundo que desencadeou uma revolução de pijama."**
General Olímpio Mourão Filho, comandante da 4ª Região Militar de Juiz de Fora, que deflagrou a Revolução de 1964, às 5 da manhã, de sua casa, vestindo pijama e robe.

**"Mulher boa não dá lucro. Prefiro as más porque me traem e me inspiram a fazer os sambas que dão dinheiro."**
Lupicínio Rodrigues, compositor gaúcho.

**"Mas é isso que é a juventude que diz que quer tomar o poder? (...) São a mesma juventude que vão sempre, sempre, matar amanhã o velhote inimigo que morreu ontem!"**
Caetano Veloso, ao ser vaiado pelo público no III Festival Internacional da Canção, em 1968.

**"Brasil, ame-o ou deixe-o."**
Slogan do governo Médici, 1970.

**"Não há tortura no Brasil."**
Alfredo Buzaid, ministro da Justiça, em 1970.

**"Sou único. Assim como Beethoven e Michelangelo."**
Édson Arantes do Nascimento, o Pelé.

**"Não permitirei que pessoas anormais manchem o nome do nordestino, cabra-macho, exemplo de masculinidade."**
Genivaldo Fonseca, delegado de Costumes de Pernambuco, ao proibir um congresso de homossexuais que seria realizado em Caruaru, em 1972.

**"Você também gosta de levar vantagem em tudo, certo?"**
Gérson, tricampeão mundial de futebol, num comercial dos cigarros Vila Rica, em 1976. (A frase, à revelia de Gérson, se tornaria um símbolo do Brasil dos corruptos e dos aproveitadores.)

**"Eu sou Vasco da Gama."**
Roberto Carlos, ao ser perguntado se era Arena ou MDB, em 1976.

**"Nada a declarar."**
Frase repetida várias vezes por Armando Falcão, ministro da Justiça no governo Geisel.

**"É para abrir mesmo. Quem não quiser que abra, eu prendo e arrebento."**
João Figueiredo, então candidato à Presidência, sobre a abertura política, em 1978.

**"O cheirinho do cavalo é melhor do que o cheiro do povo."**
João Figueiredo.

**"O povo gosta de luxo. Quem gosta de miséria é intelectual."**
Carnavalesco Joãosinho Trinta, em 1979.

**"Eu quero votar para presidente."**
*Slogan* da campanha Diretas Já, em 1983.

**"Eu tomo posse no Congresso, faço um discurso de 5 minutos, vou para o Planalto, tudo rapidinho, e desço a rampa mais depressa que o Figueiredo."**
Tancredo Neves, ao saber que deveria ser internado às vésperas de sua posse, em 1985.

**"Rezem por mim."**
Tancredo Neves, antes de ser submetido à segunda cirurgia.

**"Podem marcar a posse para dentro de duas ou três semanas."**
Henrique Walter Pinotti, cirurgião do Hospital das Clínicas (SP) que operou Tancredo Neves.

**"Lamento informar que o Excelentíssimo Senhor Presidente da República, Tancredo Neves, faleceu esta noite, no Instituto do Coração, às 10 horas e 23 minutos."**
Palavras do porta-voz Antônio Britto, no dia 21 de abril de 1985. (A agonia de Tancredo durou 38 dias e 7 cirurgias.)

**"Tancredo [Neves] já dizia que telefone era apenas para marcar encontro. E, ainda assim, em lugar errado."**
Luiz Carlos Santos, sobre a descoberta de grampos em telefones de políticos.

**"Ripa na chulipa e pimba na gorduchinha."**
Frase criada pelo narrador esportivo Osmar Santos.

**"Em nome do presidente José Sarney, eu fecho este supermercado."**
Omar Marczynski, logo depois do lançamento do Plano Cruzado, em 1986.

**"Quando tem agito aqui em casa, até o Cristo Redentor tapa os olhos."**
Renato Gaúcho, ex-jogador de futebol, em 1987.

**"Não seria fascinante fazer essa elite engolir o Lula, esse sapo barbudo?"**
Leonel Brizola, em 1989.

**"Meu compromisso é com o pé-descalço, com o descamisado."**
Fernando Collor, então candidato à Presidência, em 1989.

**"Ser candidata a primeira-dama é uma coisa muito séria."**
Rosane Collor, no segundo turno das eleições presidenciais de 1989.

**"Você, que é da classe média e mora num apartamento de três quartos, corre o risco de amanhã tocarem sua campainha, arrombarem sua porta e pegarem um ou dois quartos para neles morarem militantes do PT."**
Fernando Collor, durante um debate na TV, na campanha de 1989.

**"A ministra Dorothea Werneck é muito inteligente, apesar de ser mulher."**
Mário Amato, ex-presidente da Federação das Indústrias do Estado de São Paulo (Fiesp), em 1989.

**"Uma vez agredido, o governo jamais oferecerá a outra face. Bateu, levou."**
Cláudio Humberto Rosa e Silva, porta-voz do governo Collor, em 1990.

**"Não nasci com medo de assombração, não tenho medo de cara feia. Meu pai já me dizia, desde quando eu era pequeno, que eu havia nascido com aquilo roxo. E eu tenho mesmo, para enfrentar todos aqueles que querem conspirar contra o processo democrático."**
Fernando Collor, discursando em Juazeiro do Norte (CE), depois de um protesto da CUT, em 1991.

**"Ministro meu só sai no fim do meu governo."**
Fernando Collor, em 1990. (Durante seus dois anos de governo, houve uma troca de ministro, em média, a cada 62 dias.)

**"A cachorra é um ser humano como qualquer outro."**
Antônio Rogério Magri, explicando por que havia usado o carro oficial para levar sua cadela, Orca, ao veterinário, em 1991.

**"Acabei de receber 30 mil dólares de uma empresa. E isso não deu prejuízo nenhum ao país. Esses 30 mil dólares caíram do céu."**
Antônio Rogério Magri, em conversa com um assessor, em 1991.

**"É ou não é piada de salão/ O chefe da quadrilha é presidente da nação!"**
Música cantada em manifestação contra Collor, em 1992.

**"Não me deixem só!"**
Fernando Collor, às vésperas do *impeachment*, em 1992.

**"Foi Deus quem me ajudou."**
Deputado João Alves, um dos "anões" do Orçamento, explicando como conseguiu ganhar 24 mil vezes em loterias, entre 1988 e 1993, faturando 1,3 milhão de dólares, mas tendo apostado cinco vezes mais.

**"Só acredito no que posso tocar. Não acredito, por exemplo, em Luíza Brunet."**
Luís Fernando Veríssimo, escritor.

**"Quem tiver dinheiro para comprar carne, em nome de Deus, eu libero para comê-la na Sexta-Feira Santa."**
D. Paulo Evaristo Arns, cardeal-arcebispo de São Paulo, em 1993.

**"Quero sonhar acordado. Quero poder anunciar em vida para o meu filho de 12 anos que o Brasil começou a mudar."**
Sociólogo Herbet de Souza (1936-1997), o "Betinho", durante um discurso para empresários, em 1994.

**"Ademã, que eu vou em frente."**
Frase criada pelo colunista social Ibrahim Sued (1926-1995).

**"Como vou fazer para saber se as pessoas estão de calcinha preta, verde, vermelha ou sem calcinha?"**
Itamar Franco, depois de ter sido fotografado com Lilian Ramos (sem calcinha) em seu camarote, no Carnaval de 1994.

**"Eu sou bem mulatinho. Tenho um pé na cozinha."**
Fernando Henrique Cardoso, em 1994.

**"Acabo de voltar de um centro espírita, onde Pedro Álvares Cabral cumprimentou-me pelo desempenho à frente da Prefeitura."**
João Mattos de Paula, prefeito de Porto Seguro (BA), durante um discurso ao lado de Fernando Henrique Cardoso e Antônio Carlos Magalhães, em 1994.

**"Quando morrer, quero ser velada de bruços, para as pessoas me reconhecerem."**
Rita Cadillac, ex-chacrete, em 1996.

"**A dor é inevitável, mas o sofrimento é opcional.**"
Renato Russo, cantor e compositor (1960-1996).

"**Vocês vão ter que me engolir.**"
Zagallo, técnico da Seleção Brasileira, depois de conquistar a Copa América, em 1997.

"**Se Deus for brasileiro, então o papa é carioca.**"
João Paulo II, em sua visita ao Rio de Janeiro, em 1997.

"**Vou realizar uma anestesia para os sócios com mensalidades atrasadas.**"
Vicente Matheus (1909-1997), o folclórico presidente do Corinthians.

"**Jesus não agradou a todos. Não é eu que vou agradar.**"
Carla Perez, em 1998.

---

**TOP FIVE LULA**

"**Muitas vezes você está na cozinha de sua casa, tomando chimarrão, e não sabe o que seu filho está fazendo na sala ao lado.**"
Lula, em resposta a um jornalista gaúcho sobre o suposto esquema do Mensalão, em 2006.

"**Na primeira vez que me perguntaram se eu era comunista, respondi: 'Sou torneiro mecânico'.**"
Lula, em entrevista para o livro Lula, o filho do Brasil, em 2008.

"**Minha mãe era uma mulher que nasceu analfabeta!**"
Lula, discursando no Dia Internacional da Mulher, em 2004.

"**Cortaremos na própria carne, se necessário... Quem tem culpa no cartório que pague o preço.**"
Lula, defendendo a apuração de casos de corrupção no PT.

"**Porque eu tenho problema de azia.**"
Lula, respondendo à revista Piauí por que não lê jornais ou revistas aos finais de semana, em 2009.

Estas e outras frases de Lula foram comentadas por Marcelo Tas no livro Nunca antes na história deste país (Panda Books, 2009).

# REFERÊNCIAS BIBLIOGRÁFICAS

- ALEXANDRE, Fernando. *Dicionário da ilha.* Florianópolis: Cobra Coralina, 1994.
- ARRUDA, Sílvio Ferraz de. *Frases célebres notáveis.* São Paulo: Nobel, 1973.
- AYALA, Walmir. *Dicionário de pintores brasileiros.* Curitiba: UFPR, 1997.
- BASTOS, Eduardo Kunze. *Aspectos da fauna brasileira.* Brasília: Otimismo, 1997.
- BOECHAT, Ricardo. *Copacabana Palace – Um hotel e sua história.* São Paulo: DBA/ Melhoramentos, 1998.
- BONALUME NETO, Ricardo. *A nossa Segunda Guerra.* Rio de Janeiro: Expressão e Cultura, 1995.
- BUENO, Eduardo. *A viagem do descobrimento – A verdadeira história da expedição de Cabral.* Rio de Janeiro: Objetiva, 1998.
- CALDEIRA, Jorge. *Viagem pela História do Brasil.* São Paulo: Companhia das Letras, 1997.
- CASCUDO, Luis da Camara. *Dicionário do folclore brasileiro.* Belo Horizonte: Itatiaia, 1993.
- CASCUDO, Luis da Camara. *Geografia dos mitos brasileiros.* Belo Horizonte: Itatiaia, 1983.
- CASCUDO, Luis da Camara. *História dos nossos gestos.* Belo Horizonte: Itatiaia, 1987.
- COIMBRA, Raimundo Olavo. *A bandeira do Brasil.* Rio de Janeiro: IBGE, 1979.
- COLÉGIO BRASILEIRO DE GENEALOGIA. *Brasil genealógico.* Rio de Janeiro, 1960-1993.
- DAMATTA, Roberto. *Carnavais, malandros e heróis.* Rio de Janeiro: Zahar, 1979.
- DONATO, Hernâni. *Dicionário das batalhas brasileiras.* São Paulo: Ibrasa, 1996.
- JOSÉ, Oiliam. *Tiradentes.* Belo Horizonte: Itatiaia, 1985.
- LUSTOSA, Isabel. *Histórias de presidentes – A república no Catete.* Petrópolis: Vozes, 1989.
- LUZ, Milton. *A história dos símbolos nacionais.* Brasília: Senado Federal, 1999.
- MANOEL, Marcelo Gomes. *Culturiosidades.* São Paulo: Traço Editora, 1996.
- MARCONDES, Marcos Antonio. *Enciclopédia da música brasileira.* São Paulo: ART Editora, 1977.
- MELATTI, Julio Cezar. *Índios do Brasil.* São Paulo: Hucitec, 1970.
- MELLO, Pedro Collor de. *Passando a limpo – A trajetória de um farsante.* Rio de Janeiro: Record, 1993.
- NAVARRO, Fred. *Assim falava Lampião.* São Paulo: Estação Liberdade, 1998.
- NERY, Sebastião. *Folclore político.* Rio de Janeiro: Record, 1978.
- PRANDI, Reginaldo. *Os candomblés de São Paulo.* São Paulo: Hucitec/ Edusp, 1991.

- QUEIROZ, Luiz Roberto de Souza. *100 animais brasileiros*. São Paulo: Moderna/ O Estado de S. Paulo, 1998.
- SCHWARCZ, Lilia Moritz. *As barbas do imperador*. São Paulo: Companhia das Letras, 1998.
- SILVA NETO, Antônio Leão da. *Astros e estrelas do cinema brasileiro*. São Paulo: Edição do autor, 1998.
- SILVA, Silvestre; TASSARA, Helena. *Frutas do Brasil*. São Paulo: Empresa das Artes, 1996.
- STYCER, Maurício. *O Brasil em mil frases*. São Paulo: Publifolha, 1996.
- TAVARES, Reynaldo. *Histórias que o rádio não contou*. São Paulo: Negócio Editora, 1997.
- TERRA, Eloy. *500 anos: Crônicas pitorescas da História do Brasil*. Porto Alegre: Sagra Luzzato, 1998.

*Cadernos Cidade de São Paulo*. Instituto Cultural Itaú.
*Help! – História do Brasil*. O Estado de S. Paulo, 1997.
*Onde o Brasil é mais bonito*. São Paulo: Azul, 1996.
*São Paulo antigo, São Paulo moderno*. São Paulo: Melhoramentos, 1953.

**Almanaques**
*Almanaque Abril*.
*Almanaque cardápio de alimentação*. São Paulo: Columbus, 1993.
*Almanaque fazendeiro*. Belo Horizonte: Inova Comunicação, 1998.
*Brasil dia a dia*. São Paulo: Editora Abril, 1991.
*Brasil – O livro dos 500 anos*. São Paulo: Caras, 1996.
*Escolha o nome do seu bebê*. São Paulo: Símbolo, 1998.

**Coleções**
Barsa; Enciclopédia do estudante; Larousse cultural; Geografia ilustrada; Grandes personagens de nossa História; Literatura comentada; Nosso século; Saga.

**Guias**
*Guia Brasil Fiat/ Folha de S.Paulo; Guia da Ecologia*.

**Revistas**
*Capricho, Caras, Claudia, Elle, Época, Exame, Exame Vip, Família Aventura, Globo Ciência, Horizonte Geográfico, Ícaro, IstoÉ, IstoÉ Gente, Kalunga, Nova Escola, Os Caminhos da Terra, Piauí, Placar, Playboy, Quatro Rodas, Saúde, Set, Showbizz, Superinteressante, TPM, Veja, Veja São Paulo, Viagem & Turismo, Zá*.

**Jornais**

Correio Braziliense, Folha da Tarde, Folha de S.Paulo, Gazeta Mercantil, Jornal da Tarde, Jornal do Brasil, Notícias Populares, O Estado de Minas, O Dia, O Estado de S. Paulo, O Globo, The Guardian.

**Principais sites pesquisados**

www.bancodobrasil.com.br
www.brasil.com.br
www.cnbb.gov.br
www.dner.gov.br
www.embraer.com.br
www.embratur.gov.br
www.estadodealagoas.com.br
www.exercito.gov.br
www.fabwp.org. (Forças Armadas)
www.gdf.gov.br/festivaldecinema
www.gdf.gov.br/palaciodoplanalto
www.ibama.gov.br
www.militar.com.br
www.paginadogaucho.com.br
www.redeglobo.com.br
www.televisaobrasil.com.br

**AGRADECIMENTOS**

Celso Unzelte, Édson Rossi, Franklin Lopes de Freitas, Gabriel Grossi, Gabriela Erbetta, Márcia Visconti, Maria Augusta Martins, Regner Camilo, Roberto Cohen, Roberto Macedo, Sérgio Vasconcelos Corrêa, Sérgio Xavier Filho e Sônia Philippi (e toda a turma do Departamento de Nutrição da Faculdade de Saúde Pública da USP).

Aos amigos dos departamentos de documentação da Editora Abril (em especial Susana Camargo, Bizuka e Zulmira Costa Galvão) e do *Correio Braziliense* (em especial Vânia Maria Moreira Caldas).

**AOS LEITORES**

Antonio Silveira Lima (Estância, SE), Claudia Brasil (Belém, PA), Emerson Gomes Ruiz (Santos, SP), Fabio Figueiredo (Santos, SP), José do Carmo Filho (Goiânia, GO), Leonardo Arruda Câmara (Natal, RN), Luiz de Vasconcelos (Belo Horizonte, MG), Marcelo Cabanas (Rio de Janeiro, RJ), Roldão Simas Filho (Brasília, DF), Silvio Luís Capaverde (Porto Alegre, RS).

# CRÉDITOS DAS ILUSTRAÇÕES

**Camila Sampaio**
Páginas: 21; 25; 27; 33; 41; 47; 49; 60; 91; 92; 93; 97; 103; 114; 125; 130; 140; 231; 247; 249; 250; 254; 257; 262; 270; 273; 276; 277; 277; 283; 285; 286; 287; 288; 289; 290; 291; 300; 304; 313; 318; 319; 321; 327; 335; 342; 347; 348; 358; 359; 384; 385; 386; 387; 388; 389; 390; 391; 392; 393; 395; 396; 397; 398; 399; 401; 402; 403; 404; 406; 407; 417; 422; 423; 426; 434; 435; 437; 438; 439; 441; 442; 443; 445; 448; 449; 454; 461; 462; 463; 466; 475; 478; 489; 490; 491; 499; 506; 510; 513; 515; 519; 522; 523; 531; 533; 562; 563.

**Galvão**
Páginas: 3; 16; 24; 26; 32; 48; 51; 54; 68; 79; 97; 120; 128; 153; 165; 218; 245; 251; 259; 266; 268; 281; 285; 295; 303; 311; 318; 325; 329; 337; 340; 354; 356; 366; 384; 406; 415; 424; 428; 432; 443; 447; 450; 456; 458; 461; 476; 494; 553; 569.

**Stefan**
Páginas: 12; 23; 30; 34; 42; 61; 73; 77; 98; 99; 139; 163; 238; 264; 269; 274; 293; 314; 344; 355; 360; 400; 419; 429; 439; 455; 460; 470; 502; 518; 545; 556.

**Visca**
Páginas: 18; 20; 28; 36; 39; 62; 71; 74; 76; 91; 99; 123; 126; 149; 156; 235; 240; 255; 260; 267; 270; 272; 278; 291; 306; 312; 323; 357; 368; 373; 394; 399; 410; 416; 418; 420; 431; 433; 451; 465; 467; 471; 492; 507; 508; 510; 525; 528; 551.

**OBRAS DE MARCELO DUARTE**

**Coleção O guia dos curiosos**
*O guia das curiosas* (Panda Books)
*O guia dos curiosos* (Panda Books)
*O guia dos curiosos – Brasil* (Panda Books)
*O guia dos curiosos – Esportes* (Panda Books)
*O guia dos curiosos – Invenções* (Panda Books)
*O guia dos curiosos – Jogos olímpicos* (Panda Books)
*O guia dos curiosos – Língua portuguesa* (Panda Books)
*O guia dos curiosos – Sexo* (Panda Books)

**Livros de referência**
*1.075 endereços curiosos de São Paulo* (Panda Books)
*Almanaque das bandeiras* (Panda Books)
*A origem de datas e festas* (Panda Books)
*Enciclopédia dos craques* (Panda Books)

**Infantojuvenis**
*A mulher que falava para-choques* (Panda Books)
*Deu a louca no tempo* (Ática)
*Jogo sujo* (Ática)
*Meu outro eu* (Ática)
*O dia em que me tornei corintiano* (Panda Books)
*O guia dos curiosinhos – Bichos* (Panda Books)
*O guia dos curiosinhos – Super-heróis* (Panda Books)
*O ladrão de sorrisos* (Ática)
*O livro dos segundos socorros* (Panda Books)
*Ouviram do Ipiranga* (Panda Books)
*Tem lagartixa no computador* (Ática)
*Um livro fechado para reforma* (Panda Books)

**PARA ENTRAR EM CONTATO COM O AUTOR:**

Rua Henrique Schaumann, 286, cj. 41
05413-010 – São Paulo – SP
Tel./Fax: (11) 3088-8444
e-mail: mduarte@pandabooks.com.br
Visite o site da Panda Books: www.pandabooks.com.br
Confira curiosidades novas todos os dias no site www.guiadoscuriosos.com.br

Impressão e acabamento:

tel.: 25226368